心 理 学

主　编　朱从书
副主编　汤舒俊　朱晓伟

ZHEJIANG UNIVERSITY PRESS
浙江大学出版社
·杭州·

图书在版编目（CIP）数据

心理学 / 朱从书主编. —杭州:浙江大学出版社，
2015.1(2025.8 重印)

ISBN 978-7-308-14195-6

Ⅰ.①心⋯ Ⅱ.①朱⋯ Ⅲ.①心理学—高等学校—教材
Ⅳ.①B84

中国版本图书馆 CIP 数据核字（2014）第 295908 号

心 理 学

主　　编　朱从书

副主编　汤舒俊　朱晓伟

责任编辑　葛　娟

封面设计　十木米

出版发行　浙江大学出版社

（杭州市天目山路 148 号　邮政编码 310007）

（网址：http://www.zjupress.com）

排　　版　杭州青翊图文设计有限公司

印　　刷　浙江新华数码印务有限公司

开　　本　787mm×1092mm　1/16

印　　张　18.5

字　　数　450 千

版 印 次　2015 年 1 月第 1 版　2025 年 8 月第 5 次印刷

书　　号　ISBN 978-7-308-14195-6

定　　价　38.00 元

编写人员名单

主　　编　朱从书

副主编　汤舒俊　朱晓伟

编　　委　陈　方　李小光　张文渊

　　　　　郑红涛　周守珍

前　言

　　"百年大计，教育为本"，而教师是教育之根本，培养合格的教师是教育发展的重中之重。教师应了解心理学的基本知识与基本理论，了解学生心理发展的特点和规律，这样才能顺应学生发展，合理设计和组织教学。因此，心理学是高等院校师范专业的公共必修课程，也是教师职后教育与考核的重要内容。另外，随着社会高速发展，竞争日益加剧，心理学知识不仅是师范生职业教育所必需，也是提高大学生的科学文化素养和心理健康水平所必需。

　　高等师范院校传统的心理学教材有三种类型：以普通心理学知识体系为主线、以教育心理学知识体系为主线或兼具普通心理学和教育心理学知识。本书以普通心理学知识体系为主干，但增加了教育心理学、学校心理健康教育的相关内容，并结合了90后大学生的特点和师范生未来教育工作的需要。同时，教材每章由问题或案例导入，最后进行内容总结，并附有丰富生动的阅读资料和简单易试的心理学活动或实验，使教材更生动，可读性更强。本书编写分工如下：第一、九、十章由汤舒俊执笔，第二章由李小光执笔，第三章由张文渊执笔，第四、五章由郑红涛执笔，第六章由燕展、朱从书执笔，第七章由陈方执笔，第八、十一章由朱晓伟执笔，第十二章由赵莉莉、周守珍执笔。全书由朱从书统稿。

　　在编写本书的过程中，我们参阅了大量心理学相关资料，尤其是优秀的心理学教材，也借鉴了近年来心理学研究的相关成果，在此对这些专家和学者致以最深切和诚挚的谢意！同时，也感谢长江大学教育学院老一辈心理学教授和院领导的支持和关心，感谢浙江大学出版社有关领导和老师的大力帮助与支持。限于编者的水平和能力，书中难免还存在不妥之处，敬请同行和读者批评指正。

编　者

2014 年 10 月

目　　录

第一章　心理科学体系

　　不管你是否意识到,心理学正在以前所未有的速度和力度渗透到我们的身边来:一个天气晴朗的周末,某公司全体员工在户外进行着素质拓展;一本心理学通俗书籍荣登全国最大电子商务网站某季度畅销榜首;媒体上"心理专家"频频出现在一些电视节目上大秀口才和心理技能;某写字楼里赫然出现了专门的"心理咨询"服务机构;许多单位在人才选拔环节中都增加了心理测试内容;大学里普遍开设有"大学生心理健康"课程;高考前后试题的分析总结都有教育心理专家的身影……

　　但对于大多数人来说,心理学是一个带有神秘色彩的学科,现实生活中的一些表象也往往带给人们迷惑和误解。"学心理学的人是不是都知道别人在想什么?"这往往是时下很多人对学习心理学的理解;"心理学是不是就是心理咨询?"这道出了许多人对心理学应用的朴素认知;科学、严谨的心理学著作少有人问津,"心灵鸡汤"类读物却颇有市场;真正对心理学发展做出贡献的心理学家通常仅为业内人士所知晓,而民众所向往的心理学家往往鱼龙混杂。那么究竟什么是心理学? 心理学的研究对象和研究方法是什么? 心理学有着怎样的历史? 心理学又将向何方去? 本章我们将一同走向心理学,走进心理学。

第一节　心理学的研究对象

　　在我们生活的环境中,有各种各样的现象,如日月星辰、飞禽走兽、风土人情等。这些现象有的属于自然现象,有的属于社会现象。它们分别由不同的学科进行研究,从而形成了不同的科学。任何一门独立的学科必然有自己独特的研究对象。心理学也以自己特有的研究对象而与其他学科区别开来。

一、心理学研究什么

　　心理学是以人的心理现象及其活动规律为主要研究对象的科学。凡是人的精神现象,诸如:人们眼睛看到的、耳朵听到的、脑子想到的,不论过去的、现在的、未来的……只要属于精神现象,都可以归之为心理现象或心理活动,简称心理。但是,单纯的现象描述,还不能成为科学,心理学要成为一门科学,就必须把握心理现象发生、发展的规律。

　　基础心理学研究的规律,既不是特殊研究对象的特殊规律,像儿童心理学研究儿童的心理规律、老年心理学研究老年人的心理规律;也不是个别心理现象的规律,像某人在出乎意料的突发事故面前出现的应激规律,在忧心忡忡时出现的焦虑规律等等。基础心理学研究的是正常人、健康人、成熟人应有的、共同的、一般的规律。人的心理活动的共同规律常被简化为心理过程与个性两大方面(见图1-1)。

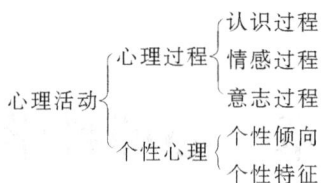

```
                              ┌ 认识过程
                  ┌ 心理过程 ┤ 情感过程
                  │          └ 意志过程
          心理活动 ┤
                  │          ┌ 个性倾向
                  └ 个性心理 ┤
                             └ 个性特征
```

图 1-1 心理活动结构图

(一)心理过程

心理过程包括认识过程、情感过程和意志过程三个方面。就认识过程来看,人们通过感官接触外界事物,产生对事物的感觉和知觉;把感知的事物和个人的活动、体验保留在头脑中,作为知识和经验积累下来,这就是记忆;人们不仅要认识事物的表面现象,还要认识事物的本质和事物发展变化的规律,认识事物之间复杂、多变的关系,不但要直接依靠感知觉认识具体事物,还要依靠判断和推理间接地、概括地认识事物的本质和规律,这就是思维;在认识事物的时候,不仅能认识现实中存在的,被自己感知过的事物,而且能想象出现实中尚未存在或根本不可能存在、自己从未感知过的事物,如科学家的发明创造、艺术家的艺术创作,都依靠人们的想象。人在感知、记忆、想象和思维过程中,把自己的心理活动有选择地指向和集中在一定对象上,这就是注意。

人们对客观事物的认识,常常不是无动于衷的,总是根据事物能否满足自己需要而产生一定的态度,同时产生一种态度的体验,这就是情感过程。人不仅能认识客观世界,更重要的还在于改造客观世界。为了认识和改造客观世界,人必须有计划、有目的地进行工作,在完成某些活动任务的时候,常常需要忍受艰苦、战胜挫折、克服困难这一系列,复杂的心理和行为过程,就是意志过程。

认识过程、情感过程、意志过程三个方面相辅相成。认识过程是一切心理活动的基础,在认识的基础上才有可能产生情感过程、意志过程。情感是人认识事物过程中所产生的态度体验,认识深刻则情感深刻,认识肤浅则情感肤浅。在认识基础上,在情感激励下,才可能形成意志过程。已经形成了对某一事物的肯定或否定的情感过程,必然会影响人的认识过程。意志过程对认识过程、情感过程的影响更是显而易见。

(二)个性心理

人是社会性动物,生活在复杂的社会环境中,每时每刻都受到社会与自然因素的影响。由于每个人的生活条件和生活经历不同,其心理活动必然具有各自的特点。例如,人的能力有高有低,人的脾气有急有慢,人的性格有襟怀坦荡和阴险狡诈之别,等等,这就是人的个性特征。与此同时,人们在各自的生活中,还形成了各自的追求,诸如需要、动机、兴趣等,心理学上把这些心理活动称为个性倾向。人的个性心理特征和个性倾向是丰富多彩、各不相同的,正如俗语所说"人心不同,各如其面"。

心理过程概括了人们共性的心理规律,个性则概括了人的个性心理规律。心理过程和个性心理都属于心理学研究的对象,二者密切联系。一方面,个性是在心理过程中不断重复、强化而逐渐形成的,已经形成的个性又制约、影响着心理过程的发生、发展和进行的方式;另一方面,个性也只有通过心理过程才可能在人的行为中表现出来。例如,一个人的观察能力很强,既深入细致,又迅速准确,另一个人的观察能力较差,既肤浅又粗略还不准确,这说明两个人在不同的生活实践中形成了不同的个性,两者对事物的认识效果就必然不同。两个个性不同的人,他们的认识、情感和意志过程必然会有很大差别。另外,任何心理活动都离不开注意的参与,都必须以一定的神经结构为基础,因此,注意、心理的生理机制等也是心理学研究的内容。

二、心理学的学科性质

世间有各种各样的现象,如飞禽走兽、日月星辰、风土人情、社会准则,等等,有的属于自然现象,有的属于社会现象。对这些现象的研究形成不同的学科,构成了人类不同的知识领域,一般分为自然科学和社会科学。但心理学属于自然科学和社会科学之间的中间科学,或者叫作边缘学科。因为人既是自然实体,又是社会实体。从心理现象的发生、发展和心理现象的生理机制等方面,可以清楚地看到心理学的自然科学属性;从作为社会实体的人,从心理活动受到社会历史生活条件的制约等方面,又体现出心理学具有较强的社会科学属性。所以,国内外绝大多数心理学家都认为心理学属于中间科学,或者叫作边缘学科。

心理学既是一门基础学科,又是一门应用学科。在生活、学习和工作过程中,人每时每刻都在进行着心理活动。研究心理活动规律的心理学,在生活、实践的各个方面都将发挥非常广泛的作用。凡是有人的地方,凡是研究内容涉及人的学科,都用得上心理学知识,都需要心理学知识作为基础。随着社会的发展,心理因素在人类实践活动中的作用将会愈来愈受到重视,心理学在人类社会生活中的重要意义将会更引人注目。

心理学在成为独立的科学前,主要是描述性、思辨性的,因此主要从属于哲学。现代科学心理学虽然与哲学有一定关联,但早已独立于哲学。心理学研究为哲学理论提供重要的科学根据。心理学研究首先必须在正确的哲学思想指导下进行,其研究成果必然为辩证唯物主义哲学,特别是反映论提供科学基础。列宁在《哲学笔记》中明确提出:心理学是"构成认识论和辩证法的知识领域之一"。列宁在批判俄国的庸俗经济学家司徒卢威时指出:"司徒卢威先生自己也承认,心理学提供的一些原理已经使人们不得不拒绝主观主义而接受唯物主义。"列宁之所以这样重视科学心理学,是因为心理学的研究成果既有助于充实和论证辩证唯物主义的认识论,又有助于批判和反对形形色色的唯心论和形而上学的荒谬观点。

目前,心理学的研究课题和分支越来越细,大约有 140 多个分支,可概括为三个方面:第一,以研究课题分,在基础心理学中所包括的各个大小课题,都可确定为一个分支,诸如感觉心理学、知觉心理学、记忆心理学、思维心理学、情绪心理学、个性心理学,或更具体的时间知觉心理学、定式心理学、应激心理学、气质心理学,等等;第二,以研究对象分,诸如婴幼儿心理学、新生儿心理学、儿童心理学、小学生心理学、青年心理学、妇女心理学、老年人心理学、聋哑人心理学,等等;第三,以应用范围分,诸如教育心理学、医学心理学、体育运动心理学、文艺心理学、军人心理学、航空心理学、航天心理学、工程心理学、管理心理学、交通心理学、商业心理学,等等。

随着社会的发展和人类的进步,人们的活动领域愈来愈开阔和复杂,研究心理学规律在人们不同活动领域和范围中的应用,将进一步构成愈来愈多的心理学分支。可以说,人类有多少活动领域,就会出现多少个心理学的分支。在心理学的各个分支中,基础心理学是一切心理学的主干,因为它研究人心理现象的最一般的规律,概括了心理学在各个方面的研究成果,也可以说是各个分支心理学的理论基础。

第二节 心理学的研究目的和方法

一、科学研究的特征和程序

心理学是一门科学,但并非研究心理和行为的学科都是心理学。当代心理学只接纳那些运用科学手段获得的关于心理和行为的知识。在科学心理学诞生之前,人类主要依据体验和思辨来对心理和行为进行探索,虽然取得了大量感性的认知成果,但那不是现代意义上的心理科学。今天,许多学科仍在研究心理和行为,许多人也在思考心理和行为,但只要未采用科学方法,其结论就不被心理学承认,这样的研究者也不算是心理学者。

科学方法是指以一种有组织的方式对关于事物之间关系的证实或证伪的方法。科学方法具有以下特征:(1)客观性。科学研究要依据客观事实,遵循公认的基本程序和规范。(2)验证性。科学研究的结果或依据研究结果建立的科学理论,要经得起他人的重复检验。(3)系统性。科学研究必须按照一定的程序,系统、全面地搜集数据,在此基础上通过分析、综合得出结论。

科学方法的基本特征是由其特定研究程序来体现和保证的。如图1-2所示,这个程序通常包括6个步骤:(1)观察。科学研究的问题许多来自于人们的日常观察。(2)对问题进行定义,进一步明确问题及所研究变量的操作性定义。(3)提出假设。假设是对研究结果的预测,是需要验证的关于研究变量之间关系的命题。(4)搜集证据和检验假设。运用实验、

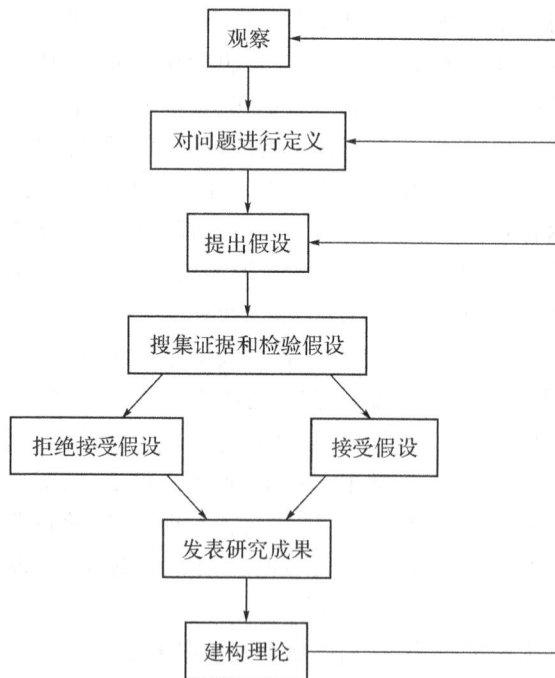

图 1-2 科学方法的基本步骤

调查、观察个案等方法搜集证据并验证假设。(5)发表研究。(6)建构理论。在大量研究的基础上,通过深入思考和总结,将不同的概念和事实联系起来,建构一种理论。好的理论能够解释现有资料、预测新的研究结果和指导进一步的研究。事实上,科学研究大多不是一次性完成的,而是需要反复多次才能完成,各步骤之间也多有交叉。

二、心理学的研究目的

科学研究的目标是描述、解释、预测和控制。这四个层面由浅入深,从理论走向应用。心理学的研究以描述、解释、预测和控制心理和行为为目标,增进人类的自我了解,帮助人类进行自我改善,提高人类的生活质量。

(一)描述

描述是指客观地呈现所研究问题的事实,不涉及价值判断,也不寻求造成事实的原因。准确描述是正确解释的前提,是科学研究的起始目标。描述性研究通常是对典型行为进行系统观察和详细记录,进而予以命名和分类。例如,对于大学生的吸烟行为,要描述吸烟的大学生是属于哪个年级? 是男生还是女生? 吸烟的频次如何? 所吸香烟的价位如何?

(二)解释

解释是指揭示客观事实形成的原因,分析现象间的因果联系。正确的解释是有效预测和控制的前提,是科学研究的关键。由于因果关系的复杂性和隐蔽性,解释性研究比描述性研究要困难得多,因为解释需要理论。在尽可能的情况下,心理学家们总是试图在实验的基础上建构理论,并通过新的实验去检验和完善。由于存在多因一果、多因多果和因果交互等情况,加之不同实验设计所控制的条件不同,就会出现一种现象的多种理论解释。例如,关于人类的攻击性行为,有挫折攻击理论,认为人在遭遇挫折时会激发攻击行为;有观察学习理论,认为人的攻击行为是学习榜样的结果。这些解释都各有合理之处,在实际应用中,往往是整合各种理论并根据具体情境进行具体分析。

(三)预测

预测是根据已有的知识和信息去估计某种事物或现象在将来发生的可能性。预测力是判断理论优劣的重要标准。相对于"事后诸葛亮"式的解释,人们更需要事前准确的预测。例如,在人才选拔中,人们通过人才评价中心来预测某位经理人能否胜任他应聘的岗位。预测虽然可行,但却是有条件和限制的,一方面要考虑已有的研究理论和技术基础,另一方面也要考虑事实的发展变化,尤其是心理学的预测,更需谨慎。

(四)控制

控制是指采取有效措施使事物朝着人们所期望的方向发展,避免消极事件的发生或将其危害减轻到最小。控制的方法通常是根据预期结果改变行为发生的条件。例如,通过对手机操作界面的优化,提高手机用户使用的便捷性和满意度;又比如通过对集体中个人作业业绩的监控与考核,避免社会浪费的发生,使得人人都努力工作。需要特别指出的是,科学是把双刃剑,既能造福世界,也会损害世界。这里所说的"控制"并非受不当利益驱使而随意

"操纵"他人。心理学的专业服务只能用于增进人们的生活品质,这也是每一位心理学人应用研究的专业精神和人文情怀。

总之,研究心理学有助于我们正确认识和理解各种心理现象,形成科学的世界观和人生观;也有助于引导人的心理的健康发展,运用心理学的规律,指导不同领域的实践活动。

三、心理学的研究方法

心理科学研究的结论之所以令人信服,是因为心理科学特有的研究程序和方法。心理学研究方法很多,在搜集证据和假设检验阶段,心理学家常用的方法主要有观察法、实验法、测量法、访谈法、个案法等。了解这些基本的研究方法,既是掌握心理学常识的需要,也是深入理解心理学理论的需要。正是由于有了这些科学方法,心理学神秘的面纱才正在褪去,其本原正在随着研究的深入而不断显现。

(一)观察法

观察法是心理学研究中常用的方法之一,又称自然观察法、客观观察法,是在自然情况下,有目的、有计划地观察被试的外部行为表现,从而分析、推断其心理活动规律的方法。观察者根据自己的观察目的提出观察的具体任务,拟订观察的实施计划,并详细记录被观察者在不同情况下的具体表现,再据此分析被观察者的心理规律。进化论的创始人达尔文(Darwin)研究动物、植物的演化过程主要用的就是观察法,他的心理学著作《一个婴儿的生活概述》,运用的也主要是观察法。我国现代心理学家陈鹤琴所著的《一个儿童发展的程序》,运用的也主要是观察法。这些可以作为我们运用观察法研究儿童心理发展的典范。

观察法具有以下特点:第一,是在自然条件下进行的。观察者不改变被观察者日常生活的条件,对其行为也不进行干涉,使被观察者不对自己作为观察对象有所觉察,观察者只是作为旁观者等待某种心理现象的出现,是比较自然和真实的。第二,观察法是有准备、有目的、有计划进行的。它不同于在日常生活中随时随地的、偶然的、片断的观察,所以要求观察者必须具备一定的知识和技能。例如,如何识别和记录被观察者的某些外部活动、如何正确地分析和说明外部行为和心理现象的关系,等等。有时候还需要借助一定的仪器和设备,像照相机、录像机、录音机、单向玻璃等。第三,根据观察的目的和任务不同,可以确定不同的观察内容。例如:可以有选择地在一定时间内只观察那些与研究任务有关的某些或某种活动,记录那些与心理活动有关的表现。如通过学生在课堂教学中的学习活动,观察他的注意力的表现;通过学生选择阅读课外读物的活动,观察他的兴趣;通过学生参加游戏活动的表现,观察其性格特点,等等。也可以对被观察者进行全面观察,在一定时间内把被观察者的全部行为、具体动作,乃至语言、表情等全面记录下来,再从中综合分析被观察者的心理现象。还可以对某个或某些被观察者连续进行较长时间(几年、十几年乃至几十年)的观察,以求全面、系统地研究其心理活动的发展变化规律,这就是追踪观察,或叫个案观察法。

(二)实验法

实验法是有目的地创设、改变或控制某些条件,主动地引起或改变被试的某种心理现象,从而对其进行分析研究的方法。实验法的创立和采用,是心理科学发展史上的转折点,也是科学心理学诞生的标志,是心理学研究方法的一次革命,因此实验法在心理学的科学研究中具有特殊的地位与作用。它不仅推动了心理学成为一门独立的学科,而且促进了现代心理科学的飞速发展。目前,许多心理学实验研究的科学成果,已被广泛应用到教育、医疗、工程、航空、航天、体育活动等领域中,还与控制论、信息论、系统论、耗散结构论、科学学、创造学相互结合,在许多新的科学领域中显示出心理实验的真正价值。

实验法有以下几个特点:第一,研究者处于完全主动的地位,可以有目的、有计划地引起、控制或改变某种心理现象的出现,不需要消极地等待它的发生;第二,实验者可以控制一切偶然因素的干扰,排除一切与研究对象、研究任务无关的因素的影响,使研究过程保持正常、稳定状态;第三,研究者可以通过控制、改变各种条件,多次重复地进行同一种或类似的实验,验证条件与现象之间的函数关系,从而科学地把握某种心理现象发生、发展和变化的规律。从对实验法特点的分析中可以看出,它的主要优点是对实验条件能够严格控制,实验结果有较高的精确度。但是其局限性也是显然的,因为人的复杂的心理现象,如性格、应激等,如果在实验室进行实验,既不容易创造条件,也不利于身心健康;由于实验室的特殊环境,也容易引起被试的紧张、失常、戒备的心态,这些对研究工作是不利的。

如果更精确地分类,前面谈的实验法主要指的是实验室实验。为了克服实验室实验法的局限性,研究者有时选择另一种实验法——自然实验法。自然实验法是在被试的日常生活中,在不影响其正常活动的前提下进行的。自然实验法是既适当地控制条件,又在比较自然的情况下进行的,所以其兼有实验和观察两种方法的优点。这一方法多在儿童心理学、教育心理学等研究中被采用。

(三)测验法

测验法是心理学研究的重要方法之一,是根据一定的法则,用数量对人的行为活动加以确定,通过人行为活动的数量指标来推测人的心理状况。正如英国心理学家布朗(Brown)所说的"测量是一个行为样本的系统程序"。测验法有以下三个特点:第一,间接性,指测验法所测的只是人的外显行为,人的心理状况是无法直接测量的,只能根据人的外显行为指标间接地推断人的心理状况;第二,相对性,指测验结果只是在人与人之间相对而言的,不能武断地认为这个高、那个低,或这个优、那个差,只不过相比较而言,所以,引进外国的测量工具必须结合中国的常模(在众多具有代表性的人中找出的常规模式)才能应用和推广;第三,客观性,指测量工具是统一的,测量方法是统一的、标准化的,测量所得的分数也是统一的、标准化的,对所得分数的解释和统计分析也是标准化的,正因为如此,心理测验才能显示其科学性、可靠性。

测验法的分类比较复杂,可按不同的任务确定不同的分类标准,再进行不同的分类。第一,按测验功能分,可分为:(1)能力测验,测量能保证人完成某种活动的心理能力,可着重测其实际能力,也可着重测其潜在能力。在智力测验中更重视后者;(2)人格测验,测验人的个性倾向和气质、性格特征;(3)学绩测验,测量对象在一定时间内完成学习任务的绩效。第二,按测验对象分,可分为个体测验和团体测验、儿童测验和成人测验等。第三,按测验方式分,可分为文字性测验和非文字性测验、问卷式测验和仪器操作式测验。第四,按测验的应用范围和目的任务分,可分为人才选拔测验、教育质量评价测验和临床诊断、治疗测验等。

心理测验法在20世纪初起源于欧洲,开始只是作为心理实验法的一个组成部分。随着两种研究方法的不断发展和心理学应用范围的不断扩大,各自发展成为独立的方法,乃至成为独立的学科分支——实验心理学和心理测量学。20世纪60年代以后，随着控制论、信息论、人工智能等新学科、新领域的发展，心理实验和心理测验又在更高的层次上完成了新的结合。目前，心理测验作为一门学科还是很不成熟的，尤其在理论研究方面是很贫乏和幼稚的，作为一种研究方法，它也是很不完备的，但是，由于它的可操作性强，在应用方面得到越来越广泛的社会认可。例如在选拔专门人才方面，如宇航员、飞行员、运动员的选拔，对心理测验的重视程度都越来越高；在临床诊断方面，这一方法也引起医学界的高度重视。

（四）访谈法

访谈法是通过和被试面对面的交谈，引导他以自我陈述的方式谈出个人的意愿、感受和体验，从而把握并分析其心理规律和特点的方法。谈话法的实施，首先要明确谈话的目的，有目的、有步骤地为获得某些素材而进行调查访谈，所以谈话法也被称为口头调查法。谈话法在事前要拟定提纲，并对被试对问题的回答进行预测，事后要进行认真的分析研究。其次，要求主试必须经过专业训练，并且具有一定的交谈技巧。谈话法的主试者既要语言清晰、和颜悦色，又要坚持达成谈话目标，还要能灵活地处理谈话对象的意外行为表现和突如其来的发问。再次，还需有一定的技术装备，例如录音、录像等设备，谈话中最好不要进行当面记录。

由于谈话运用方便，所以被研究者广泛运用。但是，由于它的依据只是被试的口头回答，所以往往不够精确和可靠，只能作为参考。因此，心理学研究中常把它作为辅助方法与其他方法配合应用。

（五）个案法

个案研究是一种以单独的个体为研究对象的研究取向，它把个体看作一个整体，对之进行丰富全面、深入细致的描述和解释。其主要形式包括观察、访谈、测验、临床研究、个人资料分析（如信件、日记、个人传记等作品分析）等。以人格心理学研究为例。人格心理学的创始人阿尔波特（Allport）就曾强调只有个案研究法才能考察个体身上独特的特质组合，才能了解特定的、现实的、活生生的人。在其所著《珍妮的信》一书中，他介绍了自己的一个个案研究。他分析了珍妮在12年里写的300多封邮件，确立了这位妇女的8个核心特质，勾勒出了一个真实而生动的女子的人格。在某些个案研究中，研究者有时需要进行长期、反复的观察，还需要开展一些非结构化的（unstructured）访谈和大量的作品分析，有时甚至需要跟研究对象吃住在一起，以观察他（她）和别人交往互动的方式（参与观察法）。研究者通过大量重复的观察，来确定对研究对象的最初印象是否正确、完整。如果所做的观察工作不充分，就很难做出准确的判断。通过这样的个案研究，研究者就能深入了解那些从表面现象入手很难得到的内容。而这些内容又进一步激发研究者的直觉，以便更深入地洞察人格的本质。

第三节　心理学的过去、现在与未来

心理学是研究人的心理现象及其活动规律的科学。实际上人们对心理现象的探索已经有几千年的历史了，但并不是人们一开始探索心理现象就产生了心理学。德国心理学家艾宾浩斯（Ebbinghaus）曾说过："心理学有一个悠久的过去，但却仅有一个短暂的历史。"

一、心理学是一门古老而又年轻的学科

早在公元前 4 世纪,古希腊哲学家亚里士多德(Aristotle)就写过一本心理学专著《心灵论》。他认为人有灵魂,甚至动物、植物也都有灵魂,人的灵魂只不过比动物、植物的高级罢了。恩格斯在《费尔巴哈与德国古典哲学的终结》一书中指出:"在远古的时候,人们在还没有关于自己身体的构造的任何概念,还不会解释睡梦的时候,就有了一种观念,以为他们的思维与感觉并不是他们的身体活动,而是一种什么独特的东西——灵魂的活动,这种灵魂留在身体以内,在人死后就离开身体了。"在中国,心理学也同样有着悠久的历史渊源。春秋战国时候的庄周(公元前 369—前 236 年)在睡梦中梦见自己变成了一只蝴蝶,睡醒后自己怀疑:到底是我庄周曾做梦变成蝴蝶呢,还是我本来就是蝴蝶,现在变成了庄周?表面看庄周似乎把梦中的事和醒来的事搞得糊涂颠倒,实际上他是在探索自我认知、自我意识。孔丘(公元前 551—前 479 年)主张"性相近也,习相远也","唯上智与下愚不移"。孟轲(公元前 372—前 289 年)主张性善,"人无有不善,水无有不下"。荀况(公元前 313—前 238 年)主张性恶,"人之性恶,其善者伪也",等等。他们论述、争辩的核心问题,仍然是人的心理、人的精神现象。但是,当时在方法上只靠不充分的观察和描述,仍然不能摆脱主观的臆测和想当然的推论,心理学还不能够成为独立的学科,只能从属于哲学或其他学科。

我们说心理学是一门年轻的学科,是因为科学心理学的建立迄今才刚刚一百多年的历史。1879 年德国的心理学家冯特在莱比锡大学建立了世界上第一个心理学实验室,提出了"实验心理学"这一学科名称,从此才逐渐形成了注重实验的科学心理学的传统。为了及时总结、交流心理科学的研究成果,冯特还创办了一份心理学专业杂志。世界心理学界都公认 1879 年是心理学的新纪元,从此心理科学才开始了它独立的历史,结束了它从属哲学或其他学科的过去,冯特也被世界心理学界公认为科学心理学的奠基人,是世界上第一个专业心理学家。

虽然心理学在中国有着悠久的历史渊源,但是由于我国长期停滞在封建社会,科学技术的发展受到极大的限制,心理学思想也只能停留在一些学者的片断论述和在个别领域中的应用方面。19 世纪末,西方的科学心理学逐渐传入我国,在这方面做出贡献的有我国早期的留美学生颜永京。他在 1889 年将美国人 Haren 著的《心灵哲学》(书名定为《心灵学》,实际上就是心理学)翻译出版。著名学者王国维于 1907 年翻译出版了丹麦人 Hoffding 著的《心理学概论》,该书曾再版多次,影响较大。1905 年我国留日学生陈榥参考日本的心理学著作并结合中国实例,编写出版了《心理易解》,这是中国人自己编写的第一本心理学书籍。当时在清政府推行的"废科举、兴学校"的新教育制度的影响下,京师大学堂(师范馆)由日籍教师讲授心理学。苏州师范和南通师范、湖北师范也陆续开设了心理学课程。

1911 年辛亥革命以后,心理学在我国得到进一步传播。我国现代著名教育家蔡元培(1868—1940 年)曾对我国心理学的发展做出伟大贡献。他于 1907 年至 1911 年在德国莱比锡大学学习,曾聆听冯特的心理学课。蔡元培回国后出任国民政府首任教育总长,1917 年任北京大学校长。在他的支持下北京大学哲学系建立了我国第一个心理学实验室,负责人是陈大齐(日本留学回国的学者)。

五四运动前后是我国心理学发展的关键时期。一批留美的专攻心理学的学者,如陈鹤琴、廖世承、张耀翔、唐钺、陆志伟等分别在北京大学、北京高等师范学校、南京高等师范学校讲授心理学。1920 年南京高等师范学校建立了心理系,此后复旦大学(1922 年)、大夏大学

（1924年）、北京大学（1926年）、清华大学（1926年）、燕京大学（1927年）、辅仁大学（1929年）也先后建起了心理系或教育心理系。在20世纪30年代我国还建立了心理学会并创办了心理学刊物。

新中国成立后，1951年中国科学院设立有心理研究室，清华、燕京、辅仁大学的心理系或心理专业并入北京大学哲学系，并成立了当时国内唯一的心理专业。其他大学的心理系、心理专业分别并入高等师范院校，成立心理学教研室，或并入教育系。

为了适应新社会的要求，我国心理学工作者积极学习马克思列宁主义和毛泽东著作，着重学习了列宁的《唯物主义和经验批判主义》《哲学笔记》，毛泽东的《实践论》和《矛盾论》等，以辩证唯物主义为指导，批判了心理学中的一些唯心主义观点。1953年心理学界、医学界掀起了学习巴甫洛夫学说的高潮。在学习苏联心理学和巴甫洛夫学说的基础上，我国心理学工作者着手我国的心理学研究和建设。1955年正式成立中国心理学会，1956年中国科学院心理研究室改为心理研究所，出版了《心理学报》《心理科学通讯》《心理学译报》。1956年在国务院科学规划委员会领导下，心理学作为基础学科还制定了12年发展规划。与此同时，全国师范院校普遍开设了心理学课。那一年，医学院校和体育院校也有相当一部分开设了心理学课，从事心理学教学和研究的人数是空前的，成绩也是显著的。但中间有很长一段时间，受党内极"左"思潮的影响，以及"文化大革命"的破坏，我国的心理学研究受到了很大的挫折。

1978年党的十一届三中全会以后，心理学才开始走上顺利发展的道路。在改革开放方针的指引下，我国心理学遵循为社会主义现代化服务的方向，不断繁荣昌盛，取得了令人瞩目的成绩。

二、心理学的主要学派

由于心理学研究对象的抽象性和复杂性，所以从19世纪末到20世纪初，心理学家们都试图从不同的角度、不同的观点、不同的途径来探索、研究心理现象，在建构理论和体系时就产生了明显的对立和分歧，形成心理学所特有的学派林立的局面。

学派林立的状况，一方面会使初学心理学的人感到迷惘、困惑，一时分辨不出哪一家说的正确；另一方面则有利于我们开拓思路，学会从不同的角度、不同的途径研究问题，可以吸收各家所长，以丰富和加深对心理现象的了解和把握。因为科学心理学历史短暂，又存在学派林立和争鸣的局面，这也为我们提供了更广阔的活动空间，无论从哪个角度，哪个途径，只要坚持实证的客观原则，只要下足功夫，深入研究下去，总可以大有作为。

（一）构造主义（Structuralism）

构造主义创始人是冯特（Wundt），主要代表人物是冯特的学生铁钦纳（Titchener）。冯特受自然科学研究的影响，认为心理学是研究人们的直接经验的一门科学，像化学要研究化学元素一样，心理学也要研究人的心理元素（研究心理现象中最具体、最微小的细分到没法再分的元素），如感觉、意象、激情都属于心理元素，感觉是知觉的元素、意象是观念的元素、激情是情感的元素，一切复杂的心理现象都是由这些心理元素构成的。构造主义同意用意识概念，也同意用内省方法。其强调通过实证，了解人们的直接经验，强调要依靠被试者对自己直接经验的观察和描述。其主要贡献在于实验心理学的实证方法。

(二)格式塔心理学(Gestalt Psychology)

20世纪初,德国出现了一个以反对冯特构造主义学派为旗帜的格式塔心理学派。"格式塔"在德语里是"整体"、"形态"的意思。其创始人是韦特海默(Max Wertheimer),还有柯勒(Kohler)、考夫卡(Koffka)。他们反对把意识、心理分解成为元素,批评构造主义是"砖头和泥块组成的心理学"。强调心理现象是一个整体,一种组织的完整形体。部分相加不等于整体,整体不能还原为部分,整体先于部分而存在,并且制约着各个部分的性质和意义。例如:各种感觉组合成知觉,人通过视觉、听觉、嗅觉、味觉、触觉组成了对某种美味佳肴的总体印象,这个印象——就是知觉,是各种感觉对这一类食物集中的、有机的组合反映,而不是杂乱无章的堆砌。格式塔心理学派也重视心理学实验,特别是关于知觉的实验,其主要贡献也主要在知觉方面。此外,他们在思维、学习等方面也开展了大量的实验研究,这些实验研究的方法和成果,至今仍可以作为心理科学的重要财富。

(三)机能主义(Functionalism)

机能主义学派起源于美国。美国心理学家詹姆士(James)是机能主义学派的先驱。他为了适应美国资本主义迅速发展的需要,又深受达尔文进化论思想的影响,以适者生存、自然选择的原理为基础,认为人就是在适应社会环境中成长,所以心理学研究意识,不能像构造主义一样去研究元素,而应该研究心理在适应社会环境中的作用和功能。他在1890年发表的《心理学原理》这一名著中提出了机能主义概念。他反对把意识分割为元素,认为意识是个整体,是一套连续不断的意识流。

詹姆士的继承者杜威(Deway)和安吉尔(Angell)于20世纪初在芝加哥大学建立起了机能主义学派,也称为芝加哥学派。他们认为整体是川流不息的、永远变化的、连续不断的过程,意识的作用就是使个人不断地适应环境,所以心理学应把意识的作用和功能作为研究对象。机能主义的这个突出特点,使美国心理学能面向社会生活实际,在发展心理学、教育心理学和其他应用分支的领域中得到广泛认可。

(四)行为主义(Behaviorism)

20世纪初,正值构造主义、机能主义、格式塔心理学派在心理学的一系列问题上发生激烈争论的时候,在美国又出现了一个心理学派——行为主义学派。美国心理学家华生(John Watson,1878—1958),于1913年发表了《从一个行为主义者眼光中所看的心理学》,宣告了行为主义学派的诞生。

华生认为,心理学"永远不使用意识、心理状态、心理内容、意志、意象以及诸如此类的名称,是完全可能的……它可以用刺激和反应的字眼,用习惯的形成、习惯的整合以及诸如此类的字眼来加以实现"。所以行为主义的主要特点:第一,反对把主观体验到的知觉和意识作为研究对象,而主张把行为作为唯一的研究对象;第二,在研究方法上,强调绝对客观的实验方法,认为用内省方法研究意识是看不见摸不到的、不客观的、不科学的,只有用客观记录行为的方法,才是科学的,认为人的心理只是刺激—反应(行为)的模式;第三,否认先天素质的作用,认为人的行为是完全可以通过学习和训练予以绝对控制的。华生曾夸口说:"给我一打健全的婴儿和我可用以培育他们的特殊世界,我就可以保证随机造出任何一个,不问他的才能、倾向、本领和他父母的职业及种族如何,而把他训练成为我所选定的任何类型的特殊人物,如医生、律师、艺术家、商人或乞丐、小偷。"

行为主义的研究,在心理学界产生了极大的影响,特别是在行为训练和预测方面,在医疗、教育、人事管理、人才选拔中也得到广泛应用。由于对心理现象的理解过于简单化,华生认为人们的心理现象只是 S-R(刺激—反应)的简单模式,而否定了人的脑、神经机制的内部心理活动过程。20 世纪 30 年代以后,行为主义逐渐被新行为主义所取代。其代表人物主要有斯金纳(SKinner)。他修正了华生的 S-R 公式,在 S 和 R 之间增加了一个中介变量——表示内部的心理过程,提出了操作性条件反射。操作性条件反射的思想和原理在学习心理、教学心理方面被广泛采用。

(五)精神分析(Psychoanalysis)

精神分析的创始人是奥地利的精神病医生弗洛伊德(Sigmund Freud,1856—1939)。1895 年,弗洛伊德与他共同开办精神病诊所的布鲁伊尔合著的《癔症研究》一书的出版可作为精神分析学派建立的标志。1900 年弗洛伊德著作《梦的解析》、1910 年《精神分析引论》的问世,加之他多年的精神病治疗的临床实践经验,逐渐形成了精神分析学的理论体系。

精神分析学派重视对异常心理和行为的分析研究,因为它是在对精神疾病的治疗中建立和形成的理念和方法,把无意识、潜意识作为精神分析理论的核心。其认为人的一切个体的和社会的行为活动,根源都在于人心灵深处的原始本能冲动——欲望和动机,特别是性欲冲动。如果由于社会习俗、道德、法律规范使人的本能欲望受到压抑,使人产生恐惧或忧虑,使欲望和冲动由有意识状态转移为无意识(潜意识)状态,则是导致患精神病的重要原因。精神分析学派的治疗技术,是通过释梦或让病人自由联想等方法,发现病人潜意识中的问题,使其得到精神宣泄,以求达到治疗的目的。精神分析学派重视对欲望、动机和无意识的研究,对心理科学做出了贡献。此外,在文学、艺术、法律、医疗工作中,精神分析学派也有一定的影响。当然影响最大的要算精神治疗学。但是,该学派把有意识和无意识绝对地对立起来,并且过分夸大了无意识的作用;在泛性论的观点中,把性欲夸大为支配人类一切行为的动机,也是错误的、荒谬的。

在 19 世纪末 20 世纪初的学派纷争中,因为各学派在对心理学的研究对象、研究领域、研究方法上的严重分歧,各自都进行了自己的实验、实证,又提出了各自的见解和理论,并且相互之间又不断批评,从而使我们可以看出它们从某个方面都做出了独特的贡献,丰富了心理科学的宝库;同时,也使我们看出它们在哲学思想上的唯心主义观点和思想方法上的混乱以及研究中的片面性、偏执性,这些可以作为心理科学发展的宝贵的经验教训。

三、心理学的现状与发展趋势

(一)西方心理学的现状与发展趋势

我国心理学无论在研究内容和研究方法上都受到西方心理学的很大影响,因此,了解西方心理学的现状和发展趋势,对我国心理科学更好更快地发展是十分有意义的。

从总的方面看,西方心理学可以说是发展迅速、极受社会重视。如美国把心理学视为学科分类的七大部类之一,即把心理学和物理化学科学、数学科学、环境科学、技术科学、生命科学、社会经济学,并列为学科分类的七大部类,心理科学每年在国家总预算中单列项目,专门拨款。美国心理学会是全国第二大学会,目前共有 54 个分会,近 50 年间心理学队伍扩大了 40 倍。现在每年培养心理学博士 3100 人,有 25 万名学生主修心理学,有 300 万名学生选修心理学课程。根据 20 世纪末的统计:一些经济发达国家,每 100 万人口中平均就有 500 位心理学家在为社会提供服务,甚至在一些发展中国家,每 100 万人口中也平均有 100 位心理学家。

当前,西方心理学的现状与发展趋势可以归纳为六个方面:(1)重实证研究,轻理论建设。实证主义作为西方心理学的方法论之一,在历史上起过极其重要的作用。实验心理学的缔造者冯特把实证主义的原则与德国的理性主义相结合,使心理学脱离哲学而独立,建立了区别于传统的思辨哲学的"自然科学化"的、以实证为主的科学心理学。开始的行为主义大师们重实证,并未绝对轻理论,但从斯金纳开始出现了抛弃理论而专注研究实证的倾向,把研究工作只局限于一些琐碎的问题,而对社会生活中人们关心的问题却无动于衷。(2)重应用研究,轻基础研究。在美国心理学会中,应用心理学家占多数,基础研究却愈来愈不受重视。(3)认知心理学方兴未艾。20 世纪 50 年代以后,认知心理学一直在实验心理学中居于主导地位。进入 21 世纪后,认知神经科学的研究成为心理学研究的主流,甚有人认为认知研究有一种脱离心理学而成为包括哲学、心理学、语言学、人工智能、计算机科学、人类学、神经科学等学科的综合性的独立学科的倾向。(4)人本主义心理学向心理学各个领域渗透。人本主义心理学强调人的价值和尊严,强调对人类生活意义关心的观点,不断地对认知心理、行为主义和精神分析产生影响。(5)学派对立与学派交融并存。一方面各种学派继续对立,西方心理学史上大大小小学派多得不可胜数,并且派中有派,另一方面它们又在互相渗透,互相交流融合。除上面提到的人本主义的观点向各领域渗透外,认知研究也被许多学派所接受。(6)心理学统一的呼声高涨。

另外,我们还应该看到西方心理学的一些最新动向。第一,对东方心理学思想日益关注。由于东西方文化的交流,东方的很多宝贵的心理学思想,如儒学心理学思想、道家心理学思想、释家的心理学思想、瑜伽心理学思想,乃至中国古代兵家的心理学思想等,开始引起西方心理学家极大的关注。像注重自我内心修养、以静制动、无为而治、天人合一等,都在西方心理学界传播。第二,开始重视心理学理论建设。自心理学独立以来形成了注重实验的传统,但由于理论建设的贫乏,也束缚了心理学的发展。西方心理学界不乏有识之士,像美国心理学家查普林(Chaplin)和克拉威克(Krawiec)的著作《心理学的体系和理论》就代表了重视理论趋向。此书已成为美国大学心理专业高年级学生和研究生的教科书。第三,开始对实验心理学进行反思,主要认为它的课题琐碎,不能解决社会生活中的主要问题等。

(二)我国心理学的现状与展望

20 世纪 70 年代末到 80 年代初,我国心理学教学机构和科研机构相继恢复,心理学工作者从干校、农村、基层陆续归队。中国心理学会和地方心理学会为了适应我国心理学恢复和发展的需要,举办了各种形式的心理学进修班、讲习班,讲授我国心理学经历的坎坷道路和心理科学的基础知识、基本原理和具体研究方法,介绍国际上心理科学的发展状况和当代心理科学的新成果、新方法。这些活动对我国广大心理学工作者尽快适应国家发展的形势,对提高心理学工作者的业务水平,迅速恢复我国心理学教学和研究工作,起到了极其有益的作用。1979 年 11 月中国心理学会在天津召开了全国心理学第三届学术会议,在原来仅有的教育心理、医学心理、体育运动心理专业委员会基础上,成立了普通心理与实验心理、工业心理、生理心理专业委员会。在这前后,《心理学报》《心理科学通讯》也相继恢复出版。

中国的心理学经过几年恢复以后,在 20 世纪 80 年代初进入顺利发展阶段。在改革开放方针的指引下,我国心理学界遵循为社会主义现代化服务的方针,在基础研究和应用研究方面都取得了令人瞩目的成绩。普通心理学和实验心理学在我国迅速发展,对推动我国心理学的恢复和发展起到了极为重要的作用。自改革开放以来,我国理论心理学和心理学史的研究十分活跃,在心理学的基本理论问题和中国古代心理学思想研究方面取得了不少成果。发展心理学和教育心理学也取得了显著成绩。此外,工程心理学和管理心理学、医学心理学和心理测量学、生理心理学、比较心理学、体育运动心理学、社会心理学和法制心理学等,都得到迅速发展,并取得了累累硕果。在心理学研究和教学工作迅速发展的基础上,我国心理学书籍的出版也出现了一派繁荣景象。

根据学科发展规律,以及中国的国情和心理科学的特点,我国心理学研究应该坚持从以下几个方面努力,才能不断繁荣昌盛。

(1)应当紧密结合我国国情。人的心理学总是在一定的社会历史条件下形成和发展的,不同的历史时期、不同的国家和民族,都具有不同的心理特点。心理学工作者必须自觉地立足于我国国情,一切研究的着眼点都应联系我国的文化背景、民族特色和具体情况。这样才是切实可行的。

(2)既要广泛开展应用研究,又要重视基础研究。历史证明,按照我国社会主义建设的实际需要来发展心理学,是心理学繁荣昌盛的必由之路。多少年来,我国的心理学工作者在教育、医疗、管理、工程、体育运动、航空、法律、军事等方面发挥着积极作用,受到各行各业的热诚欢迎。在重视应用研究的同时,基础研究也不容忽视,这是学科赖以生存和发展的根本。

(3)大力培养心理学专业人才。随着我国社会主义现代化建设的进展,各行各业都向心理学提出了各自的要求,我们急需一批高质量的心理学专业人才。我们应当鼓励有志青年学习、钻研心理学,要下大力气培养经过良好基础训练和具有专业知识并能解决实际问题的心理学人才,以适应我国心理学发展的需要。

(4)实验研究和理论研究相辅相成。在心理学的发展历史上,有些人由于受西方心理学重实证研究、轻理论建设的影响,片面认为凡是不进行实证研究的心理学就不是科学。也有一些心理学工作者由于受设备条件等限制,只是在空洞抽象的概念上推敲和思辨。我们既不赞成一切都要实证,把研究的重点放在琐碎的脱离社会、脱离生活的狭小的课题上,亦步亦趋地跟着西方心理学跑,也不赞成脱离实际、只靠思辨空谈理论。我国心理科学工作者既需要认真补上实验研究这一课,同时也不能忽视理论的研究和建设。

(5)面向社会,积极开展宣传和普及工作。心理学与每个人的生活都息息相关。随着我国社会主义现代化的进程,心理学在中国人生活中的位置越来越重要。但是这个道理不是社会上每个人都理解的,也不是每个心理学工作者都能对群众做出有说服力的解释的。心理学工作者应坚持不懈地开展宣传工作,帮助广大群众解决心理问题,提高生活质量。这不仅是心理学工作者应尽的义务,也是推动心理学前进的强大动力,可以为心理学的发展开辟广阔的天地。

第四节　心理学与教育

广义的教育指一切培养人的活动,狭义的教育指学校教育。无论什么样的教育,教育者都应该了解受教育者的身心发展规律和特点,能应用科学的、恰当的方法来组织教学,这样才能有效培养人、促进人的发展。而心理学正是研究人的心理和行为的科学。教育与心理学有密切关系是人尽皆知的。因此,在我国的高等师范院校或高校的师范类专业的人才培养计划中都有公共必修课程——心理学。心理学之与教育,犹胜于生理学之与医学、植物学之与农学。高校的公共心理学课程不仅是师范类专业学生职前教育所必需,而且对于提高学生的科学文化素养、优化师范生自身的心理素质和提高心理健康水平也具有重大意义。当然,由于相关内容非常丰富,课程学时有限等各种原因,不同学校或教师在课程内容处理上会有所选择和偏重。与师范生未来教育工作密切相关的心理学研究领域主要有普通心理学、教育心理学、发展心理学等。

一、普通心理学(General Psychology)

心理学有许多分支,每一分支分别从不同的角度来研究心理现象。但是,普通心理学在心理科学中处于特殊地位,它研究心理学的基本原理和心理现象的一般规律。如果将心理学比作一棵大树,那么普通心理学则是树干,是其他心理学分支学科的知识基础。其任务在于从其他分支学科的研究成果中概括出各种心理现象的一般规律和特点,将其理论化,指导其他分支学科的研究和应用。

在普通心理学中,心理学基本原理与心理现象一般规律的研究是两个重要方面。心理学基本原理的研究主要有两类:一类是以心理实质的问题为核心,涉及心理与客观现实的关系,心理与脑、心理与社会、心理与实践的关系,以及心理活动的规律性等,这些通常称为心理学的哲学问题;另一类是以心理的结构问题为核心,涉及心理活动的层次组织,心理现象的分类,如各种心理现象的联系等。这两类研究是互相联系的,有时统称为心理学的方法论问题。对这些问题的不同观点表现出不同的心理学的理论倾向。对心理现象一般规律的研究又分为不同的领域:感觉与知觉、学习与记忆、思维与言语、情感与意志以及人格与个别心理特征。这些可以简单概括为心理过程的一般规律和个性心理理论。这些领域包括了人的心理活动的极为重要的方面。许多心理学家认为,普通心理学以一般正常成人的心理活动为研究对象,体现出人类心理活动的特征,具有典型性。但是,普通心理学并不研究人的某一年龄阶段或人的某一特定社会生活领域中的心理现象的特殊规律,而是研究心理现象的一般规律,如有关感受性的测量和各种感知觉的机制、学习与记忆的形式和过程、思维的各种操作、言语的知觉和理解以及能力的测量、人格的结构等。这些研究所得到的结果具有一定的普遍意义,在一定程度上能适用于人的不同年龄和不同的活动领域。可以说,普通心理学主要是通过对正常成人的心理活动的研究来揭示心理现象的一般规律的。

教育是培养人的活动,教育工作者必须理解人的各种心理现象的特点和一般规律,了解心理学基本原理,具有心理学的知识素养。学习和掌握普通心理学内容可以解决教育工作者基本的心理学素养问题,因此,我国许多师范院校在师范生公共心理学课程内容的安排上常以普通心理学为基础。

二、教育心理学(Educational Psychology)

教育心理学是心理科学与教育科学相结合的一门分支学科,是研究教育、教学情境中学与教的基本心理规律的科学,其研究内容是教育、教学过程中的种种心理现象及其变化,揭示在教育、教学影响下,受教育者学习和掌握知识与技能、发展智力和个性的心理规律,研究形成道德品质的心理特点,以及教育和心理发展的相互关系等。教育心理学的重点是把心理学的理论或研究所得应用在教育上,如应用于设计课程、改良教学方法、推动学习动机以及帮助学生面对成长过程中所遇上的各项困难和挑战。教育心理学研究的内容主要是学校教育过程中心理活动的规律,如学生应怎样去掌握书本上的知识,学生的学习动机与学习成绩有什么关系,复习有哪些好的方法,等等。"教育心理学"和"学校心理学"这两个名词经常交替使用。通常从事理论工作及研究的人员较倾向于称教育心理学,而在学校或学校相关场所从事实务工作的人就较倾向于称学校心理学。

学校教育的任务主要是教孩子学习技能和获得知识。但要有效帮助孩子学习必须研究学习过程中的一般规律。如学习写汉字,在我们成人看来,写字似乎很简单,已是一件很纯熟而无须用心的事情,但其实那是一个颇复杂的过程,每个字从提笔到写出来,中间包含许多成分、许多步骤,教学的人必须知道这些步骤的先后顺序,以及一个字的整体结构和如何布局,学生容易出现的错误是什么,并且要善于在学生学到一定程度时总结汉字书写规律,举一反三,这样才能使学生真正掌握汉字书写。又如在各种各样的学习中,进步的过程普遍都是先快后慢的,越到后来进步越慢,最后差不多达到顶点,往往会停步不前或进步微乎其微。这时我们说学习已到了限度,不能再有进步了。所以学习进步的速度普遍是负加速度的。我们把进步的发展变化用图表示出来,便是所谓学习曲线。对学生学习规律的了解可以让我们正确对待学生学习进步的变化。到了进步渐渐迟缓时,我们知道这是自然的现象,不足奇怪。到了进步变为很慢时我们又可以知道学习将达到限度,再多练习也是效果很少的了。不过学习曲线的末端并不一定代表学习的真正限度。我们平常许多技能的学习实际上很少达到绝对不能再有进步的地步的。所以实际上某一特殊学习曲线所示的限度是在某种情形下学习进步的限度。假如改变学习的情形而使之适当,学生的学习仍可以得到相当的进步。所以当学习曲线渐趋平衡时,我们不能仅使儿童再多加练习以求进步,必须设法改变学习的情形或方法才成。

可见,加强教育心理学的研究,掌握、理解和应用教育心理学研究的规律,对教育工作意义重大。首先,教育心理学有助于提高师资水平。教师队伍建设的重点在于教师,而教师的素质既包括专业素质又包括育人素质。教育心理学是教育理论与技术的一个重要组成部分,不仅有助于提高教师的理论素养,而且有助于提高教师解决教育实际问题的能力。其次,教育心理学有利于提高教育教学质量。教育心理学有助于教师更加深入地了解学生,提高教育、教学的针对性。学习教育心理学,能够更深刻地理解有关教学方法的心理学依据,从而能更主动而科学地驾驭教学方法和教育手段,丰富自己的教学艺术,从而全面地提高教学质量。第三,教育心理学有助于进行教育、教学改革。纵观国际、国内成功的教育、教学改革,无不是心理学,而且主要是以教育心理学为支撑的。最典型的是20世纪50、60年代涌现的世界三大教育改革家美国的布鲁纳、苏联的赞科夫和德国的瓦根舍因,他们本人就是心理学家。最后,学习教育心理学有利于提高辩证唯物主义水平,提高教师自我教育的自觉性;有利于更好地对学生进行思想教育工作,搞好教书育人,并把教书育人提高到更科学的高度;有利于教师总结工作经验,自觉开展教育科学研究。当前,教育心理学是我国大多数地区教师资格证考试的必考科目之一。

三、发展心理学(Developmental Psychology)

除教育心理学外,与教育关系最密切的心理学分支学科就是发展心理学了。发展心理学是研究心理发展规律的科学。心理发展有广义的和狭义的两方面:广义的心理发展是指包含心理的种系发展、心理的种族发展和个体心理发展;狭义的心理发展仅指个体心理发展。个体心理发展的研究对象是人生全过程各个年龄阶段的心理发展特点,这些年龄阶段包含婴儿期、幼儿期、儿童期、少年期、青年期、中年期、老年期等。通常所说的发展心理学是指个体发展心理学,是研究个体从受精卵开始到出生、成熟直至衰老的生命过程中心理发生和发展规律的科学。主要涉及:(1)有关心理发展的原理或规律的理论问题,包括人类心理或行为的先天与后天的关系、人类对待环境的主动与被动的关系、人类心理发展的阶段与连续的关系、发展终点的开放性和目标性的关系;(2)个体发展各年龄阶段的心理特征问题,包括人的认知发展与社会性发展的年龄特征这两个主要部分,以及环境条件、生理因素、活动、语言发展等的年龄特征。

人作为教育培养对象,是有主观能动性和许多自身发展规律的。教育者只有了解人的发展过程及其规律,才能在促进学生发展上有良好作为。如,自有教育以来便有一个热烈的争论到现今还未完全解决,那便是先天说和后天说的争论。主张先天说的人以为儿童一切行为的发展都是他的"本性"所决定的。教育只能建立在这种本性的基础上,对于本性只能利用而不能改变。至于主张后天说的人则以为儿童的一切行为都由学习得来,儿童如同一张白纸,要画上什么便能画上什么,所谓本性是没有的,就是有也可以大大地加以改变,并不能限制教育的功用。这个先天与后天关系问题对于教育确实很重要。教育的方法,甚至教育的目标也将因我们见解不同而大有不同。但先天与后天问题不是简单的孰是孰非的问题,也不是能凭空解决的,必须通过对个体发展中不同心理与行为的科学研究来求证。假如发展心理学能对这个问题有确定可靠的解答,我们的教育方法便有所依据而可省去许多的盲试。又如,人的认知发展有基本的规律,教学内容的组织、教学方法的选择必须尊重个体发展的基本规律。在中国古代私塾里,教小孩子并不一开始就教他们高深的经史,乃是先从方块字教起,然后再教《三字经》《千字文》一类简短而有韵的字句。这可说是关于认知发展的常识的自觉应用。事实上,教育教学首先包含有两个心理发展上的基本问题:(1)某年龄的个体能获得什么样的知识、技能?(2)个体获得这种知识技能须经过如何的过程?从事教育的人必须先知道儿童能获得什么,然后才是怎样能帮助或促进他获得,比如教幼儿学高等代数是劳而无功,甚至有害无益的。

四、其他心理学分支与教育

(一)人格心理学(Personality Psychology)

人格心理学为心理学的分支之一,可简单定义为研究一个人所特有的行为模式的心理学。"Personality"一般都会被译作"性格",心理学学界则把它译为"人格"。"人格"不单包括性格,还包括信念、自我观念等。准确来说,它是个体在行为上的内部倾向,它表现为个体适应环境时在能力、情绪、需要、动机、兴趣、态度、价值观、气质、性格和体质等方面的整合,是具有动力一致性和连续性的自我,是一个人一致的行为特征的群集。人格的组成特征因人而异,因此每个人都有其独特性。这种独特性致使每个人面对同一情况都可能有不同的反应。人格心理学家会研究人格的构成特征及其形成,从而预计它对塑造人类行为和人生事件的影响。人格心理学是心理学中唯一对个体进行整体研究,对人性进行系统研究的学科。人格心理学与其他心理学分支学科存在重叠,如在探讨个体的认知、情感和动机的稳定性及其相互关系上,与普通心理学有重叠;在探讨人格发展及其影响因素上,与发展心理学重叠;在探讨个体与社会的关系上,与社会心理学有重叠;在探讨人格适应、人格健康与治疗上,与变态心理学、健康心理学等有重叠。

面对青少年的教育,首要目标是培养学生成人,即学生人格的成熟与完善,因此教育工作者必须懂得人格发展、人格理论方面的基本知识;同时,还要理解学生人格特征,能因材施教。

(二)社会心理学(Social Psychology)

社会心理学是研究个体和群体的社会心理现象的心理学分支。个体社会心理现象指受他人和群体制约的个人的思想、感情和行为,如人际知觉、人际吸引、社会促进和社会抑制、顺从等。群体社会心理现象指群体本身特有的心理特征,如群体凝聚力、社会心理气氛、群体决策等。我们知道,所有的社会事情都有人的因素在里面,也就是都有心理的问题在里面。在当代心理科学中,认知心理学和社会心理学最受人们重视,社会心理学从个体与社会相互作用的角度出发,研究特定社会生活条件下个体心理活动发生、发展及其变化的规律。社会心理学不仅强调社会与个体之间的相互作用,也重视关于社会情境的探讨,重视个体的内在心理因素。如,团体生活是人类生活的基本方式,我们所处的团体和组织对人们的心理与行为有着极大的影响。对团体运作过程中的规律进行研究一直被社会心理学所重视,团体过程与组织行为是重要的研究课题。又如,关于个体的侵犯和助人行为的研究,包括侵犯行为为什么会产生?如何促进助人行为?等等。心理学家研究这些问题的最终目的,在于减少侵犯、培养人们的利他观念,为创造幸福的生活提供理论指导。

人是社会性动物,教育也并不仅是教个体学习技能和获得知识,学校也并不仅是知识技能交换所。学校乃是一个真实的社会,使个体在这个特别的、安排适当的社会环境中,各方面获得成长,这便是教育。故教育根本上实可说是一个社会心理学的过程。教师和儿童间的关系是一种社会的关系,儿童和儿童间也是如此。儿童在一种特殊安排的社会生活之下,知识技能以及品性等方面的发展乃是这种生活的结果,所以我们要彻底了解教育的过程和适当应用教育的方法,必须明了学校的社会性质和所包含的社会关系。这便是教育依赖于社会心理学的地方。以前的教育者把教育的意义看得太狭隘、太琐碎,现在我们渐渐知道注意教育所包含的社会方面了。从社会心理学的观点去看教育,方能懂得教育的充分意义。我们对于教育的社会方面注意愈多,社会心理学在教育上的应用也愈广。

(三)健康心理学(Health Psychology)

健康心理学是运用心理学知识和技术探讨和解决有关保持或促进人类健康、预防和治疗躯体疾病的心理学分支。其任务是运用心理学知识和方法,探讨和解决有关维护和促进人类健康的各种心理学问题;研究心理学在矫治人的某些不健康行为,特别是预防不健康行为和各种疾病发生方面的关系和功用;探求运用心理学知识改进医疗与护理制度,建立合理的保健措施,节省医疗保健费用和减少社会损失的途径,以及对有关的卫生决策提出建议。在一定意义上说,它是心理学与预防医学相结合的产物。健康心理学作为一门学科形成于20世纪70年代后期,并首先受到预防医学界的重视。1976年,美国心理学会讨论了心理学在人类健康中的重要作用。会议除了强调心理学在心理卫生中的作用外,还指出心理学应当研究有损人类健康或导致疾患的心理与社会行为因素,探讨预防和矫正不良行为的方法以及帮助人们学会应付社会对心理的紧张刺激。

实践表明,健康心理学在与相关学科协同合作的过程中,已经并将会越来越显示出其造福人类的重要作用。在美国,通过健康心理学家与各界人士的共同努力,青少年吸烟者的比率已明显下降,成人的吸烟率比20年前下降了12%,从而在一定程度上缓解了因吸烟致病、致死这一尖锐的社会问题。

当前,我国由于社会变革和快节奏,民众普遍感到社会压力大,存在体质下降、心理疾病高发的趋势,包括青少年学生的状况也不容乐观,比如不少中小学片面追求升学率而使学生的学习压力骤增,而人口流动却使学生得到的社会支持减少。因此,学校教育一方面应传授学生知识,使学生懂得卫生保健之道,另一方面也应该能预防和纠正儿童心理和行为上的不良倾向。实现这样的教育目标必须要求教育工作者有相关的知识和技能素养。

总之,心理学与教育同样面对的是人,自然有许多内在的联系。事实上,教育工作应该以心理学为基础。以上只是简单介绍了与教育工作联系最密切的几个心理学分支,寄此希望未来的教育工作者加强心理学学习。心理学已经成为我国各级各类教师资格证考试的重要内容之一。

阅读材料 <<<<

皮格马利翁效应或罗森塔尔效应

塞浦路斯的国王皮格马利翁是一位有名的雕塑家。他精心地用象牙雕塑了一位美丽可爱的少女,并给他取名叫盖拉蒂。他深深爱上了这个"少女",每天爱不释手,以深情的眼光观赏不止,他真诚地期望自己的爱能被"少女"接受。他的真诚期望感动了阿佛洛狄忒女神,女神决定帮他。一天,皮格马利翁回到家就又径直走到雕像旁,深情地凝视着它。这时,雕像发生了变化,它的脸颊慢慢地呈现出血色,它的眼睛开始释放光芒,它的嘴唇缓缓张开,露出了甜蜜的微笑。盖拉蒂向皮格马利翁走来,她用充满爱意的眼光看着他,浑身散发出温柔的气息。皮格马利翁惊呆了。盖拉蒂真的成了他的妻子。

这是古希腊的一个神话故事。故事给我们这样一个启示：赞美、信任和期待具有一种能量，它能改变人的行为，当一个人获得另一个人的信任、赞美时，他便感觉获得了社会支持，从而增强了自我价值，变得自信、自尊，获得一种积极向上的动力，并尽力达到对方的期待，以避免对方失望，从而维持这种社会支持的连续性。美国心理学家罗森塔尔和他的助手们对这一效应做出了经典证明并使它广泛运用于教育、管理等实践中。

美国心理学家罗森塔尔等人于1968年在一所小学做了这样一个实验。在一至六年级各选三个班的儿童进行煞有介事的"预测未来发展的测验"，然后实验者将认为被有"优异发展可能"的学生名单通知教师。其实，这个名单并不是根据测验结果确定的，而是随机抽取的。它是以"权威性的谎言"暗示教师，从而调动了教师对名单上的学生的某种期待心理。8个月后，再次智能测验的结果发现，名单上的学生的成绩普遍提高，教师也给了他们良好的品行评语。这个实验取得了奇迹般的效果，人们把这种通过教师对学生心理的潜移默化的影响，从而使学生取得教师所期望的进步的现象，称为"罗森塔尔效应"，习惯上也称为皮格马利翁效应或期待效应。

（资料来源：http://www.baidu.com）

本章内容小结

1. 心理学是以人的心理现象及其活动规律为主要研究对象的科学。人的心理活动的共同规律常被简化为心理过程与个性两大方面。当然心理学的研究内容还有心理的实质、心理的生理机制等。

2. 心理学属于自然科学和社会科学之间的中间科学，或者叫作边缘学科。

3. 心理学的研究以描述、解释、预测和控制心理和行为为目标，可以帮助人们正确认识和理解各种心理现象，形成科学的世界观和人生观，也有助于引导人的心理的健康发展，运用心理学的规律，指导不同领域的实践活动。

4. 心理学家常用的方法主要有观察法、实验法、测量法、访谈法、个案法等。

5. 1879年德国的心理学家冯特在莱比锡大学建立世界上第一个心理学实验室被认为是科学心理学诞生的标志。

6. 19世纪末到20世纪初，心理学家从不同的角度、运用不同的方法对不同的心理学领域进行了探索，出现了构造主义、技能主义、行为主义、精神分析学派及格式塔心理学等，虽然他们分歧很大，但都对心理学发展起了重要作用。

7. 20世纪中叶后，西方心理学表现出重实证研究，轻理论建设；重应用研究，轻基础研究；认知心理学方兴未艾；人本主义心理学向心理学各个领域渗透；学派对立与学派交融并存等特点。进入21世纪后，认知神经科学的研究成为心理学研究的主流。

8. 中国古代没有心理学专著，但有丰富的心理学思想。中国的心理科学在20世纪80年代初后进入蓬勃发展阶段。

9.我国的高等师范院校或高校的师范类专业的人才培养计划中都有公共必修课程——心理学。教育需要以心理学为指导。

10.普通心理学、教育心理学、发展心理学等心理学主要分支的理论与研究成果已经成为我国各级各类教师资格证考试的重要内容。

思考题

1.心理学的研究对象是什么？科学心理学有哪些特征？

2.你怎样看待心理学的学科性质？

3.科学心理学诞生的标志是什么？

4.简述心理学研究的主要方法及其优缺点。

5.简述心理学研究应遵循的原则。

6.20世纪初心理学有哪些流派，它们争论的主题是什么？

7.为什么我国各级各类教师培养和资格证考试都有心理学内容？

【试一试】<<<

生活提升策略

下面一些策略可以增加你的愉快情绪体验,提升你的幸福感,试一试吧！

• 让幸福的人围绕着你。他们的积极情感和情绪会让你从痛苦中振作。

• 告诉你身边的人,你爱他们。真诚地表达你的爱,会让你们之间的关系更长久,并让他们也产生积极情感。

• 开会时先对同事的工作给予充分的肯定,这会提升积极情感,激发创造力和好的决策。

• 带一些自制的礼物到工作场所或课堂,有助于营造良好的交往氛围。

• 参加过去你非常喜爱的游戏和娱乐活动——这些活动可能今天仍会让你像孩子那样快乐。

• 在一天中做一些小的放松活动。放松能让你的身心对日常的快乐时刻保持敏感。

第二章　心理的生物学机制

1848年9月13日,一个名叫盖吉(Phineas Gage)的铁路工人,在美国佛蒙特州施工时,不幸因爆炸事故被一根铁钎击穿头颅。幸运的是,他活了下来。但是原先那个严谨、谦虚和勤奋的他消失了,取而代之的是一个毫无恒心、胡言乱语、攻击性很强的酒鬼。他的朋友和熟人都说,他不是以前的盖吉了。从盖吉这个案例我们可以看出:人的心理和行为与大脑密切相关。但是人的心理与行为和机体尤其是脑存在什么样的关系?从古至今,人类就一直在探索,心理是如何产生的?怎样发展变化?过去,哲学家从思辨的角度提出了身心交互论、身心平行论等,他们认为心灵与身体或者是分离的,或者是存在因果关系的。后来,随着人体解剖生理学和医学的发展,人们开始认识到心理是神经系统的功能,脑是心理活动的主要器官。但人脑作为科学领域最后的"黑匣子",目前所积累的科学事实还不足以完全揭示心理的脑机制,因此,该主题仍将是心理学以及其他临近学科的研究热点之一。探讨心理的生物学机制,主要是从遗传、进化、生理机能,尤其是神经系统生理机制等方面对心理和行为的发生、发展进行阐述。

第一节　神经元与神经系统

神经系统在心理活动中具有重要的意义,它实现着对人类认知、情绪、行为的支配和调节。要从生理学的角度了解人的心理,就必须明白神经系统的结构和机能。神经系统主要由神经元和神经胶质细胞构成。一般认为,神经元参与神经信息的传导,神经胶质细胞对神经元起支持、营养、保护等作用。

一、神经元

1891年,瓦尔岱耶(Waldeyer)提出了神经元这一名称,并建立了神经元学说。神经元(neuron),又称神经细胞,是神经系统的基本结构和功能单位。它的基本作用是接受和传递信息。

（一）神经元的结构

神经元是一类特化的细胞,由胞体、树突和轴突(二者合称为突起)三部分组成(见图2-1)。胞体的形态和大小有很大的差别,有星形、圆形、梭形和锤体形等多种。胞体最外层是细胞膜,内含细胞核和细胞质。胞质结构复杂,除包括一般细胞所具有的细胞器之外,还有神经元特有的尼氏体和神经元纤维。

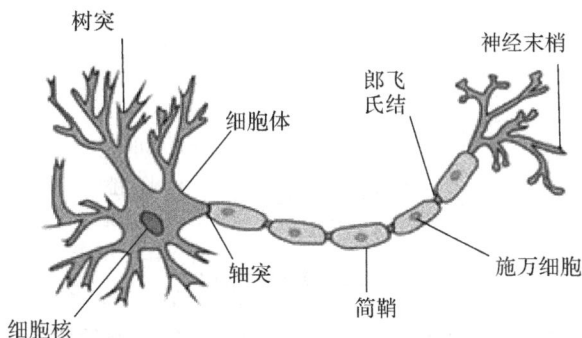

图 2-1　神经元的结构

树突是从胞体延伸出来的较短的突起,形状如树枝。树突较多,反复分支,逐渐变细。树突的结构与胞体相似,含有尼氏体和神经元纤维。树突的功能是接受刺激,将兴奋传向胞体。

轴突是从胞体发出的细而长的突起,一个神经元只有一个轴突。在轴突发起的部位,胞体常有一个锥形隆起,称为轴丘。轴突与轴丘内无尼氏体。轴突主干上有时分出许多侧支,每个分支末梢部膨大呈球状,称为突触小体。一个神经元通过轴突及其分支可和其他细胞相联系。轴突的功能是将兴奋从胞体传出。

神经元根据其功能可以分为感觉神经元、运动神经元和中间神经元。感觉神经元又称传入神经元,主要位于脑、脊神经节内,与感受器相连,其功能是接受刺激,将兴奋传向中枢。运动神经元又称为传出神经元,主要位于脑、脊髓和植物性神经节内,与效应器相连,其功能是将兴奋传给肌肉、腺体等。中间神经元又称联络神经元,主要位于脑和脊髓内,其功能是在神经元之间传递信息。

神经元的突起和外面包着的神经胶质细胞组成了神经纤维。神经胶质细胞有时会在神经元周围形成绝缘层,称为髓鞘。根据神经元突起是否包裹髓鞘,可将神经纤维分为有髓神经纤维和无髓神经纤维。髓鞘能防止兴奋从一个神经元横向扩散到另外一个神经元,也能加快神经纤维的传导速度。

(二)神经元的信息传导

神经元是通过接收和传递神经冲动来进行信息传导的。所谓神经冲动,是指当阈刺激作用于神经元时,神经元由比较静息的状态转为比较活跃的状态,即神经元产生了动作电位。神经元处于静息状态时,膜内为负、膜外为正的电位差,被称为静息电位。神经元受到阈刺激,在静息电位的基础上膜两侧的电位差会产生快速倒转和复原,也就是动作电位。

神经冲动的传导包括电传导和化学传导。神经冲动在同一细胞内传递的形式是电传导,此时,神经冲动的传导遵循全或无原理。即当刺激强度未达到阈限时,无神经冲动发生。若刺激强度一旦达到阈限时,就会立即引发神经冲动,此后刺激强度增强或减弱不再对电位幅度产生影响。这种特性使信息在传递中就能保持其清晰性,不至于越来越微弱。

化学传导是神经冲动在神经细胞之间传递时的一种形式。神经系统内各神经元相互联系,但这些神经元间在结构上并没有细胞质相连,仅相互接触。一个神经元与另一个神经元

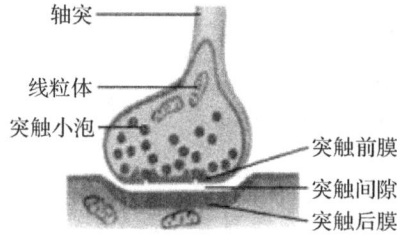

图 2-2　突触的结构

彼此接触的部位,称为突触。突触由突触前膜、突触间隙、突触后膜三部分构成(见图 2-2)。突触前膜内有神经递质,突触后膜上有受体。当神经冲动传至突触前神经元,会触发突触前膜释放神经递质,与突触后膜上的受体发生特异性的结合,从而完成信息的传递。神经递质就其效应而言,可分为兴奋性神经递质和抑制性神经递质,兴奋性递质能使下一个神经元兴奋,抑制性递质会使下一个神经元更难以兴奋,也就是产生抑制作用。神经系统内生化物质,尤其是神经递质——受体系统的平衡,对维持心理正常非常重要。

二、神经系统

神经系统是由神经元构成的、对机体起主导作用的异常复杂的技能系统。按其结构和功能的不同,可分为中枢神经系统和周围神经系统两部分。

(一)中枢神经系统

中枢神经系统包括脑和脊髓两部分。脑在颅腔内,脊髓在脊椎管内。在中枢神经系统内,由神经元胞体聚集而成的部分为灰质;由神经元的神经纤维聚集而成的部分为白质。

人脑由大脑、小脑、脑干、间脑组成(见图 2-3)。大脑是脑的最高级部位,人的机能活动的高位中枢多数在大脑。大脑的详细结构和功能留待下一节阐述。

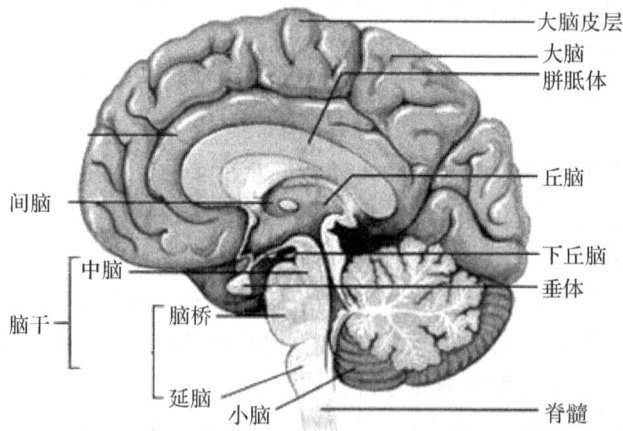

图 2-3　脑的主要结构

脑干包括延脑、脑桥、中脑。延脑位于脑的最下部,与脊髓相连。延脑与有机体的生命活动密切相关,是呼吸、排泄、吞咽等活动的调节中枢,因而又被称为"生命中枢"。来自身体的上行神经纤维和自脑发出的下行神经纤维在延脑会发生交叉,所以脑对身体的控制是对侧支配的。脑桥位于中脑与延脑之间,它提供传入纤维到其他脑干结构和小脑。中脑位于脑桥上方,恰好是整个脑的中点。大脑皮层与脊髓间的上行及下行神经纤维都要经过中脑,中脑也通过白质与其他中枢神经系统的分部相联系。中脑是控制视觉、听觉、运动、姿势等机能的皮层下中枢。在脑干各段区域,还存在一种由白质和灰质交织混杂的结构,叫脑干网状系统。网状系统的主要功能是控制觉醒、注意、睡眠等不同层次的意识状态。

间脑位于脑干上方、大脑两半球的下部,包括丘脑和下丘脑。丘脑是各种感觉的中继站。丘脑后部有内、外侧膝状体,分别接受听神经与视神经传入的信息。除嗅觉外,所有来自感官的外界输入信息都通过这里再传向大脑皮层,从而产生视、听、触、味等感觉。下丘脑是调节植物性神经的主要皮层下中枢,对内脏活动和内分泌腺活动的控制有重要意义。下丘脑还可以调节体温、摄食、水平衡、情绪反应等。

小脑在脑干后方,分左、右两半球。小脑与大脑、脑干和脊髓之间有复杂的神经纤维联系,借此参与躯体平衡和肌肉紧张的调节,以及随意运动的协调。小脑损伤会出现运动失调、痉挛、丧失简单的运动能力。另外,在学习能力方面,小脑对身体运动的技能学习也有重要作用。

此外,在大脑内侧的深处边缘还存在一个功能系统,叫边缘系统。边缘系统由海马、杏仁核、下丘脑组成。边缘系统参与内脏活动的调节,也与记忆、情绪、基本动机等密切相关。如海马与长时记忆有关,杏仁核与情绪控制有关。

脊髓是中枢神经系统的低级部位。脊髓的横切面,中央是呈 H 形的灰质,周围是白质。脊髓每侧的灰质由前角和后角组成。前角内含有大型运动神经元,它们的轴突组成脊髓前根,直接支配骨骼肌的运动。后角内含有小型感觉神经元,接受进入脊髓后根的神经纤维,把外界信息传送给脑。脊髓具有传导功能和反射功能。脊髓是连接脑和周围神经的桥梁,来自躯干和四肢的各种刺激,只有经过脊髓才能传导到脑,而由脑发出的冲动,也必须通过脊髓,才能调节效应器官的活动。脊髓也可以完成一些简单的反射活动,如膝跳反射、肘反射、跟腱反射。在正常情况下,这些反射接受脑的调节。

(二)周围神经系统

周围神经系统由脑神经、脊神经、植物性神经三部分组成。

脑神经由脑部发出,分布于头面部,共有 12 对,分别为:(1)嗅神经;(2)视神经;(3)动眼神经;(4)滑车神经;(5)三叉神经;(6)外展神经;(7)面神经;(8)听神经;(9)舌咽神经;(10)迷走神经;(11)副神经;(12)舌下神经。其中第 1 对、第 2 对、第 8 对为感觉神经,分别传递嗅觉、视觉、听觉和平衡觉的感觉信息。第 3 对、第 4 对、第 6 对、第 11 对、第 12 对为运动神经,分别支配眼球活动、颈部和面部肌肉活动及舌的运动。第 5 对、第 7 对、第 9 对、第 10 对为混合神经,其中第 5 对三叉神经负责面部感觉和咀嚼肌运动;第 7 对支配面部表情、舌下腺、泪腺及鼻黏膜腺的分泌,并接受味觉的部分信息;第 9 对负责味觉和唾腺分泌;第 10 对支配颈部、躯体脏器的活动,包括咽喉肌肉、内脏平滑肌及心肌的运动,还负责一般内脏感觉的输入。

脊神经发自脊髓,分布于躯干和四肢,共有 31 对。按脊柱走向,可分为颈神经 8 对,胸神经 12 对,腰神经 5 对,骶神经 5 对,尾神经 1 对。脊神经由脊髓前根和后根的神经纤维混合组成。脊髓前根为运动性神经纤维,而后根为感觉性神经纤维,混合后的脊神经兼有运动性和感觉性。当人的脊髓损伤时,如果是脊髓后根神经损伤,就会产生感觉缺失;若脊髓前根神经损伤,则会出现麻痹,因为前根负责向肌肉传达运动指令。

植物性神经分为交感神经和副交感神经,分布于内脏、心血管、腺体(见图 2-4)。多数内脏器官受交感神经和副交感神经的双重支配,两者在功能上具有拮抗性质。在应激情况下,交感神经活动增强,其神经末梢释放肾上腺激素,使得心跳加速,肝脏释放更多糖原,消化系统活动减缓或停止,以动员全身力量应付危急。而副交感神经的作用则相反,它起着平衡作用,抑制机体内各器官的活动,使它们获得必要的休息。

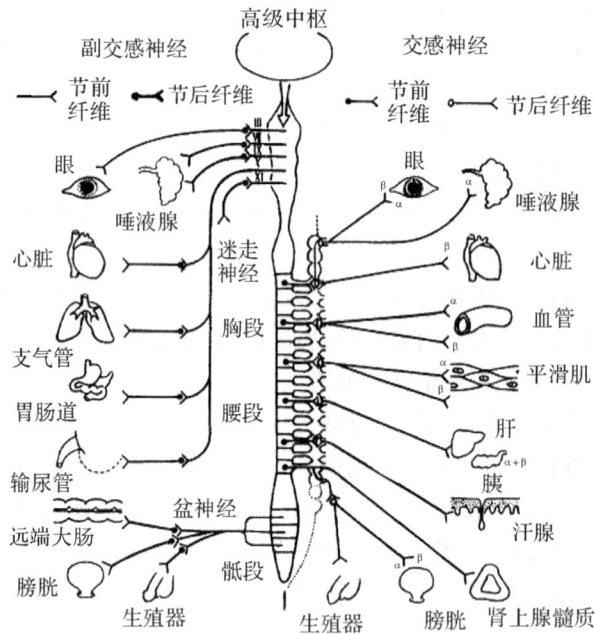

图 2-4 植物性神经系统的分布

植物性神经也叫自主神经,意指它不受中枢神经系统的支配,人们不能随意地控制内脏的活动。但生物反馈的研究表明,人们通过特殊的训练,也可以实现对内脏的控制,如心跳的快慢、血压的高低、体温的升降等。

(三)神经系统活动的方式

神经系统活动的基本方式是反射。反射是指有机体通过神经系统对内外刺激所做的有规律的反应。反射活动的形态基础是反射弧。最简单的反射弧由感觉和运动两个神经元组成,如膝跳反射。而一般的反射弧在感觉与运动神经元之间存在有不同数目的中间神经元。典型的反射弧由五部分组成:感受器—传入神经—神经中枢—传出神经—效应器。反射弧中任一环节发生障碍,反射活动即减弱或消失。

根据反射形成的特点,可以把反射分为无条件反射与条件反射。无条件反射是人与动物生来就有,不需要后天学习就具有的反射。这种反射是动物在种系进化过程中建立和巩固下来的。无条件反射数目有限,但多数具有重要的生物学意义。条件反射是人与动物在无条件反射基础上经过后天学习而获得的反射,是反射的高级形式。如果动物的学习条件发生改变则已形成的条件反射会消退,并可重新形成新的条件反射。条件反射通过高级中枢的暂时神经联系来实现,其数目无限,形式多样,它使动物对于环境的变化具有更大的适应性。

第二节 大脑的结构与机能

人类对心理的产生和发展问题曾经有过长期的误解,如认为人的灵魂和肉体是相互分离的、心脏是心理的器官等。随着科学的发展,人类终于认识到心理是神经系统的功能,特别是脑的功能,尤其大脑是神经系统的"指挥中心"。大脑是进化阶梯上最后出现的脑组织,有着复杂的结构和机能系统。

一、大脑的结构

大脑在小脑和脑干之上,是中枢神经系统的最高级部位。大脑中间有一纵裂,由前至后将大脑分为左右两个半球,称大脑半球。两半球之间,由胼胝体(一种宽带状的神经纤维)相连,协调两半球的活动。

大脑的表层覆盖灰质,为大脑皮质,它的总面积约为 2200 平方厘米。大脑半球表面有很多的皱褶,皱褶凹陷而成的缝称为沟或裂,隆起部分称为回。以主要的沟裂为界,大脑皮质可分为若干个叶。由半球顶端正起与纵裂垂直的沟称中央沟,在半球外侧面由前下方向后上方斜行的沟称为外侧裂,半球内侧面的内部有顶枕裂,中央沟之前为额叶,中央沟后方、顶枕裂前方、外侧裂上方为顶叶,外侧裂下方为颞叶,顶枕裂后方为枕叶,胼胝体周围为边缘叶,每叶都包含很多的回,如额叶的额上回、额中回、额下回、中央前回,颞叶的颞上回、颞中回、颞下回,顶叶的中央后回(见图 2-5、图 2-6)。

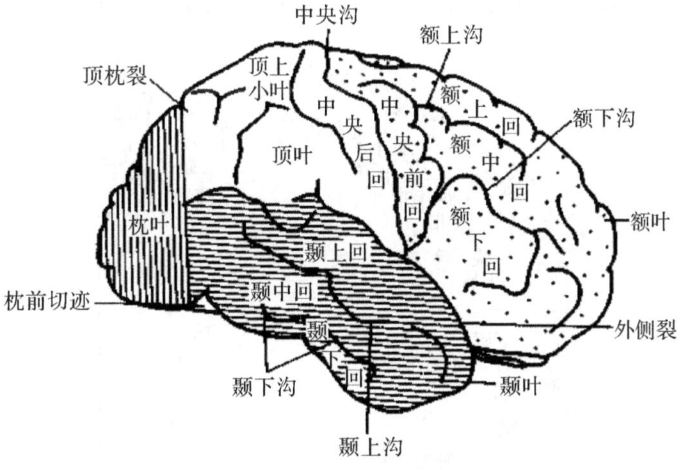

图 2-5 大脑外侧面的沟与回

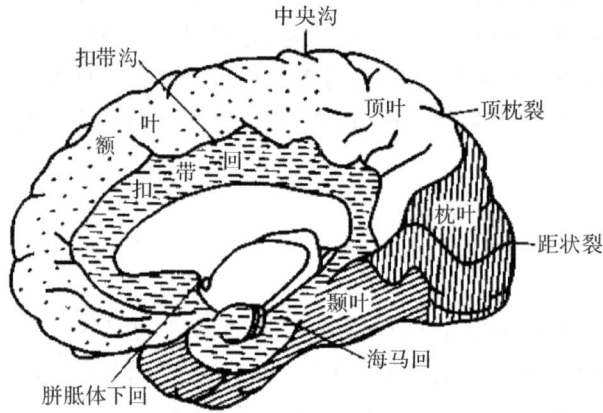

图 2-6　大脑内侧面的沟与回

大脑皮质下方大部分由白质构成。它负责大脑回间、叶间、两半球之间以及皮层与皮层下组织间的联系。

二、大脑皮层的机能

大脑皮层主要机能区有感觉区、运动区、言语区和联合区。

大脑皮层的感觉区是控制身体各种感觉的神经中枢，包括躯体感觉区、视觉区、听觉区。躯体感觉区位于顶叶的中央后回，隔中央沟与运动区相对（见图 2-7）。它接受由皮肤、肌肉和内脏器官传入的信息，产生触压觉、温度觉、痛觉、运动觉和内脏感觉等。躯干、四肢在躯体感觉区的投射关系是左右交叉、上下倒置。头部的投射是正置分布。身体各部位投射面积的大小不是取决于各部位的实际大小，而是取决于它们在机能方面的重要程度。功能重要的部位在躯体感觉区所占的面积较大。如用电刺激该区的某一部位，将在对侧身体的某部位产生某种感觉。若因疾病或伤害该区的神经组织，将会丧失部分或全部的感觉功能。

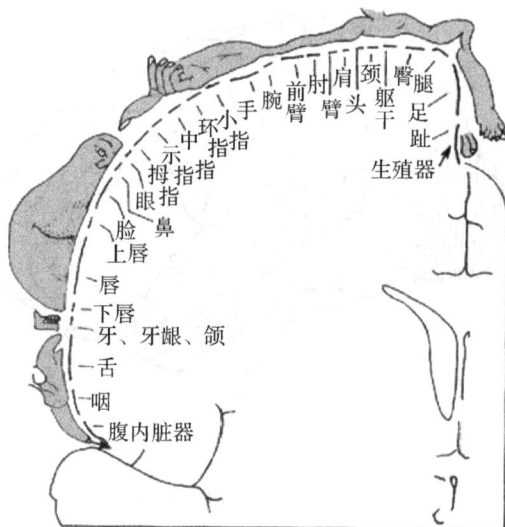

图 2-7　中央后回对躯体各部分感觉控制的规律

视觉区位于枕叶后端,专门处理由视网膜传递的视觉信息。若两半球的视觉区受损,即使眼睛功能正常,人也会完全丧失视觉。

听觉区位于颞叶的颞横回,专门处理由内耳传递的听觉信息。若两半球的听觉区受损,即使双耳功能正常,人也会完全丧失听觉。

大脑皮层的运动区是控制身体运动的神经中枢,身体内外所有随意运动均受这一中枢支配。躯体运动区位于顶叶的中央前回(见图 2-8)。身体各部位在躯体运动区与躯体感觉区的投射特点相似。运动区与躯干、四肢的运动关系也是左右交叉、上下倒置。头部的投射正置分布。同时,身体各部位的投射面积也是取决于它们在机能方面的重要程度。当以电流刺激相关部位时,可激起身体上某部分肌肉的活动。当运动区某一部分受损或病变时,其所控制的身体相应部位将丧失随意运动能力。

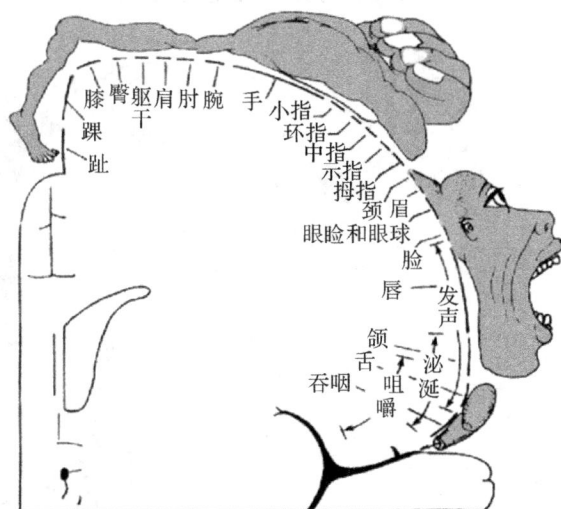

图 2-8 中央前回对躯体各部分运动控制的规律

大脑皮层的言语区通常定位在大脑左半球。若该区域受损或病变将会引起各种形式的失语症。在左半球额叶的后下方,靠近外侧裂处,有一个言语运动区,也叫布罗卡区(Broca's area)。如果该区域受损,就会导致运动性失语症。在颞叶后上方,靠近枕叶处,有一个言语听觉区,它与理解口头语言有关,又称维尔尼克区(Wernicke's area)。损伤这个区域将会引起听觉型失语症,病人不能理解口头语言,也不能完成听写活动。在顶枕叶交界处,还有言语视觉区,损坏该区域将出现理解书面语言的障碍,病人看不懂文字材料,产生视觉失语症或失读症。

人类大脑皮层除上述有明显不同机能的区域外,还有一个广泛的、具有整合或联合功能的区域,称为联合区。联合区不接受任何信息的直接输入,也很少直接支配身体的运动,其主要功能是将来自不同感觉器官的信息加以综合处理,以对环境信息做出适当反应。

三、大脑两半球机能的差异

有研究表明,大脑两半球虽然非常相似,但其结构和功能上却有明显的差异。从结构上看,大脑右半球略大和重于左半球,左半球的灰质多于右半球;左右半球的颞叶具有明显的不对称性;各种神经递质的分布,左右半球也不平衡。

正常情况下,大脑两半球是协调活动的。进入大脑任何一侧的信息,都会迅速地经过胼胝体传递到另一侧,使机体做出统一的反应。而斯佩里(Sperry,1914—1994)等人关于裂脑人的研究,提供了在切断胼胝体的情况下,大脑两半球功能差异的重要证据。切断胼胝体是为了防止癫痫病的恶化,使病变不至于由脑的一侧蔓延到另一侧。由于胼胝体被切断,两半球的功能也被人为地分开了,这样人们就有可能单独研究两个半球的功能了。

研究发现,大脑两半球分割后的病人,视力、听力和运动能力正常,而命名、知觉物体的空间关系、理解语言的能力均出现选择性障碍。这说明两半球可能具有不同的功能。语言功能通常定位于左半球,左半球主要负责言语、阅读、书写、数学运算、逻辑推理等。而对物体空间关系的知觉、情绪、艺术欣赏则定于右半球(见图2-9)。

应该说明的是,大脑两半球的功能优势并不是绝对的。

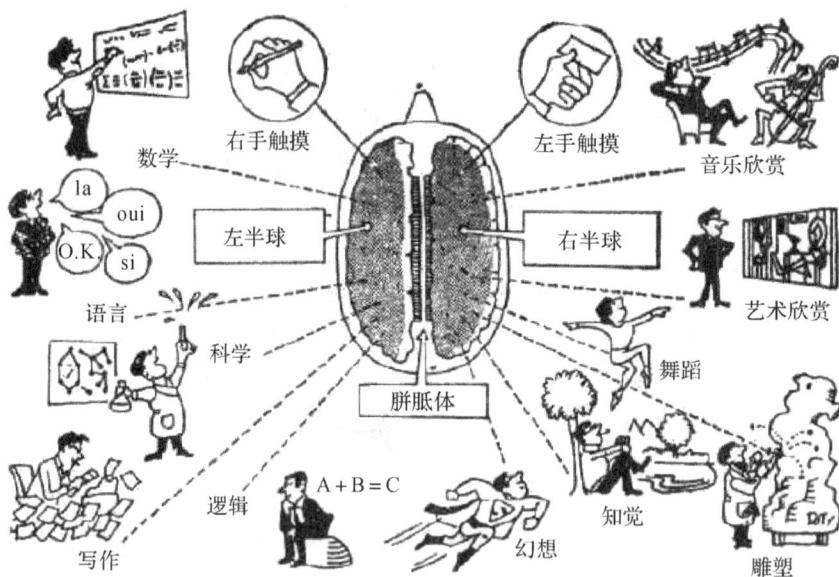

图 2-9　大脑两半球的优势功能

四、大脑的可塑性

可塑性是大脑的主要属性之一。在动物和人类毕生发展的进程中,中枢神经系统均具有一定的可塑性。大脑是一个复杂的系统,也是一个动态的系统,其结构和功能是在发展的过程中形成的。但是受学习、训练以及经验等因素的影响,大脑皮层会出现结构的改变以及功能的重组,也就是出现所谓的可塑性。

这种结构的改变既有宏观层面的,也有微观层面的。从宏观层面上讲,因可塑性而引起的大脑结构的改变包括脑重的变化、皮层厚度的变化、不同脑区沟回面积的改变等;从微观层面上讲,因可塑性而引起的大脑结构的改变包括树突长度的增加、树突棘密度的改变、神经元数量的改变以及大脑皮层新陈代谢的变化等。而功能的重组则在分子层面、细胞层面、皮层地图层面以及神经网络等层面都有可能发生。分子和细胞层面的功能重组包括突触效能的改变、突触连接的改变等;而皮层地图层面的重组包括表征面积、表征区域、表征方位以及表征区域之间联合或分离的变化等。在神经网络层面,大脑的可塑性主要表现为系统水平的可塑性,即不同感觉通道之间跨通道的可塑性。

阅读材料 2-1 <<<<

有损大脑的生活习惯

长期饱食:现代营养学研究发现,进食过饱后,大脑中被称为"纤维芽细胞生长因子"的物质会明显增多。这些纤维芽细胞生长因子能使毛细血管内皮细胞和脂肪增多,促使动脉粥样硬化发生。如果长期饱食的话,势必导致脑动脉硬化,出现大脑早衰和智力减退等现象。

轻视早餐:不吃早餐使人的血糖低于正常供给,对大脑的营养供应不足,久之对大脑有害。此外,早餐质量与智力发展也有密切联系。据研究,一般吃高蛋白早餐的儿童在课堂上的最佳思维普遍相对延长。而食素的儿童情绪和精力下降相对较快。

甜食过量:甜食过量的儿童往往智商较低。这是因为儿童脑部的发育离不开食物中充足的蛋白质和维生素,而食用甜食会损害胃口,降低食欲,减少人体对高蛋白和多种维生素的摄入,导致机体营养不良,从而影响大脑发育。

长期吸烟:德国医学家的研究表明,常年吸烟使脑组织呈现不同程度的萎缩,易患老年性痴呆。因为长期吸烟可引起脑动脉硬化,日久导致大脑供血不足,神经细胞变性,继而发生脑萎缩。

睡眠不足:大脑消除疲劳的主要方式是睡眠。长期睡眠不足或质量太差,会加速脑细胞的衰退,聪明的人也会变得糊涂起来。

蒙头睡觉:随着棉被中二氧化碳浓度升高,氧气浓度不断下降,长时间吸进潮湿空气,对大脑危害很大。

不愿动脑:思考是锻炼大脑的最佳方法。只有多动脑筋,勤于思考,人才会变聪明。反之,不愿动脑的情况只能加速大脑的退化,聪明人也会变得愚笨。

带病用脑:在身体不适或患疾病时,勉强坚持学习或工作,不仅效率低下,而且容易造成大脑损害。

少言寡语:大脑中有专司语言的中枢,经常说话也会促进大脑的发育和锻炼大脑的功能。应该多说一些内容丰富、有较强哲理性或逻辑性的话。整日沉默寡言、不苟言笑的人并不一定就聪明。

空气污染:大脑是全身耗氧量最大的器官,平均每分钟消耗氧 $500 \sim 600$ 升。只有充分的氧气供应才能提高大脑的工作效率。用脑时,特别需要讲究工作环境的空气质量。

(资料来源:参考消息,2003-07-03,原文载澳大利亚《澳洲在线》。)

第三节　内分泌系统

对于人类,神经调节是最主要的方式,占主导地位。不过内分泌系统也是机体内重要的调节系统,它通过体液调节实现对机体的支配和控制,这种调节作用与神经调节不同,神经调节快速、精确、短暂,而体液调节缓慢、广泛、持久。

一、内分泌系统

机体内的腺体有两类:一类是外分泌腺,它们的分泌物由导管排至内脏的管腔或体表,如消化腺和汗腺等;另一类是内分泌腺,它们所分泌的物质直接渗透至血液中,随血液循环带到全身或某个特殊器官,以调节有机体的生理过程和行为变化。内分泌腺不经任何管道,而是将其分泌的化学物质渗透至血液,因而也称无管腺。

与人的心理现象直接相关的内分泌腺主要有脑垂体、甲状腺、甲状旁腺、肾上腺、性腺等(见图 2-10)。

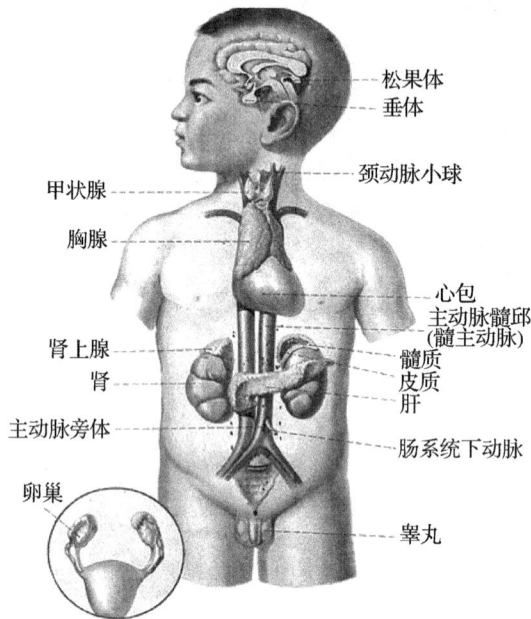

图 2-10　人的内分泌系统

(一)脑垂体

脑垂体是人体最重要的一种内分泌腺,位于大脑底部,有一个漏斗型短柄与脑相连,大小如豌豆。

脑垂体分泌多种激素,且有控制其他腺体的功能,故也有主腺之称。脑垂体主要分泌:(1)生长激素,其功能为促进身体发育。此种激素分泌不足时,可能会导致侏儒症,反之,分泌亢进时可能会导致巨人症。(2)性腺激素,其功能是刺激性发育成熟。(3)泌乳激素,以促进乳房发育及乳腺分泌。此外,脑垂体还分泌促肾上腺皮质激素、促甲状腺激素、黑素细胞扩张素、血管加压素、抗利尿素等。摘除脑垂体后将会使幼小的动物出现停止生长、甲状腺及肾上腺萎缩、性腺萎缩、性机能衰退、机体极度消瘦等现象。

(二)甲状腺

甲状腺位于喉头下端和气管的前方,分左右两叶,分泌的激素称为甲状腺素。甲状腺素是一种碘化合物,可促进机体的新陈代谢,增进机体发育过程,维持身体的正常生长及骨骼发育。甲状腺功能亢进时,可使人食欲大增,但身体消瘦且有突眼症状,患者常感闷热,容易疲劳,急躁敏感,过分紧张。反之,则表现为新陈代谢速率低于常人,体内能量不足,体温降低,无力气,身体肥胖,以及心智减退,情绪消极,反应迟钝等。若儿童期甲状腺机能分泌不足,则会造成呆小症,表现为身材矮小,心智发展极度延缓,两腿弯曲,牙齿发育不全,皮肤粗糙等。

(三)甲状旁腺

甲状旁腺有四颗,位于甲状腺两侧的后缘内,左右各两个,总重量约 100 毫克。甲状旁腺分泌的激素称为甲状旁腺素,其功能是调节血液中钙与磷的浓度,以维持神经系统和肌肉的正常兴奋。

(四)肾上腺

肾上腺位于肾脏上端,左右各一个。每个肾上腺又分肾上腺皮质和肾上腺髓质。前者分泌肾上腺皮质激素,其作用是维持体内的钠离子及水分的正常量。后者分泌肾上腺素和少量的去甲肾上腺素,其作用为兴奋交感神经,可增高血压,加速心跳,使胃肠肌肉放松,放大瞳孔等,因而肾上腺与情绪变化有密切关系。

(五)性腺

男性的性腺称为睾丸,女性的性腺称为卵巢。它们分泌不同的性激素(又称性荷尔蒙)。睾丸分泌睾丸激素,其作用在于使生殖器官发育、精子成熟、激发性欲以及促进男性第二性征的发育等。卵巢分泌雌性激素和孕激素,以促使女性生殖器官发育成熟、子宫黏膜周期性变化(月经)以及女性第二性征的发育等。

二、内分泌系统的调节方式

内分泌腺对机体的调节作用叫体液调节,它是有机体机能调节的辅助调节系统。体液调节的作用包括:(1)协助维持机体内环境的相对稳定;(2)协助调节生长发育及衰老的过程;(3)影响神经系统的功能。

由此可见:一方面,激素影响着神经系统的功能,如幼年期缺乏甲状腺激素,神经系统就不能正常生长和发育,因而严重影响智力的发展;另一方面,几乎所有的内分泌腺都直接或间接地受神经系统的影响,如肾上腺髓质直接受交感神经支配。这种神经系统通过内分泌腺影响各种效应器官的活动过程,通常称为神经—体液调节。

由于内分泌腺中脑垂体的特殊性,中枢神经系统调节内分泌腺活动时就有了两种不同方式:一种是通过植物性神经系统直接支配内分泌腺活动;另一种是通过下丘脑调控,先影响脑垂体,然后由脑垂体分泌各种激素,进而调节其他内分泌腺活动。

第四节 遗传与心理

遗传是指经由基因的传递，使后代获得亲代的特征。人的生理与心理，如身高、面貌、智力、人格等都与遗传存在一定关系。

一、染色体与基因

染色体是生物遗传物质——基因的载体，由脱氧核糖核酸（DNA）、蛋白质和少量核糖核酸（RNA）组成。染色体存在于细胞核内，由染色质在细胞分裂期经过螺旋而形成。

人体每个细胞内有 23 对染色体。包括 22 对常染色体和一对性染色体。性染色体包括 X 染色体和 Y 染色体（见图 2-11）。性染色体是与性别决定有关的染色体。对于女性来说，正常的性染色体组成是 XX，而男性则是 XY。如果性染色体数目或者结构异常，就会导致性染色体疾病。特纳氏综合征（X）就是少了一条性染色体，克氏综合征（XY）是多了一条染色体，而脆性 X 染色体综合征则与 X 染色体高频率断裂有关。某些由性染色体上基因控制的性状，也会经性染色体遗传给子代，这称为伴性遗传。红绿色盲和血友病就属于伴性遗传。

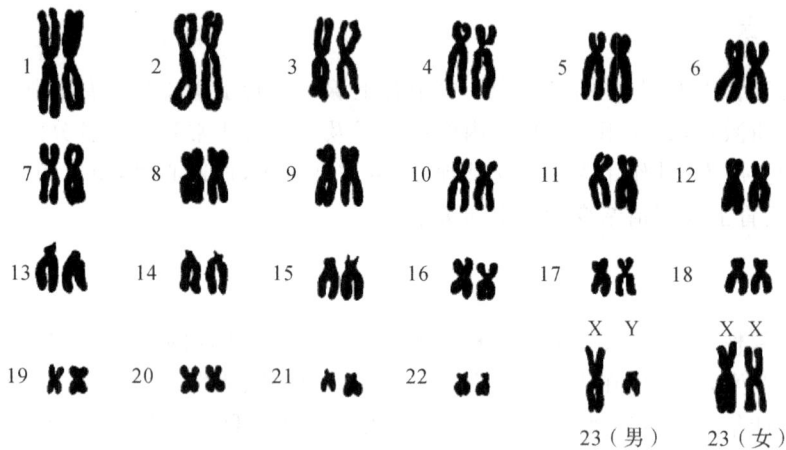

图 2-11 人体细胞的 23 对染色体

基因是遗传信息的基本单位。基因位于染色体的 DNA 分子上，是能编码特定功能产物（如蛋白质或 RNA 分子等）的一段核苷酸序列。基因通过复制把遗传信息传递给下一代，使后代出现与亲代相似的性状。控制显性性状的基因叫作显性基因，通常用大写英文字母表示；控制隐性性状的基因叫作隐性基因，通常用小写字母表示。人的耳朵，有的有耳垂，受显性基因（A）控制；有的无耳垂，受隐性基因（a）控制。基因型 AA 或 Aa 的个体都是有耳垂的，属显性遗传；基因型 aa 的个体是无耳垂的，属隐性遗传。

由于环境的影响，基因并不完全决定性状的表现。个体全部基因的组合，称为基因型。基因型是从亲代获得的，可能发育为某种性状的遗传基础。表现型，又称表型，是指个体所有性状的总和。在不同的环境条件下，基因型相同的个体，可以显示出不同的表型；反之，基因型不同的个体，也可以呈现出同样的表型。以人类的优生为例，优生是生育在身心方面具有优良表型的个体，而表型的优与劣是由基因型与环境共同决定的。

二、心理的遗传机制研究

心理学家研究心理的遗传机制,往往采取心理遗传学的取向。心理遗传学,也称行为遗传学,是介于心理学和遗传学间的边缘学科,其目的在于揭示心理、行为的遗传机制。人类行为遗传学的一个问题就是很难或者不能用人本身来做实验。但人类的双生、抱养现象,却也为行为遗传学研究提供了很好的个案。

(一)正向与反向遗传学

正向遗传学(forward genetics),属于经典的遗传学方法,它通过杂交、近交、人工选择等手段观察表型性状的变化而推知遗传基因的存在与变化。行为遗传学中的选择性繁殖当属此类方法。它通过让具有不同行为特点的动物分栏交配,以考察行为与遗传的关系。选择性繁殖从本质上说,是人工选择的过程。Thompson 在 1954 年研究了白鼠走迷津能力的遗传情况(见图 2-12),首先,通过行为实验确定走迷津快(聪明组)与走迷津慢(愚笨组)的两组白鼠;然后,使聪明组和愚笨组分栏交配繁殖六代,并训练它们学习走迷津。结果,两组间走迷津的能力随着选择性繁殖的代数增加,差异越来越大;到第六代时,走迷津慢的品种要比走迷津快的品种多犯 100% 的错误。该研究表明,遗传影响了学习能力的形成。

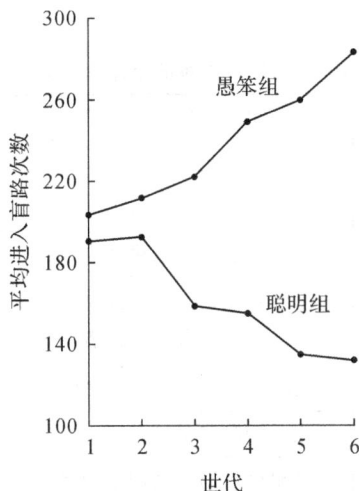

图 2-12 行为遗传的选择性繁殖研究

正向遗传学为遗传影响行为提供了清晰的证据,但并不能确定是什么基因影响了这些行为。而反向遗传学(reversed genetics)很好地弥补了这一缺陷。反向遗传学是相对于经典遗传学而言,它通过基因敲除、转基因、基因打靶和基因捕获等技术有目的地、精确定位地改造基因结构以确定这些变化对性状的直接影响。

(二)双生子研究

双生子研究是通过比较同卵双生子之间和异卵双生子之间在心理特征上的相似度,来了解遗传和环境因素对这种心理特征的影响程度。

双生子分两种:一种为同卵双生(monozygotic twin,MZ),是受精卵在第一次卵裂后,每个子细胞各发育成一个胚胎，它们的遗传基础完全一致；另一种为异卵双生（dizygotic twin，DZ），来源于两个卵子分别与精子受精而发育成的两个胚胎，它们的遗传结构只有50%相同，与一般兄弟姐妹之间的遗传差异相似。

研究同一环境或不同环境下成长的双生子的心理特征，并与不同血缘关系的个体进行比较，可以确定遗传和环境对心理特征的影响。

（三）领养研究

领养研究是通过比较领养儿童与亲生父母和养父母在心理特征上的相似度来说明遗传和环境对这种心理特征的影响。

被领养的儿童与亲生父母之间有50%左右的遗传结构相同，但在环境方面的相似度很低；与养父母之间没有任何血缘关系，但有共同生活的经验，在环境方面的相似度较高。通过比较儿童与亲生父母和养父母在心理特征上的相似性，可以了解遗传和环境因素对心理特征的影响程度。

根据表 2-1 的资料，关于遗传与环境对智力的影响问题，可以得到以下两点认识：(1) 从遗传相同的同卵双生子之间智力相关程度高于其他所有关系的现象看，遗传是决定智力的首要因素。(2) 从出生分离后生活的同卵双生子智力相关程度降低的现象看，环境则是影响智力发展的因素。

表 2-1　不同遗传关系的个体间智力的相关

不同遗传关系	出生后的生活环境	相关系数
同卵孪生	出生后共同生活者 出生后分离生活者	0.86 0.72
异卵孪生	出生后共同生活者	0.60
同胞关系	出生后共同生活者 出生后分离生活者	0.47 0.24
亲子关系	出生后随父母共同生活者	0.40
领养亲子关系	出生后随养父母共同生活者	0.31
堂（表）兄弟姐妹	出生后即不共同生活者	0.15

资料来源：Bouchard、McGue，1981。

阅读材料 2-2 <<<

丰富的经历＝更大的大脑？

今天，如果你进入一个典型的美国中产阶级家庭的婴儿房间，你可能会看到一张婴儿床，在婴儿伸手可及的上方悬挂着许多小动物玩具。其中一些玩具会发光、会活动、会演奏音乐，或者兼有上述三种功能。设想一下，人们为什么给婴儿准备这么多可看、可玩的东西呢？除了婴儿喜欢这些东西并做出积极的反应外，绝大部分父母都相信孩子们需要一个令他们兴奋的环境,以促进智力和大脑最大限度地发展。那么,丰富的经历等于更大的大脑吗?

　　某种经历是否会引起大脑形态变化的问题,是几个世纪以来哲学家和科学家一直在猜测和研究的话题。直到 20 世纪 60 年代,新技术的发展使科学家们具备更精确地检测大脑变化的能力,并对大脑内各种酶和神经递质水平进行评估。在加利福尼亚大学,马克·罗兹维格(Mark Rosenzweig)和他的同事采用这些技术,历时十余年,进行了由 16 项实验组成的系列研究,力图揭示经验对大脑的影响。

　　由于显而易见的原因,在他们的研究中并没有用人做被试,而是像很多经典心理学试验一样,用老鼠做被试。在罗兹维格的实验报告所涉及的每次实验中,均采用了12 组老鼠,每一组由取自同一胎的 3 只雄鼠组成。3 只雄鼠是从一胎所生的老鼠中选择的,它们被随机分配到 3 种不同的条件中。一只老鼠仍旧与其他同伴待在实验室的笼子里,另一只被分派到罗兹维格称为"丰富环境"的笼子里,第三只被分派到"贫乏环境"的笼子里。实验人员让老鼠在这些不同环境里生活的时间从 4 周到 10 周不等。经过这样不同阶段的实验处理后,实验人员将人道地处死这些老鼠,通过对它们进行解剖来确定脑部是否有不同的发展。解剖老鼠的大脑后,对各个部分进行测量、称重和分析,以确定细胞生长的总和与神经递质活动的水平。在对后者的测量中。有一种叫作"乙酰胆碱"的脑酶引起了研究者特别的兴趣。这种化学物质十分重要,因为它能使脑细胞中神经冲动传递得更快、更有效。

　　罗兹维格和他的同事是否发现了老鼠的大脑因为在丰富环境下或贫乏环境下而有所不同呢?结果证实,在丰富环境中生活的老鼠的大脑和在贫乏环境中生活的老鼠的大脑在很多方面都有区别。在丰富环境中生活的老鼠其大脑皮层更重、更厚,并且这种差别具有显著意义。前面提到神经系统中存在的"乙酰胆碱"酶,在身处丰富环境的老鼠的大脑组织中,这种酶更具活性。两组老鼠的脑细胞在数量上并没有显著性差别,但丰富的环境使老鼠的大脑神经元更大。与此相关,研究还发现 RNA 和DNA——这两种对神经元生长起最重要作用的化学成分,其比率对于在丰富环境中长大的老鼠来说,也相对更高。这意味着在丰富环境里长大的老鼠,其大脑中有更高水平的化学活动。最后,是有关两组老鼠大脑的神经突触的发现。在高倍电子显微镜下,能发现在丰富环境中长大的老鼠大脑中的神经突触比在贫乏环境中长大的老鼠的神经突触大 50%。

　　(资料来源:Roger R. Hock 著,白学军等译. 改变心理学的 40 项研究[M].北京:中国轻工业出版社,2004.)

本章内容小结

　　1. 神经元(neuron),又称神经细胞,由胞体、树突和轴突三部分组成,是神经系统的基本结构和功能单位。神经元根据其功能可以分为:感觉神经元、运动神经元和中间神经元。

2.神经元通过接收和传递神经冲动来进行信息的传导。神经冲动是指当阈刺激作用于神经元时,神经元由比较静息的状态转为比较活跃的状态,即神经元产生了动作电位。

3.一个神经元与另一个神经元彼此接触的部位,称为突触。突触由突触前膜、突触间隙、突触后膜三部分构成。

4.神经系统按其结构和功能的不同,可分为中枢神经系统和周围神经系统两部分。中枢神经系统包括脑和脊髓两部分。周围神经系统由脑神经、脊神经、植物性神经三部分组成。

5.人脑由大脑、小脑、脑干、间脑组成。脑干包括延脑、脑桥、中脑,延脑位于脑的最下部,与脊髓相连。间脑位于脑干上方、大脑两半球的下部,包括丘脑和下丘脑。小脑在脑干后方,分左、右两半球。

6.脑神经由脑部发出,分布于头面部,共有12对;脊神经发自脊髓,分布于躯干和四肢,共有31对;植物性神经分为交感神经和副交感神经,分布于内脏、心血管、腺体,多数内脏器官受交感神经和副交感神经的双重支配,两者在功能上具有拮抗性质。

7.神经系统活动的基本方式是反射。根据反射形成的特点,可以把反射分为无条件反射与条件反射。

8.大脑在小脑和脑干之上,是中枢神经系统的最高级部位。大脑分为左右两个半球,称大脑半球。大脑皮层主要机能区有感觉区、运动区、言语区和联合区。

9.大脑两半球具有不同的功能。语言功能通常定位于左半球,左半球主要负责言语、阅读、书写、数学运算、逻辑推理等。而对物体空间关系的知觉、情绪、艺术欣赏则定于右半球。

10.内分泌系统是机体内的重要调节系统,它通过体液调节实现对机体的支配和调节。与人的心理学现象直接相关的内分泌腺主要有:脑垂体、甲状腺、甲状旁腺、肾上腺、性腺等。

11.人体每个细胞内有23对染色体,包括22对常染色体和一对性染色体。基因是遗传信息的基本单位,位于染色体的DNA分子上。

12.心理遗传学,也称行为遗传学,是介于心理学和遗传学间的边缘学科,其目的在于揭示心理和行为的遗传机制。常见的研究方法有:选择性繁殖、双生子研究、领养研究。

13.正向遗传学通过杂交、近交、人工选择等手段观察表型性状的变化而推知遗传基因的存在与变化,属于经典的遗传学方法。反向遗传学是相对于经典遗传学而言,它通过基因敲除、转基因、基因打靶和基因捕获等技术,有目的地、精确定位地改造基因结构,以确定这些变化对性状的直接影响。

思考题

1.心理的实质是什么?

2.简述神经元的结构及功能。

3.神经冲动是如何产生和传导的?

4.人的大脑两半球的机能有什么差异?

5.心理学家如何确定遗传因素对心理发展的影响?

6.你认为可以从哪些途径对大脑潜能进行开发?

【试一试】 <<<<

膝跳反射试验

膝跳反射(knee-jerk reflex)是一种最为简单的反射活动,它仅包含两个神经元,神经中枢位于脊髓的灰质内。刺激膝盖处大腿肌肉的感受器(股四头肌肌腱内机械感受器)时,在感觉神经元中引发了动作电位,动作电位上行到脊髓,脊髓中感觉神经元直接与运动神经元建立突触联系。如果信号足够强,就可以在运动神经元中引发动作电位,当这个动作电位传递到大腿肌肉(股四头肌)时,股四头肌收缩,股二头肌舒张,即可引起膝跳反射。但是,在完成膝跳反射的同时,脊髓中通向大脑的神经会将这一神经冲动传往大脑,使人感觉到膝盖被叩击了。

两个同学一组。一个同学坐在椅子上,一条腿自然地搭在另一条腿上,另一个同学用橡皮锤或手掌内侧边缘快速地叩击该同学上面那条腿膝盖下方的韧带。注意观察小腿的反应。

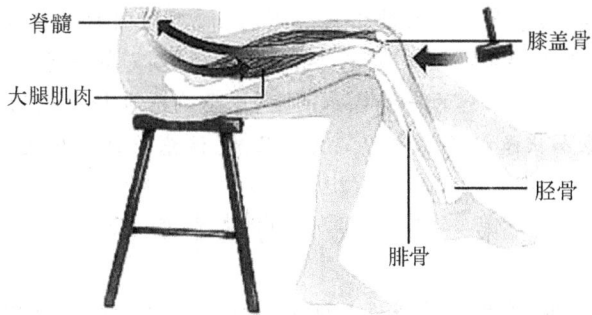

第三章　意识与注意

你是否有过这样的经历:在你坐公交车去学校时,怔怔地望着车内某处,下车时突然发现自己对公车上的任何事情都想不起来了。在课堂上,尽管老师讲得眉飞色舞,你却"心猿意马",无端地想起公交车上发生的事情,思绪也随之像脱缰的野马,瞬间转换了无数个念头,直到下课,也不知道老师讲了些什么。你觉得一天中的某一段时间里精神特别好,学习工作效率特别高,过了这段时间,精神状态就没有那么好了。这些经历表明,你在日常生活中经历着不同的意识状态。在不同的意识状态下,我们对周围的世界及自身变化的知觉和敏感程度处在不同的水平。当你入睡(有时会做梦)或生病发高烧时,意识状态的变化会更加明显。本章将介绍意识和注意的一些基本问题,主要内容包括意识的基本概念、人类意识的特征、意识的几种基本状态以及注意的定义和品质、注意的种类及教学中的应用等。

第一节　意识的基本概述

在心理学发展的早期,意识曾是心理学研究的中心问题之一。如冯特把心理学当作研究意识的科学,以分析意识的构成要素为研究目的;詹姆斯强调心理活动的连续性,提出意识流概念,声称:"心理学就是对意识的描述和解释。"20世纪初,行为主义盛行,强调心理学研究的客观性,将人们外部可观察的行为作为研究的对象,把意识完全排除在心理学研究的范围之外。但20世纪中叶,认知心理学兴起后,心理学家重新将人的内部心理过程作为研究对象,意识又逐渐回到心理学研究中来。除认知心理学之外,脑电图仪的发明、裂脑人的研究,还有吸毒、催眠等问题的大量研究,以及人本主义的兴起,都进一步推动了意识研究的发展。

一、意识的定义

(一)什么是意识

意识(consciousness)是什么? 这是一个古老而难解的问题,迄今为止没有形成一个令大家满意的定义,因为从不同的角度,可以对意识有不同的解读。

首先,意识是一种觉知。意识意味着人觉察到了某种"现象"或"事物",例如桌上放的一杯果汁、从音响里传来的优美音乐、同学的述说,等等。你觉察到这些外部事物的存在,说明你意识到了它们。同样,人也能觉察到某些内部状态,如舒服、眩晕或饥饿等。这种觉知,就心理状态而言,意味着清醒、警觉、注意集中等;就心理内容而言,包括能感受到或可用语言报告出的一些东西,如某些内心体验、对周围环境的知觉、对往事的回忆等。

其次,意识是一种高级的心理官能。意识不只是对信息的被动觉察和感知,它具有能动性和调节作用。在这个意义上,意识对个体的身心系统起统合、管理和调控的作用。这就像在电脑或人工智能这样复杂的系统中,通常需要一些特定的程序系统进行控制和调节,这种控制和调节对系统的正常运行与保持一定的功效有重要作用。

最后,意识是一种心理状态。心理状态可以分为不同的层次或水平,如从无意识到意识到注意,是一个连续体。另外,从哲学层面看,意识是与物质相对立的精神实体,由思想、幻想、梦等构成。

一般而言,意识是指个人运用感觉、知觉、记忆和思维等心理活动过程对自己内在的身心状态与外界环境变化的觉知。认知过程在意识中占有核心地位,但意识和认知并不等同,它不仅包含认知还包含着人的各种体验,即还包含了情感和意志的成分。如对演奏一段乐曲的喜爱、对暴力事件中施暴者的不满,或是对战争中敌人的憎恨。在现实生活中,意识通过认知过程获得的客观内容始终是作为个人自身体验而存在的。因此,人的意识是认知和体验的整体统一。

(二)什么是无意识

无意识是相对意识而言的,指个体不曾觉察到的心理活动和过程。按照精神分析学派创始人弗洛伊德的观点,无意识包括大量得不到满足而被压抑的观念、愿望、想法等。这些观念和愿望因为和社会道德存在冲突,太令人不安或令人恐惧,以至于人们无法应付它们,因此,它们被排除于意识之外,压抑到无意识中,但它们并没有消失,仍在积极活动,有时会以某种方式表现出来或影响人的心理和行为,如梦、口误等。弗洛伊德认为,如果把人的心理比作一座大海之中的冰山,那么人的意识便是露出水面的冰山顶端,它只占人的心理很小的一部分,大部分的心理活动或过程是无意识的。

常见的无意识现象有无意识行为、无意识刺激和盲视等。有时人的行为,特别是那些已经自动化了的行为,不受意识的控制。这是一般人都能理解的最常见的无意识现象——无意识行为。例如,一个人可以在骑自行车时毫无困难地思考其他的问题,或与别人交谈,没有意识到自己是如何维持自行车的平衡的;人们在想复杂问题时,出现习惯性小动作,如挠头皮,而自己却没意识到。这些都是无意识的动作。无意识的刺激指有时没有觉察到对我们产生了影响的刺激,实际上该刺激对我们产生了或大或小的影响。如在鸡尾酒会嘈杂的人群中,两人可以顺利交谈,尽管周围噪声很大,但两人耳中听到的是对方的说话声,而"屏蔽了"周围的其余的声音。但若此时周围有人提到其中一人的名字,他会立即有所反应,或者朝说话人望去,或者注意说话人下面说的话等。也就是说,当人的注意集中于某一事物时,意识将一些无关刺激排除在外,而无意识仍在监察被"屏蔽了"的声音。因此,对刺激的无意识现象也被称为鸡尾酒会效应。盲视是由于脑损伤引起的无意识现象。韦斯克朗兹曾报道过一个案例:一个大脑皮层 17 区受损的病人,其左侧视野一片椭圆形区域失明了。尽管他无法觉察到,也报告不出呈现于这个椭圆形失明区域的刺激,但可以对呈现于这个区域内的不同刺激进行区分,超过概率水平。并且在很多情况下,盲区的视觉活动几乎和正常视野的视觉活动表现得一样好。说明尽管该病人"看"不到刺激,却可以对刺激进行一定程度的信息加工。

二、意识的特征

意识是人类独有的现象,是心理发展的高级反映形式,也是人的心理最集中、最本质的体现,它的基本特征包括:

(一)意识的觉知性

觉知性是人类意识的最基本特征,指人对外部刺激和自身内部心理活动的了解。例如,教师在课堂上不但能够了解自身讲授的内容,还能觉知学生在课堂上的行为、态度,并综合分析课堂上的状况来把握整堂课的进程。故觉知性意味着人不仅能意识到客观事物的存在,而且也能意识到自身的存在、自身同客观事物的复杂关系以及自己的心理活动和行为等。

(二)意识的能动性

意识的能动性是指人类通过意识积极主动地反映客观世界和改造世界。意识的能动性表现在三个方面:

1.意识活动的目的性和计划性

人们在反映客观事物时,总有基于某种实践需要,抱有一定的目的和动机,在头脑中形成一个所要达到的思想蓝图,构成准备行动的计划。如教师明确教学目标,制订可行的课堂计划,之后付诸行动。

2.意识活动的主观创造性

人的意识不仅能反映事物的外部形象,而且能对感性材料积极主动地进行加工制作,反映事物的内部联系及其规律性。同时意识能够"复制"所反映的对象,而且还能够追溯过去、推测未来,创造出一个理想的和幻想的世界。也就是说,教师可以通过独具创造性的教学方式,以激发学生的主观创造性,达到举一反三的教学效果。

3.意识的前进性

人的意识活动是随着社会实践的发展而不断发展、前进的,随着人类自身主观世界的丰富和发展,人类意识不断地提高到更先进的水平。如随着经验的不断丰富,教师在课堂上有更强的觉知能力,对教学活动的整体意识更加清晰。而学生随着知识的不断丰富,更加深刻地意识到自身的知识储备,以及学习上的不足。

(三)意识的社会历史制约性

意识的社会历史制约性是就意识的发生、发展及其内容来说的。人类意识是在生产劳动的实践中产生的,意识一开始就是社会的产物,也是随着社会的变化而发展的。这主要表现在以下四个方面:

1.意识是人在与自然界斗争的生产劳动过程中产生的

劳动使猿脑演变成人脑并产生人类意识,而劳动又总是一种社会集体性活动,所以人类意识的产生是社会历史发展的产物,受到社会的影响和制约。

2.意识是和语言紧密地联系在一起的

语言在社会劳动中产生，而有了语言，人脑才有可能进行抽象思维，产生人类意识。从语言的发生发展的历史轨迹可以看出，伴随语言而产生、发展的意识显然受到了社会历史的制约。

3.意识的内容随社会历史的发展而日益丰富和发展

在社会历史发展的不同阶段，由于社会生产力和科学技术发展水平的不同，以及人们的社会实践领域不同，人们的意识会具有不同的发展水平和特点。现代人的意识内容要比以往任何一个社会形态的人的意识内容更加丰富和深刻。

4.个体意识的产生和发展亦说明了意识的社会历史制约性

意识是个人独特的社会经历和社会地位在脑中的反映，是个人特殊的社会实践的产物。个体意识是个性与共性的辩证统一的反映。

第二节　几种不同的意识状态

在日常生活中，人们会经历各种不同的意识状态。在不同的意识状态下，人们对周围的世界及自身变化的觉知和敏感程度处在不同的水平。多数人都能觉察到他们的精神状态、精力和心情在一天中的波动和变化，而在人们入睡做梦或生病发高烧时，意识状态的变化会更加明显。同时人们还可以通过摄取酒精、服用药物等方式来改变意识状态。意识状态研究的先驱查尔斯·塔特曾作过这样的论述："所谓意识的改变是指这样一种状态，在其中，个体明确地体验到自身心理机能模式在性质上的变化。"下面介绍几种常见的不同意识状态。

一、睡眠与梦

(一)睡眠

人的一生中大约有三分之一的时间是在睡眠中度过的，睡眠是我们日常生活中最熟悉的活动之一。我们每天都要在觉醒与睡眠、梦的意识状态间转换。但睡眠究竟是怎么一回事呢？回答这个问题并不容易，毕竟在我们睡着的时候，对自身和外界的事情几乎是一无所知的。在古代，人们认为睡眠和死亡很相似，是灵魂暂时离开了肉体，人们可以在睡梦中遇到已故的亲人，预见未来的事物等。但如今我们已经知道，睡眠与死亡完全不同，当一个人从清醒状态进入睡眠状态时，其大脑的生理电活动会发生复杂的变化。心理学家通过精确测量这些脑电的变化并绘成相应的脑电图（electroencephalogram，EEG），可以很好地了解和揭示睡眠的本质。

1.睡眠的阶段

研究显示，当大脑处于清醒和警觉状态时，脑电中有很多β波。β波的相对频率较高，每秒钟14～30个周期，波幅较小。而在安静和休息状态时，β波则由α波取代。α波的相对频率较低，每秒8～13个周期，波幅稍大。在睡眠状态时，脑电则主要是δ波，δ波的频率更低而波幅更大。根据脑电图的变化可以将睡眠分为五个阶段：

第一阶段主要为混合的、频率和波幅都较低的脑电波，大约持续10分钟。在这个阶段

阶段0 （清醒）

阶段 1

阶段 2

阶段 3

阶段 4

阶段 5

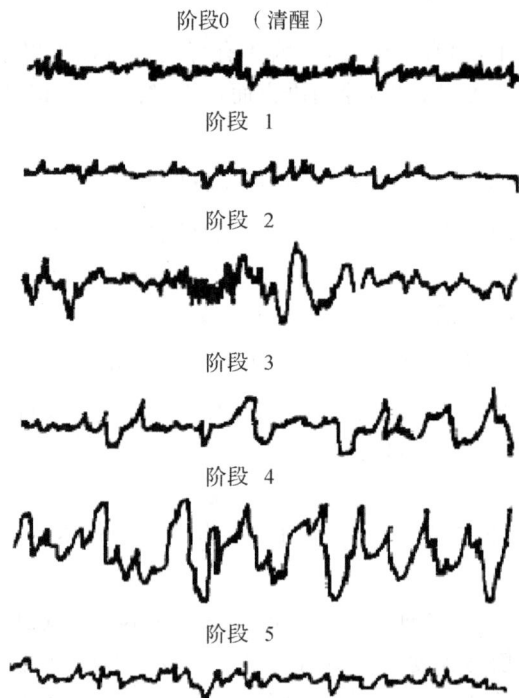

图 3-1　正常人睡眠阶段的 EEG 模式

个体处于浅睡状态，身体放松，呼吸变慢，但很容易被外部的刺激惊醒。

第二阶段，偶尔会出现被称为"睡眠锭"的脑电波，大约持续 20 分钟。"睡眠锭"是一种短暂爆发的，频率高、波幅大的脑电波。在这一阶段，个体很难被唤醒。

第三阶段，脑电的频率会继续降低，波幅变大，出现 δ 波，有时也会有"睡眠锭"，这一阶段大约持续 40 分钟。

第四阶段，当大多数脑电波开始呈现为 δ 波时，表明已进入了深度睡眠阶段。身体的肌肉进一步放松，身体功能的各项指标变慢，梦游、梦呓、尿床等也大多发生在这一阶段。第三、四阶段的睡眠通常被称为"慢波睡眠"（slow wave sleep，SWS）。

第五个阶段，脑的生理电活动迅速改变，δ 波消失，高频率、低波幅的脑电波出现，与个体在清醒状态时的脑电活动很相似。睡眠者的眼球开始快速左右上下移动，而且通常伴随着栩栩如生的梦境。睡眠者在这个时候醒来通常会报告说他正在做梦。似乎眼睛的移动与梦境有一定关系。另外心律和血压变得不规则，呼吸变得急促，如同清醒状态或恐惧时的反应，而肌肉则依然松软。因为这一阶段的睡眠常伴有快速眼动，故被称为快速眼动睡眠（rapid eye movement sleep，REM sleep）阶段。

前四个阶段的睡眠大约要经过 60 分钟到 90 分钟，之后睡眠者通常会有翻身的动作，并很容易惊醒。在此之后进入快速眼动睡眠，第一次快速眼动睡眠一般持续 5 分钟至 10 分钟，接着又进入第一阶段的睡眠，重复上面的过程。约 90 分钟后，会有第二次快速眼动睡眠，持续时间通常长于第一次。而在这周期性的循环中，随着黎明渐渐接近，第四阶段与第三阶段的睡眠会逐渐消失。

总而言之,睡眠的周期通常包括五个阶段,一个周期持续 90 分钟左右,每晚会重复几次。深度睡眠(第四阶段睡眠)的时间在前半夜要远长于后半夜。大多数的快速眼动睡眠发生于睡眠的后期,持续时间也越来越长。第一次快速眼动睡眠大约持续 10 分钟,而最后一次则长达 1 小时。一般人的睡眠都会经历这五个阶段。不过不同年龄的人又有所不同。婴幼儿睡眠时间长,一般每天 10 个小时以上,快速眼动睡眠比例大;随着年龄增长,成人睡眠越来越短,平均每天 5~9 个小时,快速眼动睡眠比例也越来越小。如果睡眠模式异常,通常预示了身体或心理功能的失调。

2.睡眠的功能

睡眠对生命是必不可少的,人不能没有睡眠。在中世纪有一种刑法叫"不准入睡"。有一个法国人被国王判处死刑,处死的方法就是不准入睡,稍有睡意就被看守用酷刑折磨。临死时这个人说:情愿早死,不愿受这种痛苦。睡眠的功能是显而易见的。功能恢复理论认为,睡眠使工作了一天的大脑和身体得到休息、休整和恢复;生态学理论认为,睡眠是一种机制,是在自然选择中进化、保留下来的,因为它使动物在不必觅食、求偶或进行其他活动时保存能量。例如,我们的祖先不适应在黑暗中觅食,而且受到老虎、狮子等大的肉食动物的威胁,所以要在夜里躲到安全的地方睡眠。随着生物进化,睡眠演变为恢复身体功能的过程,是正常的脑功能不可缺少的一部分。睡眠的功能主要有以下四点:

(1)睡眠是消除身体疲劳的主要形式

因为在睡眠期间胃肠道功能及其有关脏器,合成人体的能量物质,以供活动时用。另外,由于体温、心率、血压下降,呼吸及部分内分泌减少,使基础代谢率降低,从而使体力得以恢复。

(2)睡眠可以保护大脑,恢复精力

睡眠不足者,表现为烦躁、激动或精神萎靡,注意力涣散,记忆力减退等;长期缺少睡眠则会导致幻觉。而睡眠充足者,精力充沛,思维敏捷,办事效率高。这是由于大脑在睡眠状态下耗氧量大大减少,有利于脑细胞能量贮存。因此,睡眠有利于保护大脑,提高脑力。

(3)睡眠可以增强免疫力,康复机体

睡眠不仅是智力和体力的再创造过程,而且还是疾病康复的重要手段。睡眠能增强机体产生抗体的能力,从而增强机体的抵抗力,使各组织器官自我修复加快。现代医学中常把睡眠作为一种治疗手段,用来帮助患者度过最痛苦的时期,以利于疾病的康复。

(4)睡眠还可以促进儿童发育

睡眠与儿童生长发育密切相关。婴幼儿在出生后相当长时期内,大脑继续发育,需要更多的睡眠。婴儿睡眠中有一半是快动眼睡眠期,而早产儿快动眼睡眠期可达 80%,说明他们的大脑尚未成熟。据研究,促使人体生长发育的"生长素",只有在睡眠时才大量分泌。儿童生长速度在睡眠状态下增快,因为在慢波睡眠期血浆中的生长激素可持续数小时维持在较高水平,所以,儿童的生长速度在睡眠时要比觉醒时快 3 倍,俗话说"能睡的孩子长得快",就是这个道理。

3.失眠

最常见的睡眠异常就是失眠,很多人都有过入睡困难,或睡眠断断续续不连贯,或过早醒来且醒后不能再继续入睡的经历,这种现象通常称为失眠。对大多数人来说,失眠只发生在一些特殊的时间或场合,如高考前夜、刚到一个新环境等。但对于有些人来说,失眠持续时间长,并对正常生活有诸多不良影响,这时候失眠就成为一种病症,称为失眠症。失眠症是临床常见病症之一,虽不属于危重疾病,但睡眠不足使人全身乏力,感觉倦怠,妨碍人们正常的生活、工作、学习和健康,并能加重或诱发心悸、眩晕、头痛、中风病等病症。顽固性的失眠给病人带来长期的痛苦,甚至形成对安眠药物的依赖,而长期服用安眠药物又可引起医源性疾病。

失眠通常会伴随焦虑、精神抑郁等问题,而且很难说清失眠究竟是原因还是结果,或两者相互影响。导致失眠的原因多种多样,常见的有睡眠环境的突然改变;个体不良的生活习惯,如睡前饮茶、饮咖啡、吸烟等;某个特别事件引起过度兴奋或忧虑导致失眠;还有躯体原因,任何躯体的不适均可导致失眠;还有情绪因素,持续性地处于不良情绪状态,如紧张、害怕、担心、怀疑、愤怒、憎恨、抑郁、焦虑等都会影响睡眠。失眠的矫治可能需要多种措施。

(1)改善睡眠环境

人在睡眠时,光亮会透过眼皮刺激神经,而且抑制松果体分泌褪黑素,故睡眠时寝室光线宜暗不宜亮。"静"和"暗"是睡眠的两大要素。同时温度、湿度要适宜。另外,蓝色和绿色是海和树的颜色,对安定情绪有利。

(2)进行自我心理调整

1)分析失眠产生的原因,是因为情绪太过激动,还是因为心情不好,或者工作压力过大,等等,找到了原因,才能对症下药;2)调整情绪,对社会竞争、个人得失等有充分的认识,保持乐观、知足常乐的良好心态;3)树立信心,减少对睡眠的不合理认知与恐惧焦虑心理,要认识到失眠不是一种严重疾病,一天或几天少睡几个小时没啥关系,不要将它想象得太严重,避免因失眠而焦虑,越焦虑越失眠的恶性循环。其实,对失眠的焦虑可能比失眠本身更可怕。

(3)根据个人情况选择能改善睡眠的小措施

1)白天适度的体育锻炼有助于晚上的入睡。2)入睡前半小时洗热水澡、泡脚、喝杯牛奶等,有助睡眠。3)按摩某些穴位可以改善睡眠。揉捻耳垂:双手拇指和食指分别捏住双侧耳垂部位,轻轻地揉捻,使之产生酸胀和疼痛的感觉,揉捻约2分钟。头部按摩:用指叩法,双手弯曲,除拇指外,余四指垂直叩击头皮,方向为前发际、头顶、后头、项部及头部左中右,每天3~5次,每次至少5分钟,也可用梳子轻击。按压心包经:循着双侧上臂内侧中线,由上向下按压,痛点再重点按压,每日1~2次。4)自由联想或自我催眠疗法。想象一个自由放松的场景,比如说你喜欢森林,那就想象自己在森林中呼吸新鲜的空气;你喜欢大海,就想象着自己在海边轻松地散步,迎面吹来的海风吻过你的脸,非常舒适;等等。这样有助于你放松下来,更快地进入睡眠之中。可以应用一定的催眠术或积极的自我暗示改善身心状态,如全部意识集中于身体,逐步从头到脚地进行"放松"的自我暗示,通过正性意念来消除焦虑、紧张、恐惧等负性意念,这样有助于尽快进入梦乡。

(二)梦

伴随着快速眼动睡眠出现的梦是非常有戏剧性、生动、丰富和富于幻想的意识状态,伴有视觉和听觉形象。梦中可能充满温馨和甜蜜,可能充满恐怖和灾难,也可能荒谬而离奇。总而言之,梦一直是古今中外一个饶有兴趣的话题。人为什么会做梦?梦中的情节和情景到底是什么意思?梦对我们未来人生是否有所启迪抑或暗示?这是许多人都关注的问题。

长期以来,对梦的产生及其功能的解释一直存在着分歧。一般认为睡眠时周围的环境、机体状况、白天所从事的活动都会对梦产生影响,年龄、性别也会影响梦的内容。早在生理学、心理学产生之前,人们就对梦产生了兴趣,并做出了种种解释。早期人们认为,梦是可以脱离人体而独立存在的灵魂的活动;中国古代唯物论者认为,梦不是精神离开肉体的独立活动,梦的产生与睡眠时个体受到的内外刺激有关,"鼓声入耳则梦闻雷震","体热则梦火,体寒则梦水",梦的内容还与人的心情或情绪有关,如"惊愕生噩梦,快乐生喜梦"。现代具有代表性的有关梦的解释的理论主要有精神分析的观点、生理学观点和认知论等。

1. 精神分析的观点

精神分析学家认为,梦是潜意识过程的显现,是通向潜意识的最可靠的途径。或者说,梦是被压抑的潜意识冲动或愿望以改变后的形式出现在意识中,回忆、报告的梦里内容只是表面性的,其真实的意义是其潜在(隐含)的内容——被压抑的潜意识冲动或愿望,这些冲动和愿望主要是人的性本能和攻击本能的反映。在清醒状态下,由于这些冲动和愿望不被社会伦理道德所接受,因而受到压抑和控制,无法出现在意识中。而在睡眠时,意识的警惕性有所放松,这些冲动和愿望就会在梦中以改头换面的形式表达出来。在弗洛伊德看来,通过分析人的梦,可以得到一些有关潜意识冲动或愿望的重要线索。弗洛伊德认为,梦有两种主要功能,一是保护睡眠,二是提供实现愿望的方式。它排除各种日间生活产生的心理紧张,使人们的各种无意识愿望在这无意识境界中得到实现。

荣格关于梦的理论也强调梦的象征性,他认为:"象征是人格原型寻求和谐平衡的一种尝试,就是说,梦提供了能帮助人们在生活中恢复平衡的信息。"因此,荣格提出了梦的功能主要是一种补偿性的,它们总是强调另一方面以维持心理平衡。"梦的一般功能是企图恢复心理的平衡,它通过制造梦的内容来重建整个精神的平衡和均势。"

2. 生理学的观点

霍布森认为,梦的本质是我们对脑的随机神经活动的主观体验。一定数量的刺激对维持脑与神经系统的正常功能是必要的。在睡眠时,由于刺激减少,神经系统会产生一些随机活动。梦则是我们的认知系统试图对这些随机活动进行解释并赋予一定意义。

现代神经生物学认为,乙酰胆碱(一种神经递质)和脑桥所激活的反应导致梦的产生。网状激活系统的激活可以唤起我们,又不会使我们醒来,它还会激活与记忆相连的部分大脑皮层的神经中枢活动,然后,皮层将整合这些刺激来源,于是在一定程度上构成了梦的部分内容。

3. 认知观点

福克斯认为,梦的功能是将个体的知觉和行为经验重新编码和整合,使之转化为符号化的、可意识到的知识。这种整合可以将新、旧记忆联系起来。他认为梦担负着一定的认知功能。在睡眠中,认知系统依然对储存的知识进行检索、排序、整合、巩固等,这些活动的一部分会进入意识,成为梦境。例如德国化学家凯库勒在苦苦探索苯分子结构时仍百思不得其解,而一次梦到一条蛇咬住自己的尾巴,因此启发他解决了苯分子结构式。许多诗人和艺术家也常在梦中得到灵感。由于绝大多数的梦都发生在快速眼动睡眠阶段,因而这些发现在某种程度上支持了梦有认知功能的主张。

有关梦的实验心理学研究最早始于1953年美国芝加哥大学。研究者在用脑电波研究睡眠时偶然发现:快速眼动睡眠状态时期,受试者可能在做梦,并验证了这种假设。此后很多心理学也采用类似的方法研究梦,发现每个正常的人都有梦,每夜都有4～6个梦,并认为梦境的情节并不像弗洛伊德所言——与性有关,更多的梦倒是白天生活的延续,正符合"日有所思,夜有所梦"的常识。在梦的研究中,奇异梦境是很多研究者感兴趣的一个领域。霍布森等人(1987)描述了奇异梦境的一些主要特征,如不协调性(人物、物体、行为和情景特征的错误搭配)、不连续性(人物、物体、行为和情景特征突然发生了改变,没有一定规律)和认知的不确定性(认知模糊)。其中不连续性是奇异梦境的一个主要特性,表现为一种思想、行为、表象或情景,快速转移到与前者完全无关的状态中。

总而言之,梦主要有以下功能:(1)梦可以满足被压抑的愿望,维持心理平衡;(2)梦是意识与无意识交流的通道;(3)梦有调整心境和情绪的作用;(4)梦在一定程度上反映了身体健康状况;(5)梦担负着一定的认知功能,对知识有整合、巩固的作用,有助于人们记忆、学习、解决问题;(6)梦还具有一定的创造性。

近些年来,对梦的研究技术得到了提高,研究者已开发出可在家庭环境中记录睡眠各项指标的小型化的记录和存储系统,如夜晚帽。夜晚帽是一种帽形仪器,由一些传感换能器和一个微处理器构成,另外还包括一个安装在小盒子中的记忆器,能够记录个体在梦中的脑电变化及眼动情况。通过夜晚帽,可以在家庭情境的正常睡眠过程中灵活方便地收集数据,将这些数据和个体的主观报告结合起来,就可以探索梦的发生机制和根本原因。

二、催眠

催眠是一种特殊的意识状态,它使人们的意识对行为的监控弱化,自动地执行了催眠师的指示,没有以个体的正常认知系统作中介。人进入催眠状态后好像是睡着了,但其实并不是睡眠,只不过人在被催眠时处于深度放松状态下。脑电记录显示个体的催眠状态与清醒状态是一样的,只不过在催眠状态下,个体的思维、言语和活动是在催眠师的指示或指引下进行的,失去了独立思考和行动的能力。

古代就有很多类似于催眠的记载。早在18世纪,奥地利医生麦斯麦就曾用过"动物磁"治疗癔症病人,通过将这种"动物磁"传给病人,从而减轻病人的症状,收到了明显的效果。他用的方法就是早期的催眠术。1841年,英国著名的外科医生布雷德,将催眠应用于临床,利用催眠改变人的感觉敏感性,给病人麻醉、镇痛。

催眠现象给人一种印象:催眠之所以具有神奇效力,归功于催眠师的高超技术。其实,被催眠者的高度受暗示性在催眠中起了关键作用,这些被催眠者具有被催眠的天赋。人群中大约有10%～20%的人很容易接受催眠,约10%的人完全不能接受催眠。那些具有可催眠性的人,还可以进行自我催眠,自己给自己暗示,并对暗示做出反应。可催眠性一般来说是人的一种相对稳定的特性。不过,人的受暗示性也随年龄增长而变化。儿童往往受暗示性较高,在青少年期前达到高潮,随后逐渐下降。容易接受催眠的人通常有以下特征:(1)经常做情节生动的白日梦;(2)想象力丰富;(3)容易沉浸于眼前或想象中的场景;(4)依赖性强,经常寻求他人的指点;(5)对催眠的作用深信不疑。一般来说,个体在上述几方面的倾向越强,越容易被催眠。

催眠过程一般采取这样的步骤:(1)询问解疑,了解被催眠者的动机与需求,询问他对催眠既有的看法,解答他有关催眠的疑惑,确定他知道等一下催眠时哪些事情会发生而没有不合理的期待。(2)诱导阶段,催眠师运用语言引导,让对方进入催眠状态。一般而言,常用的诱导技巧有渐进放松法、眼睛凝视法、深呼吸法、想象引导法等方法。(3)深化阶段,引导被催眠者从轻度催眠状态进入更深的催眠状态。(4)治疗阶段,视被催眠者的需求来治疗。催眠师需要具有相当好的心理治疗与精神病理学背景,最好在宗教、哲学层面也有所涉猎。(5)解除催眠,让被催眠者从催眠状态回到平常的意识状态,确保他对整个治疗过程保有清楚的记忆,适时给予催眠后暗示,帮助他在结束催眠后,感觉很好,并且强化疗效。

现在催眠已被广泛应用于心理治疗、医学、犯罪侦破和运动等方面。在心理治疗方面,催眠曾用于治疗酗酒、梦游症、自杀倾向、过量饮食、吸烟等。但是除非病人的动机很强,否则催眠一般不会立即获得明显的效果。如果能配合其他的心理治疗,催眠的效果会更好。

三、白日梦与幻想

每个人都有精力不集中、思想开小差的时候。例如,看书时,你根本就没有注意书本上的内容,而是回想前几天遇到朋友时的愉快场景,并期待下次的见面,甚至在满脑子构想再见面时的情景。又如,正在听音乐时,突然走神了,想起了昨天悬而未决的问题,随之思绪万千,沉浸于想象之中。这种现象通常称为白日梦,程度较严重时,称为幻想。白日梦与幻想是意识的自发漂移状态,通常表现为漫无边际的遐想。研究表明,每个人都有过白日梦的经历,白日梦是人的一种正常机能。从心理学角度看,白日梦与幻想对人的心理健康有一定的积极作用。

1. 激发潜能

白日梦的题材多为个人关心的事情,由于不受传统思维限制,往往会迸发出意料不到的解决方案。美国心理学家彼特说:"想象力是解决问题的钥匙,当人们百思不得其解时,'白日梦'能为你提供答案。"在经典艺术创作过程中,我们也常常见到幻想的影子。大文豪巴尔扎克就常与他小说中的人物对话;作曲家勃拉姆斯也不止一次地说,只有当他冥想时,乐曲才会不间断地从脑海中跳出。

2. 开阔视野,放松心情

在现实生活中我们的言谈举止大都中规中矩,心理学称此现象为"人格面具"。而幻想往往超越现实,伴有一定的欣快感,让人们的心绪变得更宽广。当人们沉浸其中时,现实世界变得很遥远,人们也不由自主地进入了一种梦幻般的陶醉状态。

3. 改变自己的机会

幻想能使我们从更广泛的角度审视自己。在清醒意识层面,我们思考问题的方式是抽象的、概括的,观察事物也有选择性。而在幻想中,我们对内心的体察要细致、全面得多。另外,平时由于受自尊、面子的影响,人常常会欺骗自己,但在幻想中却会直面现实。因此,幻想可以提供一个全方位看待自己心理、人格的机会。你可以根据幻想的提示,找到更适合自己的行为方法。

阅读材料<<<<

古代中国的析梦术

有关梦的认识和处理,在我国历史上,开始时称为"占梦",后来又叫"解梦",具体地说就是"解说梦中之事"。随着历史的演变,以后又把这种解说梦的活动称为"圆梦"。

早在春秋战国时期,官方和民间都非常重视解梦,可以说在战国时期有关梦的说明已经形成了一套理论。在《诗经》《内经》中都对梦的形成进行了精辟的论述,其中对后世影响比较大的有《周公解梦全书》《搜神记》《占梦书》等,当然这些都是从唯心的视角和观点来认识和解释梦境的,因此显得十分牵强,甚至有许多荒诞不经的迷信说教充斥其中,为害匪浅。

有关占梦活动是从什么时候开始的,现在已无法进行考证,但是根据中国的史籍记载,中国最早的占梦人物应该说是黄帝。

在皇甫谧《帝王世纪》中有这么一段记载,有一天黄帝做了一个梦,"梦见有一股大风把天下所有的尘垢一下子都吹干净了,后又梦见一个人手执千斤的弓弩驱赶数万群羊"。当他醒来之后,对梦境就进行了一番自我分析。他认为梦中的风为号令,代表执政者;而把尘垢的"垢"字去掉土,就是后字,这应当预示天下有一个姓风名后的人;手执千斤弓弩的人,显然是个有异常的力量来驱赶羊群的人,是一个善于放牧的人,天下岂不是还有个姓力名牧的人? 根据占梦的结果他命令手下的人去寻求,后来果然获得姓名叫风后和力牧的两位辅助大臣。

(资料来源:http://www.baidu.com)

幻想毕竟不是现实,如果我们把大把时间都用来幻想,并严重干扰日常的实际生活,则显然是心理障碍的表现了。所以,我们还应面对现实,把幻想作为辅助手段,发挥其积极作用。

第三节 注意的基本概述

在生活、学习或工作中,人们的心理活动或意识总会指向和集中在某一对象上,例如,"举目凝视"、"侧耳倾听"、"低头沉思"等,就是描述心理活动或意识的指向和集中,即注意现象。

一、注意的基本概念

(一)注意的定义

注意是伴随着感知觉、记忆、思维、想象等心理过程的一种心理特征。注意是和意识紧密相关的一个概念,但不同于意识。简单说,注意是意识或心理活动对一定对象的指向和集中。也就是说,当人们面临诸多刺激物时,不能一一对其进行反映,而是根据自己的兴趣、爱好、知识经验以及当前任务有所选择地指向一定对象,并在这一对象上保持一定的心理强度,而不理会其余对象,这就是注意。注意不是独立的心理过程。因为它没有自己特定的反映对象和内容。但它是各种心理过程的共同特性。通常老师说:"请注意"、"注意了",好像注意本身有反映的内容一样,其实这里老师是把"注意看……""注意听……"中的"看"和"听"给省略了。

注意有两个基本特征,即指向性与集中性。

注意的指向性是指心理活动或意识选择了某个对象,而忽略了另一些对象。例如,听课时,你的心理活动集中在老师讲课的内容上,尽管这时一只小鸟落在了你身边的窗台上,你也并没有觉察到。被指向的事物是注意的中心,人们对它的反应比较清晰、鲜明,其余事物则成为注意的边缘或注意的背景而被人们所忽略。指向性不同,人们从外界接受的信息也不同。

注意的集中性是指心理活动停留在被选择的对象上的强度或紧张度,它使心理活动离开一切无关事物。例如,医生在做复杂的外科手术时,他的注意高度集中在病人的病患部位和自己的手术动作上,与手术无关的其他人和物排除在他的意识中心之外。人在高度集中自己的注意时,注意指向的范围就缩小。这时候,他对自己周围的一切就可能"视而不见,听而不闻"了。从这个意义上说,注意的指向性和集中性是密不可分的。

（二）注意的功能

注意是心理活动顺利进行的重要条件。它是心理过程的开端,并伴随着心理过程的始终。但注意不是一种独立的心理活动过程,因为注意本身并不反映事物及其属性。心理学家通常把注意看作是心理活动的一种状态,即是心理活动的一种积极状态。这种积极状态具有以下功能:

1.选择功能

注意的基本功能是对信息进行选择,使心理活动选择有意义的、符合当前需要的对象或活动。周围环境给人们提供了大量的刺激,而人脑的信息加工能力是有限的,在同一瞬间,只能加工部分信息。注意的选择功能使大脑选择主体认为重要的那些信息进行加工,如符合主体需要或兴趣的信息、与活动目标一致的信息等。同时,注意的选择功能使大脑排除其他信息的干扰作用,以提高大脑信息加工的效率。注意对信息的选择受许多因素的影响,如刺激物的物理特性,人的需要、兴趣、情感,过去的知识经验等。

2.维持功能

所谓维持,指将心理活动集中在一定的对象上,并保持一定的强度。这是人脑进行信息加工的必要条件。注意指向并集中在一定对象后,会保持一定时间的延续性,维持心理活动的持续进行。如果不加注意,信息就会很快消失。心理活动需要将被选定的对象或信息保持在意识的中心,易于人们对它作进一步的加工和处理,一直到完成任务,达到目的为止。

3.调节功能和监督功能

注意的调节功能是注意对心理活动的监督、调整等作用。注意使人们能够对心理活动的全过程进行监督,使其向一定方向或目标进行。一旦心理活动偏离了预定的目标或方向,人们就会立即发现,并予以调整,从而保证心理活动的顺利完成。事实上,人们在注意集中时,学习或工作中的错误就少,效率就高。事故或错误一般在注意分散时发生。另外,当人们根据活动的任务将信息加工从一个对象转移到另一个对象时,注意可使这种转移能够顺利完成。

注意不仅是个体进行信息加工和各种认知活动的重要条件,也是个体完成各种活动的重要条件。在注意状态下人们才能有效地监控自己的动作和行为,从而达到预定目的,避免失误,顺利完成相应的工作任务。总之,注意保证了人对事物清晰的认识、更准确的反应和进行更可控的行为。这是人们获得知识、掌握技能、完成各种智力操作和实际工作任务的重要心理条件。我国古代哲学家、教育学家荀子就指出:"君子壹教,弟子壹学,亟成。"意思就是说,教师专一地教,学生专一地学,很快就能成功。有经验的教师都会发现,有些儿童学习成绩差,并不是他们智力低下,而是没有集中注意学习。注意也是实践活动的必要条件,任何实践活动都需要人们集中注意力,才能提高工作效率,减少差错或事故。

(三)意识与注意的关系

意识和注意是既相互区别,又高度关联的两个概念。一方面,注意不同于意识。注意是一种有选择地加工某些信息而忽略其他信息的心理倾向。如果把注意看成一个可变焦距的聚光灯,那么意识就是该光柱所照到的区域内的图像;把人脑比喻为一台电视机的话,注意就是对电视节目进行选择的过程,而意识则是出现在电视屏幕上的内容。注意提供了这样一种机制,决定什么东西可以成为意识的内容,而什么东西不能。与意识相比,注意更为主动和易于控制。而在人们将注意集中于特定事物或活动时,可以有意识地选择要注意的活动或对象,但在很多情况下,这种选择并不是有意识的,而是由刺激和事件本身引起的,是一个无意识过程。

另一方面,注意和意识密不可分。当人们处于注意状态时,意识内容比较清晰。人从睡眠到觉醒再到注意,意识也分别处在不同的水平上。睡眠是一种无意识的状态。人在睡眠时,没有对事物的指向和集中,也就意识不到自己的活动或外部的刺激,或不能清晰地意识到。从睡眠进入觉醒以后,人开始能意识到外部的刺激和自己的活动,并且能有意识地调节自己的行为。但是,即使人在觉醒状态下,也不能意识到所有的外部刺激、事件和自己的行为,而只能意识到其中的一部分。人的注意所指向的内容,一般处在意识活动的中心。因此,对于注意指向的内容,人的意识比较清晰和紧张。

总之,在注意条件下,意识与心理活动指向并集中于特定的对象,从而使意识内容或对象清晰明确,意识过程紧张有序,并使个体的行为活动受到意识的控制。而进入注意的具体过程则可能是无意识的,即有时包含了无意识过程。因此,掌握注意规律在日常生活、工作学习中显得尤为重要。

二、注意的神经机制和外部表现

(一)注意的神经机制

注意和其他心理现象一样,是由神经系统不同层次、不同脑区的协同活动来完成的。从19世纪中叶以来,生理学家和心理学家们进行过多方面的研究,试图揭示注意活动的复杂的神经机制。

1.朝向反射

朝向反射是由新异刺激物引起的。刺激物一旦失去新异性(习惯化),朝向反射也就不会发生了。它是注意最初级的生理机制。它包括一系列的身体变化,如动物把感官朝向刺激物;正在进行的活动受到压抑;四肢血管收缩,头部血管舒张;心率变缓;出现缓慢的深呼吸;瞳孔扩散;脑电出现失同步现象等。这一系列身体变化,有助于提高动物感官的感受性,并能动员全身的能量资源以应付个体面临的情境,如逃离威胁情境、趋向活动的目标等。朝向反射的这种特殊作用,使它在人类和动物的生活中具有巨大的生物学意义。

2.脑干网状结构

脑干网状结构是指从脊髓上端到丘脑之间的一种弥散性的神经网络。网状结构不传递环境中的特定信息,但它对维持大脑的兴奋水平和觉醒水平,使皮层功能普遍得到增强,从而保证大脑有效地加工特定的信号,具有重要的意义。没有网状结构引起的大脑活动的普遍激活,就不可能有注意。

3.边缘系统和大脑皮层的功能

网状系统的激活作用是大脑处于觉醒状态,但觉醒不等于注意。注意还与脑的更高级的部分——边缘系统和大脑皮层的功能相联系。边缘系统是由边缘叶、附近皮层和有关的皮层下组织构成的一个统一的功能系统。它既是调节皮层紧张性的结构,又是对新旧刺激物进行选择的重要结构。一些研究表明,边缘系统中的神经元不对特殊通道的刺激作反应,而对刺激的每一变化作反应。这些神经元也叫"注意神经元"。它们是对信息进行选择的重要器官,是保证有机体实现精确选择的行为方式的重要器官。

人们选择一些信息,而离开另一些信息,还与大脑皮层的功能相联系。基于已有的研究发现,拉贝奇提出注意需要三个脑区的协同活动,这三个脑区分别是:(1)认知对象或认知活动的大脑功能区(功能柱);(2)能提高脑的激活水平的丘脑神经元;(3)大脑前额叶的控制区,可以选择某些脑区作为注意的对象,提高其激活水平,使激活维持一定的程度和时间。这三个脑区通过三角环路的形式结合起来,是产生注意现象的生理基础。

(二)注意的外部表现

注意是一种内部心理状态,常常伴随着特定的生理变化和外部表现。注意最显著的外部表现有以下几种:

1.适应性运动

人在注意时,有关的感觉器官朝向刺激物。例如,人在注意观察某个物体时,把视线集中在该物体上,即所谓"举目凝视";注意听一个声音时,把耳朵转向声音的方向,即所谓"侧耳倾听";当沉浸于思考或想象时,眼光常常是呆滞在某处,对周围对象的感知就变得模糊起来。

2.无关运动的停止

人在高度集中注意时,无关运动会暂时停止。如当儿童听讲精彩故事时,会一动不动地看着讲故事者。

3. 呼吸运动的变化

人在注意力集中时,呼吸变得轻微而缓慢,呼与吸的时间比例也会发生变化。吸气变短,而呼气相对延长,当注意力高度集中时,甚至会出现呼吸暂时停止的状态,即所谓的"屏息"现象。

此外,在注意紧张时还会出现心跳加速、牙关紧闭、握紧拳头等现象。注意的外部表现可以作为研究注意的客观指标。但是,注意作为一种内部心理状态,它和外部行为表现不一定完全相符。例如,在课堂上,学生可能用眼睛盯住教师,装出一副认真听讲的样子,而实际上,他的注意全然不在教师讲课的内容上,而是指向与教学无关的其他事物。可见,注意的外部表现并不能完全表明一个人的注意的指向,有时可能得出错误的结论。

三、注意的品质

注意的品质也就是注意状态的特征,是衡量个体注意力优劣及其在注意力上的个别差异的重要指标,包括注意广度、注意稳定性、注意分配与注意转移。

(一)注意广度

注意广度也就是注意的范围,是指人在同一时间内所能清楚地觉察的对象的数量。注意广度是心理学中最早进行实验研究的问题之一。1871年耶文斯做了一个实验:抓一把黑豆撒向一个黑色背景上的白盘子中,当然只有部分黑豆落在盘子内,其余的都落入黑背景中去了。待白盘子中的黑豆刚一稳定下来,要被试立即报告盘中有多少黑豆。实验结果表明:当盘中黑豆多至5个时,开始发生估计上的误差;到8～9个时,错误估计的次数尚不超过50%,多于8个时,错误率大增,且都倾向于把黑豆数量低估。当然,不同刺激物,人们的注意广度不同。在十分之一秒的时间内,成人一般能够注意到8～9个黑色圆点或4～6个彼此不相联系的外文字母。成年人视觉的注意广度大约是"7±2"。有些工作需要较大的注意范围,如体育运动的裁判员、驾驶员等。人的注意广度并不是固定不变的,影响注意广度的主要因素有:

1. 知觉对象的特点

知觉对象越集中、排列得越有规律越能成为相互联系的整体,注意的范围也就越大,如对排列成一行的字母比对杂乱分散的字母注意的数目要多些。

2. 活动的任务

知觉活动的任务越多、越复杂,注意广度就越小;知觉活动的任务越少,注意广度越大。

3. 知识经验和情绪等个体因素

知识经验越丰富,注意广度越大;知识经验越贫乏,注意广度越小。情绪越紧张,注意广度越小。注意广度经过训练是可以扩大的,如经过快速阅读的训练可以使人"一目十行",这样可以提高人们的学习效率。

(二)注意稳定性

注意稳定性也称注意的持久性,是指注意在一定时间内相对稳定地保持在某一活动或对象上,这是注意在时间上的特征。注意稳定性有广义与狭义之分。狭义的注意稳定性是指注意维持在同一对象上。一般说来,人很难长时间集中注意在一个对象上保持不变,因为人的感受性不能长时间地保持不变,总是周期性地加强或减弱。注意的这种周期性变化叫作注意的起伏现象。如在图 3-2 中,左图你看到的是什么？右图你看到几个正方体？注意的起伏周期一般为 2、3 秒至 12 秒。这种现象即使在相对稳定的注意中也是存在的,只要我们的注意不离开当前活动的总任务,这种起伏就没有消极的作用。广义的注意稳定性是指注意保持在一定的活动上,并随着活动的进行变换注意的具体对象。例如学生在上课时,一会儿在认真倾听老师的讲授,一会儿在写写画画,一会儿还翻阅教材,虽然活动的对象总是在变化,但都是围绕上课内容展开的,在 45 分钟的上课时间内,使自己的注意保持在与教学活动有关的对象上。

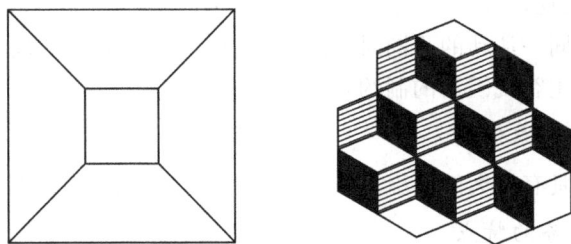

图 3-2 注意的起伏

影响注意稳定性的内部条件是个体的心理状态。人们对所从事的活动认识越深刻、态度越积极、兴趣越浓厚,注意就越稳定。此外,良好的精神状态与平静快乐的心境对提高注意稳定性也有重要作用。影响注意稳定性的外部条件是活动对象的特点,活动内容越丰富、活动形式越活泼多样,注意稳定性就越高。

与注意稳定性相反的是注意分散,又称分心。注意分散一般是由于无关刺激的干扰或单调刺激的长期作用,使得注意离开当前应当注意的对象。

注意稳定性是衡量注意品质的一个重要指标。它在人们的工作和生活中具有重要的意义。工人必须具有稳定的注意,才能正确地进行生产操作,排除障碍和各种意外的事故,按质按量地完成生产任务;战士必须具有持续的注意,才能坚守在祖国的边防线上,时刻警惕着一切敢于进犯的敌人,保卫祖国;学生必须具有持续的注意,才能有效地接受教师传授的知识。可以说,没有稳定的注意,人们就难以完成任何实践任务。

(三)注意分配

注意分配是指在同一时间内,把注意分配到两种或几种不同的对象或活动上,也就是指同一时间内把注意力指向不同的对象。注意分配是完成复杂工作的重要条件。如音乐教师用脚踏风琴教唱歌曲时,右手弹主旋律,左手伴奏,眼睛看乐谱,脚踩踏板,口领唱,还要观察学生的学唱情况,这要有良好的注意分配力才能胜任。

注意的分配是有条件的。通常来说,人是很难同时完成两项要求高度集中注意的事情的。人们能否实现注意分配,主要取决于活动的复杂程度和熟练程度。活动越复杂、越不熟悉,注意分配就越困难;如果同时进行的多项活动中只有一种是不熟悉的,其余活动都已达到"自动化"或"半自动化"时,注意就能较好地分配到这几项活动中来。此外,注意分配与刺激的性质也有关。人们一般在不同的感觉道间才能实现注意分配,如边听边写、边吃边看、边走边说等。如果两种任务要求用同一类心理操作来完成,则出现注意分配困难。如左手画方、右手画圆。在实际生活中,有很多工作要求高度的注意分配能力,如驾驶员、教师、乐队指挥等,如果不善于注意分配,工作就做不好,甚至造成事故。

(四)注意转移

注意转移是在环境或任务发生变化时,主动地把注意从一个对象或活动转到另一对象或活动上。注意转移不同于注意分散,注意转移是一种有意识的、自觉的活动,根据活动任务的需要,有目的地把注意转向新的对象,是注意灵活性的表现,是注意的积极品质。注意分散是在活动任务需要注意稳定的时候,被无关刺激所干扰和吸引,离开了应该注意的对象,是注意不稳定的表现。

注意转移可以在同一活动的不同对象之间,也可以在不同的活动之间进行。注意转移的快慢与难易受一些主客观因素的制约:

1.对原来活动的注意强度

如果原来的活动具有极大的吸引力,非常引人入胜,那么注意转移就会很困难、很缓慢。

2.新的活动和任务的特点

新的活动和任务越符合人的需要与兴趣,其重要意义越被人深刻理解,或者越具有迫切性等因素,则注意转移就越容易、越迅速。

3.事先是否有转移注意的信号

事先发出转移注意的信号,使人有心理准备,则注意转移就会主动而及时。

4.人的神经类型与生活习惯

神经类型属于灵活型的人要比非灵活型的人转移注意的速度快。具有组织性、纪律性的人,养成严格而有规律的生活、学习、工作习惯的人,转移注意的质量就较高;反之,则转移注意的质量较低。

注意的上述品质特征是密切联系的。个体活动的效率不仅取决于是否具有注意的某一品质特征,而且取决于在完成一定活动时如何把它们正确地结合起来。同时,通过生活实践的训练,人的注意的品质也是可以得到改善和提高的。

第四节 注意规律在教学中的运用

我们对事物的注意,有时是自然而然发生的,不需要任何意志的努力;有时是有目的的,需要付出意志的努力来维持。这样,我们可以将注意分成不随意注意、随意注意和随意后注意三种。在日常生活和工作中,特别是在教师的教学工作中,了解注意的种类及其规律,运用注意规律优化教学过程,提高教学效果,具有重要的意义。

一、运用不随意注意规律组织教学

(一)什么是不随意注意

不随意注意,又称无意注意,是指事先没有预定目的,也没有明确的认识任务,不需要意志努力的注意。它主要是由周围环境的变化引起的,是一种消极被动的注意。在这种注意活动中,人的积极性水平较低。例如,我们正在教室内聚精会神地听讲,突然从教室外闯进来一个人,这时大家不约而同地把视线朝向他,不由自主地引起了对他的注意。注意的引起与维持不需要依靠意志的努力,而主要取决于刺激物本身的性质。

(二)引起不随意注意的原因

产生无意注意的原因可以分为两类:客观刺激物本身的特点和主体的状态。

1.客观刺激物自身的特点

一般地说,刺激物强度较大、与周围环境成鲜明对比而有新异性、具有运动性或富于变化等因素,都易引起无意注意。

刺激物的强度是引起不随意注意的重要原因。强烈的刺激物,如一声巨响、一道强光、一种浓烈的气味、一下猛烈的碰撞,都会不由自主地引起人们的注意。

刺激物之间的对比关系,即刺激物在强度、形状、颜色和大小等方面与其他刺激物存在显著差异时会引起人们的不随意注意。如教师讲课时声音突然提高或降低可以起到集中学生注意的作用。

刺激物的新异性,即刺激物超乎寻常的特性,使其在千篇一律的、刻板的、多次重复的事物中脱颖而出,引起人们的不随意注意。如,自幼生活在南方、没有亲眼见过雪花飘落的人,当他们第一次在北方见到漫天飞舞的雪时,自然容易对雪花产生不随意注意。

刺激的活动和变化,如闪烁的霓虹灯、活动的玩具,比静止的物体更容易引起人们的注意。再如,教师用抑扬顿挫的声音讲课时可以起到集中学生注意的作用。

2.人自身的主观状态

不随意注意不仅由外界刺激物被动地引起,而且还和人自身的状态、需要、情感、过去经验等有着密切的关系。

凡是符合人的需要和引起人们兴趣的事物都会使人产生积极的态度和期待的心情,从而引起人们的无意注意。例如,建筑师由于职业的需要,当他们在外地旅游的时候,那里的各式各样的建筑物都会自然而然地吸引他们注意。

人在心境开朗、心情愉快、精神饱满时,比平常更容易注意新鲜事物,而且注意也更容易集中和持久。

不随意注意既可帮助人们尽快对新异事物进行定向,使人们获得对事物更加清晰的认识,也能使人们从当前进行的活动中被动地离开,干扰他们正在进行的任务,因而具有积极和消极两方面的作用。对教师来说,正确掌握不随意注意的规律,对做好教育、教学工作是有帮助的。

(三)无意注意规律在教学中的运用

无意注意主要是受外部事物的刺激作用不自觉地产生的。它缺乏目的性,又不需要意志努力,常会导致学生上课分心,干扰正常的教学活动。但也可以通过对某些服从于教学要求的刺激物的有意识的控制来引起学生的无意注意,为教学活动服务。在具体的教学工作中,教师应该利用无意注意的特点组织教学过程,避免无意注意的消极影响。

1.创造良好的教学环境

为了使学生在学习过程中不受外部无关刺激的干扰,应该创造一个安静、整洁的教学环境。首先,教师应该注意教室外环境对课堂的干扰。冬天风雪大的时候应关紧门窗;夏天日晒的时候要拉上窗帘;如果有噪声、视觉干扰或不良气体侵入,应该尽快排除。其次,还应注意教室内的环境,例如,地面要干净,桌椅排列要整齐,教室的布置和装饰应当简洁朴素而富有教育意义等。过于华丽、繁杂的室内布置,有时会成为课堂教学的"污染源",会分散学生的注意力。再次,教师的服饰、发型不宜过于耀眼。有的教师换了新装或理了新发型后,往往在上课前先到学生面前"亮亮相",这种做法可以有效地减弱学生上课时的注意分散。另外,在教学过程中教师要迅速妥善地处理偶发事件。例如,对天气骤变、学习条件恶化(突然阴雨、停电、室外嘈杂等)、学生病倒或严重违纪事件等,教师既不能熟视无睹,也不能惊慌失措,要以自己平静的情绪与学生一起审慎、迅速地处理好,保持课堂教学秩序的稳定。在课间休息时,不宜让学生做激烈的或竞赛性的游戏活动,以防止学生因过度兴奋而不能将注意及时转移到课堂上。还要教育学生遵守课堂纪律,不要迟到、早退或随意喧哗和走动,以免干扰别人注意的稳定和集中。

2.注重讲演、板书技巧和教具的使用

客观刺激物的强度、对比、新颖性和活动性是引起无意注意的重要因素,教师要发挥无意注意的积极作用,就应努力在讲演、板书和教具使用中运用无意注意的规律。首先,在讲课过程中,教师应该音量适中,语音、语调做到抑扬顿挫,遇到重点、难点还要加强语气,伴以适当的手势和表情。声音太大、语调平淡,容易使学生疲劳;声音过小,学生听不到或听不清,就很容易分心。其次,板书是课堂教学的重要辅助手段。其目的一方面是帮助学生理清知识结构和脉络,解决疑难;另一方面,也是为了吸引学生的注意力,提高课堂学习效率。因此,板书应该做到运用有度、重点突出、清晰醒目。必要时还要用彩色粉笔和图、表格加以强调。另外,许多学科的教学还需要借助教具作为辅助手段,尤其在低幼儿童的教学中,合理使用教具可以激发学生的直接兴趣,吸引学生的无意注意。为了达到这一目的,教具应该新颖直观,能够很好地说明问题。同时,使用教具时教师还要给予言语讲解,引导学生正确观察,避免学生只关注表面现象,忽略实际问题。

3.教学内容要新颖丰富

精心组织新颖丰富的教学内容是自然而然地吸引学生注意的重要条件。首先,教学内容要生动丰富。抽象而枯燥的内容很难激发学生的兴趣,因此要保持注意也较困难,所以,必要时教师除应当补充某些与原教材有关、内容健康、生动的注解性的知识外,还要掌握把教材化抽象为具体、变枯燥为生动、化难为易的教学艺术。其次,内容难度要合理搭配。心理实验表明,最能引起和维持学生注意的知识,既不是他们完全不懂的,也不是他们完全懂了的知识,而是与他们过去的知识有着联系的难度适中的知识,因为这种知识有助于激发他们的心理期待。再次,教学内容的深度、广度要适当。内容有适当的深度和广度,才有利于开发学生的潜能和智力。喜欢涉猎比较深奥的或广博的知识是学生的一种突出的心态。尤其青少年期的学生有极强的好奇、好强、好胜心理以及渴望得到表现的机会。调查发现,他们这种心理尤其喜欢在学习上表现出来。所以,通过教材深度、广度的合理组织,最有利于无意注意发挥它应有的积极作用。最后,个体的知识经验是影响无意注意产生的因素,学生

更愿意关注与自己知识经验有联系的事物。这就需要教师找出教学内容与学生知识结构的结合点，提供具体的实例，引起学生的直接兴趣，维持学生的注意。

4.教学方法力求多样，富于变化

教师教学中应该运用多种教学方法和灵活、多样的教学手段，调动学生饱满的情绪状态和学习积极性，例如，教师在讲解和板书之外，还应穿插使用教具演示、个别提问、角色扮演、集体讨论以及动手操作等教学形式。教学的方法多样而富有启发性，是吸引学生注意、保证教学质量的重要手段。教师教法单调与呆板，常常是导致学生兴奋性低落、上课分心的重要因素。但是过多或频繁地改变教法也是不恰当的，学生容易被教师游戏般的新异教法所吸引而忘记了学习的主要任务。所以，教师备课不仅要备内容，还要备教法。

二、运用随意注意规律组织教学

(一)什么是随意注意

随意注意或有意注意是指自觉的、有预定目的的、需要一定意志努力的注意，是一种积极主动的注意。在任何一种活动中，无论人是多么爱好这种活动，也往往包含一些无兴趣的、引不起注意的作业。因此，为了完成一项任务，必须善于把自己的注意有意地集中和保持在这些活动中。比如，当学习中遇到困难或环境中出现种种干扰学习的因素时，我们通过意志的努力，使注意力坚持在学习活动上。有意注意是人类所特有的，它的发展大体经过三个阶段：第一阶段，随意注意是通过成人的言语指令而引起；第二阶段，通过自己扩展了的外部言语调节和控制行为；第三阶段，通过内部的言语指令来调节和控制自己的行为。

(二)引起和保持随意注意的条件和方法

1.加深对活动的目的和任务的理解

随意注意是一种有预定目的的注意。人们对活动的目的和任务的重要性理解得越清楚、深刻，越易于引起和维持随意注意。

2.培养间接兴趣

有趣的事物容易引起随意注意。在随意注意中，人的间接兴趣有重要作用，如对活动目的的兴趣、对活动结果的兴趣，尽管活动本身可能并不直接吸引人。间接兴趣越稳定，就越能使人对活动的对象保持有意注意。人们开始学习外语时，背单词、背课文，常常使人感到枯燥乏味，但是不少人知道掌握外语的重要意义，所以能够克服困难，刻苦攻读，专心致志地学习外语。这种对活动结果的兴趣，即间接兴趣，能够维持人们稳定而集中的注意。

3.联系过去知识经验

知识经验对随意注意也有重要的影响。一方面，人们对自己异常熟悉的事物或活动，可以自动地进行加工和操作，无须特别集中地注意。另一方面，参加与他们的知识经验有一定关系的活动时，人们更容易引起并维持自己的注意。以听报告为例，如果报告的内容与人们已有的知识经验有联系，人们更容易能理解它、接受它，那么维持注意就较容易。相反，如果报告的内容对人们来说太陌生，像听"天书"一样根本不知所云，要维持集中的注意就很困难了。

4.用坚强意志与干扰做斗争

一个具有顽强、坚毅性格特点的人,易于使自己的注意服从于当前的目的与任务;相反,意志薄弱,害怕困难的人,不可能有良好的随意注意。因此在有干扰的情况下,人们为了集中注意,除了要采取一定的措施排除干扰外,还要用坚强的意志与干扰做斗争,这样既能锻炼意志,又能培养有意注意。

(三)有意注意规律在教学中的运用

学习是经验获得及行为改变的过程,是一种复杂的活动。学习过程会遇到很多的困难和干扰,如果学生只凭无意注意是很难完成学习任务的,必须培养学生的有意注意。教师也应根据有意注意规律组织教学。

1.帮助学生明确学习目的

对课堂教学而言,有经验的教师常常要求学生上课前进行预习,事先了解这节课要讲的内容,知道哪些地方自己没有看懂,这样做就是为了引起学生的随意注意。学生有了明确而具体的听课目的,就能更有效地从课堂上选择信息。

对学生长远发展而言,学习的重要性不言而喻。但学习是个长期的艰苦过程,只有偶尔的求知愿望是不够的,应当发展更具社会意义的远大理想。因此,教师要帮助学生把短期的、具体的学习目的转化为长期的远大的人生目标,把单纯得到考试成绩的暂时兴趣转化为追求运用知识的永久兴趣,把学习的每一个课题都与实际生活联系起来。学习目的明确了,有意注意就能维持得更长久。

2.尊重学生学习主体性,激发学生学习动机

教师要尊重学生的情感、需要和价值观,并建立融洽的师生关系,相信学生自己能教育自己,发展他们的潜在智能。教师把学生当作学习的主体,学生也就会成为有意注意的主人。要让学生体验到自身学习的成功,以此来激发他们的学习动机。这是使他们把注意力集中在学习上的最有效的手段。教师要充分肯定学生主动回答问题的积极性;批改作业时要尽量挖掘学生优点,评分宜从宽;对于他们的不足之处,要正面引导;定期展示班级学生的学习成果,对每个学生的进步予以及时的肯定和精神奖励等。当学生看到自己的学习被肯定,便会获得成功的喜悦,从而不断地培养对学习的兴趣,更加努力地注意学习活动。

3.合理组织活动

合理地组织教学活动,采取具体措施使学生保持有意注意,如向学生提出问题,在学生刚开始注意分散时给予提示和批评,合理安排课堂内容,将智力活动与实际操作相结合,根据任务的需要对学生提出一定的要求(做笔记),适时地提问。这些均有助于学生长时间将注意集中到课堂上。另外,学生不可能对枯燥无味的简单任务保持长期稳定的注意,教学活动的组织要尽可能生动丰富,富有变化。

4.训练良好的注意习惯,培养抗干扰能力

训练良好的注意习惯主要包括以下两个方面:能高度集中注意而不分心;能迅速转移注意而少惰性。教师可选择一些有一定难度、需要集中注意才能完成的任务交给学生,让他们解决。任务既可以结合课程,也可以是纯训练性的,教师可根据要求自行设计问题。如要求学生快速阅读或组织抢答题竞赛,以培养他们高度集中的注意能力。又如将不同学科、不同性质的问题交叉、随机地呈现,以训练学生灵活转移注意的能力,等等。

同时加强对学生的组织性与纪律性的教育,培养学生的抗干扰能力,这是维持有意注意的心理基础。心理学的研究表明,人的外部的庄重和严肃能够促使其内心世界的协调性和组织性。加强对学生组织性与纪律性教育的目的,是使学生能够自觉地依靠有意注意去协调内心世界与外部行为,使其言行举止有意化、自动化。当然,注意的核心是讲求实效,而不是追求貌似注意的状态,貌似注意状态不但无助于完成当前的任务,而且更严重的是会养成心猿意马等不良注意习惯,它将极大地妨碍学习的效果。养成抗干扰习惯的学生,在遇到干扰时,就懂得用语言提醒自己注意,能习惯性地运用实际动作来支持有意注意。

5.交替运用无意注意与有意注意

高度集中注意要消耗相当的体力和脑力,所以长时间地集中注意,必定使人疲惫不堪。怎样使学生在学习活动中始终积极地注意而又不疲劳呢? 在教学活动中,教师要适当地运用无意注意和有意注意转换的规律,把有意注意和无意注意交融在每一个认识活动中。例如,一节课中教学内容安排应该有难有易,教学方式应稳中有变,使学生的注意有张有弛。教学的各个环节要有机联系,尽量杜绝造成注意涣散的机会,使学生快乐地完成学习任务。在教学过程中,不能把注意的转换简单地归结为让两种注意按着一定的程式轮番交替地出现。教学是一门极其复杂的艺术,只有一般的规律可循,没有固定的模式可仿效。在如何运用两种注意转换规律的问题上同样如此。运用无意注意和有意注意转换的规律,可让学生在有目的的学习活动中快乐地学习。

三、运用随意后注意规律组织教学

(一)什么是随意后注意

随意后注意也称有意后注意,是注意的一种特殊形式,是一种有自觉的目的、但无须意志努力的注意。有意后注意是在有意注意的基础上发展起来的,因此也可以说是有意注意的高级形式,它同时具有不随意注意和随意注意两者的某些特征。例如一个人在刚开始学习外语时,往往需要一定的努力才能把自己的注意保持在外语学习上,但是在他发现用外语与人交流是很有趣,并喜欢上了读外文原著时,就可以不需要意志努力而对外语学习保持注意了。

随意后注意既能服从于活动目的与任务,又能节省意志的努力,因而对完成长期、持续的任务有很大益处。随意后注意得以发生发展的关键是对活动本身浓厚的兴趣。在教学中,当教师教授各种较复杂的课题或动作技能的时候,要设法增进学生对这种课题的了解,让学生逐渐喜爱它,并且自然而然地沉浸在这种活动中。这样,才能在随意后注意的状态下,使课程取得更大的成效。

(二)有意后注意规律在教学中的运用

在教学中如果教师过分地要求学生以有意注意来进行学习,就容易引起疲劳;反之,学生只凭借无意注意来学习,则不利于他们克服学习中的困难去完成学习任务。教师应充分考虑有意后注意规律在教学中的运用。

1.培养学生对学习的直接兴趣

有意后注意是一种高级状态的注意,它是从事创造性劳动的必要条件。教师能把学生的注意引入并保持这种类型的注意,是一种高超的教学艺术,其中最关键的因素是培养学生对学习的直接兴趣。子曰:"知之者不如好之者,好之者不如乐之者。"学习知识重要的是培养学习的兴趣,俗话说"兴趣是最好的老师"。对知识的学习感兴趣,就会变被动为主动,以学习为乐事,在快乐中学习,既能提高学习的效率,还能够加深对知识的理解,这样学到的知识才能够灵活地运用。学生如果能成为"乐之者",学习就不需要意志努力了。苏霍姆林斯基说过:"有经验的教师……是用讲课的内容来'拴住'儿童对教师的叙述和讲解的注意力的。"显然,生动有趣的教学内容、引人入胜的教学方法是引起并保持有意后注意的最有效的条件。教师要使有意后注意成为教学活动的主要形式。

2.培养学生学习的社会责任感

青年一代的学习,不仅是个体自身发展的需要,也是国家、社会,甚至人类进步所必需的。教师要引导学生把学习活动体验为履行社会职责的责任感,从而形成自觉进取的学习动机,并依靠这种动机调整自己的注意,使自己经常处于最佳的有意后注意状态。

3.培养学生创造性学习能力。

能创造性地进行学习的学生,一般具有良好的个性意志品质。在遇到挫折时,他们都有克服困难并继续努力去取得更大成绩的自信心,同时,他们也善于通过学习结果的反馈效应来激励自己实现更高的期望目标。这样的学生。只要学习活动一开始,就会很快地进入有意后注意状态。

总而言之,在教育教学过程中,教育者掌握并科学合理地运用注意规律培养学生积极向上的注意品质,对于增强教学效果、提高教学质量、推动素质教育的发展等都有着非常重要的作用。

本章内容小结

1.意识是指个人运用感觉、知觉、记忆和思维等心理活动过程对自己内在的身心状态与外界环境变化的觉知。意识具有觉知性、能动性和社会历史制约性。

2.无意识是相对意识而言的,指个体不曾觉察到的心理活动和过程。常见的无意识现象有无意识行为、对刺激的无意识和盲视等。

3.睡眠的功能主要有:睡眠是消除身体疲劳的主要形式;睡眠可以保护大脑,恢复精力;睡眠可以增强免疫力,康复机体;睡眠还可以促进儿童发育。

4.最常见的睡眠异常就是失眠。矫治失眠需要改善睡眠环境;进行自我心理调整;根据个体情况选择能改善失眠的措施,如白天适度的体育锻炼、睡前泡澡泡脚、穴位按摩、自我催眠等。

5.对梦的解释有很多观点:精神分析学家认为,梦是潜意识过程的显现,是通向潜意识的最可靠的途径;生理学的观点认为梦是对脑的随机神经活动的主观体验;认知派的观点认为梦担负着一定的认知功能。

6.催眠是一种特殊的意识状态。在催眠状态下,个体的思维、言语和活动是在催眠师的指示或指引下进行的,失去了独立思考和行动的能力。催眠状态不同于睡眠状态,脑电记录显示催眠状态与清醒状态时是相同的。

7.注意是意识或心理活动对一定对象的指向和集中。注意的指向性是指心理活动或意识选择了某个对象,而忽略了另一些对象。注意的集中性是指心理活动停留在被选择的对象上的强度或紧张度,它使心理活动离开一切无关事物。意识和注意既相互区别,又高度关联。

8.注意是心理活动顺利进行的重要条件,它具有选择功能、维持功能、调节功能和监督功能。

9.注意的生理机制包括:由情境的新异性引起的朝向反射是注意最初的生理机制;脑干网状结构维持大脑的兴奋水平和觉醒水平;大脑皮层调节和控制皮层下组织,并主动调节行动、对信息进行选择。

10.注意广度也就是注意的范围,是指人在同一时间内所能清楚地觉察的对象的数量。影响注意广度的主要因素有知觉对象的特点、活动的任务以及知识经验和情绪等个体因素。

11.注意稳定性指注意在一定时间内相对稳定地保持在某一活动或对象上。注意持续集中在一个对象上时会周期性地加强或减弱。注意的这种周期性变化叫做注意起伏。注意分散一般是由无关刺激的干扰或单调刺激的长期作用,使注意离开当前应当注意的对象。

12.注意分配是指在同一时间内,把注意分配到两种或几种不同的对象或活动上,也就是指同一时间内把注意力指向不同的对象。能否实现注意分配,主要取决于活动的复杂程度和熟练程度。

13.注意转移是在环境或任务发生变化时,主动地把注意从一个对象或活动转到另一对象或活动上。注意转移是一种有意识的自觉的活动,是注意灵活性的表现,不同于注意分散。

14.不随意注意又称无意注意,是指事先没有预定目的,也没有明确的认识任务,不需要意志努力的注意。无意注意的产生既与刺激物本身的特点有关,也与主体的状态有关。教师应该利用无意注意的特点组织教学,避免无意注意引起学生分心。

15.随意注意或有意注意是指自觉的、有预定目的、需要一定意志努力的注意,是一种积极主动的注意。教学中为了让学生保持注意,应帮助学生明确学习目的、激发学生的学习动机、合理组织教学活动、培养学生抗干扰能力、交替运用无意注意与有意注意。

16.随意后注意也称有意后注意,是一种有自觉的目的、但无须意志努力的注意。随意后注意发生发展的关键是对活动本身有浓厚的兴趣。生动、有趣的教学内容,引人入胜的教学方法是引起并保持有意后注意的最有效的条件。

思考题

1.什么是意识?请列举生活中常见的一些意识状态。

2.谈谈你对催眠现象的认识。

3.你认为梦的成因是什么?

4.什么是注意?如何理解注意这一心理现象的性质?

5.联系实际说明注意的功能。

6.简述注意的基本品质。

7.联系生活实际说明引起无意注意的原因有哪些?

8.如何根据注意规律组织教学?

【试一试】 <<<<

年轻心理学家为什么能难倒著名心算家

阿伯特·卡米洛先生是一位著名的心算家,不管给他出一个多么复杂的计算题,他都能立即得出正确的答案,在他的心算历史上,还没有被他人难倒过。

这天,一位年轻的心理学家从远方慕名而来,他要考一考这位著名的心算家。许多人知道后都前来观看和助兴。

年轻的心理学家微笑着和心算家打过招呼,心算家轻松而客气地请他随便出题。

"一辆载着285名旅客的火车驶进车站,这时下去35人又上来85人",心理学家不紧不慢地开始出题。心算家听后微微一笑。"在下一站下去69人,又上来101人;再下一站下去17人,又上来15人;再下一站下去40人,又上来8人;再下一站下去99人,又上来54人。"年轻的心理学家气喘吁吁。"还有吗?"心算家同情地问。心理学家深深透了口气,又加快语速说:"火车继续前进,下一站······再下一站······再下一站······",心理学家最后停住,"好了,火车到达终点站。"

心算家傲慢地笑了,"您要知道结果吗?"

"那当然,"心理学家点点头,"不过,我现在并不想知道车上有多少旅客,我想知道这趟车停靠了多少站?"

著名的心算家呆住了。

年轻心理学家为什么能难倒著名心算家? 年轻的心理学家巧妙地利用了注意的规律和特点,钻了心算家的空子。注意有指向性和集中性。人们注意某项活动时,心理活动就指向、集中于这一活动,并抑制与这一活动无关的事情。根据心算家的思维定势,通常会注意计算车内旅客数的多少,而对列车停靠的车站数往往会忽视。

(资料改编自:朱华贤.心理学家为什么能难倒心算家[J].科学24小时.2002(6):9.)

第四章　感觉和知觉

如果没有感觉,我们的生活将会怎样? 海伦在《假如给我三天光明》中给了我们答案:

"有一天,当我睁开眼睛,突然发现自己竟然什么都看不见,眼前一片黑暗时,我像被噩梦吓到一样,全身惊恐,悲伤极了,那种感觉让我今生永远难以忘怀。失去了视力和听力后,我逐渐忘记了以往的事,只是觉得,我的世界充满了黑暗和冷清。虽然我只拥有过19个月的光明和声音,但我却仍可以清晰地记得——宽广的绿色家园、蔚蓝的天空、青翠的草木、争奇斗艳的鲜花,所有这些一点一滴都铭刻在我的心版上,永驻在我的心中⋯⋯"

从上述的文字中可以体会到感觉和知觉对个体的重要性。感觉和知觉虽然是最初级、最基本的心理现象,但是对个体的生存却具有极其重要的意义,是个体赖以生存的基本能力。本章将介绍感觉和知觉的基本现象和基本规律,并在认识规律的基础上将其应用于教学实践中。

第一节　感　觉

感觉对我们的生存必不可少。感觉信息的神经加工包括三个主要环节:外界刺激对感受器的刺激并产生神经冲动的过程;神经冲动的传递过程;神经冲动在中枢神经系统加工并产生感觉经验的过程。

一、感觉的概念及其意义

感觉是人脑对当前直接作用于感觉器官的客观事物的个别属性的反映。感觉是我们日常生活中常见的心理现象,是一种最简单的、低级的心理现象。但感觉对人却极其重要,它在人们生活和工作中有重要的意义。

首先,感觉提供了内外环境的信息。通过感觉,我们不仅能够知道外界事物的各种属性,如颜色、气味、光滑或粗糙等,而且也能知道身体内部所发生的变化,如心脏的跳动、腹内偶发的疼痛、身体的位置信息,等等。

其次,感觉保证了个体与环境的信息平衡。人们生活需要信息的平衡,信息的不足和超载都会破坏信息的平衡,使个体产生不安和焦虑等负面情绪。古代社会信息不畅,一旦亲人远行,很可能就是永别。思念远方的亲人的愿望无法及时得到满足。随着科技的发展,现代的人们每天可以接触大量的新闻、邮件、博客、微信等信息,虽然这些信息给人们带来了很多的方便,但这些信息往往超过自身能接受、处理信息的能力,导致无法有效将其整合、组织及内化为自己所需的信息,以至于对人们的工作、生活及人际关系等产生负面的影响。

最后,感觉是一切较高级、较复杂的心理现象的基础。人的记忆、思维等复杂的认知活动,必须借助于感觉提供的原始材料。如有些人爱情的产生起源于一见钟情,即视觉信息是产生爱情的基础。有些网恋见光就死,同样与视觉信息有很大关系。

二、感觉的种类

依据不同的分类标准,可以对感觉进行分类(见表 4-1)。

根据感觉刺激是来自有机体外部还是内部,可以将感觉分为外部感觉和内部感觉。外部感觉接受机体外的刺激,反映外界事物的个别属性。属于外部感觉的有:视觉、听觉、嗅觉、味觉、皮肤感觉。内部感觉接受机体内的刺激,反映身体的位置、运动和内脏器官的不同状态。属于内部感觉的有:肌肉运动感觉、平衡感觉、内脏感觉等。

按照作用于感官的刺激的能量性质,可把感觉分为电磁能的、机械能的、化学能的和热能的四大类。视觉是对光波(电磁能)的反映;听觉是对声波(机械能)的反映;味觉和嗅觉是对滋味、气味(化学能)的反映;皮肤感觉是对触压(机械能)和温度(热能)的反映。

临床上把感觉分为四类:特殊感觉,包括视、听、味、嗅和平衡等感觉;体表感觉,包括触压觉、温觉、冷觉、痛觉;深部感觉,包括肌肉、肌腱、关节等感觉及深部痛觉和深部压觉;内脏感觉。

表 4-1　感觉种类及相应感受器和适宜刺激

感觉名称			感受器		适宜刺激
外部感觉	视觉		眼球视网膜上的视细胞		光(电磁波刺激,380～780 纳米)
	听觉		内耳耳蜗的毛细胞		声(声波刺激,16～20000 赫兹)
	嗅觉		鼻黏膜中的嗅细胞		气体(挥发性物质)
	味觉		舌头味蕾上的味细胞		液体(可溶性物质)
	肤觉	温觉 冷觉 触觉	皮肤黏膜 中的神经 末梢	温点 冷点 压点	热 冷 压力
内部感觉	平衡觉		内耳前庭器官中的毛细胞		身体位置变化和运动(机械刺激)
	运动觉		肌腱、关节中的神经末梢		身体位置变化和运动(机械刺激)
	机体觉		内脏器官壁上的神经末梢		机械刺激、化学刺激

三、主要的感觉

(一)视觉

视觉是人类最重要的信息接收手段,一般人获取的外界信息中,至少有 80% 的信息来自于视觉。

视觉是由光刺激作用于人眼而产生的,视觉的适宜刺激是波长 380～780 纳米的光波(电磁波)。视觉的产生首先是光线透过眼的折光系统到达视网膜,并在视网膜中形成物象,同时兴奋视网膜的感光细胞,产生神经冲动;然后神经冲动沿视神经传导到大脑皮质的视觉中枢；最后视觉皮层加工并产生视觉。视觉过程的生理机制包括折光机制、感光机制、传导机制和中枢机制。

眼睛是我们的视觉器官，其构造颇似照相机，具有较完善的光学系统及各种使眼球转动并调节光学装置的肌肉组织（如图 4-1 所示）。眼球由眼球壁和折光系统两部分组成。眼睛的折光系统由角膜、房水、晶状体和玻璃体组成。它们具有透光和折光作用。当眼睛注视外物时，由物体发出的光线通过上述折光装置使物象聚焦在视网膜的中央凹以形成清晰的物像。眼睛的折光系统与凸透镜相似，在视网膜上形成的物象是上下倒置、左右换位的。由于大脑皮质的调节和习惯的形成，我们仍把外物感知为正立的。

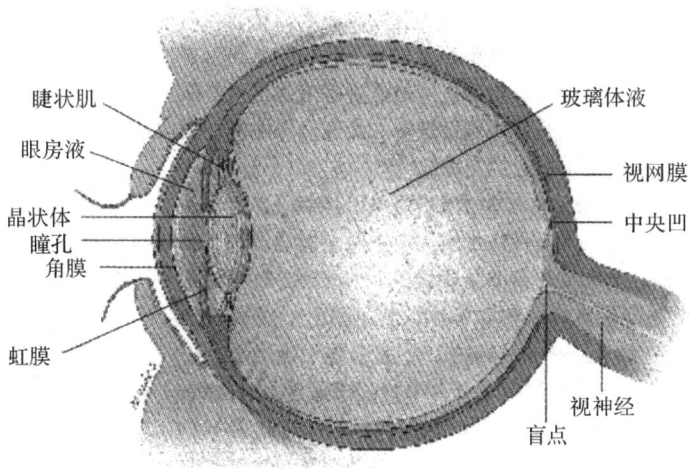

图 4-1　眼睛的结构

人获取信息的最重要的途径是视觉，一旦视觉发生障碍，将会影响到个体正常的工作和生活。常见的视觉障碍如近视、远视和散光、色弱、色盲等。近视、远视和散光大多是后天造成的，与眼球内的晶状体的调节能力密切相关，可以通过佩戴眼镜来加以矫正。

色觉缺陷大多是先天造成的，包括色弱和色盲。色弱主要表现为对光谱的红色和绿色区的颜色分辨能力较差。色盲又分为两类：局部色盲和全色盲。局部色盲包括常见的红—绿色盲和少见的蓝—黄色盲。红—绿色盲的人在光谱上只能看到蓝和黄两种颜色，即把光谱的整个红—橙—黄—绿部分看成黄色，把光谱的青—蓝—紫部分看成蓝色；蓝—黄色盲的人把整个光谱看成是红和绿两种颜色。全色盲的人把整个光谱看成是一条不同明暗的灰带，没有色调感。在他们看来，整个世界是由明暗不同的白、灰、黑所组成的，正如同正常人看到的黑白电视那样。全色盲的人在全人口中是极罕见的。

（二）听觉

听觉是仅次于视觉的一种重要的感觉，也是人类获取信息的重要途径。人类的语言信息和其他与声音有关的信息主要就是通过听觉获得的。听觉是人对声音刺激的觉察。听觉的适宜刺激是频率为 16～20000 赫兹的声波，其中人耳最敏感的声波频率为 1000～4000 赫兹。低于该范围的声音听不见的，而高于该范围的声波（一般超过 120 分贝时）就不再引起听觉的进一步变化，而只有压痛感。

人耳的结构如图 4-2 所示。与听觉产生相关的器官是外耳、中耳、内耳三部分。外耳包括耳郭和外耳道。中耳主要由鼓膜、鼓室和听小骨组成。内耳由前庭器官和耳蜗组成。耳蜗形似蜗牛壳,是一个绕蜗轴盘旋两圈半的骨管。骨管内部被骨质螺旋板和基底膜分隔成上、下两半;上半叫前庭阶,下半叫鼓阶。前庭阶通向中耳的小孔叫前庭窗,鼓阶通向中耳的小孔叫蜗窗。耳蜗内部充满着淋巴。听觉的感觉细胞(毛细胞)排列在基底膜上,毛细胞上有盖膜。声波经外耳道撞压鼓膜,引起三块听小骨(锤骨、砧骨、镫骨)的机械振动,从而增强声波压强把振动传向前庭窗,推动耳蜗中的淋巴,振动在液体中传导,最后传向中耳的蜗窗。听觉神经冲动产生后沿着听觉通路传递至大脑的听觉中枢(主要在颞叶区),在听觉中枢加工后产生听觉。

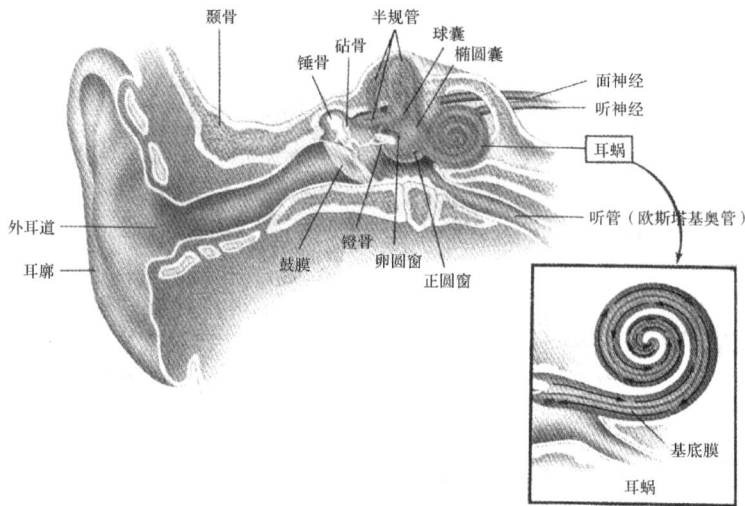

图 4-2　人耳的结构

听觉障碍又称听觉受损,指由于先天或后天原因,导致听觉器官的构造缺损,机能发生部分或全部障碍,对声音的觉察或辨识有困难,亦指感测或理解声音能力的完全或部分降低。深度的听觉障碍一般称为聋。其发生原因是由各种的生物和环境因素造成,但大多数是后天传导性的听力丧失,尤其与中耳炎和它的后遗症有关。几乎所有听力缺陷的儿童都经历过由中耳炎引起的轻至中度的、间歇性或持续性的听力丧失。反复发作或严重感染可导致永久性缺陷。

(三)其他感觉

除了视觉和听觉外,还有其他的感觉,如嗅觉、味觉、触觉、平衡觉等,这些感觉获取的信息不如视觉和听觉那样丰富多彩,但它们对于机体的生存依然至关重要。

1.嗅觉和味觉

嗅觉的适宜刺激是能溶解的、有气味的气体分子,它作用于鼻腔上部的嗅觉细胞而产生嗅觉。据估计,人的嗅觉细胞约有 1000 万个,比大多数动物的嗅觉细胞多,因此人类的嗅觉在动物中属于非常灵敏的。但还有很多动物嗅觉比人类更灵敏,如德国牧羊犬有 22400 万个嗅觉细胞,可辨别的气味类型比人类要多。气味的觉察能力受许多因素的影响。不同气味被人察觉的阈限差别很大。例如,每公升空气中含 0.66×10^{-6} 毫克的乙硫酸(烂洋白菜味)就能被嗅到,而四氯化碳(甜味)则需每公升中含 4.533 毫克才能被嗅到。机体的某些疾病如感冒、鼻炎会降低嗅觉感受性。环境中的温度、湿度、气压等也会影响嗅觉感受性。

味觉的适宜刺激是能溶于水的化学物质,它作用于分布在舌面、咽喉的黏膜和腭等处的味蕾而产生味觉。一般认为有四种基本味觉:酸、甜、苦、咸,现在认为还有第五种味觉:鲜味。所谓的基本味觉是指有味蕾可以直接感受到这些味道的存在,在此基础上再形成一些复杂的味觉。舌面的不同部位,味觉感受性是不同的。虽然舌面对甜味、酸味、苦味、咸味四种滋味都有感受性,但舌尖对甜味最敏感,舌根对苦味最敏感,舌的两侧对酸味最敏感,舌的两侧前部对咸味最敏感。味觉感受性还受食物温度的影响,在 20~30℃ 之间,味觉感受性最高。此外,味觉的感受性还与机体的需求状态有关。饥饿的人,对甜、咸的感受性增高,对酸、苦的感受性降低。肾上腺皮质功能低下的病人,由于 NaCl 排出量增加,对咸味的感受性提高。味觉对维持有机体内环境的动态平衡起重要的作用。

由于习惯和文化传统等原因,人们对味觉会形成一定的偏爱。例如,在我国有所谓"南甜、北咸、东辣(指蒜、葱)、西酸"的谚语,但少有偏爱苦的人群。

2. 皮肤感觉

皮肤受到刺激能产生多种感觉。一般把皮肤感觉分为触压觉、冷觉、温觉、痛觉和振动觉等。触觉、冷觉、温觉和痛觉的感受器在皮肤上呈点状分布,称为触点、冷点、温点和痛点。在身体的不同部位,各种点的数目各不相同。皮肤是人类面积最大的感觉系统。一个成人皮肤的表面面积约为 2 平方米。皮肤感觉最重要的机能是向大脑发出可能出现有害刺激的信号。

物体接触皮肤表面(不引起皮肤变形)而产生触觉。当物体接触皮肤表面并引起皮肤变形时便产生压觉。身体不同部位的触压觉感受性有很大差异:活动频繁的部位如指尖、嘴唇、眼睑等特别敏感,而背腹部的感受性却很低。振动物体(如音叉)与身体接触会产生振动觉。人所能接受的振动频率在 15~1000 周/秒之间,其中振动频率为 200 周/秒左右最为敏感。振动觉可能是触压觉反复刺激的结果。

皮肤表面温度的变化会引起温度觉。皮肤上有些点对热敏感,有些点对冷敏感,也有些点对两者都敏感。用烫刺激冷点引起的冷觉,叫诡冷觉;用冷刺激温点引起的温觉叫诡温觉。一种温度刺激会引起什么样的感觉,视刺激温度与皮肤温度之间的关系而定。与皮肤温度相同的刺激温度,不能引起冷觉感受器或温觉感受器的兴奋,不会产生温度觉。低于皮肤温的温度,产生冷觉。高于皮肤温的温度,产生温觉。温度觉的感受性因身体的不同部位而异。面部对冷热有最大的感受性,而下肢的感受性最小。身体经常被遮盖的部位对冷有较大的感受性。温暖的感觉和热的感觉是不同的。温暖的感觉使人感到舒适,热的感觉使人难受。当刺激温度超过 45℃ 时,就会产生热甚至烫的感觉。这是一种复合的感觉,是温觉和痛觉同时产生的结果。

机械的、物理的、化学的、温度的、放射能的以及电的各种刺激对皮肤组织起破坏作用时,都会产生痛觉。痛觉感受性因身体不同部位而异:背部、颊部最敏感,脚掌、手掌最不敏感。影响痛觉阈限的因素很多,其中心理因素,如过去经验、暗示、情绪状态、注意都会对痛觉阈限发生影响。痛觉是有机体内部的警报系统,它对保存有机体的生存有重要的意义。除皮肤外,全身各处包括肌肉、关节、内脏组织的损伤都会产生痛觉。

3. 动觉和平衡觉

动觉是一种最基本的感觉,它为我们提供有关身体运动的信息。动觉的感受器位于肌肉、肌腱和关节中,肌肉运动、关节角度的变化等都是这些感受器的适宜刺激。人在感知外界事物的过程中,几乎都有动觉的反馈信息参加。例如,在注视物体时,大脑不仅接受来自视网膜感觉细胞的信息,而且还接受来自眼球肌肉的动觉信息,这种信息是我们看清物体的必要条件。言语器官肌肉的动觉信息同语音听觉和字形视觉相联系,是言语活动和思维活动的基础。

手,不仅是改造世界的一种重要器官,而且也是认识世界的一种特殊感觉器官。人类在改造世界的长期斗争中手的皮肤感觉和动觉紧密结合,产生了一种特殊感觉:触摸觉。它是动觉和皮肤感觉的复合感觉。

平衡觉是反映头部运动速率和方向的感觉。平衡觉的感受器是内耳的前庭器官。内耳中的三个半规管里充满了淋巴液。机体的加速、减速或改变方向,使淋巴液冲击前庭器官的毛细胞而发生兴奋。请回忆一下孩提时的经历,你绕着柱子转呀转,然后停下——周围的一切仍在旋转。这种天旋地转,失去平衡的感觉就是半规管内的淋巴液运动引起前庭器官兴奋的结果。平衡觉和视觉、内脏感觉有密切的联系。当前庭器官受到刺激时,仿佛看到视野中的物体在移动,使人头晕,同时也会引起内脏活动的剧烈变化,使人恶心和呕吐(晕船和晕车病)。有些职业如从事航空、航海、舞蹈等的从业人员,对平衡觉要有很高的适应性,因此,这些职业常常对从业者进行平衡觉的检查,一般采用下列两种方式:让被试坐在特制的旋转椅上,旋转停止后,测定被试眼球震颤的持续时间(一般在 25~40 秒);或在旋转停止后,测定被试者步行路线的偏倚程度。稳定的被试者在旋转后仍能沿直线步行。

四、感受性与感觉阈限

感觉是人脑对作用于感觉器官的外界刺激的反映,但是,并非所有的外界刺激都会引起人的感觉。例如,在正常情况下,空气中的一粒灰尘落到我们的皮肤上是不会引起肤觉的,只有当刺激物的强度达到一定程度时,才会引起人的感觉。在引起人的感觉的过程中,物理刺激量的增加与人的感觉的增加并不同步。比如说,从一个灯泡增加到 2 个灯泡,亮度增大1 倍,但人的亮度感觉并不会增大一倍。物理刺激量的变化同人的感觉的量的变化有何关系? 为了回答这个问题,德国物理学家费希纳创建了心理物理学来研究这些问题。

心理物理学是测量物理、刺激强度和感觉体验大小之间关系的一种研究方法。其主要的研究内容包括感觉阈限和感受性的研究。感受性是感受器对适宜刺激的感觉能力。感觉阈限指持续一定时间能引起感觉的刺激量,它可以用来度量感受性的大小。有了感觉阈限,就可以将人的感觉能力量化。人的每一种感觉都有两种感受性:绝对感受性和差别感受性,与之对应的感觉阈限也有绝对感觉阈限和差别感觉阈限之分。

(一)绝对感受性与绝对阈限

过弱的刺激并不能引起我们的感觉,如落在皮肤上的尘埃,我们是觉察不到的。刺激只有达到了一定的强度才能被我们觉察到。那种刚刚能觉察到的最小刺激量称为绝对阈限,绝对感受性指觉察最小刺激量的能力。

绝对阈限并不是一个单一的强度值,而是一个统计学上的概念。在测量感觉阈限时,随着刺激量逐渐增加,被试对刺激从觉察不到,到有时能觉察到有时不能觉察到,再到完全能觉察到。随着刺激量的增加,被试报告觉察到刺激的次数百分数随之增加。表示两者关系的函数或曲线称为心理物理函数,它表明心理量(感觉经验)与物理量(刺激的物理强度)之间的关系。按照惯例,心理学家把有 50% 的次数被觉察到的刺激值定为绝对阈限。因此,在我们有感觉和没有感觉之间显然是不存在着一个起作用的特殊值,阈限是一个逐渐过渡的强度范围。

绝对感受性与绝对阈限在数量上成反比关系。如果用 E 代表绝对感受性,R 代表绝对感觉阈限,则它们之间的关系可用下列公式表示:

$$E = \frac{1}{R}$$

各种感觉的绝对阈限是不同的。在适当的条件下,人的感觉阈限是很低的。例如,在空气完全透明的条件下,人能看见 1 公里远的千分之一的烛光。如果用这个能量把一克水加热 1℃,要花 6000 万年的时间。人能嗅到 1 公升空气中所散播的一亿分之一毫克的人造麝香。当然,不同个体的绝对阈限有相当大的差异,即使是同一个体也会因机体状况和动机水平而发生变化。

低于绝对感觉阈限的刺激,虽然我们觉察不到,但却能引起一定的生理效应。例如,低于听觉阈限的声音刺激能引起脑电波的变化和瞳孔的扩大。因此,有意识的感觉阈限与生理上的刺激阈限并不完全等同。一般说来,生理的刺激阈限低于意识到的感觉阈限,即在一个人说出"我感觉到它"之前,早有一定的生理过程发生了。

(二)差别感受性与差别阈限

在刺激物能引起感觉的基础上,如果变化刺激量,并不是量的任何变化都能被我们觉察出来的。例如,在原有 200 支烛光上再加上 1 支烛光,我们是觉察不出光的强度有所改变的,一定要增加 2 支烛光或更多,才能觉察出前后两种光在强度上的差别。为了引起一个差别感觉,刺激必须增加或减少到一定的数量。能觉察出两个刺激的最小差别量称为差别感觉阈限。对这一最小差别量的感觉能力,叫差别感受性。

1834 年,德国生理学家韦伯(E. H. Weber,1795—1878)在研究感觉的差别阈限时发现,如果以 R(德文 Reiz 的缩写)表示最初的刺激强度,以 $R+\Delta R$ 表示刚刚觉察出有变化的刺激强度,那么在一定范围内,每种感觉的差别阈限都是一种相对的常数,用数学公式表示即为

$$K = \frac{\Delta R}{R}$$

这个公式称为韦伯定律(或韦伯分数、韦伯常数),即当 R 的大小不同时,ΔR(最小觉差的物理量)的大小也不同,但是 K 是一个常数。对不同感觉来说,K 的数值是不相同的,即韦伯分数不同(见表 4-2)。

表 4-2 不同感觉的最小韦伯分数

感觉类别	韦伯分数
重压(在 400g 时)	0.013＝1/77
视觉明度(在 100 光量子时)	0.016＝1/63

续表

感觉类别	韦伯分数
举重(在 300g 时)	0.019＝1/53
响度(在 1000Hz 和 100dB 时)	0.088＝1/11
橡皮气味(在 2000 嗅单位时)	0.104＝1/10
皮肤压觉(在每平方毫米 5g 重时)	0.136＝1/7
咸味(在每千克 3g 分子量时)	0.200＝1/5

(资料来源：Boring、Langfeld、Weld，1939。)

例如，原先举起 50 克(R)的重量，其差别阈限是一克，那么至少是 51 克的重量才被我们觉察出比原先稍重一些；如果是 100 克重量，那么至少是 102 克才被我们觉察出比它稍重一些；如果是 150 克，至少是 153 克才被我们觉察出比它稍重一些。可见，在这里，差别阈限值是刺激重量的同一分数：1/50＝2/100＝3/150＝0.02。这一韦伯分数表明，必须在原初重量的基础上再增加它的 2％，才能觉察出它比原初重量稍重一些。

各种感觉系统的韦伯分数在中等强度刺激范围内是正确的，但在极端刺激(过强或过弱)的条件下就不正确了。费希纳(C. T. Fechner，1861—1887)确定了接近绝对阈限时韦伯分数所发生的变化，进一步假设一个最小觉差为一个感觉单位，并在韦伯定律的基础上推导出下式：

$$S＝K\lg R＋C$$

式中：S 是感觉强度；R 是刺激强度；K 和 C 是常数。

上式表示刺激强度按几何级数增加，而感觉强度只按算术级数增加。这就是费希纳定律。后来的研究表明，费希纳定律也不是通用的，也只具有近似的意义，即它也仅适用于中等刺激强度的范围内，虽然这个范围相当大。

可见，差别阈限是相对的，而不是绝对的。在某一刺激作用时，差别阈限就是在 50％ 的实验次数中被辨别出来的刺激最小差别。差别感受性与差别阈限也成反比关系。

五、感受性的变化

人对刺激的觉察能力并不是永久不变的，在刺激情境不同或个体机能状况不同等情况下，个体的感受性会发生变化。

(一)感觉适应

感觉适应是指由于刺激物对感受器的持续作用，从而使感受性发生变化的现象。人的感受性并不是一成不变的，在一定的条件下，会发生一些改变，例如受到刺激物的持续作用，会使感受性提高或降低，以适应周围环境刺激的变化。适应是一种较普遍的感觉现象，在许多感觉中都存在，但各种感觉中适应的表现和速度是有差异的。适应的结果大多表现为感受性的降低，但暗适应是感受性的增高。在各种感觉中，视觉、嗅觉、味觉和皮肤感觉的适应特别明显，听觉、痛觉的适应非常少。

视觉适应分为明适应和暗适应两种。当我们从暗处走到强光下时，刚开始感觉眼睛被强光刺得发眩，什么也看不清楚，但是经过几秒钟后，我们的视力又会恢复正常，这种现象称为明适应。明适应是由于受到强烈刺激的持续作用,从而使视觉感受性降低以适应这种强烈刺激的结果。反之,当我们从亮处走到阴暗的地方时,开始感觉眼睛什么也看不清,但隔了若干时间后,就逐渐可以分辨出眼前的事物了,这种现象称为暗适应。暗适应是由于受到微弱刺激的持续作用,视觉的感受性得以提高,以适应弱刺激的结果。

"入芝兰之室,久而不闻其香;入鲍鱼之肆,久而不闻臭。"这是嗅觉的适应。由于厨师连续品尝所做的菜,到后来菜会越做越咸,这是味觉的适应。到河里游泳,刚入水时觉得水冷,但过几分钟后,就不觉得那么冷了,这是皮肤温度觉的适应。初冬刚穿上棉衣,觉得有些压力,但不久就不觉得那么沉了,这是触压觉的适应。听觉适应比其他感觉适应较难发生,痛觉适应更难,正因如此,痛觉才成为伤害性刺激的信号而具有生物学的意义。

"物竞天择,适者生存。"正是有了感觉的适应,使我们人类的生存能力得以大大提高。

(二)感觉对比

感觉对比是指同一感受器接受不同的刺激而使感受性发生变化的现象。感觉对比分为同时对比和继时对比。同时对比是几个刺激同时作用于同一感受器,从而使感受性发生变化的现象。例如,一朵红花,在万绿丛中显得特别耀眼,就是红色和绿色这两种颜色对比的结果。继时对比是几个刺激先后作用于同一感受器,从而使感受性发生变化的现象。例如,吃了苦药后再吃糖,会觉得糖特别甜,是由于苦与甜的对比造成的。

视觉上的对比是很明显的,例如,白色的对象在黑色的背景上就会显得特别明亮,而在灰色的背景上看起来就要暗一些,这是无彩色对比。此外,还有彩色对比,例如,灰色的对象在红色的背景下,看起来就带有青绿色。彩色对比在彩色背景的影响下,向背景色的补色方面变化。嗅觉、味觉、听觉等都存在对比现象。

刺激的性质相反而在空间或时间上接近时,就会产生非常突出的对比效应。在前者条件下产生同时对比,在后者条件下产生继时对比。马赫带就是一种在明暗交界处感到明处更亮而暗处更黑的视觉同时对比现象。由于对比的结果,感觉向邻近的或者以前的感觉相反的方向变化。

(三)感觉后像

当刺激对感官的作用停止以后,我们对刺激的感觉并没有立即停止,而是继续维持一段很短的时间,这种现象叫感觉后像。感觉后像可以使我们对断续出现的刺激产生连续的感觉。当然,这种断续刺激的出现必须达到一定的频率。电影正是运用了感觉后像的心理学原理。

感觉后像有正、负两类,正后像在性质上和原感觉的性质相同;负后像在性质上和原感觉的性质相反。后像的持续时间与原刺激作用的时间有关。刺激作用的时间越长,产生的后像持续越长(时间累积)。视觉有很明显的感觉后像,请凝视图 4-3(1)中间部分的 4 个小点大约 30 秒后闭上眼睛,一直保持闭眼状态,首先你会看到一个亮光圈,继而亮光圈中会出现一个头像,你看到了谁? 凝视图 4-3(2)中白色灯丝部分大约 30 秒,然后将视线投放在一张白纸上,你会看到奇怪现象,黑色的灯泡亮起来了。不信,你试试看!

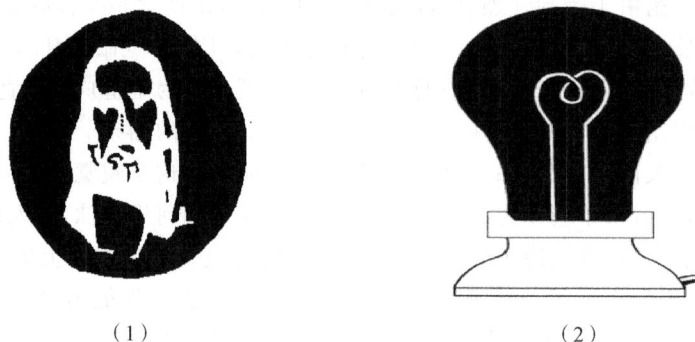

（1）　　　　　　　　　　　　　　　　（2）

图 4-3　视觉后像

（四）不同感觉的相互作用

不同感觉的相互作用是一种感觉道受到刺激而引起另一种感觉道产生感觉或感受性发生变化的现象。感觉补偿、联觉等是典型的不同感觉的相互作用现象。不同感觉之间的相互作用主要在不同感受器官同时受到刺激时发生。例如，针刺某些穴位可以减轻某些病痛（感觉的掩蔽现象），闭眼可以更清楚地倾听，感冒鼻塞会影响味觉，等等。感觉补偿在特殊的人群中可以看到，如盲人虽然失去了视觉能力，但他们一般都具有很发达的听觉和触摸觉；聋哑人虽然失去了听觉能力，但具有很发达的视觉等。

在一种感受器官受到刺激而产生一种特定感受的同时又产生另一种不同的感觉，此种现象称之为联觉。例如，尖锐的声音会使人浑身竖起鸡皮疙瘩并产生冷觉。最普通的联觉现象是色听现象，即特定的音调可以引起特定的色彩感受。具有色听能力的人叫作色听者，一般是低音产生深色，高音产生浅色。现代的激光音乐与色听现象有关。由于人的生活经验的影响，颜色也具有很明显的联觉，如红、黄等常会有温暖感，因此常被称为暖色，而蓝、绿等则被称为冷色。

（五）感受性的发展

感受性不仅在一定条件下会发生变化，而且还会在长期的生活实践中得到发展。例如，磨工的视觉极敏锐，能看出 0.0005 毫米的空隙，而常人只能看出 0.1 毫米的空隙；染色专家能区分 40～60 种黑色色调，而常人只能看出 2～3 种；有经验的飞行员能分辨出 1300 转和 1340 转的差别，而常人只能分别 1300 转和 1400 转的差别；熟练的炼钢工人在通过蓝色眼镜看马丁炉的火焰时能十分精细地辨别浅蓝色的微小差异；熟练的屠夫能准确地割下顾客所需要的各种重量的猪肉而相差甚微；熟练的厨师有高度精确的肌动觉，在切肉丝时丝毫不伤及菜板；音乐家有高度精确的听觉；口味师有高度精确的嗅觉和味觉；等等。

人们的感觉有共同的机能，存在着普遍规律。但人与人之间的感觉能力也有相当大的差异。人们在感觉能力上的差异与他们的实践活动密切相关。与外界保持联系，获得一定的感觉是人正常生活所必需的。人需要有不断变化的感觉输入，对感觉的需求称为感觉寻求。人们的感觉需求是有个别差异的。高感觉寻求者经常使自己保持较高的唤醒状态，寻求不断变化莫测的刺激，对类似或相似的刺激会很厌烦。低感觉寻求者则相反。具体测量见本章【试一试】的小测验。

阅读材料<<<

感觉剥夺实验

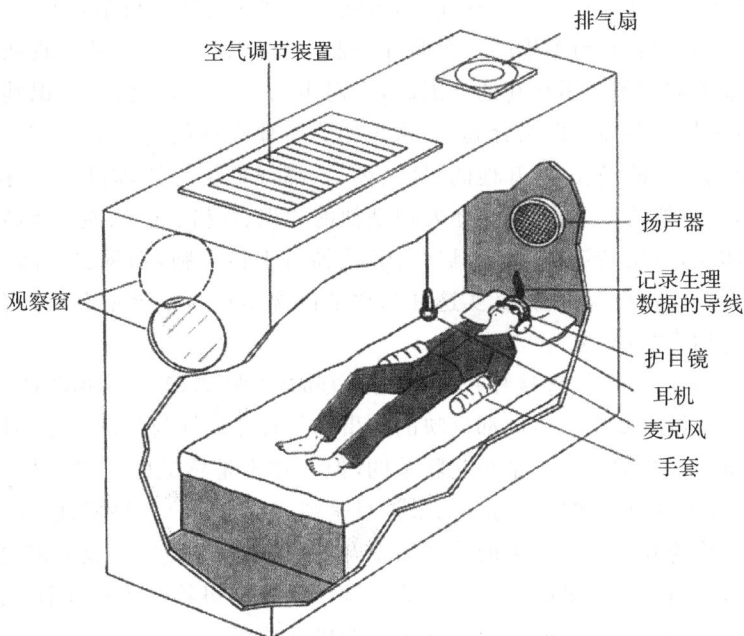

在心理学史上有实验向我们证明了感觉对人们的重要性。该研究由Bexton、Heron和Scott(1954)完成。在实验中,要求被试安静地躺在实验室的一张舒适的床上,室内非常安静,听不到一点声音;一片漆黑,看不见任何东西;两只手戴上手套,并用纸卡卡住。吃喝都由主试事先安排好了,用不着被试移动手脚。总之,来自外界的刺激几乎都被"剥夺"了。实验中被试每天可以得到20美元的报酬。

实验开始,被试还能安静地睡着,但稍后,被试开始失眠,不耐烦,急切地寻找刺激,他们想唱歌,打口哨,自言自语,用两只手套互相敲打,或者用它去探索这间小屋。换句话说,被试变得焦躁不安,老想活动,觉得很不舒服。时间超过2天以后,还在坚持的被试的注意力几乎无法集中,不能进行连续而清晰的思考,产生幻觉,变得神经质或莫名其妙的恐惧,甚至个别人在实验后心理崩溃。能坚持到3天以上者寥寥无几。

(资料来源:彭聃龄主编.普通心理学[M].北京:北京师范大学出版社,2004)

第二节 知 觉

感觉提供了事物的个别属性,要想通过这些个别属性辨别出当前事物是什么,还需要知觉的作用。知觉把各种感觉信息综合起来,形成对某个物体的辨别。知觉是大脑对感觉信息的组织、解释的过程。

一、知觉的概念及其意义

知觉是人脑对当前直接作用于感觉器官的客观事物的整体的反映。

日常生活中,事物的个别属性总是作为一方面与整个事物同时被反映的。这是因为任何客观事物,其个别属性都不是孤立存在的,事物是由诸多属性有机结合起来构成的一个整体。例如"红色",它或者是与苹果的红色联在一起,也可以与红花或是红旗联在一起,离开了具体事物的抽象的红色是不存在的。因此,人对事物的认识,不仅要认识其个别属性,更重要的是,要将事物的多种属性结合起来,认识作为整体存在的它。例如:对于一个人的认识,我们不仅识别到他的外表,感知他的眼睛、鼻子、嘴等部位特征,而且还需把这些单个的特征综合起来,认识他的整张脸,甚至还要识别他的知识、性格、气质、能力等特性,从而得到对此人的总体印象,可见,感觉信息一旦通过感受器官上传至脑,知觉也就随之产生。人们总是以知觉的形式直接反映事物,其实这种知觉是包含感觉并和感觉有机融合为一体的知觉,所以,经常合称为"感知觉"。

知觉与感觉一样,是事物直接作用于感觉器官时产生的,离开了事物对感官的直接作用,既没有感觉,也没有知觉。它们都反映的是事物的具体属性与外部联系,具有直观性,属于认识的初级阶段。知觉与感觉是相互联系的,但知觉不是感觉的简单相加。例如一个气球,它的成分是红色、圆形、弹性,但是,如果你只是被简单告知这三种属性,并不能确定这究竟是什么东西。因为知觉是按一定的关系来整合个别的感觉信息,形成一定的结构,并根据个体的经验来解释由感觉提供的信息。因此知觉印象中的事物的个别属性,是整体中的个别,是被关系联结起来的个别,而不是孤立感觉的机械总和。

知觉与感觉又存在着区别。从映像特点看,感觉是对事物的个别属性的反映,知觉是对事物的整体印象的反映;从生理机制上看,感觉是单一分析器独立工作的结果,知觉是多种分析器协同活动的结果;从操作习惯上看,感觉多适用于对事物的初次认识,知觉多适用于对事物的再次认识,过去的知识经验在知觉中起着重要的组织作用。

刚果的俾格米(Pygmi)人居住在枝叶茂密的热带森林中。人类学家特恩布尔(Colin Turnbull,1961)曾描述过这些人及其生活方式。有些俾格米人从来没有离开过森林,没有见过开阔的视野。当特恩布尔带着一位名叫肯克的俾格米人第一次离开他居住的大森林来到一片辽阔的草原时,当看见远处的一群水牛时他惊奇地问:"那些是什么虫子?"当告诉他是水牛时,他哈哈大笑,说不要说傻话。尽管他不相信,但还是仔细凝视着,说"这是些什么水牛? 为什么会这样小?"当他越走越近,这些"虫子"变得越来越大时,他感到不可理解,说这些不是真正的水牛。

二、知觉的种类

任何心理现象的类型学研究都需要明确分类的标准。按照不同的标准,知觉可以分为:

(一)视知觉、听知觉、嗅知觉、味知觉、肤知觉和运动知觉

根据知觉中起主导作用的分析器的不同,可以将知觉分为视知觉、听知觉、嗅知觉、味知

觉、肤知觉和运动知觉等。例如,当我们听一段优美悦耳的音乐时,不仅有听分析器的作用,而且还有头部肌肉的活动,但以听分析器为主,故为听知觉。事实上,一般知觉并非对单一刺激的反映,而是对复合刺激物的反映,这时,往往有两种或两种以上的分析器同时起作用,这便是复杂知觉,如:听课时是视知觉、听知觉等多种知觉的结合,被称为视—听知觉;在演奏钢琴时,听分析器和运动分析器同时起主导作用,故叫听—动知觉,等等。这些就是复杂知觉。

(二)对物的知觉和对人的知觉

根据知觉对象的性质不同,可以将知觉分为对物的知觉和对人的知觉。

对物的知觉即知觉的对象指向客观事物,主要有三种:空间知觉、时间知觉和运动知觉。

空间知觉是人脑对物体空间特征的反映,它包括形状知觉、大小知觉、深度知觉和方位知觉等。形状知觉是个体对物体各部分排列组合的反映,主要靠视觉、触觉和动觉的协同活动而实现;大小知觉是个体对物体的空间尺寸的反映,它也是靠视觉、触觉和动觉来实现的;深度知觉又称距离知觉或立体知觉,是个体对同一物体的凹凸或对不同物体的远近的反映;方位知觉是个体对自身或物体所处的位置和方向的反映,它是靠视觉、触觉、动觉、平衡觉以及听觉获得的,有上下、左右、前后三个维度,人对外界事物的方位知觉是以自己为中心来定位的。

时间知觉是人脑对客观现象的延续性和顺序性的反映。时间知觉常常依赖一些媒介,人们可以依靠时钟和日历来判断时间,也可以依据自然界的周期现象,如昼夜的循环交替、月亮的盈亏、季节的变化来估计时间,还可以根据机体的生理状态,如人自身的呼吸、心跳、消化等生理活动的节律性变化来推测时间等。听觉、触觉和视觉等感觉器官均参与时间知觉,同时,人的活动内容、个体的情绪状态、兴趣、态度、知识经验等均会影响时间知觉。

运动知觉是人脑对物体空间位移的反映。它与时间知觉和空间知觉有着不可分割的关系,通过视觉、动觉、平衡觉等多种感觉器官的协同活动而实现,运动知觉的产生依赖于许多主客观条件,如物体运动的速度、运动物体离观察者的距离、运动知觉的参照系、观察者自身的静止或运动状态等。

对人的知觉又可分为对他人的知觉、自我知觉和人际知觉三种。对他人的知觉指对生活在一定社会环境中其他人的心理和行为特性的整体知觉;自我知觉是指主体对自己心理和行为特征的认识与判断;人际知觉即指对人与人之间相互关系的知觉。我们每个人都是社会中的人,不仅要接触社会生活中的物,而且要接触社会中的人,只有了解自己和他人,才能正确处理人际关系,使自身得以健康、顺利地发展。

(三)正确的知觉和错误的知觉

根据知觉的结果是否符合实际,可以将知觉分为正确的知觉和错误的知觉。正确的知觉是符合实际的知觉,是对客观事物的正确反映。错误的知觉又叫错觉,是对客观事物的不正确的反映,即不符合客观实际的知觉。在各种知觉中几乎都有错觉发生,最常见的是视错觉。在视错觉中研究最多的是几何光学错觉,请看图 4-4 到图 4-6。

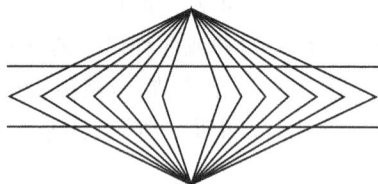

图 4-4　直线弯曲错觉

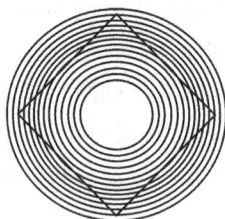

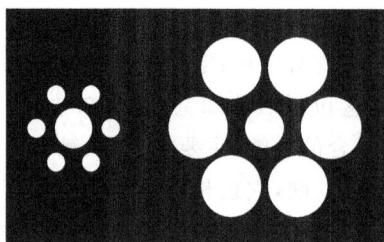

图 4-5　面积大小错觉　　　　　　　图 4-6　线段长短错觉

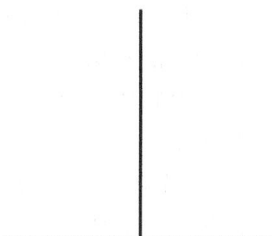

除此之外,还有形重错觉,如用手比较一千克铁和一千克棉花的重量,会觉得铁比棉花重得多;运动错觉中,如似动错觉、瀑布错觉(即观看瀑布时感到附近景物上升的错觉)等;还有时间错觉,例如,同样是一节课 45 分钟,如果内容丰富,饶有趣味,学生会觉得时间过得很快;相反如果内容贫乏、枯燥乏味,学生会觉得时间过得真慢,所谓光阴似箭或度日如年,等等。

人为什么会产生错觉?人们作过各种各样的解释,但迄今为止,还没有一种理论能解释得了所有的错觉现象。例如,有人根据眼动理论,认为在眼睛的运动中,上下方向的运动比左右的运动困难,人在看垂直线时眼球上下运动,看水平线时眼球左右运动,前者比后者费力,因此垂直线看起来就显得长些。但是有的研究又表明,这种解释只能说明少数错觉,许多错觉不能完全用眼睛运动来解释。神经抑制作用理论则是从神经生理水平解释错觉的一种尝试。该理论认为,当两个图形轮廓彼此接近时,视网膜的侧抑制过程改变了由轮廓所刺激的细胞活动,使大脑兴奋中心发生了变化,结果,人们感觉上像是轮廓发生了位移。还有深度加工和恒常性误用理论,这种理论认为,错觉具有认知方面的根源。通常人们在知觉立体对象时,总是把距离估计在内,这样才能保持物体的大小恒常。而当人在注视平面对象时,会习惯性地运用原来的透视经验,从而引起了错觉。从这个意义上说,错觉是知觉恒常性的一种例外,是人们误用了知觉恒常性的结果。错觉产生的原因十分复杂,往往是由生理和心理等多种因素引起的。

三、知觉的基本特性

知觉的规律主要是在知觉的基本特性当中表现出来的。知觉的基本特性有:知觉的选择性、知觉的整体性、知觉的理解性和知觉的恒常性。

(一)知觉的选择性

客观事物纷繁复杂,在一定时间内,我们不可能将作用于我们的感觉器官的所有客观事物作为自己的知觉对象,而只能选择少数事物,这就是知觉的选择性,即知觉有从众多事物中选择出一个或几个事物作为自己的知觉对象的特性,被我们选择的事物就是知觉的对象,而不被我们选择的事物就是知觉的背景。例如,上课时,知觉的对象是在课堂上,课堂外的其他对象就是知觉的背景。在一定的条件下,知觉的对象和背景是可以互相转换的。在一种情况下作为知觉对象的事物,在另一情况下可能成为知觉的背景。双关图是表现知觉对象与背景关系的典型现象,如图 4-7 鸭子与兔子、图 4-8 少女与老妇。

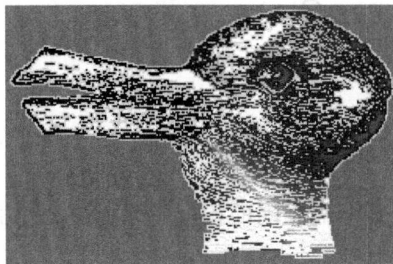

图 4-7　鸭子与兔子　　　　　　　　图 4-8　少女与老妇

人们从知觉背景中选择出知觉的对象,受到了主客观两方面因素的影响。客观因素包括有:(1)对象和背景的差异。对象和背景的差异越明显,知觉对象越容易从背景中选择出来。例如,"鹤立鸡群","鹤"很容易成为知觉对象,就是这个道理。因此,若想使某事物迅速成为知觉的对象,则可以加大它与背景之间的差别,反之,则设法使对象和背景混淆不清。教学板书时重点内容用彩色粉笔、军事上的伪装都是依据这一原理。(2)知觉对象本身的特点。本身的特点较鲜明的事物容易成为知觉的对象,例如运动变化的、强度较大的、新颖的事物就容易成为知觉的对象。主观因素包括知觉者的经验、需要、态度、兴趣、动机、情绪等,它们都会影响到知觉的选择性。

知觉选择性的意义在于使知觉既清晰、准确,又完善而丰富,不至于陷入僵化。

(二)知觉的整体性

知觉的整体性是指人们在知觉时,具有把事物的个别属性、个别部分综合起来,作为一个整体进行知觉的特性。如图 4-9 所示的图形中,我们常将它们知觉为三角形和正方形,而不是几条线段。

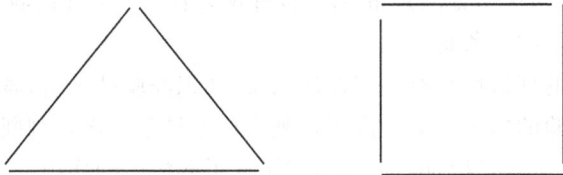

图 4-9　知觉的整体性

在知觉的整体性中,知觉和整体和部分是紧密联系的。首先,知觉的整合作用离不开组成整体的各个部分的特点。例如图 4-9 中,左边的图由三条线组成,我们将它知觉为三角形,而右边图由四条线组成,我们就将它知觉为正方形。其次,我们对事物个别成分(或部分)的知觉,又依赖于事物的整体特性。图 4-10 就说明了部分对整体的依赖关系。同样一个图形"13",当它处在数字序列中时,我们把它看成数字 13;当它处在字母序列中时,我们就把它看成 B 了。再次,在知觉活动中,人们对整体的知觉可能先于对各部分的知觉。当我们看到一座假山时,我们首先就将它知觉为假山,然后才去知觉它由什么样的石头所组成。

12

A   13   C

14

图 4-10 部分对整体的依赖关系

知觉的整体性与知觉对象本身的特性及其各个部分间的构成关系有关。格式塔心理学对于知觉整体性的组织规则提出了几条定律或原则:

(1)接近律(接近因素、邻近):空间、时间上接近的客体易被知觉为一个整体。

(2)相似律(相似因素、相似性):物理属性相似的客体易被知觉为一个整体。

(3)连续律(好的连续因素、共同运动因素、线条方向):具有连续性或共同运动方向等特点的客体,易被知觉为同一整体。

(4)良好图形原则(封闭性、对称性、简单性等):填补对象的一些缺陷而将其知觉为一个完整图形。

(5)知觉经验:知觉的整体性也与知觉者的主观状态有关,主要表现为过去经验和知识对当前知觉活动提供补充信息。

总之,格式塔心理学认为,整体不是各个部分的简单堆积,知觉整体性的组织原则是使对感觉材料的处理达成简明性,整体通过各个部分的有机结合而表现出新的意义,整体大于部分之和。知觉的整体性是知觉积极和主动的一个重要方面,知觉的整体性提高了人们知觉事物的能力。

(三)知觉的理解性

人们在感知当前客观事物时,总是根据以往的知识经验来理解它们,并用词将它们标志出来,知觉的这种特性叫作知觉的理解性。如当我们看图 4-11 时,我们不是将它知觉为一些斑点,而是将它理解为"一条狗"。

知识经验对知觉的理解性具有决定性的意义,知识经验越丰富,越有利于人们对客观事物的理解。一个有经验的驾驶员能在汽车行驶中根据异常的声音判断汽车的什么部位发生了故障;一个高明的中医通过望、闻、问、切,能迅速了解病人的病因。

词语对知觉的理解具有指导作用,可以帮助我们迅速理解知觉的对象。如图 4-12,开始接触此图时,我们也许不能很快知觉出它是什么,但是,当他人指导"这是小孩和狗时",我们立刻就理解了。此外,个人的需要、动机、兴趣、情绪、定式等对知觉的理解性也有重要的影响。

图 4-11　知觉的理解性　　　　　　图 4-12　小孩和狗

知觉的理解性与知觉的选择性、整体性有密切的关系。理解有助于对象与背景的分离。在图 4-7 中,如果我们事先被告知这是一只兔子,那么图形的上部分右侧就容易作为兔嘴而成为知觉的对象,并且使我们对它的知觉保持相对的稳定性;如果我们事先知道它是一只鸭子,那么图形的上部分左侧就容易作为鸭嘴而成为知觉的对象。理解还有助于形成整体知觉,能够产生知觉预期。

(四)知觉的恒常性

在客观事物本身不变的前提下,知觉的条件在一定范围内发生了变化,而人的知觉映象仍然保持相对稳定性,这就是知觉的恒常性。它是人们知觉客观事物的一个重要特性。

知觉的恒常性在视知觉领域内表现得最为明显,主要表现为大小恒常性、形状恒常性、亮度恒常性、颜色恒常性等。

1.大小恒常性

当我们从不同距离观看同一物体时,物体在视网膜上成像的大小会因距离不同而发生变化。距离大,它在视网膜上成像较小;距离小,它在视网膜上成像较大。但我们知觉物体大小却不完全随知觉距离而变化,而是趋向于原物体的实际大小。例如,同样的一个人站在离我们 3 米、5 米、15 米的不同距离处,他在我们视网膜上的像因距离不同而改变着,但是我们看到这个人的大小却是不变的。这是大小恒常性现象。

2.形状恒常性

尽管观察物体的角度发生变化,但我们仍倾向于把它感知为一个标准形状。铁饼的形状,只有它的平面与视线垂直的时候,它在视网膜上的视像形状才与实际形状完全一样。如果偏离了这个角度,视网膜上的视像形状便或多或少不同于铁饼的实际形状。但我们从不同角度看到的铁饼形状仍然不变。这是形状恒常性现象。

3.亮度恒常性

尽管照明的亮度改变,但我们仍倾向于把物体的表面亮度知觉为不变。在强烈的阳光下煤块反射的光量远大于黄昏时白粉笔所反射的光量,但是即使在这种情况下,我们还是把煤块知觉为黑色的,把粉笔知觉为白色的。这是明度恒常性现象。

4.颜色恒常性

尽管物体照明的颜色改变了,我们仍把它感知为原先的颜色。例如,不论在黄光照射下还是在蓝光照射下,我们总是把一面国旗知觉为红色的。这是颜色恒常性现象。

知觉的恒常性不仅表现在视知觉上,还表现在其他知觉中,如方位知觉恒常性、声音听觉恒常性等。知觉的恒常性在人的生活实践中具有重大意义。它使人在不同的情况下,能按照事物的实际面貌反映事物,能保证我们对不断变化的环境的适应,从而使人有可能根据对象的实际意义来认识和改造客观世界。如果知觉不具有恒常性,那么,人就难以适应瞬息万变的外界环境。

四、知觉的影响因素

知觉是事物直接作用于我们的感官时我们对事物的整体认识。知觉过程受到知觉对象的特性、知觉环境等客观因素的影响。但知觉过程也受个体的需要、动机、个性特征等主观因素的影响。

知觉过程受个体动机、价值观的影响。首先,需要和动机对知觉过程有制约作用。马克思说:"焦虑不堪的穷人甚至对最美的景色也没有感觉;珠宝商人所看到的只是商业的价值,而不是珠宝的美和特性,他没有珠宝的感觉。"(《马克思恩格斯论艺术》,人民出版社 1963 年版,第 205 页)。就是说焦虑不堪的穷人急于解决生计的需要,只注意于他所焦虑的事情,最美的景色也知觉不到;珠宝商人出于牟利的动机,只看到珠宝的商业价值,看不到珠宝的美和特性。其次,价值观影响人的知觉。有人(Bruner 和 Goodman,1947)以出身贫富不同家庭的儿童(10 岁)为被试,要他们在同样条件(距离、照明、角度都相同)下估计各种硬币,以比较儿童的金钱价值与知觉的关系。结果发现两组儿童对硬币面积的估计都有夸大倾向,但贫困儿童组的夸大倾向远超过富裕儿童组。

知觉过程还受到个体个性的影响。如在镶嵌图形的实验中,要求被试在复杂的图形中用铅笔勾画出镶嵌在其中的指定的简单图形,有些人很难从视野中离析出知觉单元,而有些人很容易离析出。很难离析出知觉单元的人称为场依存性者,而很容易离析出知觉单元的人称为场独立性者。之所以出现上述的差异,美国心理学家赫尔曼·威特金(Herman Witkin)认为,有些人知觉时较多地受他所看到的环境信息的影响,有些人则较多地受身体内部线索的影响。场依存者在知觉活动中易受环境因素的影响,场独立者则不易受环境因素的影响。

第三节　感知觉规律在教学中的应用

学生掌握知识的过程是一种特殊的认识过程,这个过程主要包括对教材的感知、理解、巩固、应用等环节。在复杂的认识过程中,起点是感知教材,并获得有关教材的较丰富的、全面的、正确的感性知识。为了提高学生感知教材的效果,就需要运用感知觉的规律来组织教学。合理的利用感知觉规律来组织教学可以激发学生的学习兴趣和热情,引起学生对教学内容的正确知觉,从而有助于学生对所学知识的领会、理解和掌握,提高教育、教学的质量。

一、利用感知觉规律进行直观教学

(一)感觉规律的应用

1.感觉阈限规律的应用

根据感觉阈限的规律,作用于感觉器官的刺激物必须达到一定的强度才能被人们感知到。因此,教师在教学过程中,首先要保证所传递的刺激物被学生准确地感知。从视觉角度来讲,教师的板书要清晰,工整,不潦草,字体大小适中,下笔有力;制作幻灯片时字体大小不小于 28 号字体,一张幻灯片的字数不能太多,多使用图片来突出主题,给学生一个直观的印象。使用教具时,也要考虑到大小是否合适,是否可以被正确地感知。从听觉角度来讲,教师的声音要洪亮,语速适中,普通话标准,这样才能被学生较容易地感知到。

2.教学内容形象化、生动化

在实际教学中,教师可以有意识地采用多种途径呈现教学材料,使得教学内容生动化、形象化。研究表明,在接受知识方面,不同感官的效率是不同的。在某些实验中,呈现视觉材料,平均能记住 25%,呈现听觉材料,平均能记住 15%,而如果把视觉和听觉呈现方式结合起来,平均记住可以达到 65%。如果能进一步加入其他感觉,则记忆效果会更好。由此可见,教师在教学中要使用多种方法和手段,促使学生交替使用多种感官来感知事物,从而获得对事物或知识的全面认识。我国学者曾提出学习要做到"五到",即眼到、耳到、口到、手到和心到,其目的就是通过多种渠道来巩固所学的知识。

在呈现材料的同时,教师要注意自己语言的组织。在讲课过程中,要语言生动化。引导学生利用表象来创造一个具体生动的形象,从而提高教学效果。

(二)利用知觉的特性组织教学

1.知觉选择性的应用

知觉的选择性告诉我们,在一定时间内,我们不可能将作用于我们感觉器官的所有客观事物作为自己的知觉对象,而只能选择少数事物。在教学过程中,教师所要传授给学生的知识就是教师希望学生感知到的知觉对象,但是在此同时,教学环境中有大量的背景信息,如学生自己身体不适(肚子饿了)、教师的多余信息(如调节气氛的话、女教师性感的衣着)、其他同学的干扰(学生小声讲话),等等。利用知觉选择性的规律,教师可以从下面方面来加以努力。

从客观因素努力:

(1)对象和背景的差异

对象和背景的差异越明显,知觉对象越容易从背景中选择出来。教学时的重点可以用此方法来加以强调,成为学生知觉的对象。如在板书时,将重点内容用彩色粉笔;在讲话声音上,可以在讲重点内容时语调、音量有所变化,以区别于一般的讲话内容。

(2)知觉对象本身的特点

知觉对象本身的特点较鲜明的事物容易成为知觉的对象,例如运动变化的、强度较大的、新颖的事物就容易成为知觉的对象。教学时可以利用此特点来吸引学生的无意注意。

如教师注意自己的形象,有条件的教师通过化淡妆塑造一个积极有活力的形象,声音要抑扬顿挫,多媒体课件中适当加入一些动画效果,这些都可以让学生很容易捕捉到教师的信号,将教师讲课的信号作为自己知觉的对象。

从主观因素努力,教师要培养学生对课程的兴趣和爱好,促使学生的有意注意尽快转化为有意后注意,培养学生良好的意志品质,从而有效抵制干扰。

2.知觉整体性的应用

知觉的整体性是指人们在知觉时,具有把事物的个别属性、个别部分综合起来,作为一个整体进行知觉的特性。教师要利用这一特性,尽量做到需要区分的内容区分开来,需要作为整体来感知的内容就利用知觉的组织法将内容组织起来。比如教师在做课件时,需要区分的内容不能用相同的图形或者排列在一起,在不同的对象之间留空或用色彩区分;板书时,不同内容之间要留恰当的空隙;讲课时,针对不同内容,采用不同的语速,对不同的内容加以分析、综合,使学生了解其中的逻辑关系,更好地掌握内容。

学生在做笔记时,同样可以用到知觉整体性的规律。如把重点内容用红笔标出,教师的讲解及例子用黑笔标出,在复习的时候重点内容就一目了然,容易复习。

3.知觉理解性的应用

教师的讲课内容要让学生更好地理解,才能为下一步的记忆做准备。促进学生理解,可以从过去的知识经验入手,以便于学生更好地对讲课内容产生理解。这就要求教师要激活学生与教学内容相关的知识经验。一般来说,在讲课的引入部分,教师可以讲解一些与讲课内容相关的案例、生活中常见的一些现象、过去讲过的一些相关知识点,激活学生的知识经验,并产生进一步的知觉期待和预测。引入后,再讲解相关知识点就要容易很多,学生很容易接受这些讲课内容。反之,如果教学内容学生压根没经验、没体会,理解起来就要困难很多,教学效果也会大打折扣。

二、观察力及其培养

观察是知觉的特殊形式,它是有目的、有计划、比较持久的知觉。在人的感知活动中,有时是无意的,有时是有意的。而观察在开始前需要提出目的,拟定观察的计划,并按照此目的和计划的要求去组织自己的知觉活动,因此,观察是一种有意的知觉。同时,为了使观察更细致、更全面,在观察过程中自始至终都有理解参加,伴随着人的思维和言语的活动,观察后还要对观察的结果进行归纳和总结。因此,思维在观察中起着重要的作用,有人将观察叫作"思维的知觉",它是知觉的高级形式。

观察是我们认识世界、进行创造的基础。许多科学家都重视观察的作用。进化论的创始人达尔文曾说:"我既没有突出的理解,也没有过人的机智,只是在观察那些稍纵即逝的事物并对其进行精细观察的能力上,我还可能在众人之上。"俄国生理学家巴甫洛夫曾告诫人们说:"不会观察,你永远当不了科学家。"并在自己实验室的墙上写着"观察、观察、再观察"的警句。

观察的能力就是观察力,它是智力结构的重要组成部分。学生的观察力并不是天生具有的,而是通过后天的培养、训练,通过他们自己的实践活动逐渐形成和发展起来的。在教学中怎样培养学生的观察力呢?

1. 引导学生明确观察的目的与任务

观察的目的与任务是否明确,直接决定着观察的效果。目的越明确,越具体,则学生心中有数,他们的观察就越仔细,越完整,反之,"走马观花",毫无目的,是不能获得很好的观察效果的。

2. 制订周密的观察计划

观察必须有系统、有计划地进行。按照拟定的计划、步骤和一定的顺序进行观察,才能做到全面、周密。

3. 教会学生观察的方法

在观察之前,让学生做好必要的准备,特别是知识的准备。如果观察者对观察的事物一无所知,则会大大影响他们观察的兴趣,也不容易发现问题。在观察的过程中,要勤于思考。观察不等于消极的注视,必须进行积极的思维活动,才会找到问题的关键。同时,作好观察的记录,以防止过后遗忘。

4. 指导学生作好归纳、总结

观察告一段落后,指导学生进行整理和总结,以便了解是否按计划进行,目的是否达到,同时也便于总结观察当中的漏洞和不足,从而不断提高学生的观察力。

总之,培养学生的观察力需要教师结合教学内容,并根据学生的特点细心指导。

本章内容小结

1. 感觉是人脑对直接作用于感觉器官的客观事物的个别属性的反映。

2. 根据感觉刺激是来自有机体外部还是内部,感觉可分为外部感觉和内部感觉。外部感觉是个体对外部刺激的觉察,主要包括视觉、听觉、嗅觉、味觉、皮肤觉。内部感觉是个体对内部刺激的觉察,主要包括机体觉、平衡觉和运动觉。

3. 心理物理法是测量物理刺激强度和感觉体验大小之间关系的一种研究方法。

4. 感受性是分析器对适宜刺激的感觉能力。感觉阈限指持续一定时间能引起感觉的刺激量。感觉阈限可度量感受性的大小。

5. 绝对感觉阈限指刚刚能引起感觉的最小刺激量;绝对感受性指觉察最小刺激的能力。两者在数量上成反比关系。差别感觉阈限指刚刚觉察差异的两个刺激间的最小差异量;差别阈限指觉察两个刺激差异的能力。一般而言,差别阈限与最初的刺激强度成正比关系。

6. 感觉适应是指由于刺激物对感受器的持续作用,从而使感受性发生变化的现象。感觉对比是指同一感受器接受不同的刺激而使感受性发生变化的现象。感觉对比分为同时对比和继时对比。

7. 在刺激停止作用后,感觉印象仍暂留一段时间的现象,叫感觉后像。后像有正后像和负后像之分。

8. 不同感觉的相互作用是一种感觉道受到刺激而引起另一种感觉道产生感觉或感受性发生变化的现象。

9. 知觉是人脑对直接作用于感觉器官的客观事物的整体的反映。根据不同的分类标准,知觉可以分成不同的种类,如视知觉、听知觉、嗅知觉、味知觉、肤知觉和运动知觉;对物的知觉和对人的知觉;正确的知觉和错误的知觉等。

10. 知觉选择性是从众多事物中选择出一个或几个事物作为自己的知觉对象的特性。知觉对象和背景是相对的,知觉对象的特征、知觉环境以及个体的各种主观因素都影响知觉对象的选择。

11. 知觉整体性是指人们在知觉过程中,具有把事物的个别属性、个别部分综合起来,作为一个整体进行知觉的特性。整体与部分是相互依存的,知觉整体性的组织原则包括接近律、相似律、连续律、良好图形原则等。

12. 知觉的理解性指人在知觉过程中不是被动地把知觉对象的特点登记下来,而是以过去的知识经验为依据,力求对知觉对象做出合理的解释和说明,使它具有一定的意义。

13. 知觉的恒常性指在客观事物本身不变的前提下,知觉系统能在一定范围内保持对客观事物的稳定的认识,而不随知觉条件或感觉映像模式的改变而改变。

14. 观察是知觉的特殊形式,是有目的、有计划、比较持久的知觉。培养学生的观察力要引导学生明确观察的目的与任务、制订周密的观察计划、教会学生观察的方法、指导学生作好归纳总结等。

15. 教学中应利用感知觉规律组织教学,如教师的视觉、听觉信息要达到并超过学生的感觉阈限,教学内容应形象化、生动化,利用知觉选择性突出教学内容、弱化无关信息,利用过去的知识经验帮助学生更好地理解,利用整体性的规律对教学内容进行区分掌握,从而达到提高教学质量的目的。

思考题

1. 比较感觉和知觉,感知觉对人有何作用?
2. 引起感受性变化的现象有哪些?
3. 试举例分析知觉中整体与部分的关系。
4. 试举例说明知觉的对象与背景的关系。
5. 知觉的基本特征有哪些?结合实际谈谈感知规律在学习活动中的运用。
6. 试分析如何充分运用感知觉的规律组织教学?

【试一试】 <<<

中国版大学生感觉寻求量表

下面是一系列各种各样的活动,如果将来面对这些活动情境,备选答案中哪一项更符合你的真实想法?每道题都有三个备选答案:A. 不想做;B. 想做,但不一定去做;C. 想做,若有机会一定去做。

1. 爬陡峭的山	A B C	19. 驾驶滑翔机	A B C
2. 在险峻的雪山上滑雪	A B C	20. 做违反常规的事	A B C
3. 穿山洞冒险	A B C	21. 赛车	A B C

4. 婚前性行为	A B C	22. 在战争中参加战斗	A B C
5. 蹦极	A B C	23. 幸灾乐祸	A B C
6. 去未知大陆冒险	A B C	24. 观看色情电影	A B C
7. 抢银行	A B C	25. 冬泳	A B C
8. 服用产生幻觉的新药	A B C	26. 与异性非婚同居	A B C
9. 与朋友讲下流话	A B C	27. 学开飞机	A B C
10. 考试作弊	A B C	28. 单独穿越原始森林	A B C
11. 凭侥幸心理偷窃	A B C	29. 离家出走	A B C
12. 跳伞	A B C	30. 酒后驾驶	A B C
13. 骚扰别人	A B C	31. 独自穿越沙漠	A B C
14. 跋涉荒野	A B C	32. 过激或者不正常的性幻想	A B C
15. 环游中国大陆	A B C	33. 开放的性行为	A B C
16. 读色情小说	A B C	34. 乘喷气式飞机旅行	A B C
17. 冲浪	A B C	35. 高台跳水	A B C
18. 不顾后果的赌博	A B C	36. 参加恐怖、反传统或非法的活动	A B C

本量表中,兴奋与冒险寻求分量表包括第 1、2、3、5、6、12、14、15、17、19、21、22、25、27、28、31、34、35 题;去抑制分量表包括第 4、7、8、9、10、11、13、16、18、20、23、24、26、29、30、32、33、36 题。

计分和判断方法是:选 A 计 1 分,选 B 计 2 分,选 C 计 3 分。总分 56 分以下属于低感觉寻求群体;56~70 属于普通感觉寻求群体;71 分以上属于高感觉寻求群体。

第五章　记忆与遗忘

　　在学习和人际交往活动中,出众的记忆力是取得成功的必要条件。历史上许多伟人记忆能力都非常强。马克思的记忆力超群,他通晓欧洲所有国家的语言,可以用德、意、法三国文字写作。他在 50 多岁时才开始学习俄语,仅用半年时间,就可以阅读普希金、果戈理的原文著作了。拿破仑是纵横欧洲的一代英雄。凡是了解拿破仑或是为他写传记的作家,无不为他卓越的记忆力而惊叹不止。他能准确地叫出自己军队中每一位士兵的名字,能如数家珍地说出法国海岸每一门大炮的口径和安放位置,常常能随时指出下级报告中的细节失误。周恩来总理生前也记忆力惊人。周总理负责主管的很多部门领导害怕跟总理汇报工作,因为总理记忆力太惊人,一般人拿着材料读都不如他脑子记得准确,而且就连一面之交的普通工人、农民、服务员,他在多少年后仍然能叫出名字,可见周总理生前记忆力非同寻常。

　　在学校中,记忆力好的学生会有很多的优势。每门课程的结业考试、各种资格证书考试、四六级考试等,都与记忆力有密切关系。本章我们会介绍记忆和遗忘的一般规律,探讨记忆的加工过程,在今后教学活动中培养学生记忆力的方法等。

第一节　记忆的一般概述

　　记忆是人脑积累知识经验的一种功能,它有"心灵的仓库"之美称。自古就有不少学者对探索记忆的奥秘有浓厚兴趣。古希腊著名学者亚里士多德对记忆曾有过较多思考;17 世纪英国著名哲学家洛克和休谟等也对记忆作过解释;19 世纪末,德国的艾宾浩斯开创了对记忆的实验研究。20 世纪 50 年代后,随着计算机技术的应用和认知心理学的兴起,人们更多地以信息加工的观点来探索记忆的理论和模型。

一、记忆的概念

　　记忆(memory)是通过识记、保持、再认(或回忆)三个环节在人脑中积累和保存知识经验的过程。识记通常是一个反复感知的过程;而再作用过程主要有两种形式:再认和再现(回忆)。曾经经历过的事物来到眼前,感到熟悉,并能准确地觉知是曾经经历过的,这就是再认;以前经历过的事物,不在眼前,把它在头脑中重新呈现出来,就是再现。按信息加工理论的观点,记忆是指人脑对外界输入的信息进行编码、存储和提取输出的系列过程。

　　人在其生活和活动中,对曾经感知过、思考过的事物的映像总是或多或少地、不同程度地保留在头脑中,即使当这些事物不在眼前时,也还会重新显现出来。不仅认识的事物映象能保持在头脑中,且曾经体验过的情感,以及从事过的行为和动作都可能以印记的形式保持在头脑中,它们可以根据生活和活动的要求重新显现出来,并作为过去的经验参与到后来的活动中去。这些都是我们常说的记忆。总之,凡是一个人所经历过的一切事物,都可能在某种程度上被记住,并在以后的生活实践中被回想起来,或是在它们再度出现时,仍能认得出来。

记忆是个体保存经验的形式,但不是个体经验保存的全部形式。个体经验还可以通过其他形式来保存,如书籍、图画、建筑物、电子软件等也可以保存个体经验。只有在人脑中保存个体经验的过程才称为记忆。总之,记忆是人脑对经历过的事物的反映。

记忆是人脑的一种非常重要的机能,对人的心理发展起着极其重要的作用。可以说,没有记忆就没有人的心理的发展。这是因为个体经验的积累和行为的逐渐复杂化是靠记忆来实现的,离开了记忆就不可能积累和形成经验;离开了记忆甚至连最简单的行为和动作都不可能实现,因为任何活动,哪怕是最简单的条件反射活动,也必须以在一定时间内保留它先前出现过的映象为前提。有了记忆,人才能保持过去的反映,才能进行学习,才能积累知识经验,最终实现人的心理的发展。

二、记忆的种类

不同个体的记忆能力千差万别。有的人词语记忆能力弱,但是擅长情境记忆,对自己经历过的事情记忆特别好;有的人语义记忆能力较差,但是对图片、形象的记忆特别好;有的人对人物面部表情记忆很差,但是对人说过的话、唱过的歌的记忆却很好;有些人词语记忆能力不好,但是对看过的动作却能一下子记住。要想更好地了解自己的记忆能力,首先要从认识记忆种类开始。了解记忆的不同种类后,才能从不同角度来考查自己记忆力的高低。

(一)形象记忆、语词记忆、情绪记忆、动作记忆

按照记忆内容的不同,可以把记忆分为形象记忆、语词记忆、情绪记忆和动作记忆。

形象记忆是以感知过的事物的形象为内容的记忆。它所保持的是事物的具体形象,这种具体形象可能是视觉形象,也可能是听觉、触觉或味觉的形象。例如想到一个老朋友的时候,可能他(她)的音容笑貌会出现在眼前,这就是形象记忆。

语词记忆是以概念、判断、推理等为形式,对事物的关系以及事物本身的意义和性质等内容的记忆。词语记忆有时候也叫语义记忆,如课本所学的知识点等。

情绪记忆是以个体体验过的情绪或情感为内容的记忆。同情别人或者产生思想共鸣往往是以情绪记忆为基础的。情绪记忆的印象有时比其他记忆的印象表现得更为持久,甚至终生不忘。有时还会出现记忆的内容早已忘掉,但其情绪效果却一直保留在记忆中,如某人对某物可能有习惯性恐惧。

动作记忆又叫运动记忆,是以过去经历过的运动状态或动作形象为内容的记忆,是一种对动作技能和身体运动状态的记忆。该记忆学习过程较慢,但是学习结束后遗忘速度也很慢。较大的肌肉动作不容易忘,但精细动作则容易遗忘。例如学习打乒乓球,学习过程较慢,但是学会之后,即使几年时间不接触乒乓球,拿到球拍后依然可以完成一般的击球动作,但是一些细微的击球技巧可能已经无法保持,出现力不从心的现象。运动记忆是人们进行体育活动、表演艺术、生产劳动乃至日常生活中的运动技能的基础。

(二)感觉记忆、短时记忆、长时记忆

根据信息贮存时间的长短,可以把记忆分为感觉记忆(瞬时记忆)、短时记忆和长时记忆。感觉记忆、短时记忆、长时记忆处于记忆加工过程的不同阶段,是记忆加工系统的三个子系统,因此,这也被称为记忆的三级加工理论(如图 5-1 所示)。

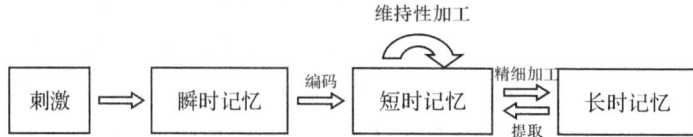

图 5-1　记忆的三级加工理论

感觉记忆是记忆的最初始阶段,是信息保持在 2 秒内的记忆,如闪电持续时间不到 0.1 秒,但是人看到闪电持续时间远超过闪电呈现的时间,实际上这是感觉记忆的效果。感觉记忆是一种以感觉器官为基础的记忆。外界信息通过感官,首先信息被登记进入感觉记忆。进入感觉记忆的信息完全按照输入信息的原样加以记录。被记录的信息保持时间极短,视觉感觉记忆信息保存不到 0.3 秒,听觉感觉记忆不超过 4 秒。感觉记忆应用最明显的例子就是视觉后像,电影就是利用视觉后像,将一组组断续的画面连成连续不断的活动。

经过登记的感觉记忆的信息量非常大,内容很难直接全部进入到短时记忆中,信息要经过注意的选择或分配后,才进入到短时记忆中。

短时记忆中的信息可以保持得长久些,但最长也不超过 1 分钟。如口语告知某个电话号码,当时就去拨打的时候还记得此号码。但拨打完毕后,一般人很难将号码提取出来。这个号码的记忆维持时间仅在于被告知号码到拨打号码,时间很短,这就是短时记忆。短时记忆就其功能来说是操作性的,它主要对来自感觉记忆和长时记忆的信息进行有意识的加工,故又称工作记忆。研究发现,短时记忆的容量很有限,只有 7 ± 2 个单元(或组块)。组块是储存在长时记忆中的、作为一个独立体的结构单元。例如 20100623,如果按单个数字来计算的话,共有 8 位数字,但一般人可能习惯于将这串数字看成时间,加工为 2010 年 6 月 23 日,这就只有 3 个组块。对材料的组织实际上就是把若干小的组块组合成数量更少而"体积"更大的组块的心智操作。组块数量减少,但实际增大了短时记忆的容量,因此,合理的组块有利于提高记忆的效果。

短时记忆的信息很多都会遗忘,如果短时记忆的信息经过了有目的的精细性加工复述,则这部分信息就可以进入到长时记忆中。

长时记忆指信息保持时间超过 1 分钟的记忆,其中有的信息常常可以保持多年甚至终生。它的信息主要来自短时记忆阶段加以复述的内容,也有由于印象深刻一次性直接进入长时记忆的。长时记忆容量非常大,人的一生几乎可以掌握无数的知识和无数的技能。心理学家一般认为,长时记忆的容量几乎是无限的。但也有心理学家具体估计长时记忆的准确容量,如兰道尔根据突触数量、神经冲动的数目来估算记忆容量。根据他的估计,人的长时记忆容量最高可达 1020 比特的信息,最低有 10 亿比特的信息(比特是计算机专业术语,是信息量单位,由英文 bit 音译而来。二进制数的一位所包含的信息就是 1 比特,如二进制数 0100 就是 4 比特)。信息在长时记忆中的存储以语义编码、表象编码为主,需要使用的时候可以从长时记忆中提取出来,进入短时记忆中加以使用。

(三)外显记忆、内隐记忆

根据过去经验对当前活动的影响有无意识或觉察,记忆还有外显和内隐的区分。

外显记忆指的是在意识的控制下,过去经验对当前行为产生的有意识的影响,个体能够意识到它对行为的影响,因此又是叫受意识控制的记忆。也就是再认或回忆某些特定的过去经验,是受个体意识调控的。一般的考试内容大多数考的是此类内容,如简答、论述,需要个体有意识地回忆过去所学习的知识。

内隐记忆指的是在个体无法意识到的情况下,过去经验对当前行为产生的无意识的影响,也叫无意识记忆。在日常生活中常常可以看到,尽管不能有意识地回忆或再认出过去的信息,但是这些经验仍然被用来完成了一定的任务或提高了效率这种现象。如有些人特别害怕某一种东西,但是又讲不上具体害怕的原因,这种现象很可能是过去经历过某些不愉快的经历对此前行为的无意识影响。

(四)陈述性记忆、程序性记忆

根据记忆材料(信息)的性质不同,将记忆分为陈述性记忆和程序性记忆。

陈述性记忆指对事实性资料的记忆,即有关事实和事件的记忆。这种资料常以语言为载体,是可以言传的知识。如对概念、范畴、定理、定律及一些日常生活常识等的记忆,均属陈述性记忆。陈述性记忆的特征是,在需要时可将记住的事实陈述出来,或说明什么是什么,什么不是什么。它可以通过语言传授而获得,其提取往往需要意识的参与。例如,"鲁迅是我国伟大的文学家",这样一个事实就是一种陈述性记忆。陈述性记忆的回忆需要意识伴随或意识努力,并依赖于信息在学习时的前后关系。虽然许多陈述性记忆可以保持很长的时间,但也有不少却极容易遗忘。

程序性记忆指对具有先后顺序的活动的一种记忆,是关于如何做事的记忆,即技能记忆,主要包括认知技能和运动技能的记忆,也就是一种经由观察学习与实地操作练习而学得的技能记忆。如写字、计算机操作使用等,所学到的是如何按程序进行操作。它不是一次性可以获得的,往往需要按程序进行学习,通过多次的尝试才能逐渐获得,且绝大多数不能言传。在学习后的记忆检索初期,必须受意识的支配,并清楚地意识到按程序进行活动。但达到熟练后,程序性记忆的检索将实现自动化,再利用这类记忆时往往就不需要有意识的参与。如,在学习游泳之前,可能读过有关的一些书籍,或是听人介绍过某些游泳的动作要领,这种记忆就是陈述性记忆;但游泳需要在水中不断地练习,把知识变成一种技能,才能真正在水中游动,此时的记忆就是程序性记忆。

美国心理学家(Kaushall 等,1981;Squire 和 Moors,1979;Squire 和 Slater,1978)曾报道过一名叫 A. Nick 的患者,因偶然事故被小金属片击中鼻孔,损伤了脑左半球的一小部分区域而造成遗忘症。患者能很好地回忆起事故以前的事情,但却不能形成新的记忆。特别奇怪的是,虽然他不能回忆起最近的事情,但却不影响记忆如何做事的过程。例如,他可以记住如何混合、搅拌、配料等烹饪过程,但却记不住这些配料应该是什么。也就是说,患者仍能储存程序性知识(procedural knowledge)——他记得如何做;但却丧失了储存事实即陈述性知识(declarative knowledge)的能力——即丧失了记住是什么的能力。因此,程序性知识(技能)和陈述性知识(概念和事实)是两种不同的记忆。从个体发展来看,婴儿首先发展起来的是技能记忆,尔后才是事实记忆。从神经生理基础上来看,程序性知识被认为是储存在大脑旧皮质,而陈述性知识则被认为是储存在大脑新皮质的。

第二节　记忆的过程

外界的信息经过编码后存贮于大脑中,在需要的时候,我们会从记忆中将需要的信息提取出来加以利用。记忆是一个巨大的材料库。按照詹姆斯(James,1980)的说法,长时记忆存储了我们的过去、现在和未来,构成了一个人的"心理上的过去",是个体经验积累和认知能力发展乃至整个心理发展的前提。记忆中的信息加工主要包括信息的编码、存储和提取,也可以说是信息的识记、保持和提取三个阶段。

一、记忆的编码过程——识记

对材料进行编码是记忆的开端。编码就是将外界的信息转化为个体可接受的、容易接受的信息,以便信息能够储存的过程,也称为识记过程。编码的好坏直接影响到信息存储和提取。良好的编码是长时记忆的基础。

(一)记忆编码方式

1.分类编码

研究发现,如果将需要记忆的材料分类编码,在提取的时候效果会比没有组织编码的效果好。这可能是材料经过分类编码以后多了一些提取的线索。根据编码特异性理论,有线索的材料比没有线索的材料要容易回忆出来。根据加工层次理论,对材料进行分类是一个更深层次的加工,这些加工都有利于材料的最终提取。因此,分类编码是材料编码阶段一种很重要的方式。如西瓜、律师、教师、葡萄、警察、橙子、医生这7个词汇需要记忆,可以看出这些材料分为水果和职业两类。以水果为线索,西瓜、葡萄、橙子就非常容易提取出来;以职业为线索,律师、教师、警察、医生就比较容易提取出来。

分类策略的有效性在不同的实验中都可以表现出来。例如在一个实验(Bousfield,1953)中,向被试呈现60个单词。它们分属于动物、人名、职业、蔬菜四个类别(不是按每种类别分别呈现,而是随机呈现)。要求被试进行自由回忆。结果发现,被试很容易将属于同一类别的单词集中在一起回忆。词表中的单词如果是分属于几个类别,其回忆成绩远优于由无关联的单词所组成的词表。由上述实验可以看出,在编码阶段按一定的类别编码并储存,会让长时记忆的提取变得更加容易。

2.联想群集

建立联想把孤立的识记材料建构为一个大的组块,有助于长时记忆。所谓联想就是由一种经验想起另一种经验,或由想起的一种经验又想起另一种经验。在一个实验(Jenkins等,1952)中,将桌子—椅子、男人—女人等词汇,无论怎样打乱呈现,被试仍出现按接近联想,或对比联想等记忆的倾向。这说明联想群集是组织加工的一种方式。

3.意义编码

加工层次理论认为,加工层次较深的材料容易记忆。在编码阶段学习无意义的材料,如果赋予它一定的意义,进行意义编码,则加工深度会更深一些,这样有助于长时记忆。例如在背诵古诗的过程中,如果不理解古诗的内容,直接死记硬背,那么在回忆阶段则很难回忆出来。如果对古诗内容进行加工,赋予内容一定的意义,则对古诗的记忆效果会好很多。再如下面的数字:1、4、9、16、25、36、49、64、81,直接记忆费时费力且效果不好,如果变为"从1到9的整数的平方",那就太容易记了。总之,不要孤立地去记东西,而要找出事物之间的关系,赋予一定的意义,就容易记住。

4.利用多种编码

对不同的记忆材料来说,其记忆效果是不同的。研究发现,一般人的语义记忆效果较差,而动作记忆、情绪记忆、形象记忆的效果都会好很多。这样在编码阶段,有意识地采取多种形式进行编码,会对记忆的提取产生较好的作用。

例如电话号码8463521,在记忆此号码的时候如果能用手指想象拨号,并多次重复动作,就可以将数字的记忆改变为动作记忆。动作记忆虽然记忆较慢,但是一旦形成则很难遗忘。再如在记忆苹果、兔子、香蕉等具体材料时,如果能够将语言跟它们的表象结合起来,同样会对记忆的提取产生较好的作用。

(二)记忆编码理论

1.编码特异性理论

编码特异性指的是长时记忆的一种特性,在识记阶段进行信息编码时的上下文如果在回忆阶段再次出现,那么回忆的效果会好一些。

编码特异性理论又分为场合依存效应和状态依存效应,分别指的是场合和状态对记忆提取所起到的线索作用。

2.加工层次理论

加工层次理论认为,记忆的保持依赖于记忆加工水平的高低。加工水平高,记忆痕迹就深,记忆保持的效果好,不容易遗忘;加工水平低,记忆痕迹就浅,记忆保持的效果差,容易遗忘。加工水平是指个体对刺激的不同的加工方式。如对刺激进行感觉加工(判断人性别、物体的颜色和大小写等)是低水平的加工,对刺激进行知觉判断(如判断近义词、判断人的个性特征)是高层次的加工。

鲍尔和卡林从人脸记忆的实验中为该理论提供了实验支持。实验中向被试呈现一系列人脸的照片,要求被试在固定时间内对人脸的特征做出一定的判断,如部分被试进行加工水平较浅的性别判断,部分被试进行加工水平较深的诚实或魅力判断。判断结束后进行照片再认实验,结果发现在加工水平较深的判断任务下,被试对照片的再认效果要显著好于性别判断的任务。

上述的两个理论对我们的记忆都有一定的启示:在记忆的编码阶段,要注重对材料进行较深层次的加工,多寻求一些线索,这样在记忆的提取阶段,对材料的提取会变得相对比较容易。

二、记忆的存储过程——保持

信息的存储是记忆的中间环节,是感知过的事物、体验过的情感、做过的动作、思考过的问题等,以一定的形式保存在头脑中,也称记忆保持。它负责将外界的信息按照不同的组织形式储存于长时记忆中,以备需要的时候能够提取。记忆中信息的保持是动态的,存储的信息并非一成不变的,随着时间的推移和后来经验的影响,所保持的材料会在质量和数量上发生各种变化。记忆保持的信息类型也是多种多样的,有程序性记忆和陈述性记忆、情景记忆和语义记忆,此外还有形象记忆和情绪记忆等。对学生学习而言,接受的以陈述性知识为主,主要是语义记忆。那么记忆存储方式如何?认知心理学家提出了各种存储模型。

(一)层次网络模型

层次网络模型是由柯林斯和奎林(Coffins 和 Quallian,1969)提出的。他们认为,语义记忆的基本单元是概念,每个概念具有一定的特征,这些特征实际上也是概念,不过它们是说明另一些概念的。将有关概念按逻辑的上下级关系组织起来,构成一个有层次的网络系统。如图 5-2 所示是这一假设记忆结构的一部分,圆点为结点表示概念,带箭头的连线表示概念间的从属关系。例如"鸟"的上级概念是"动物","鸟"的下级概念有"金丝雀"、"鸵鸟"。连线还表示概念与特征的关系,指明各级概念分别具有的特征,如"鸟"具有的特征是"有翅膀"、"能飞"、"有羽毛"。连线把代表各级概念的结点联系起来,并将概念与特征联系起来,构成一个复杂的层次网络。连线在这个网络中实际上是具有一定意义的联想。此外,该模型还假定,特征是储存在具有这种特征的最高的或最一般的结点上。例如,"会吃"这个特征,只附在"动物"这个结点上,而没有附在比较低的结点(如鸟)上面。这种处理特征的方法,被称为认知经济假设。

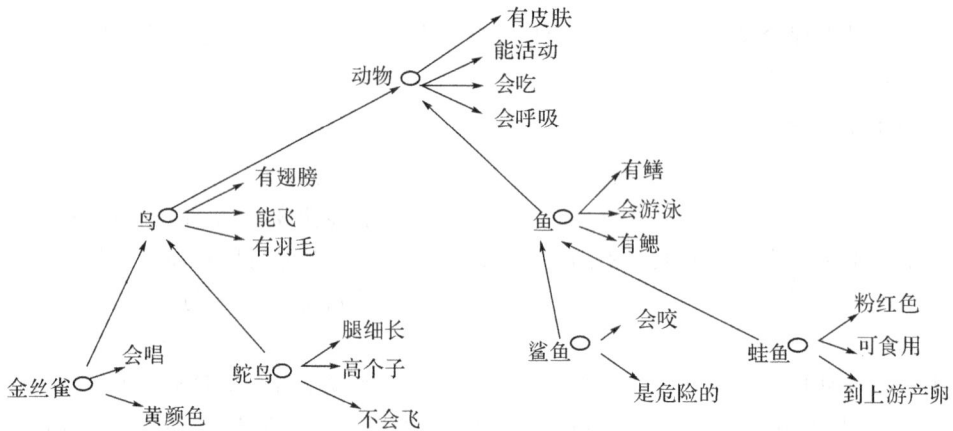

图 5-2 层次网络模型片段

信息提取实验证明这样的层次网络储存结构有一定的道理。例如,分别向被试呈现处于不同语义水平上的三个句子:"金丝雀会吃吗?""金丝雀有翅膀吗?""金丝雀是黄色的吗?"呈现一个句子后,被试对它做出"是"或"否"的反应。结果表明,由于"会吃"储存在"金丝雀"上二级水平"动物"上,而"有翅膀"和"是黄色的"分别被储存在一级和零级水平上,对这三个问题的反应时间是不同的。随着信息所处结点水平的增加,反应时间也增加;大约每升高一级水平要增加 75 毫秒。

层次网络模型能解释记忆中的一些现象,也有实验可以验证这种信息存储模型,但也存在许多无法解释的现象。Rips 等(1973)发现,判断一个包含直接的上下级概念的句子有时要慢于判断一个包含更高的上级概念的句子。如判断"狗是哺乳动物"要慢于判断"狗是动物"。对较熟悉的句子判断较快称作熟悉效应;对一个范畴或概念的典型成员的判断要快于对非典型成员的判断,这称典型性效应;层次网络模型对否定判断的解释也有困难,依照层次网络模型,做出一个否定判断,经常需要进行较长的搜索。层次网络模型对这些现象都不能合理解释,有学者提出了激活扩散模型。

(二)激活扩散模型

激活扩散模型(spreading activation model)是 Collins 和 Loftus(1975)提出的。它也是一个网络模型。但与层次网络模型不同,它放弃了概念的层次结构,而以语义联系或相似性将概念组织起来。图 5-3 所示是激活扩散模型的一个片段。图中方框为网络的结点,代表一个概念。概念之间的连线表示它们的联系,连线的长短表示联系的紧密程度,连线越短,表明联系越紧密,两个概念有越多的共同特征;或者两个结点之间通过其共同特征有越多的连线,则两个概念的联系越紧密。从图中可以看出各种"机动车"通过其共同特征而紧密联系起来,各种颜色也是这样。但一些红色的东西如消防车、樱桃、日落和玫瑰等虽有一个共同的"红色"特征,但并不是紧密联系在一起的。这样的语义记忆结构无疑不同于逻辑层次结构,但它本身并不排除概念的逻辑层次关系,如"机动车"是"小汽车"和"卡车"等的上级概念,有连线相通。然而,概念之间有更多的横向联系。"小汽车"还与"卡车"、"公共汽车"、"急救车"等机动车有联系,甚至与"街道"等也有联系。在激活扩散模型中,一个概念的意义或内涵也是由与它相联系的其他概念,特别是联系紧密的概念来确定的,但概念特征不一定要分级贮存。在人尚未掌握"有羽毛"是"鸟"的普遍特征以前,而只知道"金丝雀"是"有羽毛"的,这个"有羽毛"特征可先与"金丝雀"结点一块贮存,后来再在"鸟"结点复制,但早先贮存在"金丝雀"结点的"有羽毛"特征并不必然要清洗掉。层次网络模型的逻辑层次结构和分级贮存是密不可分的。激活扩散模型放弃了逻辑层次结构,必然也要放弃分级贮存原则。在激活扩散模型中,概念之间也已建立一定的联系,即事先包含一定的知识,所以它也是一种预存模型。

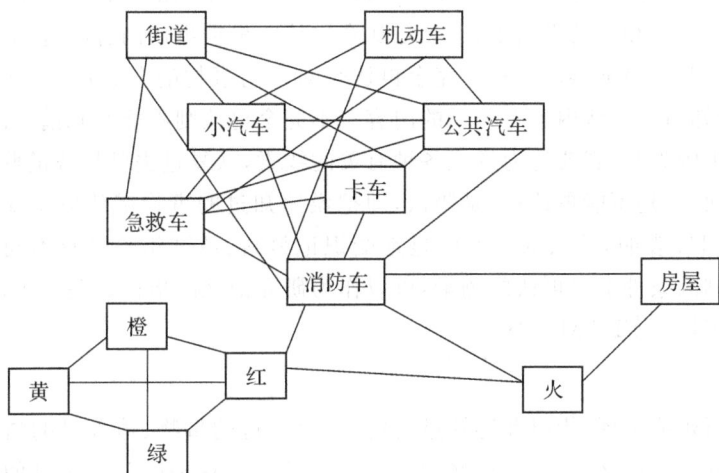

图 5-3 激活扩散模型片段

实际上,激活扩散模型是层次网络模型的修正。它用语义联系取代了层次结构,因而比层次网络模型显得更加全面和灵活。在激活扩散模型中,概念之间的联系既有不同的紧密程度,又有不同的强调。这样,激活扩散模型不仅和层次网络模型一样能够说明范畴大小效应,而且能够说明层次网络模型所不能或难以解释的一些现象,如熟悉效应、典型性效应等。同时,由于激活扩散模型的加工过程包含决策机制,它也可以说明为什么能够很快作出否定判断。总之,如果说层次网络模型原本是针对计算机模拟提出的,带有严格的逻辑性质,那么激活扩散模型则更适合于人,具有更多的弹性,可容纳更多的不确定性和模糊性。也可以说,激活扩散模型是"人化"了的层次网络模型。

三、记忆的提取过程——再认或回忆

信息经过编码、存储,目的是为了在需要的时候提取出来。信息的提取是从长时记忆中查找已有信息的过程,是记忆的最后一个环节。提取的作用在于使过去存储的信息以某种方式影响人的行为。对记忆来说,编码和存储是必要条件,但不是充分条件,提取才是最关键的一步,因为提取才是识记和保持的结果和证明,是最终反映记忆能力的最关键的指标。

(一)记忆提取形式

信息的提取有两种形式,即再认和回忆。

1. 再认

再认是指过去经历过的事物重新出现时能够识别出来,是在以前经历过的事物再次呈现并作用于主体时发生的。再认的速度和准确性主要取决于记忆的巩固程度和当前的事物与以前曾经感知过的事物的相似程度。如果识记得不牢固,仅有似曾相识之感,那么就会产生犹豫不决,再认的速度慢且不准确;如果识记得牢固,那么再认速度就快,而且会确信无疑。总之,目标刺激和干扰刺激的相似程度越高,再认就越困难,不仅速度慢而且可能认错。

根据再认有无目的和是否需要意志努力,再认可分为不随意再认与随意再认两种。当再认的事物明确、清晰、完整,或对原识记内容保持不变时,再认可以毫不费力地实现,这就是不随意再认。当再认的事物不够明确、清晰、完整,或对原识记内容保持不牢固时,再认则需要更多的意志努力和借助于追记,这就是随意再认。根据再认内容的范围与程度,再认还可分为完全再认和不完全再认两种。完全再认是对当前事物的全面再认,既要知道再认内容是什么,又要知道与再认内容有关系的内容。不完全再认则不能达到前者的程度。

当再认发生困难时,就要努力寻找各种有关的线索,恢复过去已形成的联系。再认的错误表现在两方面:一是不能再认;一是错认,即把没感知过的事物错认成感知过的事物。我国心理学家的研究表明,再认的效率明显地受识记材料、被试年龄以及不同感觉通道的影响。在严格控制的条件下对再认的测量,可以作为研究记忆的指标。关于再认过程的模型,有认知心理学家提出 EDAM 程序。

2. 回忆

回忆又称再现或重现,指以前感知过的物体、思考过的事物、体验过的情绪在头脑中再次呈现并加以确认的记忆过程,是记忆过程的一个环节。它是以前经历过的事物不直接作用于人的感官时发生的,再现并不是简单、机械地恢复过去形成的印象,它包括对记忆材料

的一定的加工和重组活动。再现可以是随意的，也可以是不随意的。不随意再现没有明确的回忆目的，映象是按照联想原则自然而然地被提取和复现的。随意再现则是根据一定的目的、任务，有意识地搜索和复现过去形成的印象。由于联想有一定的方向性，随意再现有时很容易实现，有时却需要作一定的意志努力。那种根据有关线索，使用一定的策略，通过不断的推论和探索，在意志努力下完成的随意再现也称追忆。再现的速度、准确性与识记的效果，即知识是否被正确地概括成系统并易于从记忆中提取紧密相关。再现既是识记的结果，又是保持的结果，因此对再现值的测定可以作为说明记忆情况的重要指标。

再现有直接和间接之分。直接再现是当前事物直接引起旧经验；间接再现是通过中介性的联想才达到要求再现的旧经验。再现，尤其是间接再现，常是一种有步骤地进行的思维活动，是一种解决问题的思维活动。从再现的一般过程可以看到，再现绝不是对过去事物的反映的简单回忆，它常要动员全部的有关经验，好像把有关经验经过"筛选"，才能找到所需的经验。记忆是在有关经验中建立联系，而再现要依靠许多联系的复现。联系越丰富、越系统化，再现就越容易，反之就越困难。

信息提取能否成功，与多方面因素有关：一是信息的保持是否巩固；二是提取信息的线索是否适当，对所保持的信息建立的意义联系越丰富就越易于找到提取信息的线索；同时，积极而平静的情绪状态和灵活的思维活动也有助于寻找提取信息的线索。从信息提取形式看，再认比回忆简单、容易一些，能回忆的材料都能再认。

（二）记忆测量

记忆测量是以保持量为指标的。在实验研究中，测量记忆效果的方法有回忆法、再认法和再学习法（节省法）。

1. 回忆法

回忆法也称再现法，是原来学习或识记过的材料不在面前，让受试者将其说出来或是默写出来，以受试者正确回忆的项目的百分数为指标，以此来计算保持量的一种记忆测量方法。

其计算公式为

$$保持量 = \frac{正确回忆的项目数}{原来识记的项目数} \times 100\%$$

如果识记的标准不是全部记住，那么计算回忆的成绩时，应以识记时达到的标准为基础。回忆法常用来测量短时记忆。如实验者先说完一个数字（如一个 15 位的数字）接着由受试立即复述，这就是回忆法。回忆法也可以测量长时记忆，学校里一般采用论述题式样的题目测量学得知识的方法，这是一种性质上的回忆法。回忆法有两种类型：一是自由回忆法，即对所回忆的材料，在次序上不加限制，即可以不考虑学习材料时的顺序而自由报告；另一种是依序回忆法，规定按一定程序回忆学得的资料。当人们不能回忆起呈现过的材料时，给他们一些指导、帮助，或用联想刺激来进行暗示，能使他们回忆出较多的东西。如，假如他们忘了单词表中是否有"猫"这个词，可以要他们回忆一下是否提到什么动作，这种操作叫作暗示回忆。就同一种学习材料而言，依序回忆较为困难。

2. 再认法

再认法也称辨认法，也是测量记忆的常用方法，其做法是把识记过的材料和没有识记过的材料混在一起,要求受试者把识记过的材料和没有识记过的材料区别开来。通常是识记过的旧材料的项目数和没有识记过的新项目数量相等。然后向受试者一一呈现,由受试者一一报告每一个项目是否识记过。其保持量计算公式为

$$保持量=\frac{认对数-认错数}{呈现材料的总数}\times100\%$$

再认法的优点是,使用时省时简便,再认法可以弥补回忆法的不足,它可适用于学习时练习程度不够,或是学得经验为时已久、记忆模糊等情况。法庭作证指认罪犯时常用这种方法。不过如果事物本身的特征不够明显,再认法测得的结果也就难免出现错误。例如,原先呈现了20个单词,测验时将这20个单词与另外20个新单词混在一起,要求被试将新旧词分开。这里的新词又称为"分心刺激"。由于分心刺激的性质不同,被试可能将所有原先呈现的词都再认出来,也可能一个都认不出来。例如,如果原词是本国语,新词是外国语,被试再认原词将毫无困难。相反,如果它们都是本国语,又都是意义相近的同义词,难度将非常大。通常认为,在中等的分心条件下,被试能再认的东西比能回忆的多得多。大多数人都会有这样的经验,当他们回忆不起一个人的名字时,如果有人提到这个名字,他们能将它再认出来。

3.再学习法

再学习法也称节省法,就是要求受试者把原来学过的材料再学或再记,直至达到原来学会或记住的标准,用再学时比初学时所节省的次数或时间来计算保持量。其计算公式为

$$保持量=\frac{初学时所用时间或次数-再学时所用时间或次数}{初学时所用时间或次数}\times100\%$$

学习研究中有这样一个发现:一个人过去曾经学过某一门课程,以后由于不复习、不运用而逐渐淡忘,最后无法再认和回忆;但是如果他重新学习这门课程,他花的时间会比第一次学习短一些甚至短许多。H. 艾宾浩斯据此设计出再学习法,用两次学习时间之差(第二次学习比第一次节省的时间)作为记忆效果的衡量指标。这一发现已接受了100多年的检验。几乎在任何测验情境中都存在节省这一事实,这使人们推测,一个人也许从不真正忘记他曾学过的东西——至少没有完全忘记,原来学习的某些残余一直存在,并可以加以利用。例如,年过半百的老人可以在很短的时间内重新学会某一门外语,至少达到原来的水平。也许有人会说,人们第二次学习时会不会学习的技能已得到改进,从而节省了时间。但节省分数能在很短的时间周期里发现,被试不可能在这么短时间内改进自己的学习技能。这种情境很容易安排:让被试学习40个或50个无意义音节表,到最后一个无意义音节表时,被试们就认不出第一个表是早先学过的(无法再认);但是在再学习这张表时,所需的尝试次数比前一次学习时要少一些。

第三节 遗 忘

信息在头脑中的保持过程是一个动态的、不断变化的过程,这种变化既可能表现为数量上的变化,也可能表现为质量上的变化。最大的变化就是遗忘。

一、遗忘的概念

遗忘是指对于识记过的事物,不能再认和再现或者是错误地再认和再现,也就是记忆的

内容不能保持或提取时有困难的现象,即提取时有错误或不能提取。

遗忘的表现形式多种多样。根据记忆是否再有恢复的可能,可以把遗忘分为两类:一类是永久遗忘,即不经重新学习,永远不能再认和再现,也就是记忆绝不能再行恢复;一类是临时遗忘或称暂时遗忘,即一时不能回忆或再认,但有了适宜条件,记忆还可能恢复。如考场上回答不出来的问题,一出考场就想起来了,这就是暂时遗忘。再如所谓的"舌尖现象"(又称话到嘴边效应),当你突然碰到一个十几年前的老同学,叫不出他的名字,如有人提供一点线索,马上就可以想起他的全名,或者是我们常有的提笔忘字的现象,这都是一种暂时遗忘。

二、遗忘理论

遗忘理论是用来解释遗忘原因的。通常遗忘问题的讨论只限于长时记忆,因为长时记忆从理论上讲应该是永远存在的,可在需要时却不能顺利提取或再认和再现。对于遗忘的研究只能从学习之后所测量到记忆减少的事实去推论,因此又常将遗忘理论称为遗忘原因假说,主要有衰退说、干扰说、压抑说和检索困难理论。

(一)衰退说

衰退说认为,遗忘是记忆痕迹得不到强化,逐渐减弱、衰退以致消失的结果。从巴甫洛夫条件反射理论来看,记忆痕迹是指在感知、思维、情绪和动作等活动时大脑皮质有关部位所形成的暂时神经联系。暂时神经联系的形成使经验得以识记和保持;暂时神经联系的恢复,使旧经验以回忆、再认等形式表现出来。可见,记忆痕迹只是一种形象的比喻。

记忆痕迹随时间的推移而消失的假说接近于常识,容易为人们所接受。因为某些物理的痕迹或化学的痕迹也是随着时间的推移而衰退的。但在严格控制的实验室研究中,很难发现有单一的记忆痕迹衰退造成的遗忘。

尽管不能用实验来证明衰退说,但也难以驳倒这个理论。因为事物都有发生、发展和衰亡的过程,记忆痕迹可能也不例外,也有一个发生、发展和衰退的过程。记忆的恢复,可能是痕迹的生长过程:随着时间的流逝,回忆量减少或回忆内容越来越不确切,越来越模糊,甚至彻底遗忘。这也可能是痕迹衰退在起作用。

(二)干扰说

干扰说认为,遗忘是在学习和回忆之间受到其他刺激干扰的结果。该理论认为记忆痕迹本身不会变化,之所以不能恢复,可能是存在着与之竞争的干扰线索而阻断了记忆,一旦干扰排除,记忆就能恢复。最有力的证据之一是倒摄抑制(倒摄干扰)和前摄抑制(也称前摄干扰)。先学习的材料对识记和回忆后学习的材料的干扰作用称为前摄抑制,后学习的材料对保持或回忆先学习的材料的干扰,称为倒摄抑制。前摄抑制和倒摄抑制一般是在两种学习中间产生的,但是在学习一种系列材料的内部,也会发生这两种抑制。如学习一个较长的字表或一篇文章,一般总是首尾容易记住,不易遗忘;中间部分识记较难,也容易遗忘。这就是由于开始部分只受倒摄抑制的影响而无前摄抑制,终末部分受前摄抑制的影响而无倒摄抑制,中间部分则受两种抑制的影响。

有研究者对一天中的记忆能力与保持效果进行过研究。研究发现,就记忆能力来讲,上午10—11时记忆能力最强,即在此单位时间内,记忆效率最高。如果以早上6—7时的能够记忆的单词量设定为100,则10—11时能够记忆的单词量为130,晚上19—20时能够记忆的单词量为100左右。间隔2天后测试发现,早上、晚上保持的量为40左右,而上午10—11时只有30左右。这就是说,早上、晚上的记忆速度虽然慢,但是遗忘速度也慢;上午的记忆速度虽然快,但遗忘速度更快。其原因可能是早晚受到的干扰较少,而上午受到的干扰较多。

日常经验证明,过去学习的事物,有的在回忆时不能记起来,甚至再遇到时也不能再认。但过了一定时间,记忆又好像自动恢复了,回忆或再认又变为可能了。这类遗忘现象往往是由于其他活动的干扰,神经过程产生的负诱导作用所引起的。任何能消除或减少干扰的条件,都有利于记忆。为了使记忆巩固,在组织学习活动的时候,应当考虑到前摄抑制和倒摄抑制的作用。要使前后邻接的学习活动在内容方面尽量不同,并使中间有一定的休息时间,这样对记忆材料是有益的。

(三)压抑说

压抑说认为,遗忘是由于情绪或动机的影响。这是弗洛伊德在对精神病人进行治疗时发现的。他认为回忆痛苦经验时,将使人回到痛苦的过去,为了避免痛苦的感受在记忆中复现,因而当事人学会对意识中的不愉快经验刻意施压,将其压抑到潜意识中去,因而不能回忆是被无意识的动机压抑所致,故也称这种理论为动机压抑理论。

在一个实验(Zeller,1950)中,让一个被试组学习无意义字表后,立即给予经历不幸的"失败"。后来的测验表明,被试的回忆成绩比未经历失败遭遇的控制组要差得多。接着让这个"失败"组的被试学习新的字表但让其获得成功。结果发现,这个成功使他们的回忆成绩大为提高。这就是说,如果消除了压抑的原因,消除了记忆材料与消极情绪的联系,那么遗忘也就能克服了。

(四)提取失败理论

有研究者认为,贮存在长时记忆中的信息是永远不会丢失的,我们之所以想不起来,是因为在提取有关信息时,没有找到适当的提取线索或是找错了线索。如常有明知对方的名字,但就是想不起来,这就是出现了检索困难,但此时如果有人提供一定的线索,很快就会说出这人的名字来。信息的检索是一个复杂的过程,而不是一个简单的"全或无"的问题。即使受试者没有回忆起来,也不一定能判断说他一点也没有记住,从而肯定其将所学全部忘记。也许只是一种测试的方法下,受试者才出现提取错误,从而造成遗忘现象。

提取失败可能是失去了线索或线索错误所致。例如,黄昏时分,远处站着两个人,既看不清面貌也听不到谈话声;缺乏必要的线索,往往会发生再认错误。回忆实验心理学产生的时代背景,如果误把冯特1879年在莱比锡大学创立第一个心理实验室的时间当作1779年,以这个线索去回忆实验心理学产生的时代背景,就会使回忆发生错误。因此,提供检索线索就能提高回忆成绩。在一个实验(Tulving 和 Pearistone,1966)中,向被试呈现48个单词(它们分属于12类,每类有4个单词),让被试识记。提供线索组(被提示类别名称)平均回忆出30个单词,无线索组(没有提示类别名称)平均回忆出20个单词。此后,向无线索组提示类别名称,这时他们的回忆数达28个单词。显然,这额外回忆出的8个词是储存在被试记忆中的,但要把它们提取出来就必须有检索线索。还有不少实验证明:即使记忆无意义音节,如果提供检索线索,回忆成绩也明显提高;有些人在催眠状态下能回忆起他们完全没有意识到过的细节;潘菲尔德的研究表明人确实有未被意识到的记忆保持着。即被"遗忘了"的材料仍然被保持着,只是没有被提取出来。

我们的长时记忆像一个巨大的图书馆,储存着成千上万的图书,如果没有正确地加以储存,即使是最好的检索线索也不会帮助我们。很多记忆的失败很可能是编码不准确或缺乏检索线索,而非真正的遗忘。

总之,遗忘的原因是多方面的。上述每一种理论都能解释遗忘的部分现象但却不能解释所有的遗忘现象。因此,对于遗忘的原因,应当把上述四种理论综合起来加以解释。

三、遗忘规律

德国心理学家艾宾浩斯(Ebbinghaus)是第一个对遗忘现象做了系统研究的心理学家。他把实验室实验方法引入对学习、记忆和遗忘的研究中。他详尽地研究了学习、记忆和学习材料的性质、组织、数量等条件的关系,以及学习的巩固程度、学习后时间间隔对记忆和遗忘的影响等问题。

艾宾浩斯认识到,如果想以"最纯粹的"方式研究记忆,就需要学习与他当前头脑中的任何事物都不相干的材料,为此他首先设计了用来进行学习和记忆的材料——无意义音节。无意义音节是用两个辅音中间加上一个元音所构成,是一个没有任何语义的音节。他用德文编了 2300 个无意义音节,如 zuz、bap、muk 等,然后把音节任意编成长短不一的音节组,并规定每一个字母呈现的标准速率为 2/5 秒,并尽量使自己每天在同一时段里学习。在学习过程中,他依次学习每一个音节,直到能够连续两次毫无错误地将 13 个或 16 个音节背诵为止。艾宾浩斯专注于研究,甚至于不惜让自己背负了无法想象的劳动。曾经有一次为了确定重复的次数如何会对记忆的保持产生影响,他背诵了 420 排 16 个音节,每个音节背诵 34 次,总共 14280 个。为了确保在保持间隔中自己的记忆有效性,艾宾浩斯设计了一种客观的记分方法,他用下面的公式来估计保持阶段中的记忆保持或"节省"量:

$$保持量 = \frac{初学时所用时间或次数 - 再学时所用时间或次数}{初学时所用时间或次数} \times 100\%$$

艾宾浩斯依照其实验研究,绘出了第一条遗忘曲线(见图 5-4),即描绘遗忘速度的曲线,这条曲线表明了遗忘变量和时间变量之间的关系。

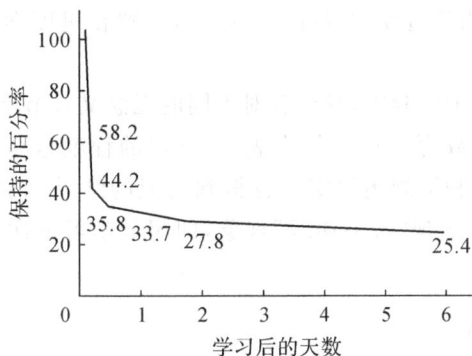

图 5-4 艾宾浩斯遗忘曲线

艾宾浩斯的研究发现：(1)遗忘在学习后的第一个小时之内就出现了；(2)遗忘的速度并非是恒定的，而是刚开始比较迅速，以后则渐趋稳定；(3)重学总要比第一次容易，即使过一个月后才开始重学，所需次数也要少于第一次的学习次数。总体来说，遗忘的规律是先快后慢，且学习活动一结束，遗忘马上就开始了。

艾宾浩斯的研究对记忆心理学的影响很大。在他以后，许多人做了类似的实验，也都大体上证实了艾宾浩斯的结果。即使是有研究者用有意义的材料作为记忆研究的材料，其结果也大体与艾宾浩斯的研究结果一致。

四、影响遗忘的因素

不管我们愿不愿意，遗忘总是在发生。了解遗忘的影响因素，对我们减少和尽可能避免遗忘无疑会有积极意义。艾宾浩斯的研究表明，时间是影响遗忘的重要因素。遗忘在学习之后立即开始，而且遗忘的过程最初进展得很快，以后逐渐缓慢。因此，学习后及时复习是非常重要的。除时间因素外，影响遗忘的因素还包括：

(一)材料的性质和数量

不同性质的识记材料遗忘进程不同。一般认为，熟练的动作，遗忘得最慢；形象的材料，也比较容易长久记忆；有意义的材料，特别是诗歌，比无意义的材料，遗忘要慢得多。遗忘与个体的心理状态有关，因此，能满足个体需要或对个体有重要意义的材料容易保持，不能满足个体需要或对个体没有意义的材料容易遗忘；能引起个体愉快的情绪体验的材料容易保持，能引起个体不愉快的情绪体验的材料容易遗忘。在学习程度相等的情况下，识记材料越多，忘得越快，材料少，则遗忘较慢。因此，学习时要根据材料的性质来确定学习的数量，一般不要贪多求快。

(二)学习的程度

一般认为，对材料的识记没有一次能达到准确无误背诵的学习，称为低度学习；"过度学习"或"超额学习"是指学习一种材料的次数，超过刚好能够回忆起识记材料的次数，即超过恰能成诵的程度的学习。如果对材料达到恰能成诵之后还继续学习一段时间，这种材料称之为过度学习材料。实验证明，低度学习材料容易遗忘，而过度学习的材料比恰能背诵的材料，记忆效果要好一些。当然过度学习有一定限度，花费在过度学习上的时间太多，会造成精力与时间上的浪费。

在我国心理学者的一个实验中，受试者对不同的无意义音节字表经过不同程度的学习，以恰能成诵所需的诵读次数为 100%，结果表明：学习的程度越高，在 4 小时后回忆出的百分数也越大。有人用单字和笔画迷津实验也得到类似的结果。学习程度为 150% 时，记忆效果最好。超过 150% 时，出现"报酬递减"现象，即超额学习的次数与保持成绩虽成正比，但与保持率增量成反比。

(三)材料的系列位置

人们发现在回忆系列材料时，回忆的顺序有一定的规律性。如人们对于 26 个英文字母的记忆，一般以开头的字母如 ABC 较好，最后的几个字母 XYZ 效果也很好，但对字母表的中间部分则容易遗忘。在一项实验中,实验者要求被试学习 32 个单词的词表,并在学习后要求他们进行回忆,回忆时可以不按原来的呈现顺序。结果发现,最后呈现的项目最先回忆起来,其次是最先呈现的那些项目,而最后回忆起来的是词表的中间部分。在回忆的正确率上,最后呈现的词遗忘得最少,其次是最先呈现的词,遗忘最多的是中间部分。这种在回忆系列材料时发生的现象就是系列位置效应。最后呈现的材料最易回忆,遗忘最少,叫近因效应。最先呈现的材料较易回忆,遗忘较少,叫首因效应。这种系列位置效应已被许多实验所证实。

(四)学习动机

识记者对实际材料的需要、兴趣等,对遗忘的快慢也有一定的影响。合理设定学习目标、对学习内容很感兴趣、较好的情绪体验都会激发个体强烈的学习动机,强烈的学习动机会使记忆保持效果变好,从而阻止遗忘。

目的性是动机的表现之一。有目的性的学习比没有目的性的学习记忆效果要好很多。在一个实验(Gleitman 和 Gillett,1957)中,向两组被试呈现相同的材料,如用相同的时间播放一个单词词表的录音,要求有意识记组记住单词并告诉他们学习后要进行测验,要求无意识记组评价每个单词的发音(被试注意到词表,但没有记忆任务)。识记完后,两组都进行回忆测验,结果表明,有意识记组的回忆成绩明显优于无意识记组。进一步的研究表明,这是因为学习动机使有意识记组对学习材料进行了复述并将它们构成较有意义的大组块的缘故。

符合个体兴趣爱好的材料也容易被记忆,而不易遗忘。俗语说:"爱好便能精通"。自觉自愿地乐意学习,记忆效率就高。在一个实验(石黑,1963)中,以中学一至三年级学生为被试,在实验前对一组被试的指导语说明,这次实验"要记为学习成绩"(自我定向),对另一组被试的指导语是"作为研究资料"(作业定向),以这两种指导语作为推动学习的动机;要求他们记住无义音节。经过 24 小时和 7 天后的回忆测验结果表明,24 小时后,两组间无甚差别;但 7 天后,作业定向组的回忆成绩却大幅度下降了。这说明自我参与程度高,记忆效果更佳。反之,自己讨厌的、不喜欢的记忆材料,往往遗忘速度很快。

阅读材料<<<

失忆症与超忆症

失忆症(amnesia)是一种记忆混乱的疾病。简单来说,就是丧失记忆。失忆症的原因有器官性原因或功能性原因。器官性原因包括大脑因创伤或疾病遭到损害,或使用某些(通常是镇静类)药物而造成。功能性的原因是心理因素,如心理防卫机制。失忆症也可能是自发的,如短暂性完全失忆症。在老年人中较为常见,尤其是男性,而且通常会持续少于 24 小时。

失忆症的另一个影响是无法设想未来。研究表明,海马体受损的遗忘症患者无法想象未来。这是因为当一个正常的人想象未来时,他们会利用其过去的经验,构建一个可能发生的情况。举例来说,一个人在尝试想象将来一次聚会中会出现的情况时,会利用到过去的经验,从各方面来帮助构建聚会中的情景。

超忆症是一种极为罕见的医学异象,临床表现为大脑拥有自动记忆系统,会将所有经历过的事情丝毫不落地记住,而且可以在很多年后依然清晰记得。患者通常对数字、时间尤其敏感。"超忆症"一词 2006 年首次出现在一篇论文中。研究人员根据实验总结出超忆症的两条基本病征:第一,患者通常会非正常花大量时间回忆自己的经历;第二,患者通常会有从个人经历中摘取超大容量细节的能力。

超忆症就是具有超强的记忆力,如果说遗忘是一种能力,那些具有超忆症的人,就没有遗忘的能力。他们能把自己亲身经历的事情,记得一清二楚,十年前的事、二十年前的事不管是哪一天,只要提起来,他就能说出那一天发生了什么,能具体到任何一个细节。他们能根据所说的关键词,回忆起任何自己经历过的、存在于大脑细胞里的任何事情。

（资料来源:http://www.baidu.com）

第四节　记忆规律在教学中的应用

学习了记忆的相关知识,我们自然会想到一些问题:如何根据记忆的规律来提高记忆的效果? 在今后的教学实践中,如何培养学生的记忆力? 解决这些问题虽然要因人而异,但如果学习中有意识地锻炼,掌握学习方法和记忆规律,就能改善和提高记忆力。

一、运用有效的学习方法

根据学习和记忆原理,心理学家提出了许多用于教材学习的记忆技术。其中最流行并取得公认的技术是 SQ3R 法和 PQ4R 法。其他一些技术也十分相似,基本上都是这两种技术的改编。SQ3R 法和 PQ4R 法的名称都是用其英文单词的首字母组成的,代表着学习应遵循的基本步骤。

(一)SQ3R 学习法

SQ3R 学习方法是由罗宾逊提出来的,盛行于美国的大专院校。据了解,这种方法颇受中国学生的喜爱,他们觉得这种方法人人都可以试用,都会取得一定的效果。SQ3R 学习法具体如下:

1. 浏览(Survey)

学习章节或详读文章前,先浏览材料,了解大致内容,包括目录、标题与图示表格,如此一来就可以了解材料的大致内容和主要观念。就是阅读书籍,也应先对全书进行快速浏览,弄清这本书的基本内容,对作者的基本观点有一个初步印象。一般来说,先阅读作者的序言(前言)或后记,了解作者写这本书的意图和目的,继而仔细查阅其目录和索引,如有可能,略读各章的提要或小结,确定是全书阅读还是取其某些章节精读。浏览往往可以了解到最新信息,启发自己的思路。

2.提问（Question）

学生在学习过程中,不仅要学会解决问题,更重要的是学会提出问题。在读书时,要透过书中的表面字句去捕捉问题,敢于在无疑处生疑,提出自己的设想。同时,要认真琢磨其中的某些观点,并把它和自己所掌握的有关观点相对比、相联系,进行评论,提出问题。有了问题,就会进一步去探索,从而可能提炼出新观点。

3.阅读（Read）

阅读的目的是为了正确理解和深入掌握文章的精髓,对重点章节学深吃透,做到融会贯通,使其成为自己知识结构的牢固基础。阅读时应用主动阅读技巧,尝试在内文中找寻先前拟定问题的答案。科学知识日新月异,要能从过去的书本中看到现在,从现在的书本中想到将来,这样就能"激活"死的知识。书本知识是一定时代人们认识水平的记录,因而带有时代的烙印。瑕瑜相杂、正误互见。看出或指出书本中的谬误、漏洞,并不是非专家、权威莫属,每一位深思的读者都能发现。因此,要养成思考的习惯,边读边想,必有所得。

4.背诵（Recite）

这里的背诵不是指逐句的复诵或默记,而是指在理解的基础上,集中精力把有关章节的中心思想和基本观点牢记在脑中,当然,不排除把某些重要的基本概念背诵出来。在阅读时可以利用各种阅读技巧以帮助记忆,例如做重点画线、口头复诵或笔记摘要。

5.复习（Revise）

需要长时间保留在记忆中的材料必须反复复习。可以通过重读和章节摘要进行复习。章节摘要可以问答方式撰写,并尝试是否能正确地回答。注意在每次复习时,在内容上要有所开拓、有所发展。

(二)PQ4R学习法

PQ4R法是由托斯和罗宾逊提出来的,它是在罗宾逊早期版本SQ3R的基础上改进的。因此,简要介绍。

PQ4R分别代表预习（Preview）、设问（Question）、阅读（Read）、反思（Reflect）、背诵（Recite）和回顾（Review）。

1.预习（Preview）

快速浏览材料,对材料的基本主题有一个初步的了解。注意标题和小标题,找出要学习的信息。同时,也要考虑这一章讨论的是什么问题,材料是怎样组织的,以及它与前几章有什么联系等。

2.设问（Question）

阅读时自己问自己一些问题。根据标题用"谁"、"什么"、"为什么"、"哪儿"、"怎样"等疑问词提问。通常只要把各分段的标题改为适当的问句就可以了。例如,可以将"提取过程"的标题改为"什么是提取过程?"或"提取过程有哪些特点?"

3.阅读（Read）

仔细阅读课文内容,尝试回答自己前面提出的问题。

4. 思考 (Reflect)

在阅读课文时要积极思考,力图理解,要想出一些例子来加以说明,把教材与原有知识联系起来。

5. 背诵 (Recite)

在学完一部分内容后,尝试回忆其中的内容,力图回答自己就本部分提出的问题,如果不能回忆,就重读记忆困难的部分。

6. 复习 (Review)

学完全部内容后,复习所有内容,并找出各部分内和各部分间的联系。掌握材料的组织结构,单个的事实就容易记住了。回忆各部分的要点,最好是把各要点写出来,并再一次试着回答在各部分中提出的每个问题。开始复习时,时间间隔要短些;熟记后复习的时间间隔可延长。

二、编码过程对教学的启示

编码是记忆的第一步,良好的编码是记忆的有力保证。

(一)加强对识记材料的理解

加工层次理论告诉我们,对一个材料的深加工是增进记忆的好方法,理解即对某个材料进行深加工,因而会增强记忆的效果。如果材料仅靠死记硬背,则记住的难度很大,且很容易遗忘。

(二)多种感官参与识记

可以同时利用语言功能和视、听觉器官的功能,来强化记忆,提高记忆效率,这比单一默读效果好得多。多种感官参与后虽然增大了材料保持的内容,但是对人来说,增多的线索反而使得内容更容易提取。

(三)善用记忆术

记忆术是记忆的窍门和方法的简称,经过记忆术处理的信息在编码方面形象生动,线索丰富,因此保持和提取的效果都较好。常用的记忆术有地点法、联想记忆法、歌诀记忆法和谐音记忆法等。

1. 地点法

地点法是指把要记的材料想象为放在自己熟悉地方的不同位置上,回忆时在头脑里对每一个位置逐个进行检索。例如,为记住某次开会遇见的几个人的姓名,可以在心里想着将他们按顺序放在房间的各个位置:门口、左墙边、书桌……回忆时想象着走进房间的各处,找出与之相联系的人的姓名。在一个实验(Bennett,1983)中,对 40 名女服务员和 40 名大学生记住 7、11 和 15 种饮料并将其分送到顾客面前的记忆效率的研究结果发现,分送 7 种饮料的记忆效率,两组间没有多大差别;分送 11 和 15 种饮料,女服务员的记忆效率明显高于大学生。究其原因是女服务员采用了将每种饮料同特殊的面孔和特殊的地点联系起来的方法。

2. 联系记忆法

联系记忆法是指把要记的材料同视觉心像联系起来记忆,视觉心像越清晰,记忆效率越好。在一个实验(Bower 和 Clark,1969)中,向被试呈现 10 个无关联单词词表,要求实验组想出心像并编成故事来记。例如,在学习"桌子、电灯、烟灰盒、青蛙……"这一词表时,有些被试编成这样的故事:"厨房里有张桌子,桌子上放着电灯,还有烟灰缸,青蛙在电灯和烟灰缸之间跳来跳去……"而控制组则按规定孤立地识记。隔了一段时间进行回忆,结果发现,实验组能平均回忆出 93% 的单词,而控制组只能平均回忆出 13%,差异十分显著。

3. 歌诀记忆法

歌诀记忆法是指把要记的材料同长时记忆中已有自然语言的某些成分(如词义、字形、音韵等)相联系以提高记忆的效率。例如,在学习"小狗—香烟",把它说成"小狗吃香烟",就很容易记住。甚至更为复杂的材料或一串单词,如果把它们编成有韵律的顺口溜或一个故事来记,也很有助于记忆。例如,孤立地去记 12 对脑神经的名称:第 1 对叫嗅神经,第 2 对是视神经……是相当困难的。但如果把它们编成有韵律的顺口溜:"一嗅二视三动眼,四滑五叉六外展,七面八听九舌咽,迷走副神舌下全"就很容易记了。我国传统的乘法口诀、珠算口诀等都是借助于自然语言媒介法来帮助记忆的。

4. 谐音记忆法

对于某些零散的、枯燥的、毫无意义的材料,直接记忆的效果很差。如果能够进行谐音处理,形成新奇有趣的语句,那么记忆的效果就会好很多。从记忆的原理来讲,谐音记忆可以使得材料的加工深度增强,记忆痕迹增强,因此在提取的时候就较为容易。例如,有人把圆周率 π(3.14159 26535 897 932 384 626……)将其谐音为:山巅一寺一壶酒,尔乐苦煞吾,把酒吃,酒杀尔,杀不死,乐尔乐……谐音以后记忆的速度会变快,并且在遗忘速度上会变慢。又如,地壳中所含元素质量分数由多到少的顺序,氧硅铝铁钙,钠钾镁,谐音为"养龟铝铁盖,哪家没青(菜)?"

5. 串字头记忆法

串字头记忆法是把一句话压缩成一个字(一般是开头的字),再把这一个个字串起来成一句话或几句话。比如《二十四节气歌》可编记忆口诀:春雨惊春清谷天,夏满芒夏暑相连,秋处露秋寒霜降,冬雪雪冬小大寒。

三、保持过程对教学中的启示

网络层次模型认为,知识的存储是有逻辑关系的。知识的提取可以按照知识的逻辑关系顺利提取。例如,金丝雀会唱歌,金丝雀是鸟,鸟是动物,动物有皮肤,按照逻辑关系,可以推出金丝雀有皮肤这一结论。按照网络层次模型的要求,在教学中要注意知识的归纳和系统化。知识的存储就像一个图书馆,如果所有的知识都是杂乱无章地摆放其中,需要提取的时候自然困难。如果存储的知识经过了归纳和系统化,那么需要提取的时候,只要按照一定的线索就可以顺利提取出来。系统化的存储还可以节省很多的存储空间,减轻记忆容量的限制。

四、遗忘过程对教学的启示

(一)采用适当的复习方法,合理安排复习的时间

艾宾浩斯的遗忘规律认为,遗忘的速度是先快后慢。按照艾宾浩斯的遗忘规律,我们要针对学习材料安排复习,学习完毕后马上安排复习,开始的复习安排较多,其后的复习间隔时间较长。其次是采用适当的复习方法。采用阅读与尝试重现交替的方法复习。学习时,不断进行尝试回忆,可使记忆在有错误时得到纠正、有遗漏时得到弥补,使学习内容的难点记得更牢。闲暇时经常回忆过去识记的对象,也能避免遗忘。

(二)避免记忆材料的相互干扰,不同性质材料交替学习记忆

干扰说认为遗忘主要是由干扰所造成的,具体表现为前摄抑制和倒摄抑制的干扰。在单次学习中可以将需要重点掌握的内容放于开头和结尾处,则记忆的效果会好很多。在一天的多次学习中,可以将需要记忆的内容放在早上起床和晚上睡觉前的时间来加以记忆和复习。

(三)保持良好的情绪

压抑说认为,遗忘是由于情绪造成的。不良的痛苦情绪会影响某些材料的记忆,保持良好的情绪对顺利提取某些记忆至关重要。

(四)注重提取学习时的线索

提取失败说认为,遗忘是因为缺乏合适的线索或线索错误所致。在无法提取记忆内容的时候,可以让学生有意识地回忆当时学习的场景信息、自己当时的情绪等,有些时候可以促进对存储材料的顺利提取。

(五)适当的过度学习

学习程度对学习效率有一定的影响。适当的过度学习是对抗遗忘的有力手段,建议过度学习为150%为宜。

(六)明确识记目的,培养对记忆目标的兴趣和爱好

明确的目标、适当的兴趣爱好是记忆力培养的有力保障。在教学中教师要注重对学生学习目标的设定和学习兴趣的培养。

总之,良好的记忆效果依赖记忆过程中的各个环节。有效识记是基础和前提,减少和避免遗忘才会有较高的保持率,知识提取顺利流畅是良好记忆的体现。每个环节中都有基本规律,它们相互联系,相辅相成。

本章内容小结

1. 记忆(memory)是人脑通过识记、保持、再认(或回忆)三个环节在人脑中积累和保存

知识经验的过程。按信息加工理论的观点,记忆是指人脑对外界输入的信息进行编码、存储和提取的过程。

2. 根据不同的分类标准,记忆可分成不同种类:形象记忆、语词记忆、情绪记忆和动作记忆(也称运动记忆);感觉记忆(瞬时记忆)、短时记忆和长时记忆;外显记忆和内隐记忆;陈述性记忆和程序性记忆技能记忆)。

3. 编码、存储和提取是记忆的三个基本过程。编码就是将外界的信息转化为个体可接受的、容易接受的信息,以便信息能够储存的过程,也称为识记过程;存储是记忆的中间环节,是感知过的事物、体验过的情感、做过的动作、思考过的问题等,以一定的形式保存在头脑中,也称记忆保持;提取是从长时记忆中查找已有信息的过程,是最终反映记忆能力的最关键的指标。

4. 良好的编码是长时记忆的基础。编码有多种形式,如分类编码、联系集群、意义编码、多种编码互相联系等。

5. 特异性编码理论包括场合依存效应和状态依存效应,分别指编码的场合和状态对记忆提取所起到的线索作用。

6. 加工层次理论认为,记忆的保持依赖于记忆加工水平的高低。加工水平高,记忆痕迹就深,记忆保持的效果好,不容易遗忘;加工水平低,记忆痕迹就浅,记忆保持的效果差,容易遗忘。

7. 认知心理学家提出了各种存储模型,其中网络存储模型主要包括层次网络模型和激活扩散模型。

8. 提取是从长时记忆中查找已有信息的过程,是记忆的最后一个环节。再认是指过去经历过的事物重新出现时能够识别出来。回忆又称再现,是在以前经历过的事物不直接作用于人的感官时,在头脑中再次呈现并加以确认的记忆过程。

9. 记忆测量是以保持量为指标的。在实验室实验中,通常测量的记忆效果的方法有回忆法、再认法和再学习法(节省法)。

10. 遗忘是指对于识记过的事物,不能再认和再现或者是错误地再认和再现,也就是记忆的内容不能保持或提取时有困难的现象。

11. 遗忘理论是用来解释遗忘原因的,主要有衰退说、干扰说、压抑说和提取失败理论。

12. 德国心理学家艾宾浩斯(Ebbinghaus)是第一个对遗忘现象做系统研究的心理学家。他用无意义音节做材料进行研究,发现学习活动一结束,遗忘马上就开始了,但遗忘的进程是不均匀的,先快后慢。

13. 影响遗忘的因素很多,如时间因素、材料的性质和数量、学习的程度、材料的系列位置、学习动机等因素。

14. 良好的学习方法可以提高学生学习的记忆效果,其中最流行并取得公认的技术是SQ3R法和PQ4R法。

15. 记忆术是记忆的窍门和方法的简称。常用的记忆术有地点法、联想记忆法、歌诀记忆法和谐音记忆法等。

16. 遵循记忆过程中的规律可以提高记忆效果,如加强对识记材料的理解;多种感官参与识记;善用记忆术;注意知识的归纳和系统化;合理安排复习的时间;避免记忆材料的相互干扰;不同性质材料交替学习记忆;保持良好的情绪;注重提取学习时的线索;适当的过度学习;明确识记目的;培养对记忆目标的兴趣和爱好。

思考题

1.什么是记忆？简述记忆的意义。

2.如何理解记忆的过程？

3.比较层次网络模型和激活扩散模型。

4.影响遗忘的因素有哪些？如何减少和避免遗忘？

5.SQ3R 学习法和 PQ4R 学习法的基本内容是什么？

6.如何培养学生的记忆能力？

7.你是否常使用某种记忆术？请与同学分享。

8.分析自己平时的复习方法是否科学合理,并与同学相互交流,制订出进一步提高复习效率的计划。

【试一试】<<<<

记忆小测验

实验目的:体会组块对记忆的影响。

实验材料:手机号码。

实验过程:两个同学一组,一个同学念手机号码,另一个同学复述。

念号码的方式有以下四种,每个号码念完后换一个号码继续实验:

1.不间断直接念完;要求另一个同学复述。如 13923823232,复述。

2.每个数字间停顿 2 秒;念完后要求另一同学复述。如 1—8—9—2—3—9—7—4—2—1—9—,复述。("—"表示停顿 2 秒)

3.每两个同学一组念,中间停顿 2 秒;如 19—32—89—23—38—9—,复述。

4.将一个号码分三组,按 3 个、4 个、4 个数字念,每节间停顿 2 秒。如 138—7238—9547,复述。

5.将一个号码反着念,其他方式参考方式 4。

讨论:电话号码的 11 位数字你能记下来吗？不同的念法是否影响了记忆的效果？

第六章　思维与想象

雯雯的妈妈是某水泥厂的化验员。一天放学后,雯雯来到化验室边做作业边等妈妈下班。作业做完后,雯雯想出去玩。聪明的妈妈想拒绝雯雯的要求,将她留在化验室。"妈妈要考你一个问题,问题解决了才能出去玩",她接着说,"你看这 6 只做化验用的玻璃杯,前面3 只盛满了水,后面 3 只是空的。你能只移动 1 只玻璃杯,就将盛满水的杯子和空杯子间隔开来吗?"爱动脑筋的雯雯是学校里有名的"小机灵",她只想了一会儿就做到了。请你想想看,"小机灵"是怎样做的?

雯雯解决妈妈设计的问题,显然不是简单地靠感知觉或记忆完成的,需要更高级、更复杂的认知过程——思维活动。在个体发展过程中,先发生的是感知觉,然后才是思维的发生与发展。思维不同于感知觉,但它是在感知觉的基础上发展起来的,它们随时相互作用着。人不仅能认识事物和现象的外部联系,而且借助思维还能认识事物和现象的内在联系和规律。思维是一种更复杂、更高级的认知活动,思维过程涉及十分复杂的脑机制。本章首先介绍思维的一般知识、表象与想象,然后对问题解决、创造性思维及其培养等问题进行分析。

第一节　思维概述

在日常生活中,我们每时每刻都离不开思维,探求新知、解决问题、憧憬未来都要依赖于思维活动。思维使人能够摆脱具体事物的束缚,积极能动地处理各种信息,从而更深刻地反映客观事物及其规律,并从认识世界向改造世界发展。由于思维的奇妙和重要性,人类对自己的思维活动进行了长期不懈的研究,又由于思维的抽象和复杂性,人类对思维的认识仍非常肤浅。

一、思维的概念和特征

(一)思维的概念

当学生在学习中遇到各种习题时需要通过思考才能解答,当人们在工作和生活中遇到各种问题时总要想一想办法,这里的"思考"、"想一想"就是指人的思维活动。思维是人脑对客观事物的本质属性和内部规律性的间接的、概括的反映。思维不同于感觉、知觉和记忆。虽然它们都是人脑对客观现实的反映,都属于人的认识过程,但感觉、知觉只能反映直接作用于感觉器官的事物,是对客观事物外部属性和事物之间外部联系的直接反映,属于认识过程的低级阶段。记忆虽然不是对事物的直接反映,但只是对信息进行编码、存储和提取的过程。而思维是人脑对客观事物间接的反映,它反映事物的本质属性和内部规律,属于认识过程的高级阶段。当然,思维以感知为基础,没有感觉和知觉,思维将无法进行,同时感知过程有了思维的参与,也使得感知更全面、更深刻。

（二）思维的特征

思维是在感知的基础上实现的高级认知形式,从其界定可以知道,它具有间接性和概括性两个明显的特征。

1.间接性

思维的间接性是指人们借助于一定的媒介和一定的知识经验对客观事物进行间接的认识。思维的间接性主要体现在三个方面:首先,思维可以通过事物认识事物。如人们不能直接感知猿人的生活情景,但是考古学家可以通过思考古老的过去,复现猿人的形象和当时的生活情景。其次,思维可以通过事物的外部特征认识其内部变化及内在联系。如医生根据体温、血液、脉搏的变化与病人自诉等,就能诊断直接观察不到的病人内部器官状态。其三,思维可通过语言和词汇反映有关事实,预测事物发展变化的进程等。正是由于思维的间接性,人们才可能超越时空的限制,认识那些没有感知或不可能直接感知的事物属性,揭露事物的本质和规律,从而了解过去,认识现在,预见未来。

2.概括性

思维的概括性是指能够把同类事物的共同的、本质的属性抽取出来加以概括,反映事物间的规律性联系。思维的概括性包括两层含义:第一,思维所反映的是一类事物的共同的、本质的特征和规律性的联系。如我们认识到的水分子是由两个氢原子和一个氧原子构成的,它不仅指自来水或缸里的水,也指江河湖海里的水。即思维把握的是一类事物的共同特征,而不限于个别事物的个别特征。第二,人通过思维能从部分事物相互联系的事实中找到普遍的或必然的联系,并将其推广到同类现象中去。如借助思维,人可以认知温度的升降与金属涨缩的关系。这种概括性有助于人把握客观事物或现象间的内在关系和规律,有助于人们对现实环境的控制与改造。

思维的间接性和概括性是相互联系、相互促进的,人们通过抽象、概括,获得概念、法则,通过推理、判断,间接认识事物的本质属性及内在规律,从而使人的认识更加深刻广阔。

二、思维过程

思维是一个极为复杂的心理过程,主要有分析与综合、比较与分类、抽象概括与具体化等过程,其中,分析与综合是思维的基本过程,它贯穿于人的整个思维活动中。

（一）分析与综合

分析就是在思想上把事物的整体分解为部分,或将事物的个别特征、个别方面分解出来的过程。例如,学生学习历史,在认识某一历史事件时,常常分别从历史事件产生的原因、过程、结果、意义等几方面去认识,这就是思维上的分析。综合是在思想上把事物的各个部分、个别特征或个别方面结合起来考虑的过程。如把一个学生的品德、成绩、身心健康状况等方面综合起来评判学生,即是综合过程。

分析与综合在认识过程中总是相互联系的。没有分析就不可能有综合,通过对事物的分析,人的认识才能深入。离开了分析,对事物的整体认识是肤浅的、空洞的。同样,只有分析,没有综合,分析的材料将是彼此孤立、互不联系的,因而也就不可能形成对事物完整、全面的认识。此外,分析与综合的相互依存关系,还表现在分析被最初的综合认识所指引,分析又是进一步综合的手段、途径和方法,从而使综合更加完整及对事物整体性认识更加深化。总之,人的思维活动总是按照分析、综合、再分析、再综合而不断深入展开进行的。

分析与综合有三种水平:(1)知觉水平上的分析与综合。例如学生学习家用电器的构造与维修,就需要通过对家用电器的拆装过程来对事物进行分析与综合。(2)表象水平上的分析与综合。它是在头脑中把某种形象划分出来或把有关的形象联系起来,结合成一个整体的过程。(3)语词符号的分析与综合。它是在思想上把某些抽象的知识划分出来或把有关的抽象知识联系起来,结合成一个整体的过程。对于成人来说,上述三种水平的分析与综合可以相互转化、相互渗透。当人在思考问题发生困难时,借助于实际操作或直观形象会使思维活动进行得更顺利。同样,当感性材料的分析综合起主导作用时,运用语词或符号会使人的分析综合水平得以提高。

(二)比较与分类

1.比较

比较是在思想上确定事物异同的思维过程。客观事物存在着差异点和共同点是比较的客观基础。比较以分析综合为前提。通过分析,人们在思想上把事物的某些特征或方面区分出来,从而对它们进行比较,确定它们的异同。同时,在比较时,又把这些特征或方面综合起来加以考虑。所以分析与综合是比较不可缺少的组成部分。另外比较必须在某一标准或某些方向进行,确定了比较的方向或标准才能进行比较,否则比较就无法进行。

比较是人认识事物不可缺少的思维活动。它对于学生的学习活动极为重要。教师在教学中应善于启发学生运用比较去理解、掌握知识。在中学课堂教学中,教师可使用不同的比较方式,促进学生对知识的理解与掌握,使教学效果得以提高。常用的比较方法有以下几种:

对事物的特征进行比较。例如,在生物课教学中,可对一些动物的形态结构特征进行比较,从而使学生对动物的认识更深刻、更细致。

对事物发展进行纵向比较。例如,在政治课教学中,为了让学生了解社会发展的规律,可以把社会历史划分为几个发展阶段并进行比较。这种比较方式不仅有助于学生对知识的掌握,也有助于培养学生的比较能力。

对事物的各种关系进行比较。如中学化学课教学中,比较水的三态与温度的关系。这种比较方式有助于人认识事物间的因果、隶属等关系。

2.分类

分类是思想上按照事物的异同,把它们区分为不同种类的思维过程。比较是分类的基础。根据事物的共同点,可以把事物归并为较大的类;根据差异点可以把事物划分为较小的类。将事物区分为具有一定从属关系的不同等级,可以使知识更加系统化。

分类必须按一定标准进行。事物往往具有多种属性,并且存在着多种联系,因而分类的标准也是多方面的。分类前必须确定标准,即按照哪些属性、特征或哪些关系来进行分类,否则就会出现逻辑错误。分类标准的选择服务于认识或实践目的。

分类在教学中具有重要作用。这是因为通过分类可使学生掌握的知识更加系统化。教师在教学中应努力提高学生的分类水平。首先,教师要引导学生学会按照事物的本质属性及事物间的内在联系进行分类;要及时纠正学生分类过程中的逻辑错误。其次,要引导学生学会正确运用科学概念,即运用标志某类事物的科学术语进行分类。

(三)抽象、概括与具体化

抽象是在思想上把事物的本质属性和特征抽取出来,并把这些本质属性、特征与其他属性、特征分离开来的思维过程。概括是在思想上把抽象出来的本质属性、特征推广到同类事物中去的思维过程。例如,在平面几何教学中,教师可引导学生通过抽象思维将不同三角形(锐角三角形、钝角三角形、直角三角形等)的"三条边"与"三个角"这些共同特征抽取出来,并将这些共同特征推广到所有的三角形中去,从而形成"三角形"的概念。这就是思维的抽象和概括过程。

抽象和概括是紧密联系着的。如果不能从事物中抽取出本质属性与共同特征,也就不能进行思维的概括。而在抽取本质属性与共同特征时,这些属性与特征是以概括的形式加以思考的。经过思维的抽象和概括,人才能舍弃事物的非本质属性或特征,掌握事物的本质属性与共同特征。抽象和概括是在比较的基础上进行的更高级的分析与综合。

具体化是同抽象和概括相反的思维过程,它是将抽象概括出来的一般知识运用到具体对象上去。思维的具体化可以使人更好地理解一般的知识,认识不断丰富、扩大、深入。具体化有助于对理论知识的理解与掌握。

三、思维的形式

思维过程的内容就是思想,思想的存在总是表现为一定的形式。思维的基本形式有概念、判断和推理。概念、判断和推理间是互相联系的,概念的形成往往要经过一定的判断、推理过程,判断是肯定或否定概念之间的联系,而判断通常需要通过推理进行。

(一)概念

1.概念的含义

概念是人脑对客观事物的本质特征的认识,如花、草、树木、国家、人民等都是概念。事物的本质特征是指能决定事物的性质并使一事物区别于其他事物的特征。非本质特征则是对事物不具有决定意义的特征。例如,"鸟"这个概念,它的本质特征是有羽毛、无齿有喙的动物,这些特征使鸟类与其他动物区别开来,而毛色、大小、是否会飞、生活地区等则是非本质的特征。人们掌握了概念,认识就能超越感知觉的范围,透过事物的表面现象,认识事物的本质。

每一个概念都包括内涵和外延两个方面。内涵是指概念的质,即概念所反映的事物的本质特征。外延是指概念的量,即概念的范围。例如,"脊椎动物"这个概念的内涵是有生命和有脊椎,它的外延包括一切有脊椎的动物,如鸟、鱼、蛇、兔、狼、豹等。而"鸟"这个概念的内涵除有生命和脊椎外,还有有羽毛、无齿有喙等特征,它的外延只是一切鸟类。概念的内涵增加,外延就变小了。

概念具有不同的等级或层次,如"玫瑰花"是一个概念,"花"、"植物"、"生物"也是一个概念,它们处在不同的层次上。"植物"这个概念是"花"的上位概念,又是"生物'的下位概念。

概念和词是不可分的。概念是用词来表达、巩固和记载的,概念的形成也是借助于词和句子来实现的。词的意义不断充实的过程,也是概念不断扩大和深化的过程。但是,概念与词不是一一对应的。词分为实词与虚词,实词能表达概念,而虚词一般不表达概念。同一概念可以由不同的词来表示,同一词也可以表达不同的概念、如"医生"与"大夫"两个不同的词表达了同一概念。而"千金"一词却表达了"许多钱"、"女儿"、"珍贵"等不同的概念。

2. 概念的形成

概念是在人类历史发展过程中形成的。在人类社会发展过程中,随着社会实践经验的积累,人对客观现象进行反复感知和不断分析、综合、比较、辨别等,概括出某一类事物的本质属性与共同特征。社会实践是概念形成的条件和基础。概念形成之后并非一成不变,随着社会进步、科学发展及人类社会实践活动的范围不断扩大,概念也在不断地发展和变化。

3. 概念的掌握

概念的掌握又叫概念获得,是个体对社会已形成的概念内涵与外延的掌握。掌握概念即掌握了这一概念所反映的事物的本质属性与共同特征,也掌握了具有本质属性与共同特征的同类事物。

在个体发展过程中,掌握概念主要通过两条途径。一是在日常生活中通过辨别学习与积累经验。如在日常生活中,儿童看到麻雀、乌鸦、燕子等,通过一定的分析、综合而形成"鸟"的概念。这种在日常生活中掌握的概念称为日常概念或前科学概念。日常概念虽然也反映了一类事物的共同特征,但由于受个人经验的限制,内涵中有的忽略了本质属性而包括了非本质属性。如有些儿童把"鸟"理解为是"会飞的动物",因而把蝴蝶也看作是鸟,却不认为鸭子、鹅是鸟。只有随着儿童认识领域的不断扩大,日常概念才会逐步提高到科学概念的水平。

个体掌握概念的另一条途径是通过课堂教学(也包括个人自学),即在课堂教学过程中掌握概念的内涵与外延。这类概念一般属于科学概念。

概念的掌握虽不像概念形成那样曲折深长,但也是分阶段的、复杂的学习过程。影响学生掌握概念的因素主要有:过去的经验、变式、词语的运用、定义等。

(1)过去经验

过去经验即日常概念的影响。当日常概念的含义与科学概念的内涵基本一致时,日常概念会促进科学概念的掌握;当日常概念的含义与科学概念的内涵不一致时,日常概念也会对科学概念的掌握产生消极的影响。

(2)变式

变式是事物的变换样式。客观事物常常有多种表现形式,如果所提供的变式不充分或不正确,往往会导致缩小概念或扩大概念外延的错误。因为变式不充分或不正确,就会使概念内涵中包括了非本质属性。多提供具有本质属性的变式,有助于科学概念的掌握。

(3)词语的运用

掌握科学概念需要丰富的感性知识作基础,也需要借助于词对感性材料进行抽象和概括，揭示事物的本质属性和共同特征。在直观教学中，通过词的说明，可以使直观材料更鲜明、更突出，并且还可以补充直观材料的不足，揭示事物之间的内部联系。对于一些抽象概念，则更需要通过语言描述来提供某些感性的情境，以帮助学生正确掌握概念。

（4）定义

定义是用简洁、明确的语言来表达概念的内涵。通过下定义可以把概念的内涵固定化，从而有助于学生理解概念的实质，即掌握概念所标志的事物的本质属性与共同特征，并以此去辨认事物。

（二）判断

判断是用概念肯定或否定事物具有某种属性的思维形式。人们为了对事物进行说明，常常需要运用概念对它们作出判断。判断由句子的形式来表达，有肯定形式的判断和否定形式的判断。由于事物存在着各种各样的复杂关系和属性，以及人们对概念的掌握程度不同，判断有正确的判断和错误的判断。判断的正确与否要由实践加以检验。

一般以感知方式表现出来的直接判断不需要伴随复杂的思维过程。我们在感知苹果时，产生"苹果是红的"这一判断就是直接判断。间接判断反映着事物内部关系和联系，这就需要通过比较复杂的思维过程才能进行。

（三）推理

推理是从已知的判断推出新的判断的形式。不仅思维的结果是以判断的形式表现的，思维的过程也要借助于判断来进行。推理一般有归纳推理、演绎推理和类比推理三种。归纳推理是从特殊事例出发推导出一般原理的思维形式。类比推理则是从某个特殊事例推导另一个特殊事例的思维形式。演绎推理是根据一般原理推出新结论的思维活动。归纳推理和演绎推理是相反的过程。

人的判断和推理是在辨认事物的性质与联系的过程中逐步形成和发展起来的。要获得正确的推理与判断，首先推理的前提必须是真的；其次，推理要合乎逻辑，否则就会发生"误推"，其结论必然是错误的。在教学中，学生回答问题、演算习题等都要进行判断与推理，如果教师对学生的回答或演算不仅看其结论，而且还能进一步观察其内部的思维过程，那么，这对指导学生正确地进行判断、推理，对于培养学生思维的逻辑性与严密的推理习惯都是大有神益的。推理、判断在论证假设、评定结论的价值、解释新的事物并加以推广和应用等过程中都有着重要的作用。

概念、判断和推理是思维的基本形式，这三者之间有密切的联系。在抽象概括的基础上，形成不同的科学概念，然后才能对事物做出判断和推理。判断是由概念组成的，推理又是由判断组成的，它反映着判断与判断之间的关系。从这个意义上看，概念是判断与推理的基础，是思维的起点和细胞。另一方面，人们通过判断、推理形成科学的原理与法则，获得新的认识，形成新的、更深刻的概念。从这个意义上看，概念又是判断与推理的结晶，是人们认识客观世界的总结。

四、思维的种类

思维因性质的不同，有很多不同的类型。心理学对思维常见的分类有：

（一）动作思维、形象思维和抽象思维

根据思维过程中解决问题的方式不同，可分为动作思维、形象思维、抽象思维。

动作思维又称操作思维，是在实际运作中进行的思维。它解决问题的方式是一边动手操作一边思考，3 岁以前的幼儿的思维基本就属于动作思维。例如，幼儿在做"医生给病人看病"的游戏时，就是一边做着动作一边思考自己生病时医生是如何给自己看病的，当游戏结束时，这种思维也就随之停止。这一年龄阶段的儿童只能在动作中进行思考，他们思考的对象是当时正在做的事情。当然，成年人也有动作思维，例如，体育运动员在比赛中一边运动一边思考取胜的策略。但是成年人的动作思维与没有完全掌握语言的幼儿的动作思维不同，成人的整个动作思维过程是由词进行调节和控制的。

形象思维是运用头脑中已有的表象进行的思维。它解决问题的方式是想象活动。学前儿童的思维主要是形象思维。例如，让三四岁的儿童计算加减法，虽然也能计算出 $3+2=5$，但实际上他们并不是对抽象数字进行分析和综合，而主要是凭借头脑中两块糖和三块糖的实物表象进行相加计算出来的，这只是初级经验的概括。研究表明，形象思维是个体思维发展的重要阶段。发明家利用形象思维从事技术发明，作家、艺术家运用形象思维塑造艺术形象，学生运用形象思维来理解抽象的文字或概念。

抽象思维又叫逻辑思维，它是以概念、判断、推理等形式所进行的思维。在个体思维发展中，只有到青年后期才能具有较发达的抽象思维。抽象思维解决问题的方式是运用概念进行判断推理和论证。例如，数学定理的证明、科学假设的提出、文章中心思想的概括、人物性格的分析等都要运用这种思维。抽象思维是人类思维的典型形式。

上述三种思维在思维过程中并不是截然划分的。从个体思维发展的角度看，儿童的思维发展经历着从直观动作思维到具体形象思维再到抽象逻辑思维的过程。而在成人的思维活动中，三种思维方式是互相联系、不可分割的，人们常常综合起来运用它们。

（二）集中思维和发散思维

根据思维过程的方向，可将思维分为集中思维和发散思维。

集中思维又叫辐合思维、聚合思维，是指思维沿着单一方向，从所给予的信息中产生逻辑结论的思维。其主要特点是求同。这种思维是利用已有的知识经验或传统方法来解决问题的一种有方向、有组织、有范围、有条理的思维形式。例如，已知 $A>B$，$B>C$，其必然结果是 $A>C$。

发散思维又叫分散思维，是从所给予的信息中产生众多的信息，或是指从一个目标出发，沿着各自不同的途径去思考，探求多种答案的思维。其主要特点是求异与创新。例如：某仓库发生了火灾，这火灾是怎样引起的？人们就沿着不同的方法去思考：漏电引起、烤火引起、抽烟引起、坏人故意放火或其他。这种思维方式在解决问题的过程中，可以产生多种答案、结论或假说，究竟哪种答案最好或哪种假说是正确的，则要通过实践检验。

集中思维与发散思维在解决问题的思维过程中是紧密联系的，在人们对某一问题做出各种假设时是发散思维，但通过验证最后找出唯一正确的答案，则又是集中思维。

（三）经验思维和理论思维

根据思维是以经验还是理论为指导来划分，可以分为经验思维和理论思维。

经验思维是依据日常生活经验进行的思维。例如人们对"月晕而风，础润而雨"的判断；儿童凭自己的经验认为"鸟是会飞的动物"；人们通常认为"太阳从东边升起，往西边落下"等都属于经验思维。由于生活经验不足，这种思维易产生片面性，甚至会得出错误的结论。

理论思维是以科学的概念、原理等为依据，判断某一事物，解决某个问题。例如，根据"凡绿色植物都是可以进行光合作用的"一般原理，去判断某一绿色植物的光合作用。这种思维活动往往能抓住事物的本质，使问题得到正确的解决。

（四）直觉思维和分析思维

根据思维是否有明确的思考步骤和思维过程中意识的清晰程度，分为直觉思维和分析思维。

直觉思维是人们在面临新的问题、新事物和新现象时，能迅速理解并做出判断的思维活动。例如医生听到病人的简单自述，迅速做出疾病的判断；公安机关根据作案现场情况，迅速对案情作出判断；学生在解题中未经逐步分析，就对问题的答案做出合理的猜测、猜想等的思维。直觉思维具有快速性、跳跃性等特点。

分析思维也称逻辑思维，它是遵循严格的逻辑规律、逐步推导，最后得出合乎逻辑的正确答案或做出合理的结论。例如，学生解几何题的多步推理和论证。

（五）常规性思维和创造性思维

根据思维的创造性程度，可将思维分为常规性思维和创造性思维。

常规性思维是运用已有的知识经验，按照惯常的解决问题的方式进行思维。例如学生运用已学会的公式解决同一类型的问题。这种思维的创造性水平较低，往往缺乏新颖性和独创性。

创造性思维是用独创的新颖的方法来解决问题的思维。体现在创造性活动过程中，这种思维没有现成的或固定的答案，哪种方法能更简单、更快速地解决问题，就更好。例如，德国数学家高斯在小学时就能找出解答"$1+2+3+4+5+\cdots+100$"的简便方法；还有历史上"田忌赛马"的故事等，都是创造性思维的表现。创造性思维是人类思维的高级过程。

五、思维和语言

（一）思维和语言的联系

1.语言是思维活动的物质载体

语言之所以能成为思维的物质载体，是因为语言有如下几方面的特征：一是语言具有概括性。语词作为一种符号系统，其主要特点就是它的概括性。每一个词都标志着一类事物的特定的意义。人掌握了大量具有高度概括性的语词，就可以凭借语词摆脱具体事物形象的束缚而进行相应的抽象思维，实现认识活动质的飞跃。因此，人类思维的概括只有借助语言的概括才能实现。二是语言具有物质性。语言具有声、形的物质形态，是具有一定物质外壳的刺激物。人的思维活动需要借助语言作为物质载体来进行。如我们看书离不开语言的视觉刺激;听讲离不开语言的听觉刺激;思考问题离不开默默无声的内部语言的帮助。离开语言这个物质载体,人的思维活动就无法进行。此外,语言还具有社会性、间接性的特点。

2.语言是交流思想的工具

人不仅运用语言作为载体进行思维,而且人的思维成果要借助语言才能记载、巩固和保存下来,从而使人类的知识经验得以积累。同时,我们可以以语言为媒介,在人与人之间进行心理的沟通和思想的交流,实现经验的传递。这是因为思维是一种观念的东西,它必须具有可感知的物质形式,才能表达出来。

思维和语言是密切相关、不可分割的。语言不仅可以巩固与表达思维的结果,而且也是思维赖以进行的载体。反过来,语言离不开思维,任何语言中的词和语法规则都是思维的结果,语法规则实际上就是人的思维逻辑的表现。可见,思维是语言的基础,没有思维,语言就像鹦鹉学舌一样,成为毫无意义的声音和符号。语言又是思维的语言,没有语言,人类的思维就会仅仅停留在感性认识的水平上,无所依附。思维的发展丰富了语言的内涵,语言的发展又会促进思维水平的提高。两者紧密交织、相辅相成。

(二)思维和语言的区别

思维和语言虽然有着密不可分的关系,但它们绝不能等同,二者的区别主要在于:

1.思维和语言本质属性不同

思维是一种心理现象,是人脑揭示客观事物的本质及其规律的心理活动过程,以意识的形态而存在;语言是一种社会现象,是由一定的物质形式和一定的概括内容所构成的符号系统,它是人们进行思维和交流的工具,以声、形的物质形式存在。

2.思维和语言与客观事物的关系不同

思维与客观事物之间是反映与被反映的关系,二者存在着必然的联系。如红薯,通过思维被概括为"以块根为主要收获物的一年或多年生草本植物"。这个概念揭示了红薯这类农作物的本质属性。而语言与客观事物之间则是标志与被标志的关系,二者没有必然的内在联系,它是约定俗成的。不同地域的人们对同一事物可以赋予不同的语词标志。如红薯又可称为甘薯、白薯或番薯、山芋、地瓜等。

3.概念与词并非完全等同

思维中的概念与语言中的词相关,但并非完全等同。概念是用词表达的,但一个概念可以用不同的词来表达,如"目"、"眼睛"、"视觉器官"等代表的都是一个概念;同一个词可以表示不同的概念,如"杜鹃"一词,既可表示为一种鸟,又可以表示为一种植物。

4.思维规律与语法结构有别

思维规律与语法结构虽有联系,但又有区别。思维具有全人类性,只要是大脑发育正常的人,不分国籍、种族、性别、职业,都遵循着共同的思维规律,都是从感性到理性、从具体到抽象的过程来认识事物;而语言具有民族性,不同国度和不同民族,语法结构有相当大的差异。

第二节　表象和想象

对一般人而言,思维的主要载体是语言,但语言不是思维的唯一载体。世界著名物理学家爱因斯坦在高度抽象的理论物理领域有许多杰出的创造性成果,然而,他大多用形象思维来进行研究。据说,对爱因斯坦大脑的解剖也发现,他用以进行形象思维的右脑相对左脑而言,其比例比一般人要大得多。

一、表象

(一)表象的定义和特点

表象是事物不在面前时人们在头脑中出现的关于事物的形象。从信息加工的角度来讲,表象是指当前不存在的物体或事件的一种知识表征,这种表征具有鲜明的形象性。表象既具有直观形象性,又具有抽象概括性。从直观形象性来看,表象是在感知觉的基础上产生的,表象和感知觉的形象具有相似性,但感知觉的形象鲜明生动,表象的形象暗淡模糊;感知觉的形象持久稳定,表象的形象不稳定、易变化;感知觉的形象完整,表象的形象不完整,时而这部分,时而那部分。不过,表象的形象接近于感知觉,人们可以在头脑中对表象进行操作。从抽象概括性来看,表象接近于思维。表象是人们多次知觉的结果,它不表征事物的个别特征,而是表征事物的大体轮廓和主要特征,因此,它具有抽象概括性,它使个体的认知突破了当前事物直接作用的限制,使认识趋于概括化。

(二)表象的种类

根据表象产生的主要感知觉通道和信息来源的不同,可以将表象划分为视觉表象、听觉表象、味觉表象、嗅觉表象、运动表象等单一表象,其中视觉表象是经常和主要的表象形式。表象也可以是综合的,由于感知时感觉器官的协同活动,可以互相结合起来,就形成了综合表象,例如,在回忆一部影片时,它的音乐、场景、人物形象等都会浮现在我们的脑海中。这种表现就是综合的表象。

根据表象的概括化程度,可以把表象分为一般表象和个别表象。对某一具体事物形成的表象,称为个别表象;对某一类事物形成的表象,称为一般表象。个别表象是一般表象的基础,一般表象具有更高的概括性。

根据表象的创造程度和形象的新颖性,可以把表象分为记忆表象和想象表象。记忆表象是过去感知过的事物形象在人脑中的重现;想象表象是指在头脑中对已有表象进行加工改组后形成的新形象。这些新形象个体可能从未经历过,也可能世界上还不存在,因而具有新颖性。例如,我们去过动物园,看过狮子后,头脑中就形成了狮子的表象并长期保留在记忆中了,狮子的表象就是记忆表象。而对传说、神话中的龙、麒麟的表象就是想象表象。

表象在思维中有重要作用。表象为概念的形成提供感性基础,并有利于对事物进行概括的认识。例如,对"动物"概念的形成,儿童常常需要用猫、狗、鸡、鸭等具体形象来表征;而小学生阅读一篇课文后,要求他们概括课文的中心思想,如果先要求学生描述课文情节(在头脑中引起有关情节的表象),或看有关情节的图片,对课文中心思想的概括就比阅读后直接概括要好。表象还能促进问题的解决。无论是青少年学生,还是成人,进行抽象思维时都需要具体形象的帮助和支持。爱因斯坦在给哈达马德的信中说道:"在我的思维机构中,书面的或口头的文字似乎不起任何作用。作为思维元素的心理的东西是一些记号和有一定明晰度的表象,它们可以由我随意地再生和组合……"

二、想象

(一)想象的定义和功能

1.想象的定义

想象是对头脑中已有的表象进行加工改造、重新组合形成新形象的过程。想象是对已有表象进行加工改造的心理过程,表象是以直观形式呈现在人们头脑中的表征,不是词或符号,所以,想象具有形象性;想象的形象不是个体亲身感知过的、简单再现于头脑中的记忆表象,可能是个体从未亲身经历过的、现实中尚未存在或者根本不可能存在的事物的形象。如我们没有机会亲自看到秦朝阿房宫的景象,但当我们读完杜牧的《阿房宫赋》之后,头脑中就会浮现规模宏大、气势宏伟、建筑风格奇特的阿房宫形象,又如,人还可以想象出三头六臂、牛头马面以及各种妖魔鬼怪等现实中不存在的或不可能有的形象。因此,想象还有新颖性。但是,尽管想象的形象离奇古怪,有时甚至荒诞无稽,但它们仍来自现实,来自对人脑中记忆表象的加工,如"西天古佛"像印度人;"玉皇大帝"像汉人……想象的形象在现实生活中都能找到原型,它同其他心理活动一样,都有其现实的依据,都离不开实践经验,天生的聋子绝不能想象出优美的音乐,天生的盲人也想象不出春天的美景。如吴承恩笔下的猪八戒形象就是对头脑中已有的"肥胖的人体"、"猪头"、"钉耙"等储备的表象进行加工改造的结果。这正如鲁迅先生所说,文学作品中的人物形象,"往往嘴在浙江,脸在北京,衣服在山西,是一个拼凑起来的角色"。

2.想象的功能

想象在人们认识世界和改造世界的活动中起着十分重要的作用。列宁说:"有人认为只有诗人需要幻想,这是没有理由的,这是愚蠢的偏见!甚至在数学上也是需要幻想的,甚至没有它就不可能发明微积分。"借助于想象,我们的认识不仅可以驰骋于无限的现实世界,而且可以奔腾于神奇的幻想境地;不仅可以回首年代久远的过去,而且可以想象引人入胜的未来;不仅可以认识世界,而且可以创造世界。想象的功能可以概括为:

(1)想象具有预见功能

想象能够实现人对客观现实的超前反应。人类的任何实践活动,无论是制造简单的工具,或者是进行艺术创作、科学发明,在活动之前,人们总是先在头脑中形成未来活动过程和活动结果的形象,并利用这些想象指导和调节活动过程,实现预定的目的和计划。科学家的发明创造、工程师的工程设计,都是想象预见功能的体现。因此,爱因斯坦曾说"想象力比知识更重要"。

(2)想象具有补充功能

人脑能够通过感知揭示直接作用于感觉器官的事物的属性和意义。但是在社会实践中,由于时间、空间及主客观条件的制约,许多事物常常是我们无法直接感知的。在这种情况下,可以借助想象的机制,弥补人类认识活动的时空局限和不足,超越个体狭隘经验的范围,对客观世界产生更充分、更全面、更深刻的认识。例如,《红楼梦》中王熙凤的形象我们是无法感知的,但当人们读到"一双丹凤三角眼,两弯柳叶吊稍眉,粉面含春威不露,单唇微启笑先闻"的文字描写时,人们通过已有的"丹凤"、"柳叶"、"粉面"等表象,就能在头脑中想象出王熙凤的形象。

(3)想象还有代替功能

在现实生活中,当由于各种因素的制约,人们的某些需要和活动不可能满足或全部实现时,可以通过想象来代替,从而在心理上得到一定的补偿和满足。如在游戏中,儿童借助想象满足其模仿成人的愿望,增长了知识和才干。若没有想象的参与,游戏就无法进行。可见,想象在儿童游戏中同样有着非常重要的作用。

(4)想象具有调节作用

想象对机体的生理活动过程也有调节作用,它能改变人体外周部分的机能活动过程。早在中世纪,人们就已经发现了这样的事实:对某些患有歇斯底里症的病人,要求他们按《圣经》上的描写,想象耶稣基督被钉在十字架上的痛苦。病人想象后,居然在手掌和脚掌上出现了血斑,甚至有溃疡的标记。当时人们把它称为圣斑。近年来,人们对生物反馈的研究也证明想象对人的机体有调节控制作用。例如,有人对一位具有鲜明想象与表象的人进行了研究。结果发现,只要这个人说他想象出什么事物,就可以观察到他的机体发生的奇异变化。如他说"看见右手放在炉边,左手在握冰",这时就可以观察到他的右手温度升高2℃,左手温度降低1.5℃;当他说"看见自己跟在电车后奔跑"时,就可看到他的心跳加快,在"看见自己安静地躺在床上"时,心跳就减慢。

(二)想象的种类

根据想象活动是否有自觉性、目的性,可把想象分为无意想象和有意想象两类。

1.无意想象

无意想象是一种没有预定目的、不自觉地产生的想象。它是当人们的意识减弱时,在某种刺激的作用下,不由自主地想象某种事物的过程。例如,人们看见天上的浮云,想象出各种动物的形象;人们在睡眠时做的梦;由药物导致的或精神病患者在头脑中产生的幻觉,都是无意想象。其中,梦是在睡眠状态下产生的一种正常的心理现象,是无意想象的极端形式。

2.有意想象

有意想象是按一定目的自觉进行的想象。例如,科学家提出的各种想象模型,文学艺术家在头脑中构思的人物形象,都是有意想象的结果。按有意想象的新颖性、独立性和创造性程度的不同,又可以分为再造想象和创造想象两种。

再造想象是根据言语的描述或图样的示意,在人脑中形成相应的新形象的心理过程。例如,建筑工人根据建筑蓝图想象出建筑物的形象;没有领略过北方冬日美景的人们,通过诵读毛泽东的诗词《沁园春·雪》,在头脑中形成北国风光的情景:大雪纷飞,登山望远,雪中群山好似一条银蛇在翩翩起舞,丘陵好似银白色的象在奔跑,使人们有一种亲临其境的感受。依据别人的描述进行的再造想象有一定程度的创造性,但其创造水平较低。再造想象的形成要求有充分的记忆表象作基础,表象越丰富,再造想象的内容也就越丰富。同时,再造想象离不开词语思维的组织作用。它实际上是在词语指导下进行的形象思维的过程。基于这些特点,为了培养和发展再造想象的能力,首先要扩大人们头脑中记忆表象的数量,充分贮备有关的表象。同时,还要掌握好语言和各种标记的意义,只有这样,才能从语言描述和符号标记中激发想象。

创造想象是在创造活动中,根据一定的目的、任务,在人脑中独立地创造出新形象的过程。在新作品创作、新产品创造时,人脑中构成的新形象都属于创造想象。例如,鲁迅创作的"阿Q"形象,毛泽东创作的诗词《沁园春·雪》,都是创造想象的产物。创造想象具有首创性、独立性和新颖性等特点。它们源于生活,但又高于生活。例如,工程师发明的新机器,虽然综合了许多机器的特点,但它又具有前所未有的新性能、新造型,因此,它比再造想象更复杂、更困难。它需要对已有的感性材料进行深入的分析、综合、加工、改造,在头脑中进行创造性的构思。

指向未来,并与个人愿望相联系的想象称幻想,它是创造想象的特殊形式,如各种神话、童话中的形象都属于幻想。幻想不立即体现在人们的实际活动中,而带有向往的性质,幻想的形象是人们希望寄托的东西。幻想是激励人们创造的重要精神力量。古人曾幻想腾云驾雾、展翅高飞,推动后人发明了飞机;古人曾幻想千里眼、顺风耳,后人发明了望远镜、电话。在这个意义上,人类劳动所创造的各种产品都可以看成是物化的幻想或幻想的现实化。幻想是在人类社会生活中产生的,又是推动人们为更美好的未来奋斗的力量。积极的幻想是创造力实现的必要条件,是科学预见的一部分。所以,列宁说:"有益的幻想是工作的推动力。"郭沫若说:"有幻想才能打破传统的束缚,才能发展科学。"

当然,对个体而言,不是所有幻想都是有益的。当人们依据事物发展的客观规律来想象未来时,这种想象叫作理想。理想指向于未来,与个人的愿望相联系,这和幻想相同。但幻想不一定都以客观规律作依据,因而不一定都具有实现的可能。而理想体现了事物的发展规律,因而具有实现的可能性。空想是指不以客观规律为依据,甚至违背事物发展的客观进程,因而是没有实现可能的想象。在教育教学过程中,教师要教育学生力戒空想,坚持正确远大的抱负,培养克服内外困难的意志力,以实现自己追求的理想。

综上所述,再造想象与创造想象都是在已有表象的基础上有目的、自觉进行的想象,但再造想象的新颖程度低,在一般性的活动中作用较大;创造想象所创造的形象是前所未有的,具有首创性,在创造性的活动中作用大。

(三)学生的想象力培养

培养和发展学生的想象力,是培养创造性人才的重要环节。正如爱因斯坦所强调的:"想象力比知识更重要,因为知识是有限的,而想象力概括着世界上的一切,推动着进步,并且是知识进化的源泉。严格地说,想象力是科学研究中的实在因素。"在教学中应有意识地培养学生的想象力。

1.丰富学生的表象储备

表象是想象的材料,是想象得以进行的基础。表象的数量和质量直接影响想象的水平。一般来说,表象准确而丰富,想象就开阔、深刻、合理;表象贫乏、错误,想象就狭窄、肤浅、荒诞。所谓"巧妇难为无米之炊"。在现实生活中,人往往由于阅历所限而容易用自己的情况想象别人,用本地的情况想象外地,用今天的情况想象过去或未来等。要丰富学生的表象储备,首先可以通过各种课外实践活动,扩大学生知识领域。对学生的教育教学不能只局限在课堂上,应积极引导、组织学生从事参观、访问、观察和实验等教学实践活动,开阔他们的眼界,使学生通过多种感官获得丰富多彩的形象,为想象奠定基础。其次,运用直观教具和现代化教学手段,丰富和发展学生的想象。在教学中,教师结合教学内容,广泛运用实物、模型、图片等直观教具,或电影、电视、幻灯及多媒体等现代化教学手段,对于丰富和发展学生的想象极有帮助。

2.运用生动形象的语言,培养学生的想象力

想象活动常常要在语言的指导下进行。首先,教师生动形象的语言描述,不仅有利于学生对抽象知识的理解,而且对学生想象力的培养具有指导作用。它能帮助学生积极地对头脑中的记忆表象进行提取、改造和重组,使想象活动方向明确,进展顺利,有利于想象力的发展。一位化学老师在讲"一滴水里有多少水分子"时说:"科学实验证明,一滴水里所含的分子数,如果拿来分给全世界40亿人口,而后再把其中一个人所得的分子数平均分给全世界的人,这样每人可分到100个水分子。"显然,这位老师用形象化的语言启发学生想象,比直接用抽象的数字"一滴水约含16万亿个水分子"会产生更好的效果。因此,教师在讲课时应善于联系学生日常生活经验中的例子,借助恰当、形象的比喻启发他们想象,将抽象的知识变成具体、鲜明的形象,从而加深对知识的领悟和理解。其次,要鼓励和引导学生对自己听到、看到或想到的事物用生动、流畅、条理清楚的语言表达。学生的语言描述,既能丰富学生的语言,提高学生的语言表达能力,也能发展学生的想象,训练学生的思维。

3.有目的地训练学生的想象力

训练学生想象力的活动课内课外都可以进行。如结合教学内容,要求学生迅速展开自由联想,想到的事物越多、越新颖、越独特越好。如一位老师在分析《再别康桥》的"绘画美"特点时,让学生从中挑选一节自己最喜欢的诗歌,然后发挥想象,在自己头脑中形成一幅画,然后用自己的语言描绘出来。又如,要求学生对阅读过的文章或听过的故事,在不背离原作主旨的基础上进行创造性的补充、发挥、畅想。

4.让学生了解想象的认知加工方式

想象是对已有表象的认知加工,是一种复杂的分析与综合活动。人们从已有的表象中分析出必要的元素,按照新的构思重新结合,创造出新的形象。想象过程是一个形象的分析综合过程。常用的认知加工方式有四种:

(1)黏合。黏合就是把从未结合过的属性、特征或某些部分等要素,结合在一起,构成新形象。例如前面所说的"猪八戒"的形象就是通过黏合而形成的,又如"美人鱼"。在科技发明和艺术创作中,常使用这种加工方式。(2)夸张。夸张就是对客观事物的某一部分进行改变,突出其特点,从而产生新形象。如漫画中的人物形象、神话中的"千手观音"形象、童话中"大人国"和"小人国"的形象等,都是使用了夸张而形成的。(3)人格化。人格化就是给客观事物赋予人的形象和特征,从而产生的新形象。如动画片中的"唐老鸭"、"米老鼠"的形象、神话中的"雷公"、"电母"的形象,都是通过人格化而创造出的新形象。(4)典型化。典型化就是根据一类事物的共同特征来创造新形象。如小说中的人物形象,就是作家综合了许多人的特点后创作出来的。高尔基在谈艺术创作时就指出:要成功塑造一个工人、神父或小老

板的形象,就得观察上百个工人、神父或小老板。典型化使文艺作品的形象更生动。

阅读材料<<<

想象可以养生

　　想象养生是利用各种不同的观想来达到调节精神、愉悦身心的目的。如观想蓝蓝的大海,常会有一种宁静、宽广之感;观想星空,常有一种浪漫、静谧之感。观想不同的内容,对身心的调节也有不同的作用。据现代心理学家的分析与实践,不同的观想对身心能达到不同的调节作用。

　　观想天:想象蔚蓝的天空,使人胸襟开阔、宁静爽朗,有轻舒安逸之感;想象蓝天白云,令人心旷神怡、舒畅豪放;想象五彩霞光,给人以温暖、悠闲、安宁和美好的联想;想象皓月当空,思念之情便会油然而生。

　　观想地:想象青山幽谷,使人神清气爽;想象长江黄河,令人神情激荡,促人奋进,利于血脉通畅,经络疏通;想象花红柳绿,不仅悦心,也利生津;想象寒梅傲雪,使人自信心倍增。

　　观想人:想象童颜之天真活泼,可纠成人之过于拘谨;老人想象青壮年之朝气,可扫暮气与沮丧;想象姑娘的文静与温柔,利于改掉粗俗之陋习;出门在外,观想亲人的期盼,能激发奋发向上、不甘人后的豪情。

　　观想事:回忆取得的成就,令人自信自尊;观想喜悦之事,喜悦之情油然而生;回忆昔日趣闻,可放松神经,解除人与人之间的隔阂。

　　观想物:想象雄鹰展翅翱翔,能激发人奋发向上;想象美味佳肴或梅、杏等,可令人口舌生津,胃口大开。

　　由于各人的生活经历不同,即使所观想的事物相同,所产生的结果也可能不尽相同。各人可结合自己的体会,尽量观想能达到愉悦的事物,以利于身心调节和精神放松,从而达到康、乐、寿之最终目的。

（资料来源:http://www.baidu.com）

第三节　问题解决

　　在日常的生活、工作和学习中,人们常常会遇到各种各样的问题需要解决,如学生解数学题、技术人员排除机器故障、警察侦破刑事案件、科研人员检验和修正实验假设。思维总是和问题联系在一起,表现在解决问题的过程中。

一、问题解决的概念

(一)什么是问题解决

问题解决(problem solving)是由一定的情境引起,按照一定的目标,通过各种认识活动和技能、技巧,使问题得以解决的过程。例如,学生证明几何题就是一个问题解决的过程。几何题的已知条件和求证结果构成了问题情景,问题解决的目标就是证明结果,而从已知条件到结果需要应用已知条件进行一系列的认知操作,这就是问题解决过程。

问题解决是指一系列有目的指向性的认知操作过程,解决的是较复杂的问题。认知心理学家艾德森认为,问题解决有三个特征:首先,目的指向性。问题解决必须有明确的目的性,问题解决必须是目的指向活动,它总要达到某个特定的终结状态。做梦由于缺乏明确的目标,所以就不是问题解决。其次,操作序列。问题解决必须包括心理过程的操作序列。有的活动虽然也有明确的目的性,如回忆朋友的电话号码,但是这种活动只需简单的记忆提取,因此也不是问题解决。最后,认知操作。问题解决的活动必须由认知操作来进行。有些活动,如洗碗碟、打绳结,虽然也含有目的和一系列的操作,但没有思维的认知操作参与,因此也不属于问题解决。

(二)问题解决的阶段

问题解决是一个复杂的认知过程,从精细加工角度看,问题解决包括对问题的要求、条件的分析,发现它们之间的联系和关系,探寻从条件到结果的各中间环节;从大概过程看,问题解决可划分为不同阶段。美国学者杜威(Dewey,1910)把解决问题的推理过程分为五个阶段,即发生问题、提出问题、假设、推论、证明与实验。继杜威之后罗斯曼(Rossman,1931)把解决问题的过程又扩充为七个阶段,加上了形成新观念、检验新观念两步。盖勒等人(Garry,1970)则认为解决问题分三个阶段,即探索、行动、验证。我国学者一般把解决问题划分为四个阶段,即发现问题、分析问题、提出假设、检验假设。

1. 发现问题

问题就是矛盾。在人的实践活动中矛盾是普遍存在的。发现问题就是认识到矛盾的存在,并产生解决矛盾的需要和动机,这是把社会的需要转化为个人思维活动的过程。发现问题是解决问题的开端,也是解决问题的动力。只有发现问题,才能激励和推动人们投入解决问题的思维活动中。没有矛盾,发现不了问题,就谈不上解决问题的思维过程。因此,爱因斯坦认为:"提出一个问题比解决一个问题更重要,因为后者仅仅是方法和实践的过程,而提出问题,则要找到问题的关键要害。"

能否发现具有重大社会价值的问题,取决于多种因素。首先,依赖于个体的活动积极性。思想懒汉和因循守旧者都很难发现问题。古人云:"学贵多疑",只有勤于思考、善于钻研的人,才能从细微平凡的事件中发现关键性问题。牛顿之所以能从人们司空见惯的"苹果落地"这一现象中发现地心引力,揭示了物体间相互吸引的客观规律,就是因为他勤于思考。其次,依赖于个体的态度。人的活动态度越认真负责,越易在人们所熟视无睹的事物中发现问题。其三,依赖于个体的兴趣、爱好和求知欲。兴趣广泛、求知欲强烈的人,不满足于对事物一般的、表面的解释,而是力求探究事物的内部原因,能够见人所未见,想人所未想,发现事物的客观规律。最后依赖于主体的知识经验。一般说来,知识渊博、经验丰富的人,能够提出深刻而有价值的问题;而知识贫乏的人提出的问题往往肤浅幼稚,没有科学价值。

2. 分析问题

分析问题就是要从生活中遇到的笼统、混乱、不确定的问题中,根据问题的要求与条件,理清他们的联系,找出主要矛盾和次要矛盾,把握问题的实质,使问题的症结具体化、明朗化,从而确定问题解决的方向。分析问题能否抓住关键,既取决于人的知识经验的多寡,又取决于人的分析能力。分析问题时要透过现象看本质,分析问题产生的原因,这样才有利于问题的解决。

3. 提出假设

分析问题之后,问题解决的关键就是根据问题的性质,运用已有的知识经验,找到解决问题的方案、策略,推测出解决问题的途径、原则和方法,这就是提出假设。假设是科学的侦察兵,是解决问题的必经之路,科学理论正是在假设的基础上,通过不断地实践发展和完善的。离开了合理的假设,人就无法去正确地解决问题。正如恩格斯所说:"只要自然科学在思维着,它的发展形式就是假设。"假设的提出依赖于已有的知识经验。假设不是随心所欲的主观臆测,它是建立在大量的事实和高度概括的知识的基础上的,并通过对丰富的感性材料进行深入细致的研究而形成的。此外,提出切实可行的科学假设并非是轻而易举的事,常常需要经过多次尝试性的实际操作和创造性构想的积极参与才能完成。

4. 检验假设

假设是对问题解决方案的探索和设想,假设是否科学、正确,需要借助一定的手段来检验。检验的方法有两种:一种是直接检验,即通过试验和实践活动来检验。实践是检验真理的唯一标准,这是检验最根本、最可靠的手段。另一种是间接检验,即在头脑中,根据已掌握的科学原理、原则,利用思维对假设进行论证。对于那些立即要进行实践的复杂的假设常采用间接检验。如医生设计的治疗方案、军事指挥员提出的各种作案方案等,都总是先在头脑中加以推敲、论证,尔后付诸实际。当然任何假设的真伪,最终都要接受实践标准的根本检验。

二、问题解决的认知过程

用实验方法研究问题解决的思维过程,是从研究动物的学习开始的。19世纪末,桑代克用猫进行了著名的迷笼实验,提出动物解决问题的过程是一个尝试错误的过程。第一次世界大战期间,苛勒对黑猩猩进行了长达7年的研究。他认为,动物解决问题的过程并不是尝试错误的过程,而是对问题情景的一种顿悟,即通过对原来知觉情景的改造,突然找到问题解决的方法(详细介绍见第十一章)。

由于研究对象和解决问题的性质不同,心理学家提出的理论很不相同。认知心理学家认为,在问题解决中,思维过程始终指向着一定的目标,由要解决的问题以及由此问题所设定的目标所支配和指导着,但它仍然是在分析、综合、抽象、概括过程中,在运用概念、形成命题、作出判断和推理、进行假设和验证的一系列思维操作中进行的。认知心理学家提出了人类问题解决的手段—目的的分析。

（一）手段—目的分析

手段—目的分析（mean-end analysis）就是将需要达到的问题的目标状态分成若干子目标，通过实现一系列的子目标最终达到实现总目标。

从提出问题开始，经过中间的步骤到实现目标，这个过程可以分为 3 种状态。问题的开始阶段称为初始状态，达到目标时为目标状态，中间经过的各个步骤为中间状态即子目标。这些状态均为人的认识状态。在问题解决的每一步的认知操作就是把当时的认识状态逐一地与目标状态相比较，中间状态每前进一步，均推动着问题的解决。它的基本步骤是：(1)明确并比较初始状态和目标状态，提出第一个子目标；(2)找出完成第一个子目标的方法或操作，实现第一个子目标；(3)提出新的子目标，如此循环往复，直到问题的解决。

如图 6-1 所示，用手段—目的分析来解决河内塔问题。在一块板上有 3 根柱子，在柱子 1 上有自上而下大小渐增的三个圆盘 A、B、C。要求被试将圆盘移到柱 3 上，而且仍保持原来放置的大小顺序。移动的要求是每次只能移动一个圆盘，大盘不能放置在小盘上，移动圆盘时可以利用柱 2。图 6-1 左侧为初始状态，右侧为目标状态，比较两者的差异，第一个子目标是 C 得移动到柱 3 的最下层，且柱 3 上没有其他圆盘和柱 1 上 A、B 不在 C 盘上才能实现，那就得按要求将 A、B 移到柱 2 上，因此，将 A 先移到柱 3、B 移到柱 2，再将 A 移到柱 2 即 B 上，这样柱 1 只有 C 盘，柱 3 上没有其他圆盘，第一个子目标实现。其实，在实现第一个子目标时，也经过了中间状态即更小的子目标。

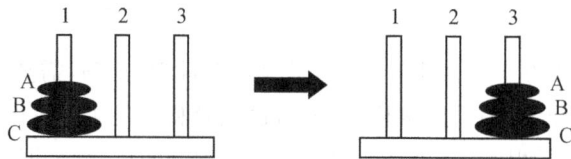

图 6-1　河内塔问题

手段—目的分析是一种不断减少当前状态与目标状态之间的差别而逐步前进的问题解决策略，是人们解决问题最常用的。但有时，人们为了达到目的，还会扩大目标状态与初始状态的差异，以便最终达到目标。

（二）顺向推理与逆向推理

在目的—手段分析中，为了实现各子目标，缩小初始状态和目标状态的差异，常常需要采用某些搜索策略。按照解决问题的搜索方向，可以分为顺向推理和逆向推理。

顺向推理（working forward）也称顺向工作，是指从问题的已知条件出发，通过逐步扩展已有的信息直到问题解决的一种策略。例如，在下列加法算式中，有 10 个不同的字母，每个字母分别代表 0~9 的一个数字。已知 $D=5$，要求找出每个字母所代表的数字，使下列算式得以成立：

$$
\begin{array}{r}
D\ O\ N\ A\ L\ D \\
+\ G\ E\ R\ A\ L\ D \\
\hline
R\ O\ B\ E\ R\ T
\end{array}
$$

问题解决者往往采用顺向推理的策略，先从 $D=5$ 这一信息出发，再利用加法中的某些规则,首先从需要条件信息最少的一列开始进行推理,从中获得最多的信息,然后一步一步地找到正确答案。研究表明,顺向工作是专家问题解决行为的一个重要特点。专家在看到问题时,首先是发现问题提供了什么信息,就立即想到用哪些方法能从这些信息中推出新的信息,从而对问题中各要素的相互关系增进了解,达成问题解决。

逆向推理(working backward)也称逆向工作,是指从问题的目标状态出发,按照子目标组成的逻辑顺序逐级向当前状态递归的问题解决策略。其主要特点是将问题解决的目标分解成若干子目标,直至使子目标按逆推途径与给定的条件建立直接联系或等同起来,即目标—子目标—子目标—现有条件。例如,解下面问题:已知图 6-2 中的 ABCD 是一个长方形,证明 *AD* 与 *BC* 相等。从目标出发,进行反推时问题解决者可能会问:如何才能证明 *AD* 与 *BC* 相等? 如果能证明△*ACD* 与△*BDC* 全等,那么就能证明 *AD* 等于 *BC*。下一步的推理就是:如果能证明两边和一个夹角相等,那么就能证明△*ADC* 和△*BDC* 全等。这样,从一个子目标出发反推到另一个子目标,以达到问题的解决。新手往往是采用这种策略来解决问题的。

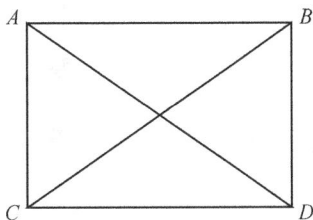

图 6-2 求证 *AD*=*BC*

总之,在问题解决时人们可以选择不同的策略。但人们一般不去寻求最优的策略,而是找到一个较满意的策略。因为即使是解决最简单的问题,要想得到次数最少、效能最高的问题解决策略也是很困难的。抱负水平的高低会影响问题解决的满意度。

三、影响问题解决的因素

问题解决受很多因素的影响,既有社会因素和自然因素,也有物质因素和心理因素;其影响既有积极作用也有消极作用。了解这些因素的作用规律,有利于发挥其积极影响,控制其消极影响,促进问题的顺利解决。

(一)刺激模式

每个问题呈现出的形态构成了问题的刺激模式。问题本身的模式会影响问题的解决,包括各种已知条件出现的空间特点和时间顺序,以及已知条件之间的关系等。一般来说,刺激模式与个人认知结构的差异越大,问题就越难解决。如已知一个圆的半径为 2 厘米(见图 6-3),求圆的外切正方形的面积有多大? 如果提供图(a),圆的半径很容易被看成正方形边长的一半,因而问题容易解决。而由图(b)难以看出圆半径和正方形边长的关系,因而较难解答。

又如 9 点连线图问题(见图 6-4),要求被试用四条直线一笔将 9 个点连在一起。在解决此问题时,由于九个点构成一个良好的正方形图,被试受知觉整体性的影响,容易把自己的

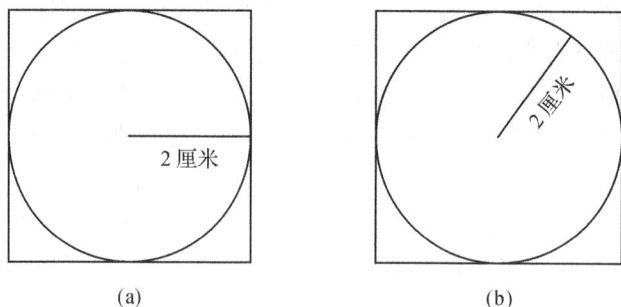

图 6-3　求外切正方形的面积

思维限制在正方形内，总是试图在正方形的轮廓中连线，使问题解决遇到困难。如果人的知觉克服了这一先入为主的方向，问题就不难解决了。人的知觉的整体性会使人偏离正确的方向，使思维陷入困境。

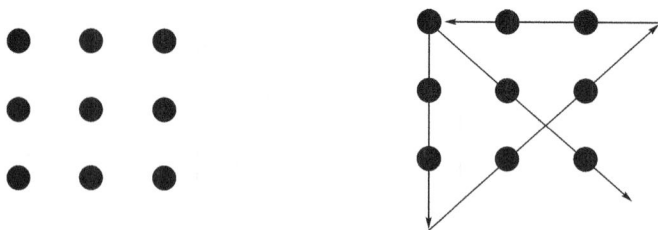

图 6-4　九点连线图

(二)定势

定势又称心向，是指重复先前的心理操作所引起的对活动的一种准备状态。它使人按照某种固定的方式去解决问题。从生理机制上讲，定势是多次以某种方式解决问题所形成的动力定型，它影响着解决后继问题的态势。如数学老师在课堂上讲了一道例题，学生对与例题类似的练习做起来特别容易，而对完成与例题差别较大的练习就感到困难。当问题情景和解决问题的方法没有改变时，定势可以节省心智操作探索的时间和精力，帮助人们熟练、迅速地解决问题，具有积极作用；当问题情景和解决问题的方法发生了变化，或面对新的、复杂的问题时，定势往往使人无法跳出旧框框的限制，对问题解决起消极阻碍作用。如"写信他我不会"，要求将这一句子改写成为符合汉语主谓宾习惯的通顺的汉语，由于人们心理上的定势，始终将"写信"连在一起作为词组，这就妨碍了问题的解决，而正确的改写应该是"我不信他会写"，该问题中"写"和"信"不是连在一起的。

心理学家陆钦斯(Luchins,1942)曾经做过一个有名的实验，要求被试设法用大小不同的容器量出一定量的水(见表 6-1)，其中 A、B、C 是被试可以利用的容器的容量，D 是要求被试量出的容量。此实验以大学生为对象。实验分为两组，实验组 79 人，控制组 57 人。实验组从第 1 题做到第 8 题，控制组只做 6、7、8 三题。结果实验组在解题时，81％的人套用 $D＝B－A－2C$ 的公式一直做到底，而控制组则全部采用简单的方法即 $A＋C$ 或 $A－C$ 解决了问题。这说明实验组被试明显地受思维定势的影响。

表 6-1　定势对问题解决的影响

问题	容器的容量			要求容量	解决方案	
	A	B	C	D		
1	21	127	3	100	$D=B-A-2C$	
2	14	163	25	99	$D=B-A-2C$	
3	18	43	10	5	……	
4	9	42	6	21	……	
5	20	59	4	31	………	
6	23	49	3	20	……	$D=A-C$
7	15	39	3	18	……	$D=A+C$
8	28	76	3	25	……	$D=A-C$

在日常生活中,定式对问题解决的影响突出表现在"功能固着"上。功能固着是指个体在解决问题时往往只看到某种事物的通常功能,而看不到其他方面可能有的功能,这是人们长期以来在日常生活中所形成的对某种事物的功能或用途的固定看法。例如,一般认为热水瓶是盛开水的、衬衫是穿的,而不易想到,在必要时可以把热水瓶当储油罐,把衬衫当画布。

邓克1945年的实验证实了这种影响。实验要求被试使用五种熟悉的工具解决五个新的问题。实验组在解决问题前对工具的习惯用法进行了练习,增加了功能固着的倾向。控制组直接解决问题。结果控制组的成绩大大超过了实验组(见表6-2)。在解决问题的过程中,有时正是在克服这种功能固着中才能找到新的求解思路。

表 6-2　功能固着对解决问题的影响

组别	工具	事先练习工作	变更使用、解决新问题	人数	成绩/%
实验组	钻子	钻洞	支撑绳索	14	71
	箱子	装物品	做垫脚台	7	43
	钳子	打开铁丝结	支撑木板	9	44
	秤砣	称重量	击钉入木	12	75
	曲别针	夹纸	做挂钩	7	57
控制组	钻子		支撑绳索	10	100
	箱子		做垫脚台	7	100
	钳子		支撑木板	15	100
	秤砣		击钉入木	12	100
	曲别针		做挂钩	7	86

(三)动机和情绪状态

问题解决常常是一个复杂的过程,个体必须具备相应的需要和动机。问题解决的需要和动机使人对问题的解决持积极的态度,并使思维处于活跃状态;如果需要、动机缺失或者太弱,就会对问题持漠然的态度,思维活动也不会活跃,将不利于问题的解决。但需要与动机的强度并不一定与问题解决成正比。一般说来,对于简单问题的解决,动机水平越高,越有利于问题的解决,而对于复杂性的问题,人的动机水平适中,最有利于问题的解决,因为所要解决问题过难,人往往会处于一种高度焦虑状态,这时如果动机强度过高,反而会妨碍问题的解决,这就是耶克斯—多德森定律(见图6-5)。

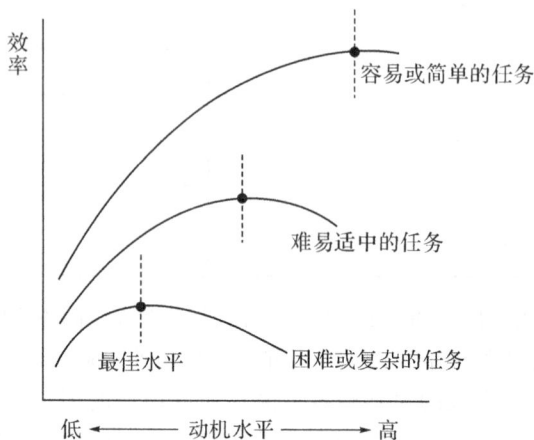

图 6-5 耶克斯—多德森定律

在解决问题的过程中,会产生各种各样的情绪。一般说来,积极的情绪,如愉悦、自信、乐观以及平和,等有助于问题的解决,而问题解决后所体验到的兴奋、喜悦、自豪等又会进一步激发个体解决更复杂问题的热情,由此构成良性循环。相反,消极的情绪,如苦闷、抑郁、愤怒、焦躁,等会降低问题解决的效率,失败后所体验到的痛苦和郁闷,又可能成为进一步智力活动的障碍,形成恶性循环。

(四)知识经验和个性特征

个体已有的有关问题的知识经验对问题的解决有重大的影响,一般说来,知识经验越丰富,越有利于问题的解决。这就要求个体必须储备丰富的知识经验,努力扩宽个体的知识面,不断从事社会实践活动,丰富自己的知识经验。

能否顺利地解决问题与一个人的个性特征有着密切的关系。这首先表现在个性倾向性及性格特征上。一个具有远大理想和抱负、意志坚强、勤奋好学及创新进取精神强的人,是能够克服困难,有效地解决各种问题的。相反,一个缺乏理想、意志薄弱、懒惰散漫的人,对问题解决往往持消极态度或容易使其工作半途而废。其次,人的智力对问题解决也有显著影响。一个智力水平高的学生,在遇到复杂而困难的问题时,善于灵活而综合地运用各种知识进行假设、推理、试验,促进问题的解决。想象力丰富、创造力强的学生,问题解决不仅效率高,还会找出新途径和新方法。一个智力水平较差的学生,则往往容易受定式的消极影响或囿于书本和固定程序,导致问题解决的效率不高。

第四节 创造性思维

在当今世界,经济飞速发展,科技文化日新月异,这主要源于各个领域的创新。创造性思维是创新人才智力结构的核心,是人类独有的高级心理活动过程。创造性思维往往以创造活动作为其产生的基础。创造性思维是多种思维的结晶,它既是发散思维和聚合思维的统一,也是形象思维和抽象思维的统一。

一、创造性思维的特点

创造性思维是相对于常规思维而言的,指重新组织已有的知识经验,提出新的方案或程序,并创造出新的思维成果的思维活动,是人类思维能力的最高体现。创造性思维具有流畅性、变通性、独特性、敏感性等特点。

(一)思维的流畅性

思维的流畅性,也叫思想的丰富性,是指在限定时间内产生观念的数量的多少。在短时间内产生的观念多,思维流畅性大;反之,思维缺乏流畅性。吉尔福德(Guilford)把思维流畅性分为用词的流畅性、联想的流畅性、表达的流畅性和观念的流畅性等四种形式。

(二)思维的变通性

思维的变通性,也叫思维的灵活性,是指摈弃旧的习惯思维,开创不同方向的能力。例如,让被试"尽可能举出报纸的用途",他会有"学习用"、"包东西"、"当坐垫"、"折玩具"、"剪成碎片玩"、"裹在身上取暖"、"用来引火"等各种各样的答案。富有创造力的人的思维比一般人的思路开阔,善于从全方位思考,善于巧妙地转变思维方向,随机应变,而缺乏创造力的人的思维通常只想到一个方面而缺乏灵活性。

(三)思维的独特性

思维的独特性是指产生不寻常的反应和不落常规的能力,此外还有重新定义或按新的方式对所见所闻加以组织的能力。思维的独特性体现在敢于冲破习惯思维的束缚,敢于打破常规,敢于另辟蹊径、独立思考,运用丰富的知识和经验,充分展开想象的翅膀。法国作家莫泊桑说:"应时时刻刻躲避那走熟了的路,去另寻一条新的路。"例如,在吉尔福德的"命题测验"中,向被试提出一般的故事情节,要求他们按照自己的意思给出一个适当的题目。富有创造力的人给出的题目更为独特,而缺乏创造力的人常常被禁锢在常规思维之中。

(四)思维的敏感性

思维的敏感性是指及时把握住独特新颖观念的能力。创造性观念并不是处于我们随心所欲的控制之中,它要求我们有敏锐的感受性。独特新颖的观念就如歌德所说的那样,"像一位陌生的客人"来到思想者身边。思维的敏感性,就是对这位"陌生的客人"的评价并及时加以把握的能力。富有创造力的人的思维具有高度的敏感性。

二、创造性思维的过程

创造性思维常表现在解决问题的创造性活动过程中。心理学家对这个过程做过大量的研究。比较有代表性的是英国心理学家华莱士(G. Wallas)所提出的四阶段论和美国心理学家艾曼贝尔(T. Amabile)所提出的五阶段论。华莱士认为任何创造过程都包括准备阶段、酝酿阶段、明朗阶段和验证阶段四个阶段;而艾曼贝尔从信息论的角度出发,认为创造活动过程由提出问题或任务、准备、产生反应、验证反应、结果五个阶段组成,并且可能循环反复。在此简要介绍华莱士的四阶段论。

（一）准备期

准备期是指创造性思维形成之前,对相关知识的理解与累积。杜甫有言"读书破万卷,下笔如有神",由此可知创造前准备的重要性。

在这一阶段,要围绕问题积累素材,广泛收集资料和前人对同类问题的研究成果,理出问题头绪并掌握必要的技能。为了发展创造性思维,不能将准备工作只局限于狭窄的专门领域,而应当有相当广博的知识和技术准备。收集资料越丰富、越充分,越有利于开阔思路、发现和推测出问题的关键所在,从而顺利解决问题。这一阶段最重要的任务是:(1)明确创造目的;(2)掌握丰富的经验;(3)收集广泛的信息和掌握必要的技能。"独上高楼,望断天涯路"是这阶段的绝好写照。这一阶段的时间往往是相当长的。

（二）酝酿期

酝酿期是在广泛积累知识经验的基础上,在头脑中对问题和资料进行周密细致的探索和思考,力图找到解决问题的途径和方法的阶段。这阶段常表现为对问题努力钻研,甚至进入狂热入魔的状态,如"牛顿把手表当成鸡蛋煮"就是典型的钻研问题时的狂热状态。但这时问题常常难以解决,人会感到身心疲惫,此时可以将问题暂时搁置,转而从事其他较轻松的活动(如听音乐、散步、钓鱼等),也就是将问题引起的心理困惑暂时排除在意识之外。在这种情形下,问题引起的创造性思维从表面看似乎停止了,但事实上它仍在潜意识中进行酝酿。

（三）豁朗期

豁朗期即灵感阶段。经过前两个阶段的准备和酝酿,思维已达到一个相当成熟的阶段,事物间的各种联系和关系意想不到地、闪电般地联系起来,新思想、新观念、新形象突然呈现,头脑似乎从"踏破铁鞋无觅处"的困境中摆脱出来,有一种"得来全不费功夫"的感觉,人豁然开朗,问题也迎刃而解。这是对问题经过全力以赴的钻研之后涌现出的灵感状态。例如希腊科学家阿基米德解决测定王冠含金量问题。

灵感的来临,可能是戏剧性突如其来的,它可能产生在半睡半醒中,可能产生在沐浴时,也可能产生在旅行途中。灵感多半是在与创造无直接关系的活动中产生的,好像可遇而不可求。但灵感是艰辛劳动的结晶,产生需要一些条件:(1)需要进行长期的准备工作。对问题解决有强烈的愿望和浓厚的兴趣,对有关资料进行了长时间、反复的研究和思考,做到深思熟虑,融会贯通。这是获得灵感的最基本的条件。(2)集中精力但避免习惯性思维的束缚。进行创造活动时,人们必须把自己的全部精力集中到问题的解决上,排除分散注意的各种因素,还必须摆脱习惯性思维的束缚,如定式、功能固着等。(3)充分利用原型启发。从其他事物引起联想,得到解决问题的途径称为启发。具有启发作用的事物称原型。日常用品、自然现象、文字描述等都可以成为创造活动的原型。(4)情绪镇定乐观有助于灵感的产生,焦虑不安、悲观失望都容易抑制思路,有碍创造活动的进行,使灵感难以产生。

(四)验证期

验证期就是对豁朗期提出的新思想、新观念或新方法进行验证、补充和修正,使其趋于完善的阶段。这是一个肯定—否定—肯定的循环过程。创造性思维通过逻辑推理把提出来的思想观点确定下来,并通过实验或调查加以验证,或者根据这些思想观点,通过绘画、音乐、诗歌、发明等,用作品或产品的形式具体表现出来,产生创造性劳动成果。

三、创造性思维的培养

创造性思维是人类的高级心理活动,在人类的创造活动中起着重要的作用,它不仅能提示客观事物的本质及内在联系,而且能在此基础上产生新颖的、具有社会价值的、前所未有的思维成果。培养大批有创造活动能力的人才是教育工作的一项重要任务,教师在教育过程中应注意培养学生的创造性思维。

(一)营造民主和谐的教学环境

民主、和谐的教学环境有利于学生的思维发展和创新,良好的氛围是师生互相激励的催化剂,表现活泼、行动一致、齐心协力的同伴关系有助于创造力的发挥。没有民主、和谐的气氛就不可能有学生的问题意识。在课堂上创设一个民主、和谐的教学环境,拉近教师和学生的距离,让学生的智力活动不受压抑,让学生可以放开眼界,多元地关注世界的发展,尽情地思考,尽情地提问。在课堂评价时不只是评价学生对问题回答的正确与否,更要关注学生积极的思维和勇敢的表达,并对此给以鼓励。鼓励学生畅所欲言,即使回答不正确,也不批评、不讥讽,让学生感觉课堂是自由的、安全的。学生的问题意识只有在教师的保护和鼓励下才能慢慢萌芽成长。

(二)丰富学生的知识经验与想象力

丰富的知识经验和想象力是产生创造性思维的重要条件。创造性思维过程是对头脑中已有知识经验的调动、重组过程。当然,并不是知识经验丰富的人都有创造力,有的人尽管在某一领域有丰富的知识经验,却拿不出任何富于创造性的思维成果,只能重复别人的方法,照搬现成经验。因此,在教学中,教师应在丰富学生知识经验的基础上加强想象力训练,使其大胆想象,敢于异想天开,创新进取。

(三)保护学生的好奇心,激发求知欲

好奇心是人对新异事物产生诧异并进行探究的一种心理倾向。求知欲又称认识兴趣,是好奇心的升华,是人渴望获得知识的一种心理状态。好奇心和求知欲是推动人们主动积极地去观察世界、进行创造性思维的内部动因。具有强烈好奇心和求知欲的人,对事物有着执着的追求和迷恋。学生只有当他对学习总处于"跃跃欲试"状态的时候,他才能使自己的

学习过程变成一个积极主动"上下求索"的过程。这样的学习,就不仅是获得现有的知识和技能,而且还能进一步探索未知的新境界,发现未掌握的新知识,甚至创造前所未有的新见解、新事物。在教学中,教师应保护学生的好奇心,允许并鼓励学生的质疑和探究,还要有意通过启发式教学或创设问题情境,使学生面临疑难,产生求知的需要和探索的欲望,主动提问和质疑。要有意识地强化他们对一切事物的兴趣,以保护好奇心和求知欲。

(四)进行思维训练

流畅性、灵活性和独创性是创造性思维的基本特征。20世纪60年代美国心理学家曾采用所谓急骤的联想或暴风雨式的联想的方法来训练学生们思维的流畅性。训练时,要求学生像夏天的暴风雨一样,迅速地抛出一些观念,不容迟疑,也不要考虑质量的好坏或数量的多少,讨论和评价在结束后进行。速度越快表示越流畅,讲得越多表示流畅性越高。这种自由联想与迅速反应的训练,对于思维的流畅性有很大的帮助,可促进创造思维的发展。又如在数学教学中,通过一题多解和一题多变的练习,培养学生思维的灵活性和变通性;鼓励学生自编应用题,以发展学生思维的新颖性和独特性。科学实验证明,通过有目的、有意识的训练,可以发展学生思维的品质,提高学生思维能力。

(五)培养学生优良的个性

创造性思维的发展不仅和智力因素有关,而且和一系列非智力因素和个性特征有密切联系。实验研究发现,有创造力的儿童富有责任感、热情、有毅力、勤奋、富于想象、依赖性小、喜欢自学、勇于克服困难,好冒险,有强烈的好奇心等。因此,要培养学生的创造力,应结合教学实际,加强学生的独立性、勤奋、自信和持之以恒等优良个性特征的培养。

本章内容小结

1.思维是人脑对客观事物的本质属性和内部规律性的间接的、概括的反映。思维是在感知的基础上实现的高级的认知形式,具有间接性和概括性两个特征。

2.思维过程包括分析与综合、比较与分类、抽象概括与具体化;思维的基本形式有概念、判断和推理。

3.根据不同的分类标准,思维可以分为不同的种类。例如,动作思维、形象思维和抽象思维;集中思维和发散思维;经验思维和理论思维;直觉思维和分析思维;常规性思维和创造性思维。

4.思维和语言存在密切关系。语言不仅可以巩固和表达思维的结果,而且也是思维赖以进行的载体。反过来,语言离不开思维,任何语言中的词和语法规则都是思维的结果和表现。

5.表象是事物不在面前时人们在头脑中出现的关于事物的形象。表象既有直观形象性,又具有抽象概括性。

6.想象是人脑对已有表象进行加工改造、重新组合形成新形象的心理过程。想象的特点是具有形象性、新颖性。想象的功能包括预见功能、补充功能、代替功能、调节功能。

7.根据想象活动是否有自觉性、目的性,想象可分为无意想象和有意想象。有意想象包括再造想象、创造想象。

8.问题解决是由一定的情境引起,按照一定的目标,通过各种认识活动和技能、技巧,使问题得以解决的过程。我国心理学界一般把问题解决划分为四个阶段,即发现问题、分析问题、提出假设、检验假设。

9.问题解决的实验研究是从研究动物的学习开始的。桑代克提出了试误说,苛勒提出了顿悟说。认知心理学家提出了人类问题解决的手段—目的分析。

10.问题解决受很多因素的影响,包括刺激模式、定式、动机和情绪状态、知识经验和个性特征等。

11.创造性思维是相对常规思维而言的,指重新组织已有的知识经验,提出新的方案或程序,并创造出新的思维成果的思维活动,是人类思维能力的最高体现。创造性思维具有流畅性、变通性、独特性、敏感性等特点。

12.华莱士认为创造性思维的过程包括准备阶段、酝酿阶段、豁朗阶段、验证阶段。

13.培养学生的创造性思维应注意:营造民主和谐的教学环境;丰富学生的知识经验与想象力;保护学生的好奇心,激发求知欲;进行思维训练;培养优良的个性。

思考题

1.简述思维的含义及特点。

2.思维的基本过程和形式分别有哪些?

3.简述思维与语言的关系。

4.什么是有意想象? 什么是无意想象? 举例说明。

5.如何培养青少年的想象力?

6.什么是问题解决? 影响问题解决的因素有哪些?

7.简述创造性思维的特点,如何培养学生的创造性思维?

【试一试】 <<<<

请解答下列问题并反思自己的思维过程

1.在下列加法算式中有 10 个不同的字母,每个字母分别代表 0~9 的一个数字。已知 $D=5$,要求找出每个字母所代表的数字,使下列算式得以成立:

$$
\begin{array}{r}
D\ O\ N\ A\ L\ D \\
+\ G\ E\ R\ A\ L\ D \\
\hline
R\ O\ B\ E\ R\ T
\end{array}
$$

2.有个商人到钱庄借贷,钱庄老板命伙计搬出 10 个盒子,告诉商人:10 个盒子内均各有 10 根金条,并且每个盒子内的 10 根金条重量都相等,但只有 1 个盒子里的每根金条重 1 两,其余 9 个盒子的每根金条重 0.9 两,即 10 盒金条中有 1 盒是 1 斤,另 9 盒是 9 两。商人可以拿走其中任意 1 盒金条。1 年后还贷时,必须还 1 斤黄金。商人可以且只能称一次。请你帮该商人选择。

第七章　情绪和情感

有一对双胞胎姐妹，长得几乎一模一样。一天，母亲带她们去公园看花，孩子们非常高兴地跑开了。不一会儿，小女儿哭哭啼啼地跑来说："妈妈，我不喜欢玫瑰花，花朵下面有很多刺，把我的手扎疼了。"母亲正在安慰她时，大女儿跑过来，高高兴兴地对母亲说："妈妈，妈妈，我真喜欢那些玫瑰花，刺上面开着的花真漂亮。"同样的玫瑰，小女儿专注于花上的刺，哭了；大女儿看到的是刺上的花，笑了。为什么同样的场景和事物在不同人身上会产生不同的情绪体验？复杂的情绪和情感现象常使人迷惑不解，令人难以琢磨。但不管它怎样复杂，人们可以通过研究来认识它，人们也总是希望能拥有和保持一个乐观的心境。本章我们一起探讨情绪和情感的性质和功能、情绪和情感的种类、情绪理论和情绪调节等内容。

第一节　情绪和情感概述

人非草木，孰能无情？我们每天都要表达自己的情绪或情感，如"今天我特别开心"、"我现在很烦"、"我好郁闷"等，也会描述他人的情绪或情感，如"他太紧张了"、"昨天的晚会上，大家都很兴奋"等。对情绪和情感我们都有过自己的感性认识：当一个追求的目标实现时，会感到成功的喜悦；而失去已有的东西或没有得到自己想要的东西时，会感到失败的痛苦；有时孤独恐惧，有时满腔怒火，有时焦虑不安……喜、怒、哀、乐等都是情绪和情感的不同表现形式。那么，情绪情感的本质是什么？

一、什么是情绪和情感

(一)情绪和情感的含义

从 19 世纪以来，心理学家对情绪和情感进行了长期而深入的研究。由于情绪和情感的极端复杂性，至今仍没有一致的概念。当前采用较多的一种定义是，情绪和情感是指人对客观事物是否符合其需要而产生的态度体验及相应的行为反应。也就是说，情绪和情感是以个体的愿望和需要为中介的一种心理活动，它不同于认识过程。认识是人对客观事物本身特性的反映，情绪和情感是对客观事物与人的需要之间的关系的反映。首先，情绪和情感由客观事物或情境所引起。这里讲的客观事物或情景包括自然的和社会的。比如，不同的颜色会让人产生不同的情绪体验：红色使人心理活动活跃，黄色使人振奋，白色明快，灰色消沉。中国人自古以来最高兴的四大事：久旱逢甘露、他乡遇故知、洞房花烛夜、金榜题名时，这足可以说明社会事件对人情绪和情感的影响。其次，需要是情绪和情感产生的重要基础。

当客观事物或情景符合主体的需要和愿望时,就引起积极、正性的情绪情感;反之,当客观事物或情景不符合主体的需要和愿望时,就产生消极、否定的情绪和情感。再次,事物是否符合个人的需要有赖于认知的评估作用。客观事物或情景是否符合个体的需要,只有通过人的认知进行评价和判断才可产生相应的情绪情感。

人的情绪、情感极其复杂,有时甚至会同时拥有相反的或相对立的情绪、情感体验。如"悲喜交加","百感交集",这就说明了人在满意中有不满意,不快中有快感的矛盾体验;或者在不同的时间内对同一事物具有不同的情绪、情感体验。我国的情绪心理学家孟昭兰指出,情绪是一种多成分、多维度、多水平整合的复杂的心理过程。情绪的发生融合着生理和心理、本能和习惯、自然和社会等多种因素的综合作用。

(二)情绪和情感的构成

伊扎德(Izard)在 1977 年指出,情绪和情感是由独特的三种成分组成,即主观体验、表情和生理唤醒。

主观体验是指个体对不同情绪和情感的自我感受。每种情绪都有不同的主观体验,它们构成了情绪和情感的心理内容。没有主观体验,个体就不知道自己是否产生了情绪和情感,产生了什么情绪和情感,即个体根本不知道欢乐和忧愁,不懂得爱和恨。

表情是指情绪和情感的外部表现,即在情绪状态发生时身体各部分的动作量化形式,包括面部表情、姿态表情和语调表情。面部表情是面部肌肉变化所组成的模式,如高兴时额眉平展、面颊上提、嘴角上翘。面部表情能精细地表达不同性质的情绪和情感,因此是鉴别情绪的主要标志。姿态表情指面部以外的身体其他部分的表情动作,如人在痛苦时捶胸顿足。语调表情是通过言语的声调、节奏和速度等方面的变化来表达的,如痛苦时语调低沉,语速较慢。

生理唤醒是指情绪和情感引起的生理反应。它涉及广泛的神经结构,如中枢神经系统的前额皮层、脑干、下丘脑、松果体,及外周神经系统和内、外分泌腺等。不同情绪、情感的生理反应模式是不一样的。满意、愉快时心跳节律平稳正常;恐惧、暴怒时心跳加速、血压升高、呼吸频率增加甚至出现间歇或停顿等。

以愤怒为例,当个体产生愤怒情绪时,他自己会体验到独特的愤怒的主观感受,同时,他还会心跳加速、呼吸急促、嘴唇发干、肌肉紧张,甚至出现颤抖和一系列其他看不见的生理变化。另外,个体内在的体验和生理反应会通过面孔、身体姿势和语音语调等途径表现出来。

现在,一些复杂疑难的刑事案件常借助测谎仪的辅助作用来侦办(如图 7-1 所示)。通

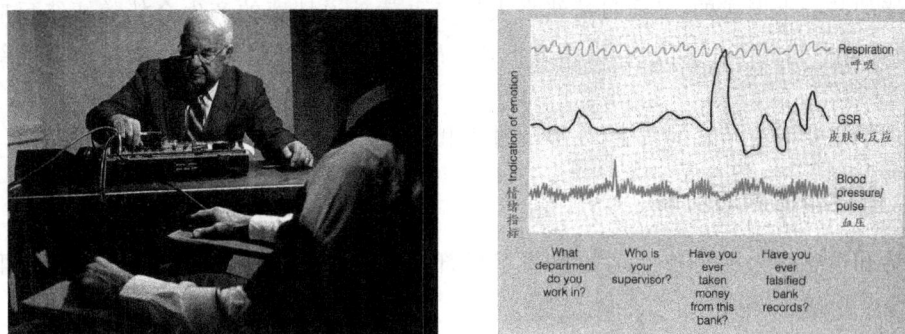

图 7-1 测谎仪的应用及记录举例

过向被测人员呈现与刑事案件相关的特定刺激诱导其相关的生理反应,通过比较分析其生理反应,来推断被测人员与刑事案件的关系。如果嫌疑人是罪犯,他在回答有关犯罪事件的问题时会产生紧张情绪,这种基于犯罪记忆的紧张会引起相应的生理反应,故如果其生理反应异常,就可以推断其"说了谎",进而推断其可能"犯了罪"。测谎仪可以同时应用血压测量器、呼吸描记器、检流计(测量被测对象的出汗量)同步记录心脏活动、呼吸和皮肤电等生理反应。测谎仪的鉴别方法是检验犯罪事件引发的生理反应与中性事件(对照刺激)引发的生理反应(包括生理基线水平)之间的差异,来判断被测者是否有犯罪记忆,以及是否说了谎。

二、情绪与情感的区别和联系

情绪、情感是与人的特定的主观愿望和需要相联系的,以前统称为感情。人们的感情非常复杂,既包括感情发生的过程,也包括由此产生的种种体验,因此用单一的感情概念难以全面表达这种心理现象的全部特征。在当代心理学中,分别采用个体情绪和情感来更确切地表达感情的不同方面。广义的情绪包括情感。

(一)情感与情绪的区别

情绪主要指感情过程,即个体需要与情景相互作用的过程,也就是脑的神经机制活动的过程,如高兴时手舞足蹈、愤怒时暴跳如雷。情感经常用来描述那些具有稳定的、深刻的社会意义的感情。

从需要角度看,情绪通常是与生理需要相联系的体验,情感主要与人的高级的社会性需要相联系。从发生的角度看,情绪发生较早,为人类和动物所共有,而无论从种系或是个体发展来看,情感体验都发生得较晚,是人在社会化过程中产生的,具有社会性,是人类所特有的。从反映的角度看,情绪带有情境性、冲动性、暂时性,而情感具有较大的稳定性、深刻性、持久性。从表现角度看,一般说来,情绪的强度相对较大,有较明显的外部表现即"表情";情感的强度一般不如情绪强烈,外部表现也不如情绪明显,常以内心体验的形式存在。但这种区分只是相对的。

(二)情感与情绪的联系

情感是在情绪基础上形成的,反过来情感对情绪又产生巨大的影响,它们是一种心理活动过程的两个不同的侧面,相互依存、不可分离。首先,情感是情绪的本质内容,稳定的情感是在情绪的基础上形成的,又通过情绪来表达。也就是说情感的产生会伴随情绪反应。其次,情绪是情感的具体外部表现,情绪离不开情感,情绪的变化反映情感的深度,在情绪中蕴含着情感。

心理学主要研究情感的发生、发展的过程和规律,因此多使用情绪这一概念。

三、情绪和情感的功能

情绪和情感是人的精神活动的重要组成部分,在人的生活和实践中有着极为重要的作用。

（一）适应功能

情绪和情感是有机体适应生存和发展的一种重要方式。如动物遇到危险时因为害怕而产生呼救信号，就是动物求生的一种手段。从物种演化和种族发展的角度来看，情绪已经成为不同物种适应环境的重要工具。人的情绪最初也是为了适应生存而发展起来的。消极情绪对有机体提高生存适应性有直接的意义，如厌恶情绪让个体远离腐烂和有毒的食物；恐惧让个体对天敌产生快速的逃避反应；积极情绪则在物种的联盟、亲子的照顾关系中扮演重要角色。

从人类个体发展的角度看，情绪和情感也有这种适应特点，而且是人类早期赖以生存的手段。婴儿出生时，既没有独立生存的能力，也不能使用语言，只能靠情绪来传递相关信息，与成人交流，获得成人的帮助和抚养。成人也就是通过婴儿的这些情绪反应来为婴儿提供各种生活条件的。对于成人而言，也需要用情绪来表达自己的生存状况，如通过愉快表示处境良好，通过痛苦表示处境困难。除此之外，成人更能主动地通过调节个人情绪来适应社会。现代医学表明，不良情绪除了会造成心理不适以外，还会导致产生或加重一些身体疾病。比如，长期的紧张焦虑会使得消化腺的活动和肠胃蠕动受到抑制，从而导致消化不良、食欲不振甚至溃疡，影响心脏血管出现血压升高，甚至使人的自主神经错乱，引发神经症。

（二）动机和唤醒功能

情绪、情感是动机的源泉之一，是动机系统的一个基本成分。它能激励人的心理活动与行为，提高人的活动效率。适度的情绪唤醒是人们从事一定活动的必要条件，可以使人的身心处于最佳的活动状态。研究表明，适度的紧张和焦虑能促使人积极地思考和解决问题。同时，情绪能够放大生理内驱力的信号，驱动人们的行为。如人们在缺氧的情况下，产生了补充氧气的生理需要，这种生理驱力可能没有足够大的力量去激励行为，但是，这时人们产生的恐慌感和急迫感会放大和增强内驱力，使之成为个体行为的强大动力。

（三）组织功能

情绪和情感这种由需要的满足与否引起的特殊的心理活动，对其他的心理过程也有影响。什劳费（Sroufe）认为情绪作为脑内的一个检测系统，对其他心理活动具有组织的作用。这种作用表现为积极情绪的协调作用和消极情绪的破坏、瓦解作用。中等强度的愉快情绪，有利于提高认知活动的效果。而消极的情绪如恐惧、痛苦等会对操作效果产生负面影响，消极情绪的激活水平越高，操作效果越差。

情绪和情感对行为也有组织作用，当人们处在积极、乐观的情绪状态时，容易注意事物美好的一方面，其行为比较开放，愿意接纳外界的事物；而当人们处在消极的情绪状态时，容易失望、悲观，放弃自己的愿望，有时甚至产生攻击行为。

（四）信号功能

情绪和情感通过表情来实现其在人际间传递信息、沟通思想的信号功能。表情是重要的信号，凭借一定的表情来传递情感信息和思想愿望。面部表情的喜怒哀乐、声音表情中音调的变化以及身体姿势都显示出主体的情绪状态。例如，微笑的表情常常表示需要得到满足或对他人行为的赞赏;气愤的表情则表示对某人某事的否定态度;等等。这些都是情绪和情感信号功能的表现。人们通过表情动作传递信息,使人对环境事件的认识、态度和观点更易为他人感知和理解,成为人际行为的重要线索。我们经常发现,同样一句话用不同的音调讲出,带来的情绪色彩就不同,从而造成不同的理解。所有这些都说明情绪和情感在人们复杂的社会交往中起着重要的信号作用。

另外,情绪和情感还有感染和迁移等功能。情绪的感染作用指某个人情绪和情感的表现具有对他人情绪和情感的影响功能。当一个人发生情绪时,不仅能自身感受到相应的主观体验,而且还能通过表情动作等形式外显出来,被他人所察觉,并引起他人相应的情绪反应。一个人的情感会影响他人的情感,而他人的情感反过来又会影响这个人原先的情感,使人与人之间的情绪、情感相互影响。情感的迁移作用指个人对他人的情感会迁移到与他人有关对象上的效能。中国有句成语叫"爱屋及乌",生动地概括了这一独特的情感现象。

四、情绪的维度及其两极性

情绪的维度是指情绪所固有的某些特征,主要指情绪的动力性、激动性、强度和紧张度等。这些特征的变化幅度又具有两极性,情绪的每个特征从一极到另一极是两种对立的状态。

情绪的动力性有增力和减力两极。一般来讲,在需要得到满足时产生的肯定情绪是增力的、积极的;而在需要得不到满足时产生的否定情绪是减力的、消极的。

情绪的激动性有激动与平静两极。激动是一种强烈的、外显的情绪状态,如激怒、狂喜、极度恐惧等,它往往是由一些重要的事件所引起的,如突如其来的火灾会引起极度的恐惧。平静是指一种平稳安静的情绪状态,它是人们正常学习、生活和工作时的基本状态。

情绪的强度有强、弱两极,如从微笑到狂笑,从微愠到狂怒。在情绪的极弱和极强之间还有不同的各种强度,如在微愠到狂怒之间还有愤怒、大怒和暴怒等情绪。情绪强度的大小取决于刺激事件对于个体意义的大小。

情绪的紧张度分紧张和轻松两极。人们情绪的紧张程度决定于面对情景的紧迫性、个体心理准备状态以及其应变能力。如果情景比较复杂,个体心理准备不充分而且应变能力较差,人们往往容易紧张,甚至不知所措;如果情景不是很急,个体心理准备充分且应变能力较强,人们往往就不会紧张,反而会觉得比较轻松自如。

五、情绪的神经机制

(一)情绪的脑中枢机制

大量研究表明,情绪是由大脑中的神经回路所控制的,由这些回路整合加工情绪信息,产生情绪行为。情绪发生的核心部位主要位于大脑皮层下面,但又离不开整个大脑皮层的调节和控制。包括杏仁核、海马、前部扣带回及下丘脑在内的边缘系统,还有网状结构和大脑皮层,都会参与情绪的整合与加工。

1.情绪与边缘系统

边缘系统指的是边缘叶以及与其有密切组织学联系并位于附近的神经核团,主要包括海马、前扣带回、杏仁核、下丘脑等。研究表明,海马在情绪调节中有重要作用,前扣带回在情绪反应中有重要作用,杏仁核对于消极情绪的体验和评估具有重要作用,特别是对于识别威胁或危险线索是非常重要的。下丘脑是愤怒情绪产生和整合的关键部位,并存在着"快乐中枢"和"痛苦中枢"。

2. 情绪与网状结构

网状结构位于脑干内部,两耳之间,是一种由白质和灰质交织混杂的结构。网状结构对维持大脑皮层的兴奋水平、保证机体处于清醒状态有重要作用。研究表明,网状结构对情绪的激活也有重要影响。林斯里(Lindsley,1951)在其研究中指出:网状结构的功能在于唤醒,它是情绪产生的必要条件。抑郁症病人情绪低落、淡漠,对一切都不感兴趣,内心体验极为贫乏,麻木不仁,甚至对亲人去世都无动于衷,这些表现可能和网状结构的机能减弱或破坏有关。

3. 情绪与大脑皮层

动物和人类的大量研究资料显示,前额皮层(PFC)的各个部分与情绪有关。灵长类动物的 PFC 可分为 3 个子区:背侧 PFC、腹内侧 PFC 和眶额皮层。大脑两半球对情绪的控制和调节存在一定的差异,具有不对称的情绪功能。戴维森(Davidson,1982)的研究表明:左半球在积极情绪活动中占优势,左半球受损的病人会表现出持续和过多的哭泣行为;右半球在消极情绪活动中占优势,右半球受损的病人则会表现出更多的愉快情绪。

(二)情绪的外周神经机制

情绪过程不同于其他的心理过程,其主要表现为,在情绪活动过程中,总伴随一系列的生理反应,它主要由自主神经系统和内分泌系统活动的改变而引起。

1. 情绪与自主神经系统

自主神经系统会导致个体心血管、皮肤电、肠胃和瞳孔活动发生变化。自主神经系统包括交感和副交感神经系统,两者的功能是互相拮抗的。一般来讲,交感神经系统倾向于引起兴奋活动,使有机体为下一步活动做好准备;副交感神经系统倾向于引起抑制活动,使有机体重新回到平衡状态。自主神经系统在情绪活动中起着非常重要的作用。

多数情况下,情绪的生理反应表现为交感神经系统活动的相对拮抗,这时肾上腺素和去甲肾上腺素分泌增多,心血管系统会发生一系列变化,如心率加快、血压升高、呼吸加快、瞳孔放亮、唾液分泌受到抑制等。在某些情况下,情绪生理反应也可以表现为副交感神经系统活动的相对亢进,如食物性刺激可增强消化液分泌和胃肠道运动,性兴奋时生殖器官血管舒张,悲伤的时候则表现为流眼泪等。

2. 情绪与内分泌系统

研究表明,情绪发生和维持的过程中会涉及多种激素。例如,由创伤、疼痛等原因引起的痛苦、恐惧和焦虑等的情绪生理反应中,血液中的促肾上腺皮质激素和肾上腺皮质激素浓度明显升高,肾上腺素、去甲肾上腺素、甲状腺激素、生长激素和催乳素等浓度也会升高。情绪波动时往往会出现性激素分泌紊乱,并引起育龄期女性月经失调和月经周期紊乱。

第二节 情绪和情感的种类

正如前面所述,情绪与情感既密切联系又存在区别,但心理学研究和日常生活中都更多地使用情绪这一概念。人类的情绪非常复杂,且多种多样。古今中外的学者为了更准确、深刻地认识这种心理现象,从不同角度对情绪进行了分类探索。我国古代名著《礼记》中对人的情绪有"七情"说,即喜、怒、哀、惧、爱、恶、欲;《白虎通》中提出情绪可以分为"六情"即喜、怒、哀、乐、爱、恶。法国哲学家笛卡儿认为人有六种原始情绪:惊奇、爱悦、憎恶、欲望、欢乐和悲哀。但现代心理学中至今没有一种情绪的分类研究是大家所普遍接受。

一、情绪的分类

由于研究方法和角度不同,情绪分类也不同。

（一）基本情绪和复合情绪

从生物进化的角度看,人的情绪可分为基本情绪和复合情绪。基本情绪是人与动物所共有的,是先天的、不学而能的,每一种基本情绪都具有独立的神经生理机制、内部体验和外部表现。复合情绪则是由基本情绪的不同组合派生出来的。也就是说,复合情绪是由两种以上的基本情绪组合而形成的情绪复合体。

一般认为,快乐、愤怒、恐惧和悲伤是最基本的、最原始的四种情绪。快乐是追求并达到所盼望目的时产生的情绪体验,愤怒是由于受到干扰而使人不能达到目标时所产生的挫折和不满的体验,恐惧是企图摆脱、逃避某种危险情景时所产生的情绪体验,悲伤是在失去心爱的对象或愿望破灭、理想不能实现时产生的情绪体验。其他复杂情绪体验是由两种或两种以上的基本情绪组合而形成的复合情绪。

（二）积极情绪和消极情绪

从情绪体验的性质和对人的活动的影响来看,情绪可以分为积极情绪和消极情绪两大类。积极情绪是以"愉快"这种体验为特点的情绪,例如快乐、兴趣、满足和爱等;消极情绪则是以"不愉快"这种体验为特点的情绪,例如痛苦、悲伤、愤怒、恐惧等。

一般认为,积极情绪有三个重要的适应功能,即支持应对、缓解压力、恢复被压力消耗的资源。另外,积极情绪对认知有组织功能,还对人的社会行为有积极作用。适度的消极情绪有时是有益的,但过于强烈和持久性的消极情绪则对人的健康和社会适应有害。消极情绪能抑制大脑皮层的高级心智活动,使人的认识范围缩小,不能正确评价自己行动的意义及后果,自制力降低,导致正常行为的瓦解,并使工作和学习效率降低。如果消极情绪长期存在,而个人的心理适应能力又差,不能及时进行疏导和缓解,还会引起相应的心理障碍。

二、情绪状态的分类

情绪状态是指在某种事件或情景的影响下,某一段时间内所产生的某种情绪。依据情绪发生的强度、速度、持续性和紧张度等,情绪包括心境、激情和应激三种典型的情绪状态。

（一）心境

心境是一种比较平静而持久的情绪状态，即平常所说的心情。心境具有弥漫性，它不是关于某一事物的特定体验，而是以同样的态度体验对待一切事物。当一个人处于某种心境中时，他会以一种固定的情绪倾向去看待他所遇到的一切事物和他所从事的一切活动，仿佛使一切事物和活动都染上了某种情绪色彩。所谓"人逢喜事精神爽"，就是心境的绝好写照。心境按其强度来说，并不强烈，但往往持续相当一段时间，短则几天，长则数年，一般依赖于引起心境的客观环境和主体的个性特点。

心境产生的原因多种多样，从客观看可能是大自然的变化，如春暖花开、阳光明媚或狂风大雨、万木凋零，也可能是某件令人愉快或失望的消息，都可使人产生愉快或不愉快的心境；从主观上看，人对环境或客观事件的认知评价决定心境的性质，同样的环境或事件对不同的人所引起的心境可能完全不同。积极乐观、善于利用理智调节自己情绪的人，不会因一时得失而悲观厌世，他们甚至在不利环境中也能保持自己乐观豁达的态度。

心境对人的生活、工作、学习以及健康影响很大。积极乐观的心境可以提高人的活动效率，增强信心，对未来充满希望，有益健康；消极悲观的心境则会降低活动效率，丧失信心和希望。经常处于焦虑状态，有害健康。人的世界观、理想和信念决定着心境的基本倾向，对心境有着重要的调节作用。

（二）激情

激情是一种短暂、强烈、爆发式的情绪状态。激发激情的直接原因往往是对个人意义重大而突发的事件，如重大成功之后的狂喜、惨遭意外失败后的绝望、突如其来的危险带来的异常恐惧、亲人突然死亡引起的极度悲哀等等。

激情的特点是具有激动性和冲动性。激动性指激情状态常常伴随着强烈的情绪体验和剧烈的生理变化；冲动性指激情往往导致明显的外部行为，而且这种状态下的行为常具有盲动性质。因为在激情状态下人往往出现"意识狭窄"现象，即认识活动的范围缩小，理智分析能力受到抑制，自我控制能力减弱，进而使人的行为失去控制，甚至做出鲁莽的行为或动作。任何人对激情状态下的失控行为所造成的不良后果都是要负责任的，因此，应控制自己的激情，善于三思而行。当然，激情并不总是消极的，如运动员在国际比赛中取得金牌时欣喜若狂；科学家在科研中有突破时喜极而泣，这些激情中包含着强烈的爱国主义情感，包含着对知识、真理孜孜不倦的高尚品质，是激励人上进的强大动力。

（三）应激

应激是一种出乎意料的紧急情景所引起的急速、高度紧张的情绪状态。当人们遇到某种意外危险或某种突然事变时，他们必须迅速激活自己的经验与智慧，动员全部力量采取有效行动，此时人的身心就处于高度紧张的应激状态。例如，正常行驶的汽车遇到突然横穿马路的行人，司机需要迅速做出反应，这时司机就进入了应激状态。应激状态有两种行为表现，一种是人处于积极应付状态，即人能迅速调动身心各方面的力量，急中生智、手脚麻利、动作准确、及时化险为夷而摆脱困境；另一种是处于消极抑制状态，即人的注意和知觉的范围缩小、手足失措、行动紊乱，因而不能很好地应付紧张情况。例如，在碰到歹徒跟踪时，有女士主动诉求帮助获得同情而免于抢劫，这就是一种积极的应激。

三、情感的分类

情感是同人的社会性需要相联系的主观体验，是人类所特有的心理现象之一。道德感、理智感和美感是人类高级的社会性情感。

（一）道德感

道德感是指根据一定的道德准则对自己或他人的思想、意图和行为进行评价时所产生的主观体验。对符合道德准则的行为感到敬佩、赞赏或自豪，对不道德的行为感到厌恶、愤恨或内疚等。道德属于社会历史范畴，道德准则是在生活实践中形成的。不同时代、不同民族、不同阶级有着不同的道德行为准则，因而人的道德感受社会历史制约。在我国，当前高尚的道德感主要表现为爱国主义感、责任感、朋友间的友谊感、集体感等。

道德感对人的实践活动有着重要的作用，它可以帮助人们按照道德准则的要求正确地去衡量周围人的思想与行为；同时，也使自己的思想行为自觉地符合社会道德准则，做一个道德高尚的人。

（二）理智感

理智感是指在智力活动过程中，在认识和评价事物时所产生的情感体验。它与人的好奇心、求知欲、热爱真理等社会性需要相联系。例如，当人们对事物产生新的认识或受到新的启发时，就会产生好奇心和新异感；当人们在认识过程中发现了事物的矛盾时，就会产生怀疑；当人们认识到自己所做的判断论据不足时，就会产生不安；当人们确证自己有能力解决问题时，就会产生自信。总之，随着认识过程中求知需要满足与否而产生的不同形态的体验就是理智感。

理智感随着人的认识和实践的逐步深入而得到发展。人的认识活动越深刻，追求真理的兴趣越浓，则理智感也越深厚。理智感对人的认识活动的深化、思维任务的完成起着重要的推动作用。例如，热爱真理、抛弃偏见、破除迷信等都是顺利完成学习和工作任务的重要条件。

（三）美感

美感是指根据一定的审美标准评价事物时所产生的情感体验。美感包括自然美感、艺术美感和社会美感。美感作为情感的一种形式，也是由客观事物引起的，它既受事物客观属性的影响，又受个人的思想观点和知识经验的影响。一般而言，简单的美由美的形式决定，与人的知觉相联系，如鲜艳的花朵、秀丽的风景；复杂的美感不仅与人对事物美的形式的感受有关，而且还取决于人对美的内容的领会，如人的社会道德品质和行为特征所引起的美的体验；同时，美感还受个人的鉴赏能力和相关的知识经验的影响。

人们判断一个事物是不是美，其美的标准不能凭空捏造，它受社会历史条件所制约。因此，在不同的历史时期、不同的民族或不同的社会阶层，人们对事物的审美评价既有共同的方面，也有不同的地方。例如，对于女性形体美，现代文明社会普遍以匀称、苗条为美，而大洋洲的汤加岛国以胖为美，那里的姑娘如果达不到一定的体重是嫁不出去的。爱美之心，人皆有之。在生活中,人们对美的感受和追求起着巨大作用,它使人的精神生活更加丰富多彩,更加高尚,使人有美好的理想和远大的奋斗目标。

第三节 情绪的外部表现

情绪的外部表现即表情,指情绪发生时常伴随的可以直接观察到的某些行为特征,如面部可动部位的变化、身体的姿势及手势的变化、言语器官的活动等。人类的表情既有先天生物适应性的一面,也有后天社会适应性的一面。

一、表情的基本类型

表情主要包括面部表情、姿态表情和语调表情三种基本的形式。

(一)面部表情

面部表情是指通过眼部肌肉、颜面肌肉、口部肌肉等的变化来表现各种情绪状态。其中人的眼睛是最善于传情的,不同的眼神可以表达人的各种不同情绪和情感。例如高兴和兴奋时"眉开眼笑",气愤时"怒目而视",恐惧时"目瞪口呆",悲伤时"两眼无光",惊奇时"双目凝视"。眼睛不仅能传情,而且可以交流思想。当有些事只能意会,不能或不便言传时,通过观察他人的眼神可了解他们内心的真实思想和愿望,推知他们的态度。

研究表明,有些情绪具有特异化的面部表情模式。如高兴时额眉平展、面颊上提、嘴角上翘等。人脸的不同部位具有不同的表情作用,如眼睛对表达忧伤很重要、口部对表达快乐和厌恶很重要。面部表情模式能够精细表达不同性质的情绪和情感,是鉴别情绪的主要标志。汤姆金斯(Tomkins,1970)认为存在八种原始情绪,每种情绪都是在某种先天性的皮层下神经的控制下出现的一种面部肌肉活动,因而有相应的面部表情模式(表 7-1)。

表 7-1 不同情绪的面部模式

情绪	面部模式
兴趣	眉眼朝下、眼睛追踪着看、倾听
愉快	笑、嘴唇朝外朝上扩展、眼笑(环形皱纹)
惊奇	眼眉朝上、眨眼
悲痛	哭、眼眉拱起、嘴朝下、有泪有韵律的哭泣
恐惧	眼发愣、脸色苍白、脸出汗发抖、毛发竖立
羞愧——羞辱	眼朝下、头低垂
轻蔑——厌恶	冷笑、嘴唇朝上
愤怒	皱眉、眼睛变狭窄、咬紧牙关、面部发红

在社会生活中,人表达情绪的方式会越来越社会化。为了维持某种程度的情绪安全,人们常使用的技巧之一就是戴着情绪面具,所以一个看起来逍遥自在的人,他内心可能正受伤,且害怕别人知道他真正的想法及感受。然而大多数情况,人们戴着面具并非因为想要欺骗任何人,只是这样的方式是所学到的最佳防卫机制,而且情绪面具也可以提供暂时的否认

渠道,直到人们准备好面对那些带给他们伤痛的事情。在不同的时间我们可能戴着不同的面具,有时候是恰当的,比如说遇到不能信任的人或者陌生人,我们可能要戴着微笑的面具或者其他。所以,主要的问题是当分享是恰当的或者没有威胁的时候却无法拿下或卸掉面具。因此,为了变成情感健全的人,开始学习从面具背后走出来,让我们可以更贴近自己与他人,形成较深层的关系。

(二)姿态表情

姿态表情指面部以外的身体其他部分的表情动作,包括身体表情和手势表情。身体表情是表达情绪的一种方式。人们在不同情绪状态下,身体姿势会发生不同的变化。这种通过身体姿态达到表情达意目的的方式称身体表情,如:高兴时"捧腹大笑",紧张时"坐立不安"等等。手势也能表现丰富的情感,如兴奋时"手舞足蹈",无奈时"双手一摊"等。手势通常和语言一起使用,表达赞成还是反对、接纳还是拒绝、喜欢还是厌恶等态度和思想。在某些情景中,手势可以单独用来表达情感、思想,或作出指示,单凭手势也可以表达同意或反对、开始或停止等思想感情。

相对于面部表情和语调表情,姿态表情的变化规律较难获取。但由于人的姿态变化会使得感情表达更加生动和丰富,研究者给予了一定的关注和测量,各种身体姿势能表达一定的情绪意义(如图7-2所示)。

(三)语调表情

言语是人们沟通思想的工具,语音的高低、强弱、抑扬顿挫等也是表达说话者情绪的重要手段,这就是语音、语调表情。例如,当播音员转播重大体育赛况时,声音尖锐、急促、声嘶力竭,表达了一种紧张而兴奋的情绪;而当播报某位著名人物逝世公告时,语调缓慢而低沉,表达了一种悲痛而惋惜的情绪。在人际交往中,语言是人们最直接的交流工具和通道。通过语音和语调,一个人很容易感受到对方情感的变化。比如"你真行"这句话,既可以表达真诚的赞赏,也可能表示讽刺或嫉妒。

总之,面部表情、姿态表情和语调表情等,构成了人类的非语言交际形式,也称为肢体语言。在很多场合,人们不需使用语言,只要通过看看脸色、手势、动作,听听语调,就能知道对方的意图和情绪。

二、表情的基本特性

人类表情的发生发展既受到先天生物遗传因素的影响,也有后天社会环境因素的影响,因此,表情具有先天性、一致性、文化特性。

达尔文(Darwin,1872)在《人类和动物的表情》一书中指出,人和动物的表情在发生上有着共同的根源,生活在不同文化下的所有人都拥有大体相同的表情。当代心理学的一些研究证明了表情的先天性:先天盲婴的自发表情反应与正常婴儿相一致,他们也能用与正常婴儿一样的面部表情来表达欢乐、悲哀和厌恶等情绪;正常婴儿具有非习得性的情绪反应,研究者(Tomkins,1962;1981)发现,无须预先学习,婴儿就会对巨大的声响表现出恐惧。

情绪表达具有一致性。Camras等(1992)对美国和日本的5～12个月大的婴儿进行了情绪反应的跨文化研究。实验者将每个婴儿的手腕抓住并交叉叠放于腹部,对每个婴儿的

图 7-2 各种姿态表情及意义

反应都录了像。结果发现两种文化中的婴儿面部肌肉的运动方式都相同,表现出高度相似的痛苦的表情,并且婴儿在发出负性声音和进行身体挣扎的频率上也很相似。埃克曼(Ekman,1980;1987)将表现高兴、惊奇、生气、厌恶、恐惧、悲伤和轻蔑等情绪的面部表情照片(见图 7-3)给来自不同文化背景的人们,要求他们对照片中的表情所表达的情绪进行界定。结果几乎所有被试,尽管他们的肤色、民族、文化等各不相同,都能够高度一致地识别照片表情所代表的情绪。

不同文化对情绪的表达也存在不同的标准,有一定的限制。也就是说,人的许多表情是具有文化特性的。心理学家的研究表明,手势表情是通过学习获得的,它不仅有个别差异,而且由于社会文化、传统习惯等的影响又有民族或团体的差异。同一种手势,在不同的民族中可以表达不同的意思。例如,将拇指和食指捏在一起形成一个圈即"OK"的手势,这个姿势在北美洲的意思是"一切顺利"或"很好",在法国和比利时的意思是"你一钱不值",而在意大利南部的意思是"你像头蠢驴"。

文化建立起社会规范,规定人们应该有哪些特定的情绪反应,以及特定成员的哪些表达是具有社会适应性的。如印度尼西亚的爪哇部落要求成员控制自己的表情,不表露出来,按照这样的标准来规范儿童的行为,因此,爪哇人的表情远没有其他种族的人丰富。在前面埃克曼的表情照片研究中,对情绪的识别和理解有很高一致性,但也存在一些文化特性,日本

图 7-3　不同情绪的表情照片

人识别生气的能力比美国人、匈牙利人、波兰人和越南人差,而越南人在识别厌恶表情方面
比其他国家的人要差。

<h2>第四节　情绪理论</h2>

为了认识情绪的本质,情绪心理学家从不同的角度,选择不同的研究方法,使用不同的术语对情绪开展研究,创立了各自独立的情绪理论。

一、情绪的早期理论

(一)詹姆斯—兰格的情绪外周理论

美国心理学家威廉·詹姆斯(W. James)和丹麦生理学家卡尔·兰格(C. Lange)各自分别于 1884 和 1885 年提出了观点基本相同的理论,这两种理论都认为情绪是由于人们知觉到身体的变化所导致的。后人将两人的理论合一,称为詹姆斯—兰格情绪理论。又因为他们强调情绪的产生是植物性神经系统活动的结果,该理论也称为情绪的外周理论。

詹姆斯认为,情绪就是个体对机体变化的觉知,外部刺激所引起的身体变化是情绪产生的直接原因。按一般常识:人因为伤心而哭泣,因为高兴而发笑,因为害怕而逃跑,因为发怒而打斗。但詹姆斯对情绪的解释正相反。他根据情绪发生时引起植物性神经的活动,和由此而产生一系列的机体变化的事实,他说:"情绪,只是一种身体状况的感觉,它的原因纯粹是身体的。"又说:"人们的常识认为,先产生某种情绪,之后才有机体变化和行为发生,但我主张先有机体的生理变化,而后才有情绪。"当一个情绪刺激物作用于我们的感官时,立刻会引起身体上的某种变化,由此激起的神经冲动传至中枢神经系统而产生情绪。可见,在詹姆斯看来,人因为哭泣所以伤心,因为发笑所以高兴,因为逃跑所以害怕,因为打斗所以愤怒。

兰格在情绪的发生上强调血液系统的作用,认为血管运动混乱、血管容量的改变以及与此同时各个器官中血液量的改变,是情绪发生的原因。他以饮酒和药物为例来说明情绪变化的原因。酒和某些药物能引起情绪变化,是因为饮酒和用药能引起血管的活动,血管舒展就产生愉快的情绪;血管收缩或器官痉挛,就产生恐怖感。而血管活动是受植物性神经系统支配的,因此,情绪决定于血管受神经支配的状况、血管容积的改变及对它的意识。

詹姆士—兰格理论认为,情绪就是对有机体状态变化的意识,即二人共同把产生情绪的原因归之为外周性的生理变化。他们的基本观点是相同的:刺激情景引起身体的生理反应,生理反应导致情绪经验,即情绪产生的基本过程是:刺激情景→生理变化→情绪体验。他们看到了情绪与机体变化的直接关系,强调植物性神经系统在情绪产生中的作用,这有其合理的一面,但他们忽视中枢神经系统的调控作用,引起了很多争议。美国生理学家坎农(W. Cannon)首先反对詹姆斯—兰格理论。

(二)坎农—巴德的情绪丘脑学说

美国心理学家坎农针对詹姆士—兰格理论提出了如下质疑:(1)机体的生理变化在发生上相对缓慢,不足以说明情绪迅速发生、瞬息变化的事实;(2)同样的内脏器官活动变化可以在极不相同的情绪状态中发生,因此,难以根据生理变化的模式来分辨各种不同的情绪;(3)切断动物内脏器官与中枢神经系统的联系,情绪反应并不完全消失;(4)用药物人为地引起与某种情绪有联系的身体变化,却并不产生真正的情绪体验。

根据这些事实,坎农认为情绪产生的机制不在外周神经系统,而在中枢神经系统的丘脑,并提出了情绪的丘脑学说。他认为,当刺激引起的感觉信息传到皮层时,释放到经常处于抑制状态的丘脑中心,唤醒丘脑过程,导致特定模式的情绪产生。丘脑同时向大脑皮层和身体的其他部分输送冲动,神经冲动向上传至大脑产生情绪的主观体验,向下传至交感神经引起机体的生理变化,所以身体变化和情绪体验同时发生。情绪产生的基本过程是:

$$
\text{刺激引起神经冲动} \longrightarrow \text{丘 脑}
\begin{cases}
\nearrow \text{骨骼肌、内脏等} \longrightarrow \text{身体变化} \\
\searrow \text{大脑皮层} \longrightarrow \text{情绪体验}
\end{cases}
$$

坎农的丘脑学说强调丘脑是情绪产生的脑中枢机制,情绪产生于丘脑,比詹姆士—兰格理论前进了一步。但是,丘脑学说只强调丘脑在情绪发生中的决定作用,忽略了大脑皮层对情绪发生的作用。坎农的情绪学说后来得到巴德的支持和发展,由于他们强调丘脑在情绪发生过程中的作用,故后人也称坎农—巴德学说为情绪的丘脑学说。

二、情绪的认知理论

20世纪50年代初,认知心理学兴起,并迅速影响了心理学各分支的研究。许多心理学家认为,情绪的产生受到环境因素、生理唤醒和认知过程三种因素的作用,其中认知是决定情绪的关键因素。这些情绪理论被统称为情绪的认知理论。

(一)阿诺德的评价—兴奋学说

美国心理学家阿诺德(M. B. Arnold)在20世纪50年代提出情绪的评价—兴奋学说。

该理论认为,刺激情境并不直接决定情绪的性质,从刺激出现到情绪产生要经过对刺激的估量和评价。情绪产生的基本过程是刺激情境→评价→情绪。在同一刺激情境下,由于对它的评估不同,就会产生不同的情绪反应。她举例说,在森林里看到老虎会产生恐惧,而在动物园里看到关在笼子里的老虎却不产生恐惧。

阿诺德认为,情绪的来源是对情景的评估,而认识与评估都是大脑皮层的过程,因此,情绪的产生是大脑皮层以及皮下组织协同活动的结果,大脑皮层的兴奋是情绪行为最重要的条件,故称为情绪的评价—兴奋学说。依照阿诺德的学说,情绪产生的理论模式是:作为引起情绪的外界刺激作用于感受器,产生神经冲动,通过内导神经上送至丘脑,在更换神经元后,再送到大脑皮层,在大脑皮层上刺激情景得到评估,形成一种特殊的态度(如恐惧及逃避、愤怒及攻击等)。这种态度通过外导神经将皮层的冲动传至丘脑的交感神经,将兴奋发放到血管或内脏,所产生的变化使其获得感觉。这种从外周来的反馈信息,在大脑皮层中被估价,使纯粹的认识经验转化成被感受到的情绪。

阿诺德认为整个情绪过程都是大脑皮层兴奋的结果,情绪是通过皮层的认知评价才得以产生。阿诺德的理论把情绪和认知评价联系起来,是情绪理论发展中的一大突破。

(二)沙赫特—辛格的情绪理论

20世纪60年代初,美国心理学家沙赫特(S. Schacher)和辛格(J. Singer)认为,认知的参与以及认知对环境和生理唤醒的评价过程是情绪产生的机制。人通过对环境线索的认知加工进而对这些被唤醒的机体状态进行一定的引导和解释导致情绪的产生。在该理论中,情绪发生的基本过程为:

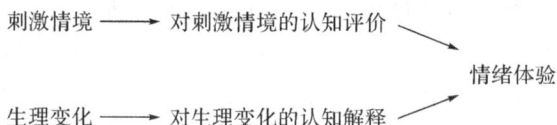

刺激情境 ⟶ 对刺激情境的认知评价 ⟶
生理变化 ⟶ 对生理变化的认知解释 ⟶ 情绪体验

沙赫特和阿诺德的理论都重视认知在情绪发生中的作用,但他们之间是有区别的。阿诺德强调评价活动的指导作用,而沙赫特着眼于把认知因素与生理知觉进行比较,提出了情绪是认知的、生理的、环境的三种因素的构成物,看到了三者各自的适应功能,又密切地联系着起作用的性质。

事实上,情绪状况是由认知过程、生理状态和环境因素在大脑皮层中整合的结果。环境刺激通过感受器向大脑皮层输入外界信息;生理状况通过内脏器官、骨骼活动,向大脑输入生理变化的信息;认知过程是对过去经验的回忆和对当前情景的评估,来自这三方面的信息经过大脑皮层的整合作用才产生了情绪。

(三)拉扎勒斯的认知—评价理论

拉扎勒斯(Lazars)是情绪认知理论的另一重要代表人物。他认为情绪是人与环境相互作用的结果。拉扎勒斯研究中最一般的主题是应激,但他强调人们对刺激的认知评价指导其应激反应,而且刺激本身不断地变化着,人们的认知评价也在变化着,所引起的情绪反应当然也随之变化。也就是说,情绪活动必须有认知评价的指导,只有这样,人们才能解释环境中刺激事件的意义,选择适当的、有价值的动作组合以做出反应。

拉扎勒斯提出情绪是个体对环境事件知觉到有害或有益的反应。因此，在情绪活动中，人们需要不断地评价刺激事件与自身的关系。具体来讲，存在三个层次的评价：初评价、次评价和再评价。

初评价是指人确认刺激事件与自己是否有利害关系，以及这种关系的程度。他列出了15 种情绪及其"核心相关主题"（见表 7-2）。

表 7-2 情绪及其"核心相关主题"

情绪	核心相关主题
发怒	对我及我的所有物的贬低或攻击
焦虑	面对不确定的存在条件
害怕	一种直接的、真实的、巨大的危险
内疚	道德上的违反
害羞	过错归结到自己
悲伤	体验到不可挽回的丧失
羡慕	想别人所有的东西
嫉妒	憎恨他人得到别人的爱，希望他失去进步
厌恶	从事或接近令人讨厌的物体、人或思想
高兴	向着一个真正的目标
骄傲	由于自己的成就得到别人承认或认同而使自我增强
放松	沮丧的情景得到改善
希望	怕坏的结果，想要更好的结果
爱	经常渴望的情感而不要回报
同情	被他人的遭遇感动而愿意帮助他

次评价是指人对自己反应行为的调节和控制，它主要涉及人们能否控制刺激事件，以及控制的程度。当人们要对刺激事件做出行为反应时，必须根据主观条件和客观社会规范来考虑行为的后果，从而选择有效的措施和方法。比如当人们受到侵犯、伤害时，是采取攻击行为还是防御行为，这取决于人们对刺激事件的控制判断。在这种评价过程中，经验起着重要的作用。

再评价是指人对自己的情绪和行为反应的有效性和适宜性的评价，实际上是一种反馈性行为。如果再评价结果表明行为是无效的或不适宜的，人们就会调整自己对刺激事件的次评价，并相应地调整自己的情绪和行为反应。

三、情绪的动机—分化理论

情绪的动机—分化理论以汤姆金斯（S. Tomkins）和伊扎德（Izard）为代表，认为情绪具有重要的动机性和适应性功能。由于他们引入了适应和进化的观点，故又称之为进化理论。伊扎德认为，情绪是人格系统的组成部分，是人格系统的动力核心。情绪系统与认知系统、行为系统等人格子系统建立联系，实现情绪与其他系统的相互作用。下面就这一理论的主要内容作简单介绍。

（一）情绪是分化的

伊扎德认为,情绪是分化的,存在着具有不同体验的独立情绪,这些独立的情绪都具有动机特征。他假定由 10 种基本情绪组成人类的动机系统:兴趣、愉快、惊奇、悲伤、愤怒、厌恶、轻蔑、恐惧、害羞与胆怯。不同的情绪在组织上、动机上、内部体验上都有其独特性,不同的内部体验对认知与行为产生不同的影响。情绪过程与有机体的内部动态平衡、驱力系统、知觉与认知是存在相互影响的。

（二）情绪在人格系统中的地位和作用

伊扎德认为,人格是由体内平衡系统、内驱力系统、情绪系统、知觉系统、认识系统和动作系统六大子系统组成的。其中情绪是人格系统的组成部分和核心动力。情绪的主观成分——情绪体验是起动机作用的心理机制,是驱动有机体采取行动的力量。人格系统的发展是这些子系统的自身发展与系统之间的连接不断形成和发展的过程。

（三）情绪系统的功能

伊扎德从进化的观点出发,提出大脑新皮层体积的增长和功能的分化同面部骨骼肌肉系统的分化以及情绪的分化是平行的、同步的。多种情绪的分化是进化过程的产物。因此,情绪具有了灵活多样的适应功能,从而导致情绪在有机体适应和生存上起着核心的作用。每种具体的情绪都有其发生的渊源,都有其特定的适应功能。

总之,情绪这一心理现象非常复杂,心理学家们从情绪的各个不同侧面进行了研究,并提出各自的理论解释。当代情绪研究应将各种研究成果进行综合,形成一个完整的情绪理论。

第五节　情绪调节

我们可能无法改变天气,但可以改变心情;我们可能无法控制别人,但可以掌握自己。人每时每刻都处在各种情绪当中,这些情绪有时候和周围环境是相协调的,有时候可能会产生冲突和矛盾,进而需要进行调节。个体具备一定的情绪调节能力,有助于维持和增进其身心健康,同时获得良好的人际关系和愉快的生活。

一、情绪调节的含义及特征

（一）情绪调节的含义

情绪调节是个体管理和改变自己或他人情绪的过程。个体通过一定的方法、策略和机制,使自己或他人情绪的生理活动、主观体验、表情等方面得到规范、约束、管理和变化。也就是说,情绪调节是对情绪发生、体验与表达施加影响的过程。情绪调节包括对具体情绪的调节、唤醒水平的调节和情绪成分的调节等多个方面。

具体情绪的调节包括所有正性和负性的具体情绪,如快乐、悲伤等;唤醒水平的调节主要是调节过高的唤醒水平和强烈的情感体验,同时也需要调节一些较低强度的情绪;情绪成分的调节相当广泛,不仅包括情绪系统的各个成分,也包括情绪系统以外的认知和行为等。

情绪调节包含生理调节、情绪体验调节、行为调节、认知调节和人际调节等五个维度。生理变化即是情绪过程的结果,反过来又可对情绪起调节和控制作用;情绪体验调节是情绪调节的重要方面,当体验过于强烈时,个体会有意识地进行调整;个体可以通过控制和改变自己的表情和行为来实现对情绪的调节;情绪对认知具有依赖性,认知调节在情绪调节中有非常重要的意义;在人际调节中,个体的动机状态、社会信号、自然环境、记忆等因素都起重要作用。

(二)情绪调节的特征

情绪调节的过程中会表现出情绪调节的恒定性、情绪调节过程的等级组织性和情绪调节的个体及文化差异性等特征。情绪调节的恒定性是指维持适度的情绪体验和表情,以适应环境要求把情绪体验和表情的强度和持续时间控制在一定的范围内。情绪调节可能有多种有效的调节反馈环路,这些环路按等级组织起来,下级环路镶嵌在上级环路之中。

情绪调节具有个体差异,这种个体差异是情感风格的重要组成部分,主要表现在调节目标、努力程度和调节频率三个方面的不同。同时,情绪调节还可能受到文化规范的影响。研究表明,与日本学生相比,美国学生能体验更长时间的情绪,要求更多的情绪应对反应。

二、情绪调节的类型

从情绪的含义部分我们可以看出,情绪调节是个十分复杂的过程。因此,我们可以从不同的角度来理解情绪调节,对其进行分类。

(一)内部调节和外部调节

从情绪调节过程的来源分类,可以分为内部调节和外部调节。内部调节来源于个体内部,如个体的生理、心理和行为的调节以及它们之间的相互作用的调节都属于内部调节;外部调节来源于个体以外的环境,如人际的、社会的、文化的以及自然的等方面的调节。外部环境对个体情绪的调节有支持和破坏两种可能性。有的环境因素有利于情绪调节,而有的环境因素不利于情绪的调节,如在课堂教学中,教师如果能满足和支持学生的动机行为,将使学生产生良好的情绪,反之会引起不良的情绪。

(二)减弱调节、维持调节和增强调节

根据情绪调节的目标和方向,可分为减弱调节、维持调节和增强调节。减弱调节主要指对过高的情绪唤醒尤其是负性情绪所进行的调整和修正,如降低狂怒的强度使之恢复平静。维持调节主要指将情绪调节控制在一定的程度和范围之内,如人们主动地维持对自己的有益的积极情绪,如兴趣、快乐等。增强调节指提升个体的唤醒程度,增某些情绪的强度,对情绪进行积极的干预。这种调节在临床上常被采用,如对抑郁或情绪淡漠的诊疗。

(三)原因调节和反应调节

原因调节又叫关注前行环节的情绪调节,是针对引起情绪的原因进行调整,包括对情境的选择、修改,注意调整以及认知策略的改变等。通过改变自己的注意来改变情绪,对诱发

情绪的情境进行重新认识和评价等。反应调节发生在情绪激活或诱发之后,又叫关注反应的情绪调节,是指通过增强、减少、延长或缩短反应等策略对情绪进行调整。

(四)良好调节和不良调节

当调节使情绪、认知和行为达到协调时,叫良好调节。当调节使个体失去对情绪的主动控制,使心理功能受到损害,阻碍认知活动并导致作业成绩下降时,叫不良调节。

良好的情绪调节能促进身心健康,而不良的情绪调节会破坏身心健康。例如,格罗斯(Gross,1989)研究发现,长期压抑悲伤和哭泣容易引起呼吸系统的疾病,抑制爱会引起支气管疾病或癌症,不表达情绪会加速癌症的恶化,对愤怒的压抑与心血管疾病、高血压的发病率有着密切联系。另外,情绪调节对心理健康的影响重大,情绪调节不良与儿童和成年人的问题行为有密切的关系。

三、情绪调节的策略

(一)情境选择策略

情境选择策略又叫回避和接近策略,通过选择有利情境、回避不利情境来实现对情绪的调节。情境选择策略是一种常用策略,在面临尴尬、冲突、愤怒、恐惧等情绪时,运用这种策略很有效。研究指出,儿童在开始爬行或走路时就能采取接近或回避等方式调节情绪。

(二)控制和修正策略

控制和修正是通过改变情境中各种不利的情绪事件来实现的,是一种更为积极的策略。两岁左右的孩子就会表现出试图通过控制情境来调节情绪,如给哭叫的小弟弟、小妹妹玩具等。

(三)注意转换策略

注意转换策略包括分心和专注两种。分心是将注意集中于与情绪无关的方面,或者将注意从目前的情境中转移;专注是将注意长时间集中于情境中的某个方面。六个月左右的婴儿,可以通过转移对陌生人的注意、对母亲的注视等方式来降低对陌生人的恐惧害怕。

(四)认知重评策略

认知重评是从认知上改变个体对情绪事件的理解,从而改变情绪体验,也就是我们平常说的换个角度看问题。两岁以上的幼儿身上开始出现通过认知改变进行情绪调节的现象。

(五)表达抑制策略

表达抑制是指对将要发生或正在发生的情绪表达进行抑制,我们常说的"忍"就是表达抑制的情绪调节策略。

(六)合理表达策略

合理表达是情绪调节最关键的策略,它有利于个体的幸福和人际亲密。在人际交往中,除了抑制自己的表情,更好的甚至是能在瞬间改变自己不利情绪的是合理表达,如把愤怒转换为微笑,把悲伤转换为动力等,因此这种策略也可以叫情绪转换策略。

此外,在人们的实际生活中,有更多可供选择的方式来调节自己的情绪,如改变生活方式、活动方式、体育锻炼方式、倾诉宣泄方式等。

阅读材料<<<<

理性情绪疗法

理性情绪疗法(Rational-Emotive Therapy,简称 RET)是美国著名心理学家艾利斯(A. EIlis)首创的一种心理治疗理论和方法,在许多著作中也译为"合理情绪疗法"。顾名思义,这种方法旨在通过理性分析和逻辑思辨的途径,改变患者的非理性观念,以帮助他们解决情绪和行为上的问题。这种理论强调情绪的来源是个体的想法和观念,因此,可以通过改变这些因素来改变情绪。它认为,使人们难过和痛苦的不是事件本身,而是对事件不正确的解释和评价。事件本身无所谓好坏,但当人们赋予了自己的偏好、欲望和评价时,便可能产生了各种无谓的烦恼和困扰。因此通过理性分析和逻辑思辨,改变造成情绪困扰的不合理观念,并建立合理的、正确的理性观念,才能克服情绪问题,并以此来维护心理健康。

ABC 理论是 RET 理论的核心。A 代表诱发事件(activating events);B 代表个体对诱发事件的看法、解释及评价(beliefs);C 代表个体的情绪反应和行为结果(consequences)。一般情况下,人们都认为是外部诱发事件 A 直接引起了情绪和行为的结果 C,但 RET 理论认为 A 并不是引起 C 的直接原因,继 A 发生之后,个体会对 A 产生某种解释和评价,从而产生关于 A 的某些观念即 B。虽然这一过程因自动化而经常不为人所意识,但正是这个过程所产生的 B 才是引起情绪和行为反应的直接原因。即抑郁、焦虑、沮丧等不良情绪结果 C 并不是事件 A 直接引起的,而是由 B 产生的,因此,同一诱发事件 A,由于不同的观念 B 而产生不同的结果 C。如果 B 是合理的、现实的,那么产生的 C 就是适应的;否则,不合理的信念就会产生情绪困扰和不适应的行为。可见,个体对事物产生的不合理、不现实的信念是导致其情绪障碍和神经症的根本原因,所以,RET 情绪治疗的核心就是对不合理的信念加以驳斥和辩论,使之转换为合理的观念,最终改变、控制其情绪和行为,产生治疗效果。

(资料来源:王登峰,谢东.心理治疗的理论与技术 [M].北京:时代文化出版公司,1993.)

本章内容小结

1.情绪和情感是人对客观事物是否符合其需要而产生的态度体验及相应的行为反应。情绪和情感由主观体验、外部表现和生理唤醒三部分组成。

2.情绪和情感统称为感情,两者既相互区别又有联系。情绪指感情过程,具有情境性、冲动性、暂时性；情感具有较大的稳定性、深刻性、持久性。

3.情绪和情感具有适应、动机、组织和信号功能。

4.情绪具有动力性、激动性、强度和紧张度等特征，称为情绪维度。这些特征的变化具有两极性。

5.情绪的神经机制包括复杂的神经系统。情绪的脑机制涉及边缘系统、网状结构和大脑皮层，情绪的外周神经机制主要与自主神经系统和内分泌系统有密切关系。

6.情绪可以分为基本情绪和复合情绪，也可以分为积极情绪和消极情绪。情绪状态包括心境、激情和应激三种形式。情感主要包括道德感、理智感、美感三种类型。

7.情绪的外部表现称为表情。表情主要包括面部表情、姿态表情和语调表情三种基本形式。

8.人类表情的发生发展既受到先天生物遗传因素的影响，也有后天社会环境因素的影响，因此，表情具有先天性、一致性、文化特性。

9.詹姆斯提出情绪是对身体变化的知觉；兰格认为情绪是内脏活动特别是血液系统作用的结果。后人将他们的情绪理论称为外周理论或詹姆斯—兰格理论。

10.坎农认为情绪产生的机制不在外周神经系统，而在中枢神经系统的丘脑。坎农的情绪学说后来得到巴德的支持和发展，他们都强调丘脑在情绪发生过程中的作用，故后人称之为坎农—巴德学说或丘脑学说。

11.情绪的认知理论包括阿诺德的评价—兴奋学说、沙赫特—辛格的情绪理论、拉扎勒斯的认知—评价理论等，认为情绪的产生受到环境因素、生理唤醒和认知过程的作用，其中认知是决定情绪的关键因素。

12.伊扎德以人格结构为基础，建立了动机—分化理论，认为情绪是人格系统的组成部分，是人格系统的动力核心。情绪系统与认知系统、行为系统等人格子系统建立联系，实现情绪与其他系统的相互作用。

13.情绪调节是个体通过一定方法、策略和机制，管理和改变自己或他人情绪的过程。

14.情绪调节可以分为内部调节和外部调节，减弱调节、维持调节和增强调节，原因调节和反应调节，良好调节和不良调节等。

15.情绪调节的策略有：情境选择策略、控制和修正策略、注意转换策略、认知重评策略、表达抑制策略、合理表达策略。

思考题

1.什么是情绪？它具有哪些功能？

2.简述情绪与情感的区别和联系。

3.什么是表情？表情具有哪些作用和特点？

4.詹姆斯—兰格理论对于情绪心理学的研究和发展有什么意义？

5.简述阿诺德的情绪理论。

6.试述拉扎勒斯的认知—评价理论。

7.什么是情绪调节？简述情绪调节的意义和策略。

8.结合实例阐述认知与情绪之间的关系。

【试一试】<<<<

　　请认真阅读和思考下列非理性信念和对应的理性信念,你是否曾有过这些非理性信念? 请反省并找出导致你不良情绪的非理性信念,然后对其进行评价,找出与之相对的正确信念,并大胆地说出来。

非理性信念与理性信念对照表

非理性(烦乱)想法	理性(平静)想法
天啊,我快要崩溃了!	现在我很痛苦,但我能承受,我能控制。
这永远也没有结果。	虽然现在看不到结果,但一定会有结果的。
我到底能怎么做? 我什么也做不了!	我现在想不出解决办法,并不意味着我什么也做不了。
我怎样才能逃脱? 我看上去肯定像傻瓜。	我并不完美,这也并不意味着我看起来很蠢。即使有人认为我蠢又有什么关系? 我可以忍受它,停止焦虑,开心一点就好。
我的心都快要跳出来了! 我坚持不下去了!	心是跳不出来的。不过需要停下来想一想,并转移注意力,慢慢呼吸,不断呼气、吸气。
事情没有像我渴望的那样发展,那太糟糕了!	我希望事情如我所期待的那样发展,但有时会,有时则不然。当事情非如我所愿时,会有点棘手,但我能忍受。

第八章　动机与教学

　　家住伦敦西南郊区 Surbiton 的乔治·阿特金森（George Atkinson）在 2011 年 5 月 26 日上午登上了世界最高峰——海拔高达 8844 米的珠穆朗玛峰（Mount Everest），从而结束了他长达 6 年的七大洲的最高峰攀登之旅，并成为完成这一壮举的最年轻的登山者（16 岁零362 天）。

　　阿特金森从 11 岁时开始攀登七大洲的最高峰。那一年，他成功攀登了位于坦桑尼亚的非洲最高峰乞力马扎罗山（Mount Kilimanjaro）。他在 2007 年登上了俄罗斯的厄尔布鲁士山（Mount Elbrus）主峰（高加索山脉的最高峰）。2008 年，他分别登上了位于印度尼西亚的大洋洲最高峰查亚峰（Puncak Jaya）和位于阿根廷的南美最高峰阿空加瓜山主峰（Mount Aconcagua）。随后，他又征服了北美最高峰麦金利山（Mount McKinley）。2010 年晚些时候，阿特金森又登上了南极洲最高峰文森山（Mount Vinson）。

　　当阿特金森的中国同龄朋友还在中学寒窗苦读时，他却完成了世界上很多成年人梦寐以求但最终却无法达成的目标。人们在惊叹之余也在追问，是什么力量促使这位少年去征服世界之巅？是什么力量帮助他战胜了遇到的挫折与困难？在生活中，人们都试图去探求他人和自己行为背后的原因及动力，通过本章内容的学习，将有助于大家对人类行为动机的理解。

第一节　动机概述

　　在日常生活中，人类表现出许多不同的行为。在一些基本行为上，我们和动物一样，饿了就吃，渴了就喝，困了就睡。但还有一些复杂行为，却是人类所特有的，这些行为包括学习、创造、节食、旅行，等等。要想理解人类的心理，仅仅通过观察这些外显的行为是不够的，我们还需要深入去探求这些行为背后的原因和动力，也就是行为动机的问题。

一、什么是动机

(一)动机的定义

　　动机（motivation）一词源自拉丁文"movere"，意思是"使……动"或"趋向于"（ to

move)。在现代心理学中,动机被定义为激发和维持有机体产生活动,并指引该活动朝向特定目标的内在动力。人的绝大多数行为都是有目的的动机性行为,如吃饭是为了维持生存,学习是为了增长知识,听音乐是为了愉悦身心。但也有少量的行为看上去并没有什么特定的目标,例如漫无目的地游荡或是有人走在路边把旁边的花草扯下一把等。在弗洛伊德眼中,后面这些行为也是能够找到其内部驱动力量的,只不过这种力量来自潜意识而已。

动机作为一种内部心理动力,它很难被人们直接观察到。俗语说"人心隔肚皮"、"知人知面不知心",指的都是他人动机的难把握性,正因为这样,动机也是心理学中很难研究的一个领域。当然,在生活中,人们也可以通过行为方向、努力程度和行为坚持性等外部行为对动机进行间接的推断。通过行为方向可以去推断动机的对象和目标;通过努力程度和坚持性,人们可以对他人动机的强度进行判断。西方心理学家在研究中,采用主题统觉测验(TAT)来对人们的动机进行评估,本章后面将对此进行介绍。

(二)动机的功能

动机对有机体来说,主要具有三种功能:

1.激发功能

动机能够激发个体产生某种活动,使个体从静止状态或一种活动状态转向特定的活动状态。当个体产生动机后,相应的活动就会被激活。饥饿的人产生进食的动机后,觅食行为就会被激活;孤独的人产生交往的动机后,社交行为就会被激活。此时,与动机相关的刺激对个体来说显得特别敏感,例如饥饿的旅行者会对路边的快餐店特别敏感,孤独的人会对同事朋友举办的派对特别敏感。

2.指向功能

动机激发个体产生的活动不是漫无目的的,它具有指引个体活动朝向特定目标的功能。例如一个学习努力的学生平时广泛地学习各门科学知识,在进入大四产生考研的动机后,这种动机就会指引他的学习活动朝向研究生入学考试这一目标。此时他可能会暂时放下那些与考研关系不大的书籍和科目,去收集历年考研资料,参加考研辅导班,专心复习考研科目,力图使自己能够最终达到目标。

3.维持与调节功能

在朝向目标的行动产生后,个体不免会遇到困难和阻碍,而动机可以帮助个体排除那些可能干扰其最终达到目标的因素,维持甚至加强其目标导向行为;此外,在追寻目标的过程中,动机的调节功能还可以帮助个体终止追寻那些不切实际的目标,从而转换方向,去追寻其他可能的目标。当然,动机对行为的维持和调节功能会受到动机强度、行为与目标的一致性及目标实现可能性等多种因素的制约。动机越强,行为方向与目标越一致,而且目标有一定的实现可能性,个体在遇到困难时行为就越可能在动机的维持下继续下去;相反,动机很弱,行为与目标背离,目标没有实现的可能性,个体从事活动的积极性就会降低,就更可能半途而废。

二、需要、驱力与诱因

在心理学的概念体系中,有几个术语经常和动机一起出现,它们在意义上和动机非常接近,所以经常被人们替换使用,这几个术语就是需要、驱力和诱因。在有些语境中,它们难分彼此,是可以相互替换的,但是在大多数时候,它们还是存在细微区别的,有必要对它们进行辨析。

(一)需要

需要(need)是有机体行为产生的原动力,是人们对客观条件(体内生理条件与外部社会条件)需求的一种主观反映。从产生的根源来说,过去的一些心理学书籍通常将需要解释为是有机体内部的不平衡或匮乏的状态,是有机体活动的源泉。例如人体血液中血糖成分下降时,就会产生饥饿觅食的需要;身体劳累时,会产生休息的需要;感觉孤独无依时,会产生爱与归属的需要。当需要得到满足后,有机体的不平衡或匮乏状态得以暂时的解除,随即又可能产生新的不平衡状态,从而产生新的需要。所以,人是永远有所需要的动物。

然而,并非所有的需要都源自有机体的匮乏状态,如人们对知识的渴求、对美的追寻或主动地关爱他人等,都不是以匮乏状态为基础的。人类与动物不同,人不仅仅要保障其生存与繁衍,还会积极地追求丰富的精神生活和完满的人生体验。人为了生存和发展,就离不开各种条件的保障,而需要就是人类对各种保障其自身生存和发展的条件在头脑中的主观反映。

值得注意的是,人虽然和动物有着许多相同的生理性需要,但人类和动物满足这些需要的方式和手段却有不同,动物仅仅是以自然环境中现成的天然物为对象,而人则是通过自己的劳动,生产出满足自己需要的对象。即使同样都是满足进食的需要,人与动物也存在着本质的区别,正如马克思所说:"饥饿虽是饥饿,但是使用刀叉吃熟肉来解除的饥饿不同于用指甲和牙齿啃食生肉来解除的饥饿。"人是有意识的社会性动物,人类结成社会并制定了各种道德伦理规则来规范个体满足需要的方式,个体要想被群体所接受,就必须遵守这些规范,否则就会被群体所排斥。

最后,合理满足需要是保障身心健康的重要条件。前面就谈到,需要是保障个体生存和发展的各种条件在头脑中的主观反映。人的正常需要得不到满足时,就会危及生存与发展,从而损害个体的身心健康。从这个意义上来讲,"存天理,灭人欲"根本就是反人性的,真正通往健康的途径应该如孔夫子所说的"随心所欲不逾矩",也就是在法律与道德的框架内,在不伤害他人、不伤害自己的前提下,合理地满足人的各种需要。

动机是在需要的基础上产生的。需要产生动机,动机推动行为导向目标,目标满足需要。所以,动机是需要的动态化和具体表现,而需要是动机产生的根本原因。有时候,需要可以轻易地转化成推动行为的动机,此时,需要与动机基本上是同义的;但也有时候,需要并不能促成动机性行为的产生,此时需要是客观存在的,但它却没有导致动机的出现。如一位社会退缩的学生,虽然感觉很孤独,有交往的需要,但是却没有推动他参与社交活动的动机出现。从这个例子可以看出,需要和动机在有些语境下也是有区别的。

(二)驱力

驱力(drive)和动机也是两个容易混淆的概念。驱力一词的狭义解释,是指个体由生理性需要所引起的一种紧张或唤醒状态,它能激发或驱动个体行为以满足需要,消除紧张,从而恢复平衡。在现代心理学的使用上,驱力已不再限于以生理性需要为基础了,广义地讲,社会性需要也能够引发驱力的产生。驱力虽由需要引起,但有时人们虽有某种需要,却不一定产生紧张或唤醒的状态。如人在饥饿的时候有进食的需要,只要没有进食,这种需要都是客观存在的,但饥饿的人往往在刚开始时感觉饿得心慌,有很强的驱力,但如果没有找到食物,到后来这种紧张状态可能会有所缓和,以至于感觉没那么饿了。

当驱力推动个体产生行为时,驱力就成为一种推动行为的动机,所以,驱力和动机有时意义是相同的。当然,如果个体产生了某种紧张状态,却找不到达到目标的途径和方法,以至于没有行动,此时就是虽有驱力存在,却没有转换成相应的推动行为的动机。

美国心理学家赫尔(C. L. Hull,1884—1952)指出,有机体的行为主要是为减少驱力而产生的。他认为,生理性需要会触发一种强烈的唤醒状态,这就是驱力。这种未分化的驱力状态为机体活动提供能量;当机体的某种活动达到消除驱力紧张的目标时,机体便停止该活动。消除紧张作为一种强化,增强了目标刺激和有效反应之间的联系,而这种联系久而久之就会形成习惯。习惯一旦形成,就能为有机体的行为指引方向。所以,个体的有效行为是由驱力与习惯共同决定的。

(三)诱因

并非所有的动机都由内在的紧张或唤醒状态所引起,有时个体虽然没有因为内在需要引发的紧张状态,但是由于外部刺激的存在,也会引起动机性行为。诱因(incentive)是指能够引起个体产生动机性行为的外部刺激(包括人、事、物、情境等)。美食当前,即使个体刚刚吃饱,也可能食指大动,这就是诱因产生的效果。按刺激的性质,可以将诱因分为两种:正诱因和负诱因。凡是引起有机体趋近或因接受而获得满足的刺激,称为正诱因,如金钱、美食或晋升的机会等;凡是引起有机体远离或因逃避而获得满足的刺激,称为负诱因,如考试就是导致一个学生撒谎生病逃学的负诱因。

由此可见,个体行为动机产生的因素,不仅仅在于需要、驱力等内在推动力量,还包括诱因这种外在的拉动力量。事实上,人类的行为就是在这种内部需求和外部刺激一推一拉的双重作用下产生的。

赫尔也接受了诱因这一概念,认识到人类行为并不都是由驱力引起的,诱因也可以成为激发个体行为之源。所以,在他后来的理论中,把驱力、习惯和诱因一起看作是决定个体行为的因素。

三、动机与行为效率

(一)动机与行为

虽然动机是推动行为产生的内部动力,但是动机与行为却不是一一对应的关系,它们之间的关系是复杂的,其复杂性表现在:

同一种动机可能通过不同的行为表现出来,如同样为锻炼,有人去游泳,有人去跑步,有人却跑去打球。此外,不同的动机可能引发同一种行为,如有人为增长知识而努力学习,有人为应对未来职业生涯而努力学习,还有人仅仅为取悦家长和老师而努力学习,此时,努力学习的行为就是由不同的动机引发的。

同一种行为可能受多种动机驱动,行为动力是多种动机整合的结果。以上面谈到支配人们努力学习的动机为例,实际上绝大部分人努力学习的动机都不止一种,而是受到多种动机的驱动,只是这些动机对行为驱动的力量大小各有不同而已。

动机与行为效果的关系也是复杂的,他们不一定一一对应。这里所说的行为效果,主要是指行为的社会效应,即行为对社会和他人的利与弊。一般来说,良好的动机产生良好的行为效果,反之,不良的动机产生不良的行为效果,这就是动机与效果的一致。但在现实生活中,有时候良好的动机并不必然伴随良好的行为效果,所谓好心办坏事说的就是这种情况。好在人们在对他人行为进行判断时,并不只看行为效果,还会去考察其行为动机,这样才能对行为做出较为准确的判断。

(二)动机强度与工作效率

生活中,我们常常能听到有人批评他人工作效率低下时,指责其动机不够。见多了这种情况,久而久之,大家可能都总结出一种常识,即动机越强,工作效率越高。然而,这种常识可靠吗?它的科学性怎么样呢?

心理学的研究表明,动机强度与工作效率的关系并非线性关系,而是倒 U 形曲线关系。在大多数工作上,中等强度的动机最有利于任务的完成,而在此之前,工作效率随动机强度的增强而提高,在此之后,工作效率反倒会随着动机强度的增强而降低。心理学家耶克斯和多德森(Yerkes 和 Dodson,1908)进一步的研究表明,动机强度与工作效率的关系还会受到任务难度的影响。他们发现,不同难度的任务有着不同的、有利于任务完成的最佳动机水平,在动机低于最佳动机水平之前,工作效率随动机强度增强而提高,动机超过最佳动机水平之后,工作效率随动机强度的增强而降低。最佳动机水平随任务难度的增加有逐步降低的趋势,具体为:容易的任务,其最佳动机水平为动机较高的程度;中等难度的任务,最佳动机水平为中等偏上的动机强度;而对于较困难的任务,较低的动机强度反倒最有利于任务的完成。这一规律被称为耶克斯—多德森定律(Yerkes-Dodson Law)。

这一定律对于人们的日常生活是有积极意义的。根据该定律,人们可以在生活中根据自己或他人从事的任务难度来调节动机强度,以期达到最高的工作效率。在工作中,当人的动机强度没有达到最佳动机水平之前,就应该给他压力或激励因素来提升其动机水平;而当其动机强度超过最佳动机水平之时,则要给他减压,令其泰然处之,反倒更有利于任务的完成。如参加奥赛的学生,由于任务难度太大,如果学生的动机也太高,所谓关心则乱,此时,有经验的老师就应该帮助学生调整心态,轻松应对,这样反倒有可能取得较好的成绩。

第二节　动机的分类

为了更好地描述和理解复杂的人类动机,有必要从分类学的角度对动机进行一定的区分。在动机研究的历史上,心理学家多采用二元划分的方法将动机区分为若干类。在心理学家采用的不同分类系统中,最基本的一种就是将动机区分为生理性动机和社会性动机。本节将在探讨动机一般分类的基础上,进一步介绍几种主要的生理性动机和社会性动机,以加深大家对动机的认识。

一、动机的一般分类

(一)生理性动机与社会性动机

动机是在需要的基础上产生的,根据引发动机的需要的不同,可以将动机分为生理性动机和社会性动机。

生理性动机(physiological motives)是在有机体生理需要的基础上产生的,具有先天性,如饥饿、渴、性及母性动机,等等。生理性动机会推动个体通过活动来满足其生理性需要。当需要得到满足后,这种动机就会降低。但是,人类是社会性的动物,在满足生理需要之时,其行为必将受到社会文化和社会规范的制约,因此人类很少有纯粹的生理性动机。就如进食,有时并不完全是因为饥饿,还为了交往;穿衣常常也并不只为了御寒和遮羞,还为了寻求社会认可。社会性动机(social motives)是在社会性需要的基础上产生的,具有后天习得性,如成就动机、亲和动机及权力动机等。社会性动机推动个体通过社会行为来满足需要。后面将较详细介绍几种主要的生理性动机和社会性动机。

(二)内源性动机与外源性动机

根据动机的来源不同,可以将动机分为内源性动机和外源性动机。

内源性动机也叫内部动机(internal motives),是指由个体的内在需要引起的动机。如哲学家醉心于哲学研究是想去探求人生和宇宙的真相。外源性动机也叫外部动机(external motives),是指在外部要求和外力作用下产生的动机。如有的学生努力学习仅仅是为了获得老师的赞扬或者免受家长的责罚。

需要注意的是,内源性动机与外源性动机的区分不是绝对的,一种行为背后,既可能存在内源性动机的作用,也可能同时有外源性动机发挥影响。学生努力学习,既可能受到好奇心的影响,也可能有家长和老师的外力作用。此外,外源性动机还可能向内源性动机转化。实际上,人的很多活动最初是由外源性动机驱动的,但是,如果个体渐渐地体验到活动本身的魅力与乐趣,就会在此基础上产生内源性动机。

内源性动机相对于外源性动机来说,对行为的维持和调节功能更强,因此区分内源性动机和外源性动机对从事教育工作的人来说是有意义的。作为教育者,要想学生主动去学习、真心实意地爱学习,就要让学生能够体验到学习的快乐,让学生被知识的奥秘所吸引而不是被师长的奖励所吸引。事实上,很多孩子最初都有对知识的好奇,自发地探求环境、理解世界,对孩子们来说本身就是一种愉快的结果。但是由于过度的奖赏和外界的压力,原本自愿爱做的好玩的事就变成了一件苦差事。所以,高强度的外部酬劳可能会减弱内源性动机的作用。很多研究都发现,人们受内在的激励时更容易发挥出创造性,而外部奖赏和压力常常会起反作用。

(三)主导动机与辅助动机

在一种活动中,通常有多种动机存在。根据这些动机在活动中所起的作用不同,可以将动机分为主导动机与辅助动机。主导动机是指在活动中所起作用较大、居于支配地位的动机。辅助动机则是在活动中所起作用较小、处于辅助地位的动机。例如,某人为了回内地工作而放弃了沿海优越的生活环境,支配其做出这一选择的动机有多种,例如内地的房价低、消费低、生活节奏较慢等,但是真正令其做出该抉择的最主要的动机,就是和自己的家人生活在一起,所以这一动机就是主导动机,而前面提到的都属于辅助动机。

通常,主导动机对活动方向及活动持久性的影响都要大于辅助动机。当主导动机与辅助动机的方向一致时,活动的动力会得到增强;当它们彼此冲突时,活动动力就会减弱。此外,主导动机和辅助动机也是可以相互转化的,当个体当前主导性的需要得到满足后,主导动机就会减弱,从而成为影响活动的辅助动机,而过去处于辅助性地位的动机则可能成为主导动机。如养家糊口是一个人过去努力工作的主导动机,当这一目标基本实现后,实现个人价值就成了推动他当前努力工作的主导动机。

二、生理性动机

(一)饥饿动机

民以食为天,对于每个人来说,一日三餐是我们最不能缺少的。正如精神卫生运动先驱多萝西娅·迪克斯所言,"饥饿时,没人想要接吻"。进食对人的重要不必多言。但人们为什么要吃饭?人人皆知是因为饥饿,于是,饥饿动机就成了解释人们进食行为的原因。然而,如果进一步问,人的饥饿感又是怎样产生的?为什么有的人比他人更容易感到饥饿,以至于猛吃不停而造成肥胖;有的人置饥饿感受而不顾,因节食而成厌食症,以至于骨瘦如柴,甚至活活把自己饿死呢?下面就简要介绍一下心理学对这些问题的科学研究。

在关于饥饿感的研究中,早期的心理学家认为空胃的收缩是造成饥饿的唯一原因(Cannon 和 Washburn,1912)。然而,后期对胃部被切除的老鼠和人类的研究都发现,他们仍然会产生饥饿的感受,这说明胃部收缩可能只是正常人感觉饥饿时的一种伴随反应,而不是导致饥饿感产生的原因。此后,有生理学家指出血糖可能是导致饥饿产生的更重要的因素。研究者用狗做实验发现,将饱食狗的血液同饥饿狗的血液交换,结果发现饱食狗虽然胃中已满,但胃壁却开始收缩,饥饿狗虽然胃中空空如也,但注入饱食狗的血液后,先前收缩不停的胃壁却停止了收缩(Templeton 和 Quigly,1930)。此后,医学上在对糖尿病患者进行研究时发现,如果给糖尿病患者注射胰岛素,就会引起血糖降低,患者的胃壁此时开始收缩,随之产生饥饿的感觉(Goodner 和 Russel,1965)。由于日常生活中人的血糖含量降低时,胰岛素也随之分泌,究竟是血糖的降低还是胰岛素的分泌导致了饥饿的产生又成为争议的话题。新的研究对这两个变量的效应进行了分离,发现饥饿的产生发生在胰岛素变化之后,而不是血糖水平的变化之后,由此得出胰岛素变化才是饥饿感产生的原因。

那么,胰岛素是如何引起饥饿感的呢?关于饥饿的中枢神经机制研究发现,脑在自动地监控着有关身体内部状态的信息。来自肝、肠、胃的信号在下丘脑部位得以整合,从而使得有机体可以自动监控,调节其进食行为。研究者利用白鼠做实验发现,若将白鼠下丘脑外侧部切除,白鼠将因之失去食欲,若不强行喂食,它就会瘦死。用微电刺激激活该部位能触发动物的进食行为,使得吃饱的动物继续吃。改变机体外周状态能够使下丘脑外侧部产生兴奋或抑制。如果外周状态传来的是饥饿的信号,该区域神经细胞就会产生兴奋,促使动物进食;如果外周状态传来的是吃饱的状态,该区域神经细胞就趋于抑制,使动物停止进食。这些研究说明,下丘脑外侧部可能是驱动有机体在饥饿状态下产生进食行为的神经中枢。下丘脑底部的功能恰好与之相反。将白鼠下丘脑底部切除,结果白鼠因之食欲大增。一只正常白鼠的体重约为180克,因下丘脑底部切除而饮食过量的白鼠体重可能增至1000克,甚至更重。临床上也发现,下丘脑底部生瘤或受伤的病患都是食欲大增,体重超常,变得极其肥胖。用微电刺激激活下丘脑底部能使动物进食速度减慢或停止进食。这些现象表明,下丘脑底部可能是促使有机体在饱足状态下停止进食行为的神经中枢。

生理学上,有一种体重定点论的观点,认为人类体内有一种"体重恒温器",它倾向于将人的体重保持在一个特定的水平上,即所谓的设定点(set point)(Keesey 和 Corbett,1983)。当人的体重降至该设定点以下时,人就会经常感觉饥饿,增加进食;当体重发胖超过设定点时,脂肪细胞会释放一种抑脂酶(leptin),这种酶通过血液循环进入大脑,就会提醒大脑要少吃多活动。现在的观点认为这一设定点的功能是通过下丘脑来执行的,除非通过上面谈到的实验手段来操纵下丘脑的功能发挥,否则下丘脑就会自动调整人的进食行为,从而使人的体重维持在设定点左右。

在关于饥饿动机的研究中,肥胖和节食也是心理学家特别关注的问题。有关肥胖的原因太多、太复杂,这里面既有遗传的因素,也有后天饮食习惯的问题。一些研究就发现,肥胖者对食物的信号和线索比非肥胖者更加敏感,在饥饿感的产生上,非肥胖者通常以内在的生物信号为线索,而肥胖者则对外在线索较为敏感(Schachter 和 Gross,1977)。另外的研究还发现,一般人通常在焦虑时食欲降低,而肥胖者在焦虑时反倒食量大增(Mckenna,1972)。由于害怕肥胖,现代人纷纷以节食的方式来控制体重,然而,心理学的研究却发现,如果没有合理的方案,单靠节食来减轻体重,短期内虽然可能取得一定的成绩,但其效果却很难维持。此外,若盲目节食,轻则影响到身体健康,重则可能由节食演变为拒食,甚至最终恶化成为神经性厌食症。

(二)性动机

性动机(sexual motive)也称为性驱力(sexual drive),是推动人与动物从事性活动的内在驱动力量。几千年前,孔子就说过"食色,性也",又称"饮食男女,人之大欲存焉"。这些话无疑将性与饥饿对人的重要程度提到了同一个高度。然而,性欲毕竟在多个方面和饥饿不同。首先,饥饿与生俱来,贯穿终身,而性欲却只在人生的一段时期存在;其次,饥饿的满足于人不可或缺,但性欲却非维护生存的必要条件;再次,饥饿的满足方式可单独进行,而性欲的满足常常需要涉及同类对象,具有更大的社会性;最后,饥饿源自机体匮乏后的需求,寻求的是能量的补充,而性驱力则更多是能量积累后寻求释放和发泄。

关于性驱力的生理机制,一般认为它源于性激素的分泌。当个体进入青春发育期,性机能发育成熟后,雄性的睾丸会分泌雄性激素,雌性的卵巢分泌雌性激素,这两种激素就是刺激两性相互吸引并发生性关系的主要内在原因。低等动物的性驱力与性激素的分泌有直接关系。雌性动物在分泌雌性激素上具有一定的周期性,当排卵期到来时,雌性激素的分泌达到最高水平,这一时期就是雌性动物的发情期,是它们最可能接受雄性发生性关系的时期。与之相对的是,雄性动物的激素分泌水平比较稳定,随时都可以与异性交配。对动物实行阉割(切除睾丸或卵巢)手术,它们就会失去性欲。到了人类的进化水平,性激素对性驱力的影响就小多了。性激素虽然也会影响性行为,但是程度有限。例如,人类女性的性行为与生理周期的关系就不如动物那么紧密,此外,女性过了更年期后,虽然卵巢停止了分泌雌性激素,但是她们对性的兴趣却不一定降低。在对一些因病（如睾丸癌）或因伤（如枪击睾丸）等导致雄性激素不再分泌的男性进行研究发现，他们有的人对性的兴趣降低了，但也有人照常与异性发生性关系。

性激素的分泌受到脑垂体的调节。切除未成熟动物的脑垂体，其性机能将无法正常发育。对未成熟动物注射脑垂体后叶素，将加速性的发育。性激素通过下丘脑后部影响性唤起，该区域不但监控着血液中激素水平的变化，还激活适当的神经通路。破坏大鼠下丘脑后部可能会消除性活动；用电刺激或直接注入微量激素刺激该区域，可以激发性行为（Caggiula，1967）。但是，人类并不遵循这种机械的模式，对于人类而言，性驱力除了受激素和低级中枢的影响外，大脑皮层参与控制着性唤起和性表达。人类的性行为极其复杂，可以说，人类性欲的表达是生理、情绪、认知和社会文化等多种因素共同作用的结果。

三、社会性动机

（一）亲和动机

亲和动机（affiliation motive，交往动机）是指个体与他人结群、交往并希望有人陪伴的内在力量与需要，它是人类普遍具有的社会性动机之一。这种动机体现为个体对他人的亲近、关爱、同情、合作并积极寻求他人的接纳、认可与支持。

人是社会性动物，自古以来，人类就过着群居的生活。与他人交往、合作、建立亲密关系，可以帮助个体抵御天敌、获取食物、建立家庭，从而更好地生存和繁衍。因此，亲和动机可以说是人的一种天性。但除此之外，学习也对亲和动机的形成产生影响。从人类个体的成长过程来说，由于人的幼稚期相对较长，在出生后父母养育的过程中，经由需求与满足的过程，与养育者建立起亲密的关系。此后，个体再通过三个方面的学习，发展起较强的亲和动机，这三个方面是：（1）在达成目标受阻时，学习到寻求帮助；（2）在遇到危险时，学习到寻求保护；（3）在对事物缺乏了解时，学习到向他人求教。

既然亲和动机是在个体成长过程中习得的，个体的成长经验必然会对亲和动机的强弱产生影响。大量研究表明，个体成年后的亲和动机强度会受到幼时母亲的抚养方式以及和抚养者形成的依恋关系的影响。一些在幼时因为缺少母亲关爱而没能和母亲发展起安全的依恋关系的个体以及一些受到母亲过度保护而没能发展起健康的独立性和自主性的个体，长大后都更可能表现出各种形式的社会退缩。

心理学家相信，不同的情境可以激发人们不同强度的亲和动机，将个体置于焦虑和恐惧的情境中，将会显著地增强人的亲和动机。Schachter（1959）以大学女生为实验对象，将被试分为实验组（32 人）和控制组（30 人），在约定的时间里，分别将不同的被试组带往实验室听取研究说明。实验组的被试在实验室中会看到一些令人望而生惧的实验仪器，研究者告诉她们，这些仪器将会在研究中用于她们身上，即时她们会接受一种轻微疼痛但没有伤害的电击，此后告知被试正式的实验时间，并告诉她们实验时会有一段等待时间，在这段时间里她们可以单独等待，也可以让自己的朋友前来陪伴。对于控制组的被试，研究者既没让她们看到实验仪器，也没有告知电击的事，只是告诉她们正式的实验时间及可以在等待实验的时间里让朋友一起前来陪伴。通过这样的处理，研究者旨在引起两组被试不同的焦虑程度，预计实验组比控制组被试的焦虑程度要高。在正式实验当天，实验组中有 62.5% 的被试选择在朋友陪伴下前来,而控制组中只有 33.3% 的被试选择与人结伴。该结果显示,当个体在面对引起较高焦虑的情境中时,其与人亲近的动机就会增强。

(二)权力动机

权力动机(power motive)是指个体具有的某种支配和影响他人及周围环境的内在动力。一般认为,权力动机的产生源于两种因素:首先是社会控制的需要。个体对他人和周围环境的控制水平越高,个体的优势越大,而社会生活中的优势地位会使个体具有安全感,能让他们取得更多的生存和发展的资源。其次是对无能的恐惧。无能会让人处于不利地位,会引起自卑感,自卑感又会促使个体设法去获得补偿,而对补偿的诉求往往走向偏执,导致个体对极端权力和地位的追求。

权力动机高的个体,会积极参与到社会公共事务中去,并且对成为某一组织的领导者具有强烈的意愿,他们喜欢在讨论中发表意见,力图用自己的观点去影响他人,在遇到不同观点时好争辩,有时甚至咄咄逼人。

有人根据个体追求权力的目标差异,将权力动机区分为个人化权力动机(personalized power motive)和社会化权力动机(social power motive)(Lynn 和 Oldenquist,1986)。个人化权力动机高的个体,通常把权力当作满足个人私欲或利益的手段。他们虽然积极参与公共事务,但是其目的并非是为众人服务,其目的主要在于通过这些活动来表现自己,并且通过掌握特定的资源来支配他人,为自己牟利。个人化权力动机高的个体对工作本身可能并没有很高的成就动机,他们错把手段当作目的,把升迁和身居要职也作为一种重要的成就,至于在权位上能够为他人、为社会做什么贡献,却不是他们主要关注的。他们特别热衷于物质财富,通过各种手段聚集财富。

社会化权力动机高的个体虽然也追求权力,但他们却不把权位和相伴的物质财富当作最高的目标,他们把权力作为为他人、为社会服务,实现自己理想和抱负的手段。这类人都关心社会,他们中有些人会积极参与到社会事务中去,作为团体领袖或者服务性团体的成员为社会服务。也有些人并不实际参与到社会活动当中,而是以自己的知识、思想来影响社会。如印度的甘地、南非的曼德拉都典型地属于此类人。

在一个健康文明的现代社会中,社会化权力动机高的个体会有很多上升的机会,使得他们有更高的平台和更多的机会服务大众,从而促进社会的文明进步;但是在一些病态的社会环境中,由于逆淘汰机制的存在,使得有才有德者反受排斥,个人化权力动机高的个体由于在追求权力的过程中不择手段,反而容易获得升迁,使得社会发展陷入某种形式的恶性循环,如果没有根本的制度改革,很难走向文明、健康发展的康庄大道。

(三)成就动机

成就动机(achievement motive)是人们在完成任务时力求获得成功的内部动力,即一个人对自己认为重要的、有价值的事情愿意去做,并努力达到完美程度的一种内在推动力量。成就动机作为一种重要的社会性动机,对个体发展和社会进步意义重大。正确理解和培养青少年学生的成就动机非常重要,而且学生的成就动机与学业成绩之间关系密切,因此,在本章第四节进行专门介绍。

第三节　动机理论

　　动机理论是指心理学家对动机所做的理论的、系统的解释。生活中人们对动物行为的动机往往会从本能的角度进行解释，而对人的行为动机，则更多地从善恶、好坏等两极对立的维度中进行理解，这类对于动机的认识，都是非常简单片面的。在现代心理学中，不同学派的心理学家都曾尝试从各自的角度提出对动机的理解，从而形成不同的理论观点，概括起来，包括本能论、驱力论、唤醒理论和认知理论等。在这些理论中，赫尔提出的驱力理论在本章第一节已作简要介绍，下面就不再赘述。其次由于动机和需要之间的密切联系，需要理论在某种意义上也可以看作动机理论，所以本节还将为大家介绍马斯洛的需要层次理论。

一、动机的本能论

　　20 世纪初，随着达尔文进化论影响力的扩大，越来越多的人倾向于用本能这一概念来解释有机体行为背后的动因。本能是有机体在进化过程中形成、由遗传固定下来的一种不学而能的行为模式。如蜘蛛织网、小鸟筑巢都是典型的本能行为。美国心理学家詹姆斯（James）提出，人的行为依赖于本能的指引，人除了具有与动物一样的生物本能外，还具有社会本能，如爱、社交、同情、诚实等。另一位美国心理学家麦独孤（W. McDougall）则系统阐述了本能说，认为人类的所有行为都是以本能为基础的，他认为人类有 18 种本能，如逃避、好奇心、拒绝、好斗、自信、生殖、合群性、自卑、建设等。

　　麦独孤认为，人类行为源于本能，"先天的或遗传的倾向，是一切思想和行动——不论是个人还是集体的——基本的源泉和动力"。他举出 12 种本能，如觅食、母爱、逃避、好奇、合群、争斗、性驱力、创造、服从、获取、支配、排斥等。他认为这些本能以及它们的组合构成行为，本能可以是无限的。本能使机体驱向目标，每一种本能活动都有一定目的，都包含一个情绪内核，有一定的情绪相随，如逃避与畏惧、争斗与愤怒、母爱与温情相伴随。

　　弗洛伊德认为，人有两大类本能。一种是生的本能，他称之为里比多（libido），并用里比多这个词来概括一系列行为和动机现象。像饮食、性、自爱、他爱等个人所从事的任何愉快的活动，都是生的本能。另一种是死的本能，他称之为萨那托斯（thanatos，即希腊神话中的死神），像仇恨、侵犯和自杀等都是死的本能。由于这两种本能在现实生活中都不能自由发展，常常受到压抑而进入无意识领域，并在无意识中并立共存，驱使我们的行动。人的每一种动机都是无意识的生的本能和死的本能的混合物。他把心理比做冰山，露出在水面的小部分为意识领域，水下的大部分为无意识领域。这个无意识的大部分是冲动、被压抑的愿望和情感。因此要了解人类行为背后潜藏的动机，如果只分析意识领域是不充分的，也是不恰当的。于是，弗洛伊德采用自由联想、释梦等方法来揭示无意识的动机过程。

　　人们有意识地压抑自己的本能冲动（特别是性冲动），但无意识的本能冲动绝不可能消除，也不能完全加以控制，常以梦、失言、笔误等以及许多神经症状而显现出来，也会以升华或其他文饰方式表现出来。因此，人类的行为是很复杂的。

　　本能论的主要困难是循环推理：一个人经常争斗，为什么？因为他有强烈的攻击本能。怎么知道他有这种本能？因为他经常争斗。这样一来，本能解释一切行为，又解释不了任何行为。所以，1913 年行为主义兴起以后，本能论的影响越来越小，赫尔等人用驱力论代替了本能论,个体由于生理需要而产生一种紧张状态,激发或驱动个体的行为以满足需要,消除紧张,从而恢复机体的平衡状态。

二、动机的唤醒理论

西谚有云:好奇害死猫。事实上,对周围环境刺激充满好奇的不光是猫,还包括很多其他的动物和我们人类。通过种系遗传,动物和人类先天就有一种刺激寻求驱力(stimulus drive),这是一种对探险、操作、好奇和刺激的反射性需要。这种需要可以帮助个体迅速获得环境中关系生存的重要信息,例如找到食物、避开危险等,正是它对个体生存适应的重要意义,使得它在种系遗传中得以保存下来。生活中,人们大量的探究行为都是出于刺激寻求驱力,但这些探究行为却并不总是出于去获取与生存相关的重要信息,例如婴儿玩弄拨浪鼓、年轻人飙车或是老年人下棋,等等。

为了解释这种寻求刺激的需要,心理学家赫布(Hebb,1949)和柏林(Berlyne,1960)等人提出了唤醒理论(arousal theory)。唤醒是指身体和神经系统被激活的状态。人在情绪激动或慌乱状态下唤醒水平最高,日常生活中处于中等水平,睡眠时很低。唤醒理论认为,人们总会通过一些活动,让自身的唤醒水平处于最佳的水平。当唤醒水平过低时,很多人会觉得生活单调无聊,从而积极地去寻求刺激,来提高唤醒水平;反过来,当唤醒水平过高时,人们又会觉得周围闹哄哄的,从而试图逃避吵闹的环境,来寻求安静和放松。大多数成年人都会通过不断地变换活动,使自己感到舒适。

然而,什么样的唤醒水平才是最佳水平?对不同的人来说,最佳的唤醒水平是各不相同的。有人喜欢安闲恬静的生活,有人却喜欢惊险刺激的经验。对不同程度刺激的偏爱反映了人们在感觉寻求这一人格特质上的差异。为评价人与人之间在感觉寻求水平上的差异,研究者朱克曼(Marvin Zuckerman)设计了一个刺激寻求量表(sensation-seeking scale,缩写SSS)(见表8-1)。

表8-1 感觉寻求量表中的项目样例

寻求刺激和冒险		
我愿意去尝试跳伞。	YES	NO
我认为我会喜欢从一个很高的山坡上飞快下滑时的感觉。	YES	NO
寻求新体验		
我喜欢一个人在陌生的城市或地方探索,迷路也不要紧。	YES	NO
我喜欢品尝那些我过去从来没有吃过的食物。	YES	NO
不受束缚		
我喜欢那些可以激情四射的狂欢晚会。	YES	NO
我喜欢经常体验一下酒后(或吸大麻后)的飘然感觉。	YES	NO
无法忍受单调		
凡是我已经看过的电影,我绝不再看一遍。	YES	NO
我喜欢和那些机智但尖刻的人在一起,即使他们有时会出口伤人也没关系。	YES	NO

通过该量表的施测,可以发现不同的人对新颖的、特殊的、意外的或强烈的刺激的反应

方式是不同的：一些人是高强度刺激寻求者，另一些人是低强度刺激寻求者。前者更喜欢冒险和强烈的刺激，吸烟者更多，敢于尝试新奇的食物，偏好吃口味较重的刺激性食物；后者一般更尊重传统，为人和蔼，有奉献精神，易于相处。当然，大部分人的感觉寻求水平处于两极之间的某一位置。

三、动机的认知理论

动机的认知理论主要是从信息加工的角度来解释动机的产生与改变。信息加工是指个体对外界输入的信息进行编码、储存、提取和输出等加工过程，个体经由这些加工过程，产生对环境中事物以及环境与自己行为关系的认知。认知理论认为，正是这些认知过程，影响和支配着个体有目的的行为，是一种激发、引导与维持行为的重要的动机力量。下面将介绍动机的自我归因论和自我效能论这两种重要的理论。

(一)自我归因论

归因就是对他人或自己行为的原因给予解释的心理过程。归因论原是社会心理学家海德于1958年提出的一种理论。在社会心理学上研究社会知觉时，根据归因论可以对"某人为什么会有那样的行为"之类的问题，做出合理的解释。但一些心理学家也认识到人们也会对自己的行为进行归因，而且这种归因会影响今后同类行为的动机，所以也可以用归因论来解释动机。

将海德的归因论扩展到自我归因的范畴，并以之来解释动机的最重要的心理学家是韦纳(Weiner,1972)。韦纳提出，当个体经历一件成败事件以后，通常会对自己的行为结果从以下六方面进行归因解释：对自己能力高低的评估；对自己努力程度的反省；对工作难度的评价；对运气好坏的感受；对身心状态(心情或身体好坏)的认知；对他人在事件成败中所起作用的认识。当然，人们不是每一次经历成败都会同时从这六个方面去找原因，不同的人在面临成败时具有不同的归因倾向，而正是这些不同的归因倾向影响着个体的感受和其后的行为动机。

韦纳结合前人的观点，将这六方面的因素归纳为三个两两相对的维度。这三个维度分别是：

1.内在与外在

根据六项因素与当事人的关系，可将它们分为内在的与外在的因素。能力、努力、身心状况属于内在因素；工作难度、运气、他人因素属于外在因素。在个体经历成功以后，如果将成功归因于能力和努力等内在因素，会使人感到自豪，也会增强个体以后从事同类活动的动机；若将成功归因于外在因素，虽然会使人感到惊奇和激动，但不一定会增加以后从事该类行为的动机。经历失败以后，如果将失败归因为能力这一内在因素，通常会使人感到自卑，将会极大地降低以后从事该活动的动机，但如果归因为努力不足，通常会使人感到自责，有可能激发个体以后更强的行为动机。

2.可控与不可控

韦纳认为，在以上六方面的因素中，一些因素是个体可以自己控制的，如努力程度；而更多的因素是不由自己控制的，如能力、工作难度、运气、身心状态、他人作用等。将成败归因于可以自控的因素,通常会培养个体自我负责的工作态度,激发个体产生更高的动机水平;将成败归因于不可自控的因素,则会使个体产生听天由命的工作态度,对动机的提升没有积极的作用。

3.稳定与不稳定

影响工作成败的因素,从性质上有稳定和不稳定之分。能力和工作难度是稳定的;努力、运气、身心状况和他人作用却是不稳定的,可能随着情境的变化而变化。把成败归因为稳定或不稳定的因素对动机的作用需要具体分析。例如把成功归因为能力和工作难度这两种稳定因素以及努力程度这种不稳定因素,都可以提升以后的动机水平。把失败归因于稳定因素,通常会降低以后的动机水平。把失败归因于不稳定因素,可能提高也可能降低以后的动机。

很多学生在对自己的学业表现进行归因时,都会受到父母和教师的影响。例如学生在考试成绩不佳时,如果家长和教师责骂学生笨,学生就会更多地对自己的失败作能力不足的归因,从而产生自卑感,降低对于学习的动机。所以,家长和教师要多引导学生进行积极的归因,简而言之就是要注意归因对以后学习动机的影响,尽量保护和提升学生的学习动机。

(二)自我效能论

自我效能论是由社会学习论的创始人班杜拉(Bandura,1982)提出的一种动机理论。Bandura 提出自我效能(self-efficacy)的概念来说明个体对自己在特定情境中是否能够通过自身行为来应对该情境的判断和预期。自我效能不是指个体实际拥有的能力,而是个体对自身能力能够干什么的判断。

自我效能的判断,有别于对行为结果的预期。Bandura 区别了效能预期和结果预期这两个概念。效能预期是个体对自己是否有能力执行特定行为的判断,这种判断就是个体的自我效能感;而结果预期是个体对一种行为可能带来的结果的预测。结果是指行为的后果而不是行为执行本身,个体相信自己能够成功地执行某种行为并不意味着他相信该行为一定会带来某种满意的结果。

班杜拉认为,自我效能的高低直接决定个体面对某活动时的动机水平。当面对挑战性的工作时,自我效能高的个体往往敢于接受挑战,表现出较高的动机。生活中常说的"艺高人胆大","艺高"就是自我效能,"胆大"就是动机较强。自我效能的建构有四个主要的信息来源:直接经验、替代经验、言语说服和情绪唤醒状态。这些信息来源中的一个或多个同时发挥作用,使自我效能得以增强或降低。

(1)直接经验:个体在经历多次同类活动中获得的切身经验。

(2)替代经验:个体通过观察他人从事某种活动中的成败,将自己与他人比较推论从而获得的认识和评估。

(3)言语说服:社会中其他人提供的关于个体的能力信息对个体自我效能的影响。

(4)情绪唤醒:在不同的情绪唤醒状态下,个体的自我效能可能会发生变化。例如强烈的情绪唤醒状态通常会降低人们的自我效能及相应的行为表现。此外,消极的情绪往往会降低个体的自我效能,积极的情绪往往会提升个体的自我效能。

需要特别注意的是,自我效能不是一种整体性的或一般性的自我概念。人们做出的自我效能判断依赖于具体任务和情境。人可能在一个任务或一种情境中自我效能较高而在另一个任务或情境中却较低。自我效能依情境变化而发生改变主要是因为不同的任务需要不同的能力所致。例如,有的学生在面对数学考试时自我效能较高,而面对英语考试时自我效能较低;有的人在文化学习领域自我效能较高,而在运动领域自我效能却较低。

四、需要层次理论

关于人类需要的理论观点中,人本主义心理学家马斯洛(A. H. Maslow,1954)提出的需要层次理论是影响最大的。马斯洛认为,人类需要是由以下五个层次构成的。

(1)生理需要:人对食物、水、空气、睡眠以及性的需要等。

(2)安全需要:人们对稳定、安全、受保护、有秩序、免除恐惧和焦虑的折磨等方面的需要。

(3)归属和爱的需要:个人要求与他人建立感情的联系,如结交朋友、追求爱情、被所在的群体接纳、获得他人的关心、爱护和支持等。

(4)尊重的需要:包括自尊和希望受到别人的尊重。自尊是个体对于实力、成就、胜任,面对世界时的自信、独立和自由的需要;他人的尊重主要是对于地位、声望、荣誉、支配、赞赏等方面的需要。

(5)自我实现需要:是个体追求充分实现自己的潜能的需要。

根据马斯洛的观点,以上五种需要按顺序依次排列,形成需要的层次结构(见图8-2)。生理需要是最低层次的需要,自我实现的需要是最高层次的需要。需要层次的高低是以力量强弱和出现的先后顺序而定的。越是低层次的需要出现得越早,力量越强,越是优先寻求满足,此时低层次的需要居于优势地位,个体会竭尽全力地去通过一定的行动来满足这种需要。在较低层次的需要得到基本满足之后,较高层次的需要才会出现,并随着较低层次需要得到较好的满足后,较高层次的需要就会逐渐占据优势地位。当高层次的需要占据优势地位后,低层次的需要对行为的影响就减弱了(见图8-3)。

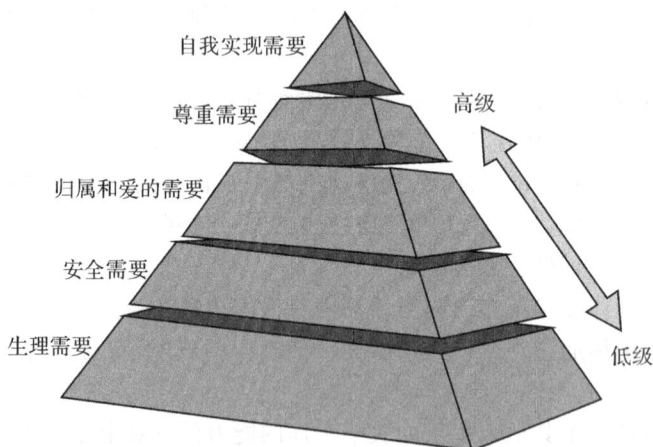

图 8-2　需要的层次结构

越是高级需要,在种系和个体发展中出现得越迟,越能体现人类的特征和人的价值。生活在高级需要的水平上,将使人更加健康、长寿、精力旺盛。

马斯洛在后来的进一步研究中,把人的需要分为匮乏性需要和成长性需要。前者是指

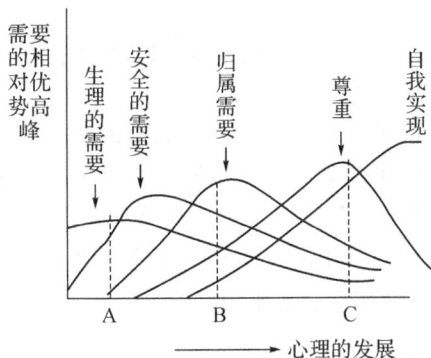

图 8-3 优势需要的发展

直接关系到个体的生存和健康的需要,它们可用有机体的不平衡状态所导致的紧张这种理论来解释,这类需要包括生理、安全、归属和爱、尊重这几种,它们由缺乏引起,如果得到满足,紧张就减弱。但成长性需要,包括他后来提出的求知、审美和自我实现的需要,和紧张的减缓没有关系。它们得不到满足并不直接威胁个人的生存与健康,但它们一旦得到满足,将会使个体感受到更深刻的幸福感、宁静感以及内心生活的丰富感。

马斯洛认为人类的需要是一种似本能需要,这是一种内在的潜能或固有趋势,在某种程度上是由体质或遗传所决定的。但是,人类的需要,即使是最基本的对食物的需要,也与动物有很大区别。"当我们沿着种系阶梯上升,口味变得越来越重要,饥饿变得越来越不重要。例如,对于食物的选择,猴子比白鼠更具有变异性,而人又比猴子更具有变异性。"似本能需要只有在适宜的社会条件下才会顺利表现出来。需要的层次越高,其表现和满足就越依赖于外部条件。需要的层次越高,与本能的区别就越鲜明,似本能的性质也就越突出。需要层次越高,其变异性、可塑性也就越大。

自我实现的需要是人类基本需要中最高层次的需要,但不是每个人都能自我实现。能自我实现的人是极少数,仅为1%。绝大多数人不能自我实现,其主要原因是:其一,自我实现是很微弱的似本能需要,容易被压抑、控制、更改和消失;其二,许多人不敢正视关于他们自己自我实现所需要的那种知识,对那种知识缺乏自知,使自己处于不确定的状态;其三,文化环境用强加于人身上的规范,阻滞一个人的自我实现;其四,自我实现者是由成长性需要而不是匮乏性需要推进的,其发展和持续成长依赖于自己的潜力。

自我实现的个体会产生出一种所谓的"高峰体验"的情感,这个时候是人处于最激荡人心的时刻,是人的存在的最高、最完美、最和谐的状态,这时的人具有一种欣喜若狂、如醉如痴、销魂的感觉。这种体验虽难以言传,但确实存在,普通人在艰苦努力取得成功后也会产生这种体验,但自我实现的人体验较多。

需要层次理论的提出,使人们对人类需要的理解更加系统、深刻,对需要研究的深入开展具有不可替代的理论贡献,同时,这一理论也对教育和管理实践产生了深刻的影响。作为一名未来的教师,要想在未来的教育工作中激发学生的求知欲,促进学生潜能的自我实现,深入理解和领会马斯洛的需要层次理论是很有必要的。

第四节　成就动机与教学

为什么有些人经常成功而另一些人却总是被失败困扰？为什么有人能登上珠穆朗玛峰而另一些人虽垂涎于山巅的美景却只是坐在山脚下畏难不前？这其中可能有遗传与天赋的因素，但还有一个重要的原因就是人与人之间在成就动机上的差别。成就动机是一种重要的社会性动机。正确理解和培养学生的成就动机非常重要，本节将专门介绍心理学关于成就动机的一些理论、研究及对教育教学工作的启示。

一、成就动机的早期研究

"成就动机"这一概念最早可以追溯到 20 世纪 30 年代默瑞（H. A. Murry）所提出的"成就需要"。默瑞认为，成就需要表现为追求较高的目标、完成困难的任务、竞争并超过别人。后来，经过麦克里兰德（D. C. McCleland）、阿特金森（J. W. Atkinson）等人的努力，成就动机的研究逐渐系统化，并形成理论体系。

20 世纪 40 年代末，哈佛大学心理学家麦克里兰开始对成就动机进行系统而深入的研究。麦克里兰利用和改进了默瑞的主题统觉测验（TAT），形成了一套测定成就动机的技术。这种测验要求参加者就一系列模棱两可的图片编构故事。这些参加者要编构自己的故事来说明图片中发生了什么事并且尽可能描述故事发展的趋势与结果。研究者假设测验参加者将会把自己的价值、兴趣、需要和动机投射到这些情境中去，并以此来对参加者的成就动机或人格的其他方面进行判定。图 8-4 展现了一幅 TAT 图片以及一个高成就动机和低成就动机者对同一幅 TAT 图片的不同解释。

图 8-4　主题统觉测验（TAT）图片

被试甲（高成就动机）：图中的小男孩刚学完了他的小提琴课程。他对他的进步感到开心并且开始相信他所有的进步将证明他所做出的牺牲是值得的。要成为一个在音乐会上演奏的小提琴家，他不得不放弃大部分的社会活动时间来每天练习数小时。尽管他知道如果继承父亲的事业可能会挣很多钱，但他更愿意成为一名小提琴家并用他的音乐给人们带来欢乐。他坚持他的个人承诺，不管需要付出什么。

被试乙（低成就动机）：这个男孩拿着他哥哥的小提琴并希望能演奏它。但是他认为不值得花费时间、精力和金钱去学习小提琴课程。他为其兄长感到遗憾,他放弃了生活中所有快乐的事,只是练习、练习再练习。要是有一天他能成为一个一流的音乐家当然很好,但这种希望是渺茫的。现实就是枯燥的练习,没有乐趣,而且很可能成为另一个在一个小城市的乐队里演奏乐器的人。

在主题统觉测验这个方法确定之后,用这种方法测量的成就动机得分与各种行为具有什么关系的研究就开始增加了。麦克里兰及其助手研究发现,用主题统觉测验测出来的成就动机得分与这些个体对未来的职业的选择,以及对未来成功的期望都有很高程度的相关。例如在麦克里兰及其同事(1965)的一项研究中,他们首先对一群大学男生的成就动机进行了测评,14年后他们再度找到这些被试并对他们当中高成就动机和低成就动机者的职业选择进行了比较。结果发现,在成为企业家的被试中有83%的人在当年的成就动机测评中被认定为高成就动机者,而那些没能成为企业家的被试中只有21%的人当年被认定为高成就动机的人。研究者对此的解释是,企业家职业具有更高的挑战性,需要个人自己做决定,自己承担风险,风险和报偿都更高,能更好地实现个人抱负,所以更加吸引高成就动机者进入这一职业领域。

除了成就动机与个人成功的关系,麦克里兰还进行了大量的跨文化研究,试图论证社会成员的成就动机对社会经济和科技发展的促进作用。

麦克里兰以文学作品以及儿童教育书籍中所反映的成就观念和成就意向作为指标,来考察一个国家成就动机水平的高低;以贸易、电力生产总量和煤炭生产总量等作为指标,来考察一个国家经济发展的水平;然后确定两者之间的关系。结果发现,那些在1925年时具有高成就动机的国家与具有低成就动机的国家相比,在1929—1950年之间的电力生产量发展幅度更大,二者的相关高达0.53。而且,即使控制了像资源、战争损害等因素,这种正相关仍然存在。因此,他认为,一个国家经济成功的原因不仅取决于这个国家的经济制度、政治制度或地理位置,社会成员的成就动机水平也是一种重要的决定因素。

二、成就动机的心理成分

阿特金森(J. W. Atkinson)对麦克里兰的成就动机理论进行了扩展,提出个体的成就动机由两种方向彼此相对的心理力量构成:希望成功(hope for success)与害怕失败(fear of failure)。前者使人趋近目标以追求成功,后者则使人远离目标以避免失败。阿特金森认为,这两种力量抵消后的结果就可以反映出一个人成就动机的高低。成就动机最高的是那些极其渴望成功而对失败又毫无畏惧的人,这种人敢于接受挑战;反过来,成就动机最低的是那些极其害怕失败而对可能取得的成功毫不在意的人,这种人面对任务往往畏缩不前。很多时候,这两种力量往往会同时起作用。当两种力量都较强且对等时,个体就会体验到强烈的心理冲突。

在任务选择上,害怕失败的力量较强的人有的一个重要特征就是:他们要么选择非常容易的任务,要么选择非常困难的任务。例如,阿特金森和雷特恩(Atkinson 和 Litwin,1960)发现,在一个掷环游戏中,害怕失败力量较强的个体会选择站在离目标很近或很远的地方,而那些希望成功力量较强的个体则倾向于选择站在远近适中的位置。研究者认为,害怕失败者选择过易的任务是为了避免失败,而选择过难的任务,是因为即使他们失败了,也不会得到他人的消极评价或指责。

对于教师来讲,理解害怕失败的学生在任务选择上的特点具有重要的意义。例如当教师布置学生完成一篇读后感,那些选择《围城》这样的作品或是简单的儿童读物的学生都可能是出于害怕失败做出的选择,此类学生选择从事极端的任务,其实都是在逃避可能的失败给他们带来的挫折感。

后来,一些认知心理学家从目标取向的角度来解释成就动机不同的个体对不同难度任务的选择。在目标取向上,一些追求成功的个体其成就动机指向学习目标(learning goals),而另一些人指向表现目标(performance goals)(Ames,1992;Dweck,1986)。追求学习目标的个体在工作中除了关注任务的成败,更关注的是自己能否在工作中使自己的能力得到提升、经验有所积累、心智得到发展。追求表现目标的个体则不同,他们在工作中更关心能否在他人面前表现自己、自己能否得到他人的赞许和好评。根据这种理论观点,显然学习目标取向者才是真正成就动机高的人,此类人关注自己的成长,所以对于一项任务不管成败如何,只要能够让他们学到知识,得到锻炼,他们都会乐于接受。由于人们往往能够从中等偏难的任务中收获更大,所以此类人乐于接受中等偏难的任务。对于表现目标取向者,由于他们害怕获得他人的负面评价,为了不丢面子,他们倾向于选择那些很少会失败的简单任务或者大多数人都会失败的困难任务,而对于他们能够从任务中获得哪些知识,却不是他们最关心的。

区分学习目标和表现目标对学校教育具有重要的意义。研究发现,具有学习目标的学生与表现目标的学生在整体智力水平上并无差异,但他们的学业成绩却有明显的不同。遇到困难时,表现定向的学生很容易丧失信心,成绩急剧下降。相反,学习定向的学生更倾向于继续努力,动机和成绩会有所提高(Pintrich,2000;Schunk,1996)。所以,教师在教学中要注意引导学生去设置学习目标而不是表现目标。教师要努力让学生相信,学业活动的目标是学习而不是分数,是自我的成长而不是他人的赞赏。教师应该强调学习内容的价值和实际意义,尽量淡化分数或其他奖励,在当前的教育环境下,这样讲虽然有点理想化,但在具体的教学工作中,也不是没有可操作性的。

三、成就动机与习得性无助

动机极低的一种极端情形就是习得性无助。当个体认为不管自己做什么,都注定要失败或毫无意义,"做什么都无济于事"时,他的精神支柱就会瓦解,从而丧失斗志,放弃努力,陷入绝望的心境之中。这种因一系列失败而造成的无能为力的绝望心境,就称为习得性无助(learned helplessness)。习得性无助的个体通常有以下几方面表现:一是动机降低,主要表现为不愿去从事与让他产生习得性无助相关联的工作或任务,例如对英语学习有习得性无助的个体不愿参加英语考试;二是认知扭曲,表现为头脑中出现一些没有根据或与事实不符的认知观念,例如考试失败后想"我脑子笨,天生不如别人,我就不是学习的料";三是情绪失调,表现为情绪低落、抑郁、无精打采等。此外,习得性无助的个体总是持有一种消极的归因方式,例如他们总是对失败进行内部的、稳定的归因,而对成功进行外部的、不稳定的归因,这使得他们在失败后体验到强烈的自卑感,在成功后很少能够增强自信。

习得性无助的概念最早是由美国心理学家塞利格曼(M. E. P. Seligman)以狗为对象做实验提出的。在他的实验中,他将狗置于一个无法逃脱的装置中,施予电击,多次实验后,狗放弃了反抗和挣扎。然后他将接受过这种电击实验程序的狗和没有接受过这种实验的狗置于一个可以逃脱电击的环境中,再施予电击,结果前面接受过电击实验的狗大多会躺在地上痛苦地呜咽,不会去尝试逃离该环境,而前面没有经历电击实验的狗全部都逃离了电击,显然,前一组狗之所以会放弃尝试,正是由于他们前面的经历导致的。此后,塞利格曼(1975)用人作被试进行了类似的实验,结果使人也产生了习得性无助。

在学校教育中,基本上在每一个班级中都可以发现对学习有习得性无助的学生。这些学生之所以会产生习得性无助,一方面是因为自身不断经历学业上的失败,另一方面也与家长和教师不恰当的教育方式有关。如果学生在考试失败后较少能够得到鼓励,经常受到指责,并且家长和教师对考试失败进行不恰当的归因,如"你脑子怎么这么笨",那么这样的学生很可能产生习得性无助。反之,如果家长和教师积极地鼓励学生,对学生的学业表现进行恰当的归因,根据学生的能力特点选择适当的教育方法,创造条件让学生获得一些成功的体验,习得性无助也是可以避免的。

阅读材料 <<<

你有"约拿情结"吗?

"约拿情结"(Jonah complex)是美国著名心理学家马斯洛提出的一个心理学名词,其代表的是一种机遇面前自我逃避、退后畏缩的心理。简单地说,就是对成长或成功的恐惧。

"约拿"是圣经旧约里面的一个人物。他本身是一个虔诚的犹太先知,并且一直渴望能够得到神的差遣。神终于给了他一个光荣的任务,去宣布赦免一座本来要被罪行毁灭的城市——尼尼微城。约拿却抗拒这个任务,他逃跑了,不断躲避着他信仰的神。神的力量到处寻找他,唤醒他,惩戒他,甚至让一条大鱼吞了他。最后,他几经反复和犹疑,终于悔改,完成了他的使命——宣布尼尼微城的人获得赦免。"约拿"是指代那些渴望成长(成功)又因为某些内在阻碍而害怕成长的人。

约拿情结的基本特征可以分为两个方面,一方面是对自己,表现为逃避成长,害怕承担使命,缺少上进心,或称"伪愚";另外一方面是对他人,表现为嫉妒别人的优秀和成功、幸灾乐祸于别人的不幸。

女性相比男性,约拿情结更普遍些。约拿情结的原因可能有:(1)成功者的形象可能与已有的自我概念相冲突;(2)成功意味着脱颖而出,而"木秀于林,风必摧之",害怕被自己所属的群体拒绝,"鹤立鸡群"的滋味不好受;(3)人们对成功者会有额外的要求,所谓"能者多劳",有些人不愿背上额外的包袱。

人类的心理是复杂而奇怪的:"人不仅害怕失败,也害怕成功。"

(资料来源:http://baike.baidu.com)

本章内容小结

1. 动机是激发和维持有机体产生活动，并指引该活动朝向特定目标的内在动力。动机具有激发、指向、维持与调节功能。

2. 需要是有机体行为产生的原动力，是人们对客观条件需求的一种主观反映。动机是需要的动态化和具体表现，而需要是动机产生的根本原因。

3. 驱力是指个体由生理性需要所引起的一种紧张或唤醒状态，它能激发或驱动个体行为以满足需要，消除紧张，从而恢复平衡。当驱力推动个体产生行为时，驱力就成为一种推动行为的动机。

4. 诱因是指能够引起个体产生动机性行为的外部刺激（包括人、事、物、情境等）。凡是引起有机体趋近或因接受而获得满足的刺激，称为正诱因；凡是引起有机体远离或因逃避而获得满足的刺激，称为负诱因。

5. 动机和行为关系非常复杂，同一种动机可能通过不同的行为表现出来，同一种行为可能受多种动机驱动，良好的动机不一定产生良好的行为效果。

6. 动机强度与工作效率的关系并非线性关系，而是呈倒 U 形曲线关系，中等强度的动机最有利于任务的完成。

7. 根据引发动机的需要的不同，可以将动机分为生理性动机和社会性动机；根据动机的来源不同，可以将动机分为内源性动机和外源性动机；根据动机在活动中所起的作用不同，可以将动机分为主导动机与辅助动机。

8. 生理性动机是在有机体生理需要的基础上产生的，具有先天性，如饥饿、渴、性及母性动机等。社会性动机是在社会性需要的基础上产生的，具有后天习得性，如亲和动机、权力动机及成就动机等。

9. 成就动机是人们在完成任务时力求获得成功的内部动力，即一个人对自己认为重要的、有价值的事情愿意去做，并努力达到完美程度的一种内在推动力量。

10. 心理学家从不同角度研究动机，提出了不同的动机理论。本能论认为人类行为是在进化过程中形成、由遗传固定下来、不学而能的行为模式。驱力论认为个体由于生理需要而产生一种紧张状态，激发或驱动个体的行为以满足需要，消除紧张，从而恢复机体的平衡状态。唤醒理论认为，人们总是要求通过一些活动，让自身的唤醒水平处于最佳的水平。

11. 韦纳提出动机的归因理论，认为人们从六方面对自己行为进行归因解释：自己能力高低、努力程度、工作难度、运气好坏、身心状态、他人的作用。这六方面可以归纳为两两相对的三个维度：内在与外在、可控与不可控、稳定与不稳定。正是这些不同的归因倾向影响着个体的感受和其后的行为动机。

12. 班杜拉认为，自我效能的高低直接决定个体面对某活动时的动机水平。自我效能的建构主要来自四个方面的信息：直接经验、替代经验、言语说服和情绪唤醒。

13. 马斯洛的需要层次理论认为，人类需要是由生理需要、安全需要、归属和爱的需要、尊重需要和自我实现需要五个层次构成的。需要层次的高低是以力量强弱和出现的先后顺序而定的。后来，马斯洛进一步把人的需要分为匮乏性需要和成长性需要。

14. 阿特金森提出个体的成就动机由两种相对的心理力量构成：希望成功与害怕失败。

前者使人趋近目标以追求成功,后者则使人远离目标以避免失败。

15.一些认知心理学家从目标取向的角度来解释成就动机不同的个体对不同难度任务的选择。追求学习目标的个体在工作中除了关注任务的成败,更关注的是自己能否在工作中使自己的能力得到提升,经验有所积累,心智得到发展。追求表现目标的个体则更关心能否在他人面前表现自己,自己能否得到他人的赞许和好评。

16.习得性无助指因一系列失败而造成的无能为力的绝望心境。引导学生对学业表现进行恰当的归因,创造条件让学生获得一些成功的体验等,学生习得性无助是可以避免的。

思考题

1.什么是动机?它具有哪些功能?

2.试说明动机与工作效率的关系。

3.简述韦纳的动机归因理论。

4.评述马斯洛的需要层次理论。

5.什么是成就动机?如何培养学生的成就动机?

6.区分学习目标和表现目标对学校教育有什么意义?

7.什么是习得性无助?如何避免学生形成习得性无助?

【试一试】 <<<<

1.一种行为的背后,往往存在着多种动机的作用,而每一种动机的产生,又往往与一些内在的需要相联系。对很多学生来说,考上好大学并在其中努力学习以获得优异的成绩,是他们人生中很重要的目标。请分析推动学生考大学并努力学习的动机有哪些以及与这些动机关联的需要。

2.唤起理论能够解释你自己日常生活中的行为表现吗?想想你是否因为唤起水平过高或过低影响到自己的表现。

第九章　人格与人格理论

人们常说,人格决定人生,性格决定命运。这尽管只是一句经验总结,却得到了历史的印证。当我们翻开政星璀璨的中国历史,历代改革家都以其盛名、以其事功格外引人注目,由于史料翔实,个个形象鲜活、个性突出。但无论是商鞅的车裂而死、王安石的郁郁而终,还是张居正的死后抄家,改革家们的悲剧人生与苦难命运,尤其令人倍感唏嘘,这固然有当时政治体制、阶级局限等背景性的根本原因,但改革家人格等个体因素也不容忽视。当我们审查史料,商鞅的激进人格致使其使用暴力手段进行快速改革,积怨甚多;王安石的偏执人格使得其难以礼服众心,包容天下;张居正的马基雅弗利主义人格难克私欲,难生公德。从某种程度上讲,他们自己成了他们所主导的改革大业的阻碍因素。

早在两千多年前,"人啦,认识你自己"就被作为碑铭镌刻在古希腊特斐尔圣殿里,作为一种警醒和召唤。从古至今,人们探索人性之谜的兴趣与好奇从未减弱,人们总是希望尽可能多地了解自身和他人,每个人为什么都不一样? 我为什么会是现在的我? 怎么来测量我们的人格? 这正是人格心理学家努力探索并致力于回答的问题。

第一节　人格概述

人格一词在中国略有沉重感,因为我们赋予了这个词太多道德和法律上的含义,比如"某某人真是人格低下"、"他这样做简直是毫无人格",甚至法律条款中也讲到"尊重公民人格"、"不能侮辱他人人格"、"保护人格尊严"等,可见我们日常使用中将人格与品德、品格、道德品质同义。可是心理学中所要讲的人格并不是这个含义。在定义心理学的人格之前,我们首先来溯源一下"人格"一词的由来。

一、"人格"的由来

从字源上讲,中国古代汉语中并无"人格"一词,但有"人"、"格"两字。在古汉语中,"格"字是什么意思呢?《说文解字》里说:格,木长貌,即格就是树高长枝的意思。《广韵》里说:格,度也,量也。我们说"体格",是指人的身体状况或特征。将这些意思引申,"人格"就是长大成人;而对于人的属性或规格,是可以进行度量的,而度量人的标准就是"人格"。但"人格"这个词是近代从日文中来的,日本的明治维新后向西方学习,引鉴了西方心理学的成果,"人格"正是西学东进后出现在日文汉字中的一个词。心理学中人格一词又是对英文"personality"一词的翻译。

英文 personality 来自拉丁文 persona,本义是指面具,即戏剧演员所扮演的角色的标志。面具代表着这一角色的某种典型特点,类似于京剧中的脸谱。在舞台上,演员的言行要与其扮演的角色相符,而一个角色也就意味着一套行为方式,观众可以从演员的面具了解他的角色,又根据其角色了解他的行为。由此引申,人格是指个人在人生舞台上的行为表现,是其所扮演的"角色"。但表现也就意味着被表现,被表现的东西就是内在的,即面具背后的东西。面具后面是什么或者是谁? 要真正了解一个角色的行为,还要深入到人物(角色)的内心世界。这就意味着一个人有两面,即公开可见的一面和面具背后的不可见的一面。因此,人格这个概念应该从两个方面来定义:首先是外在的人格,即个人被他人知觉和描述的方面;其次是内在的人格,涉及一些内在因素,可以解释为什么一个人被他人认为是这样的。有关人格的任何定义都必须包括这两个方面,二者彼此不同,但都很重要。

在心理学中,我们通常将 specialty、stability、emotionality、individuality 等词翻译为特殊性、稳定性、情绪性、个体性,照此逻辑,personality 也可译为"人性",是指人的各种特征,并没有道德的含义。总的来说,心理学中的人格是一个事实性而非评价性的词语。

二、人格的定义及特点

(一)人格的定义

通过溯源"人格"的来历,我们大概知道了人格的含义,但心理学作为一门科学,人格作为一个重要概念是需要明确定义的。可是,到目前为止,人格没有一个公认的定义。表 9-1 所示是国内外部分心理学家对人格给出的界定。

表 9-1 国内外心理学家关于人格的典型定义

心理学者	提出时间	定 义
阿尔波特	1937	人格是一个人内在的动力组织,决定着个人对其环境独特的适应。
布朗芬布伦纳	1951	人格是对个体环境(包括其自身)的实际方面或感知方面的体验、分辨或操纵的相对持久的倾向系统。
桑福德	1963	人格是一个由各个部分或元素组成的有机整体,因其内部活动而从环境中脱离开来。
卡特尔	1965	人格是一种倾向,可借以预测一个人在给定情境中的行为,它是与个体的外显的和内隐的行为联系在一起的。
拉扎勒斯	1979	人格是稳定的心理结构和过程,它组织人的经验,形成人的行为和对环境的反应。
伯杰	1997	人格是稳定的行为方式和发生在个体身上的人际过程。
黄希庭	1998	人格是个体在行为上的内部倾向,表现为个体适应环境时在能力、情绪、需要、动机、兴趣、价值观、气质、性格和体质等方面的整合,是具有动力一致性和连续性的自我。
珀文	2001	人格是认知、情感和行为的复杂组织,它赋予个人生活的倾向和模式。
彭聃龄	2003	人格是构成一个人的思想、情感及行为的特有模式,这个独特模式包含了一个人区别于他人的稳定而统一的心理品质。
郭永玉	2005	人格是个人在各种交互作用过程中形成的内在动力组织和相应行为模式的统一体。

由于研究人格的侧重点不同,不同的心理学家对人格的定义也不同。尽管各自的表述不一致,但心理学家对于人格的认识有两点共识:一是独特性,如同德国哲学家莱布尼茨所言,世界上没有两片相同的树叶,也没有两个完全相同的人,每个人都是独特的,正所谓人心不同,各如其面;二是行为的特征性模式,是个人与环境(特别是社会环境)的互动方式,或者说是个人在各种情境中所表现出来的一贯的行为方式。例如,一个好迟到的人,做任何事都喜欢迟到,开会、约会、聚餐,甚至乘火车,都要别人等他(她);合作共事时,他(她)承担的任务也往往会最后完成。这种行为模式叫作拖延或拖沓。基于这两点共识,我们可以简单地认为,人格是对人性及其差异的描述,是个体适应环境的稳定的行为方式。

(二)人格的基本特点

人格的内涵非常复杂,定义也多种多样,但人格的基本特点却是众多心理学家公认的。

1.整体性和独特性

人格作为个体稳定的行为方式,它往往包含着多种成分和特质,比如认知、情感、意志、行为、价值观、态度等,它们在一个真实的个体身上并不是孤立存在的,而是密切联系,成为一个有机的整体。人格中任何因素的改变都会引起其他因素的改变。一个人从自信到自卑的改变,会引起情绪、认知和行为方方面面的改变,我们感受到的不仅仅是自信心的改变,而是整个人的改变。同时,由于先天遗传与后天环境的交互作用,使人与人之间在稳定的心理和行为特征上表现出差异。尽管不同的个体可能存在某些相同的个别特征,但他们的整体人格不可能完全相同。

2.稳定性与可变性

由多种人格特征组成的人格结构是相对稳定的,在行为中恒常地、一贯地予以表现。人格的这种稳定性具有跨时间的连续性和跨情境的一致性。所谓的跨时间的连续性,是指一个人的思想、情感和行为在不同的时间里是连贯的、类似的。例如,一个健谈的人,过去、现在健谈,我们会预料他(她)将来也会很健谈。他(她)这种健谈的人格特质具有跨时间的稳定性。所谓跨情境性,是指人在不同情境中的行为往往是相当一致的。一个喜欢交往的人在工作单位里与很多人交往密切,在业余学习班里也能很快认识很多人,在健身俱乐部里也会认识很多人,甚至在完全由陌生人组成的旅行团里也很快与大家混熟。虽然说人格具有稳定性,但并不意味着人格在人的一生中是不变的,随着人生理的成熟和环境的改变,个体的人格特征也会产生或多或少的变化。

3.动机性与适应性

人格"支撑"着个体的行为,它驱使人趋向或回避某种行为,寻找或躲开某些刺激。人格是构成人的内在驱动力的一个方面,刺激通过人格"折射"引导行为,致使行为带有个体人格倾向的烙印。因此,人格在一定程度上影响一个人的生活方式,甚至决定一个人的命运。人格的这种驱动力也反映着人格对人的行为活动具有适应性的品质。

4.自然性和社会性

人格蕴藏着人的自然属性和社会文化价值两方面。首先,人格以个体的神经活动特点为基础,神经活动特点影响着人格特点的形成和发展。例如,一个神经活动类型属于强而不平衡型的人,就比较容易形成勇敢、刚毅的人格特点,而要形成细致、体贴的人格特点就比较困难。相反,一个神经活动类型属于弱型的人,就比较容易形成细致、体贴的人格特点,而要形成勇敢、刚毅的人格特点就比较困难。其次,人格是在个体生活过程中形成的,对人格发展起决定作用的是社会文化、经济基础、教育教养内容和方式等,人格的本质是其社会性。例如,同一民族、同一阶层的人们,由于相似的生活条件和政治经济基础,逐渐掌握了相似的风俗习惯和道德观念,从而形成某些共同的人格特点。

三、个性、性格和气质

在日常生活中,我们描述一个人的行为特征或说明一个人与他人的差异,常常用个性、性格、气质等词。在心理学中,个性、性格以及气质与人格既密切联系,又有区别。

个性主要是指一个人区别于他人的稳定的、独特的特性,是从与他人的差别的角度来认识一个人。人格则是对一个人的总的描述。从这个意义上讲,个性仅表达人格的独特性,但人格还有整体性等特点。另外,个性是相对于共性而言的,世间万事万物都有个性,人自然也有个性。但人格只是对人而言的,对其他事物和动物显然不能用人格来描述。

性格是指一个人对现实的态度和习惯化的行为方式。它是人格结构的重要组成部分,但主要是指个人有关社会规范、伦理道德方面的各种习性,如诚实、坚贞、奸险、乖戾等,表现一个人的道德品质与风格,是就个人的道德行为特征而言的。在我国,对一个人的认识和分析总是与道德品质、价值观等相联系,因此,性格应用更频繁,甚至混同于人格。

气质是指人生来就具有的心理活动的动力特征,也就是我们平常所说的"禀性"、"脾气"。例如,有人暴躁易怒,有人温柔和顺等。气质是依赖于生理素质或身体特点的人格特征,是先天禀赋。气质不仅表现在一个人的情绪活动中,而且表现在包括智力活动等各种心理活动中,它仿佛使人的全部心理活动都染上某种独特的色彩。

总之,个性是指人格的独特性,性格乃是个人后天形成的道德行为特征,气质是人格发展的先天基础。个性、性格、气质都属于人格所包含的内容,人格概念的内涵和外延都更丰富更复杂。

第二节 人格理论

人格理论是心理学家对人格及其差异进行描述和解释,从而对人的行为进行预测和控制所使用的概念体系。由于心理学家们关注的层面、采用的方法等差异巨大,事实上造就了诸多的人格理论,包括特质理论、生物学的人格理论、精神分析的人格理论、行为主义的人格理论、人本主义的人格理论、社会认知的人格理论,这些理论都试图从不同的角度对人格进行解释。

一、人格的特质理论

描述性知识往往是一门学科的起点,是一门学科最基础性的知识。人格心理学家首先要回答"人格是什么?""人格由哪些因素构成?"等基本问题。特质学派认为,特质是决定个体行为的基本特性,是人格的有效组成元素,也是测评人格常用的基本单位。特质理论的创建者奥尔波特不仅将特质作为人格研究的逻辑起点,而且有意识地创建了一门人格心理学学科;艾森克和卡特尔将因素分析等方法应用于人格特质的探索,并各自提出了自己的学说;而以麦格雷和科斯塔为代表的当代特质心理学家则系统总结了该领域的成果,得出了五因素模型,使得人格描述和人格结构问题得到了基本一致的解释。

（一）奥尔波特的特质理论

奥尔波特于 1937 年首次提出了人格特质理论。他把人格特质分为两类:一类是共同特质(common traits),指在某一社会文化形态下,大多数人或一个群体所共有的、相同的特质;另一类是个人特质(individual traits),指个体身上所独具的特质。个人特质依其在生活中的作用又可分为三种:

1. 首要特质(cardinal traits)

这是一个人最典型、最具有概括性的特质,它影响到一个人的各方面的行为。如多愁善感可以说是林黛玉的首要特质。

2. 中心特质(central traits)

这是构成个体独特性的几个重要的特质,在每个人身上大约有 5～10 个。如林黛玉的清高、率直、聪慧、孤僻、内向、抑郁、敏感等都属于她的中心特质。

3. 次要特质(secondary traits)

这是个体的一些不太重要的特质,往往只有在特殊的情况下才会表现出来。这些次要的特质除了亲近他的人外,其他人很少知道。

（二）卡特尔的人格特质理论

卡特尔将特质区分为根源特质和表面特质。表面特质(surface traits)指从外部行为能直接观察到的特质。从表面上看,它们好像是一些相似的特征或行为,实际上却出于不同的原因。如同样都是"干家务活",在这些表面相似的行为中,却可能有着不同的原因。如"为了让妈妈得到更多的休息",或者"为了得到零花钱"。根源特质(source traits)指那些相互联系而以相同原因为其基础的行为特质。如"焦虑"是害怕考试和体育比赛时双腿发抖的同一原因。在这里,"焦虑"就是一种根源特质。表面特质和根源特质既可能是个别的特质,也可能是共同的特质。

卡特尔深受化学元素周期表的启发,用因素分析的方法对人格特质进行了分析。他根据词汇学假设,对描述人格特质的形容词进行研究,最后确定了 16 种根源特质,并编制了"卡特尔 16 种人格因素问卷"(Sixteen Personality Factor Questionnaire,16PF),见表 9-2。

表 9-2　卡特尔的 16 种人格因素（或特质 ）

低分者特征	人格因素	高分者特征
保守、冷漠、疏远、刻板	乐群性（A）	热情、关心人、软心肠、慷慨
迟钝、学识浅薄、不善抽象思维	聪慧性（B）	聪明、有才学、善于抽象思维
易反应、易烦躁、性情易变化	情绪稳定性（C）	安静、稳定、成熟、沉着
恭顺、谦虚、顺从	支配性（E）	过分自信、强有力、好竞争
严肃、安静、谨慎、好沉思	活泼性（F）	无忧无虑、热情、自发的、精力充沛

续表

低分者特征	人格因素	高分者特征
权宜的、一致性差、低超我力量	有恒性（G）	尽责、小心谨慎、高超我力量
羞怯、社交胆怯、易尴尬	勇为性（H）	社交勇敢、冒险
坚强、现实、不易动感情	敏感性（I）	情绪敏感、有教养、易动感情
信任人、不怀疑、宽恕、接纳	怀疑性（L）	警惕、怀疑、不信任人、机警
现实、重实践、实际	幻想性（M）	抽象、善想象、多思、好沉思
直率、自我暴露、坦率	世故性（N）	世故、谨慎、隐蔽
自信、镇定、自我满足	忧虑性（O）	忧虑、自我怀疑、有内疚感倾向
传统、保守、抗拒变革	保守性（Q1）	对变革敏感、敢于尝试、思想自由
团体定向、从属性的、团体依赖	独立性（Q2）	自立、孤独、个人主义
可容忍紊乱、不苛求、不严格	自律性（Q3）	完美主义、自律、目标定向
放松、平静、安静、耐心	紧张性（Q4）	紧张、有紧迫感、高能量、无耐心

（三）艾森克的 PEN 人格模型

艾森克根据人格构成元素对行为影响力的大小，将人格分作四个层次：类型层次（type level）、特质层次（trait level）、习惯反应（habitual response）和特定反应（special response level）。类型处于人格结构的最高层，由次级因素特质构成，特质又由习惯反应构成，而习惯反应又由处于最底层的特定反应构成。在艾森克看来，类型对个体所有的行为系统都有弥散性的影响。

艾森克也使用因素分析的方法来进行人格分析，但艾森克和卡特尔的关注点不同，艾森克更关心人格类型，而不是人格特质。他认为高度相关的特质可以构成更具概括性的人格类型。艾森克确定了彼此独立的三个基本维度或"类型"——外向性、神经质和精神质。

1. 外向性（extraversion）

外向性的一端为典型的外向特征群，好交际、爱热闹、易冲动、自信、活跃、喜欢追求变化等；另一端为典型的内向特征群，固执、刻板、主观、害羞、不易激动等。现实生活中，大多数人处于中间位置。

2. 神经质（neuroticism）

神经质表现为情绪稳定性的差异，高神经质者情绪不稳定，可能会有过分担心某事或害怕某物的倾向，也可能在适应过程中出现不平衡的焦虑状态；低神经质者情绪稳定，往往是平静的、好脾气的、耐心的。

3. 精神质（psychoticism）

精神质是艾森克后来提出的一个重要人格维度，一端为精神质，一端为超我机能。前者表现出了高攻击、冷漠、自私、冲动、反社会、思维和行为迟缓等特点，但与此同时，也表现出高创造性、坚强等特点；而后者则显示出较高的超我机能，表现得仁慈、好心肠。艾森克用首字母 E、N、P 分别代表外向性、神经质和精神质三个维度。因此，通常用缩写词 PEN 来指称艾森克的三维度模型。艾森克依据这一模型编制了艾森克人格问卷(Eysenck Personality Questionnaire,EPQ),这个量表在人格评价中得到了广泛的应用。

(四)五因素模型

自卡特尔应用词汇学和因素分析的方法研究人格特质后,很多研究者对他的特质变量进行了再分析,发现了五个相对稳定的、相似的因素。麦格雷和科斯塔(McCrae 和 Costa)综合自己和他人的研究,提出了"五因素模型"。而外向性、随和性、尽责性、神经质和开放性五个维度的首写字母结合构成了英文单词"OCEAN(海洋)",这是人格极好的隐喻——人心如海洋般浩瀚无际又深不可测。麦格雷和科斯塔进一步编制和修订了目前很具影响力的NEO 人格量表修订版(NEO-PI-R)。NEO-PI-R 包括 240 个项目,5 个分量表和 30 个具体层面,具体如表 9-3 所示。

表 9-3 NEO-PI-R 的维度和层面

人格因素	30 个具体层面
外向性(extraversion,E)	乐群、自信、活跃、兴奋寻求、积极情绪、热心
随和性(agreeableness,A)	信任、坦率、利他、顺从、谦逊、温和
尽责性(conscientiousness,C)	能力、秩序、责任感、上进心、自律、深思熟虑
神经质性(neuroticism,N)	焦虑、敌意、抑郁、自我意识、冲动、脆弱
开放性(openness,O)	思想、幻想、审美、行动、情感、价值

在人格特质与结构的探索中,也有中国心理学家的身影。北京大学心理学系王登峰、崔红等人应用中文词汇,通过因子分析和理论探讨对中国人的人格结构进行了有益探讨,但研究结果不同于西方,发现中国人的人格为七个维度:外向性、善良、行事风格、才干、情绪性、人际关系、处世态度等,相对于西方的"大五"人格结构,中国人的"大七"人格结构无疑更加符合中国人的实际情况,更加接近中国人人格的真实状态。

二、生物学派的人格理论

生物学派的人格理论试图从生理层面对人格进行解释。人的特点及差异问题自古就是人们感兴趣的课题,从身体的物质层面探索原因也自古就有,如体液说、颅相说、体型说、血型说以及高级神经活动类型说等,在此简要介绍典型气质类型说和克瑞奇米尔的体型说。

(一)四种典型气质类型

四种典型气质类型说源于古希腊医生希波克拉特(公元前 460—前 377)的体液说,他认为人体内的四种液体即血液、黏液、黄胆汁、黑胆汁的混合比例,形成不同类型的人。后来罗马医生盖伦确定了四种气质类型,即多血质、黏液质、胆汁质、抑郁质。现在看来,用四种体液来解释气质是缺乏科学依据的,但这种气质分类仍被一些心理学家沿用至今。

巴甫洛夫用条件反射实验探讨过高级神经活动过程的基本特性,即兴奋过程和抑制过程的强度、均衡性和灵活性,认为有四种典型的高级神经活动类型,并分别与盖伦的四种气质类型相对应(见表 9-4)。现代气质学说仍将气质分为四种典型气质类型,但用高级神经活动类型解释其原因。

表 9-4 高级神经活动与气质类型及其主要特征

活动过程	活动类型	气质类型	主要特征
强、不平衡	不可遏制型	胆汁质	情绪体验强烈、爆发迅猛、平息迅速,思维灵活但粗枝大叶,精力旺盛,为人热情直率,表里如一,遇事急躁鲁莽、常欠思量,易感情用事。
强、平衡、灵活	活泼型	多血质	情感丰富,外露而多变,思维敏捷但不求甚解,热情大方、活泼好动,善于交际但交情浅薄,行动敏捷、适应力强,缺乏耐心和毅力,稳定性差,易见异思迁。
强、平衡、不灵活	安静型	黏液质	情绪平稳、表情平淡,思维灵活性略差、但考虑问题细致周到,踏实稳重、自制力强,沉默寡言、交往适度、交情深厚,主动性较差,缺乏生气,行动迟缓。
弱	抑制型	抑郁质	情绪体验深刻细腻,情绪抑郁、多愁善感,思维敏锐、想象丰富,踏实稳重、自制力强,不善交际、孤僻离群,行为举止缓慢,软弱胆小、优柔寡断。

(二)体型类型说

20世纪初,德国心理学家、精神病学家克瑞奇米尔根据临床观察和调查研究,发现了体型和气质之间存在高度相关。他把人的体型分为三种:瘦长型、矮胖型、强壮型,并认为不同体型的人具有不同的气质。矮胖型的人,外向而容易动感情,活泼、乐观、感情丰富、善于交际;瘦长型的人,内向而孤僻,安静、过敏、不善交际;强壮型的人则介于两者之间。克瑞奇米尔认为,不同体型的正常人在气质上也带有精神病患者的某些特征。例如:矮胖型的人具有躁狂抑郁症的特征,瘦长型的人具有精神分裂症的特征,强壮型的人具有癫痫病症的特征。因此,他将人的气质特分为:躁郁气质、分裂气质和黏着气质。

克瑞奇米尔指出了身体特征与气质的相关,对后人的研究有一定的启发作用,但并不能认为两者之间存在着因果关系。他过分夸大了生物因素的作用,忽略了社会生活对气质的影响,这显然是不正确的。

三、精神分析学派的人格理论

精神分析是奥地利精神医学家弗洛伊德(Sigmund Freud)创立的。精神分析学派理论繁多,他们将探索人性的目光投向人格内部的最深层,投向似乎早已被遗忘的早期经验,甚至投向现代人心灵深处积淀的人类祖先的丛林生活经验。

(一)弗洛伊德的人格理论

弗洛伊德深受能量守恒定律的启发,把人的身心组织也看成一个能量系统,能量可以被压抑但不能被消除,它必须寻找释放的途径。对人而言,这些能量是与生俱来的本能。他把本能分为生本能和死本能,其中生本能包括性本能和自我本能。弗洛伊德最重视的是性本能,他将性本能的能量称为力比多(libido),把它看成人类行为最重要的动力。

弗洛伊德将人格分成三个部分,即本我(id)、自我(ego)和超我(superego)。本我是人格中最原始的部分,由一些与生俱来的冲动、欲望或能量构成。本我不知善恶、好坏,不管应该不应该、适合不适合,它按快乐原则行事。自我是来自本我经外部环境影响而形成的知觉系统,它代表理性与机智,在本我和超我之间起调节作用。自我的能量大部分消耗在对于本我的控制和压抑上,它按现实原则行事,使本我适应现实条件,调节、控制或延迟本我欲望的满足。比如,自我会阻止考试作弊的冲动,因为它会考虑到被抓住而产生的后果,同时它会用以后更努力的学习行为或者寻求教师同情等方式来代替作弊。超我指人格中最道德的部分,它代表良心、自我理想,处于人格的最高层,是个体在社会道德规范的影响下形成的,是社会道德观念内化的结果。超我按完美原则指导自我,限制本我,以便达到自我典范或理想自我的实现。人格中的三个部分分别代表着三种不同的力量:本我追求快乐,想要做感觉上快乐的事情;自我面对现实;超我则追求完美,坚持做那些正确的事。在本我、自我和超我中,自我起协调作用。一个心智健全的人能合理规避冲突,使三部分保持相对平衡,成为和谐统一的整体,个体能够卓有成效地展开与外界环境的各种交往,以满足人的基本需要和欲望,实现人的崇高理想与目的。反之,有的人人格三部分相互冲突、难以协调,不能使他们保持相对平衡与和谐,或一味地放纵本我,或超我过分严厉和完美,这些都会导致社会适应困难,甚至导致心理疾病。可见,一个力量强大、能充分有效发挥作用的自我是人格健康的关键。

(二)荣格的内—外向人格类型

弗洛伊德的弟子、瑞士著名心理学家荣格(C.G..Jung)按"心理倾向"划分人格类型,提出了内—外向人格类型学说。荣格认为,当一个人的兴趣和关注点指向外部客体时,这人就是外向型人格,他们注重外部世界,热情奔放,情感爱表露于外,独立自主,好交际,有时轻率;当一个人的兴趣和关注点指向主体时,这人就是内向型人格,他们喜欢内省和自我剖析,爱幻想、好深思,做事谨慎,交际面窄,疑虑困惑,有时适应困难。

荣格还认为,人类有四种心理机能:感觉、思维、情感和直觉。感觉是对物理客体的有意识的知觉;思维是一种产生意义和领悟的要领过程;情感是权衡和评价的主观过程;直觉是在无意识状态中的知觉过程。荣格将四种心理技能与两种心理倾向相匹配,进一步细分出八种人格类型,即外倾思维型、内倾思维型、外倾情感型、内倾情感型、外倾感觉型、内倾感觉型、外倾直觉型、内倾感觉型。

精神分析学派自弗洛伊德创立以来,已经形成许多理论并分裂成不同的学派,这些学派围绕潜意识、冲突和焦虑等心理问题修正和发展了弗洛伊德的人格理论,除了荣格,还有阿德勒、埃里克森等众多心理学家。阿德勒强调克服自卑感和追求卓越是人格发展的动力,指出社会兴趣在人格的健康发展中扮演了重要角色;阿德勒还认为出生顺序及出生头几年在人格形成中起着重要的作用。这些心理学家及其思想对后来精神分析学派的发展产生了深远影响。

四、行为主义学派的人格理论

行为主义学派是由美国心理学家华生(J. B. Watson)创立的一个心理学派,主张心理学的研究对象是行为。在行为主义者看来，人格的本质其实就是行为：你做什么，你就是什么。行为主义代表人物华生、斯金纳、罗特、班杜拉对于人格理论的发展均有自己的贡献。

(一)华生的人格观点

华生认为，人格是习惯的综合，而习惯则是反应的综合。按照他的观点，人格不过是"我们行为习惯系统的最终产物"。换言之，在人的生活历程中，我们都在以或多或少可以预测的方式对特定的刺激给予条件反射式的反应。有的人可能被父母或教师激发起挑战的行为，而有的人可能学会了放弃去尝试新的事物。每个人都有独特的生活经历，这使我们形成了各自对刺激的特定反应方式，因此也造就了不同的人格特征。

华生认为环境才是人格形成的决定因素。环境塑造人，一个人成为一个什么样的人，取决于他生活在什么样的环境中，而不是取决于他有什么样的遗传特征。华生相信人生来是一块白板。正如华生自己所言："给我一打健康而又没有缺陷的婴儿，把他们放在我所设计的特殊环境里培养，我可以担保，我能够把他们中间的任何一个人训练成我所选择的任何一类专家——医生、律师、艺术家、商界首领，甚至是乞丐或窃贼，而无论他的才能、爱好、倾向、能力，或他祖先的职业和种族是什么。"因此，在华生看来，人们要养成健康的人格，关键在于要有一个良好的社会环境。

(二)斯金纳的人格观点

斯金纳认为"人格"的基本概念既不确切又容易误导人。根据斯金纳的观点，无论是一只老鼠、一只鸽子，还是一个人，其行为不过是对外界刺激的习得反应而已，而人格仅仅是通过操作性条件反射的强化而形成的惯常的、独特的行为方式以及这些方式的组合。他拒不接受那些决定和指导行为的人格或自我概念，并批评指出，假定某种类似精神的东西存在于人体内并使人运动是泛灵论的遗迹。

(三)罗特的内控—外控人格类型

朱利安·罗特认为个体在自己解释自己的行为后果获得报酬的原因上有一种心理倾向。罗特是在研究预期是否具有普遍影响的实验中得出这一结论的。研究者让一些大学生被试完成猜图任务，并欺骗他们说这是一个超感实验。将一张卡片背向学生，让他猜它上面是一个圆形还是一个正方形，然后主试告诉他猜对或猜错。10次尝试之后，让被试说说自己在后面10次猜测中可能会猜对的次数。罗特发现，一些人总认为他们会猜得更差，因为他们说自己在尝试中是凭运气猜对的；而另一些人认为自己会越来越好，因为他们相信自己在超感方面的技巧会越来越好。后来罗特的心理训练班上也发现了类似的情况，有些患者总认为发生在他们身上的事情都是由外部力量决定的，而另一些患者哪怕已经有多次失败的记录，他们对自己的某种行为总是抱着成功的信念，认为发生在他们身上的事情是由自己的努力和能力决定的。

罗特将这种主观心理倾向称为控制点(locus of control)，意指个体对自己的行为和行为后果所得报酬间的关系所持的一种信念。在此基础上，罗特区分出了两种人格类型的人：(1)内控型的人相信行为或事情由自己的努力、能力、特质决定，其泛化预期是，人可以影响将要发生的事情，无论发生的是好事还是坏事，都是自己造成的；(2)外控型的人相信运气及其他外部力量决定我们的行为与成败,与多数人相比,这种人格类型的人更相信发生在自己和别人身上的事情是不受自己控制的。

五、人本主义学派的人格理论

人本主义心理学由美国心理学家马斯洛(A. Maslow)和罗杰斯(C. Rogers)在 20 世纪 50 年代创立。人本主义人格理论以人为中心,以积极健康的态度对待个体,重视健康的人。

(一)马斯洛的自我实现论

马斯洛认为人的需要分为五个层次,即生理需要、安全的需要、爱与归宿的需要、尊重需要、自我实现的需要,其中前四层次的需要称为基本需要,由于基本需要常在匮乏的情境下产生,因而又称为匮乏需要;最高层次的自我实现需要则为衍生需要,由于它常因追求个人的生存价值而产生,因而也称为存在需要或成长需要。低层次需要获得满足是构成高层次需要产生的基础。

需要层次理论也是马斯洛人格理论的基本内容。马斯洛认为人应该向更高水平成长,因此应当研究那些最健康的人,即自我实现者。自我实现是马斯洛人格理论的核心概念。所谓自我实现是指在个体成长中,其身心各方面的潜力充分发展的历程与结果,即个体本身与生俱来的潜在的好品质,得以在现实生活中充分展现出来。正如一位作曲家必须作曲,一位画家必须绘画,一位诗人必须写诗,否则他无法安宁。这是人生的一种最高境界。马斯洛进而将自我实现视为人性的本质,他认为,任何生命都生而具有实现其潜能的倾向,人更是如此。同时他还认为,健康不仅仅是没有疾病,健康的人就是能自我实现的人,自我实现就是个体使自己身心各方面的潜能获得充分发展的过程和结果。

(二)罗杰斯的自我理论

罗杰斯人格理论最重要的概念就是"自我"。罗杰斯认为,有机体有一种先天的"自我实现"的动机,它表现为一个人最大限度地实现种种潜能的趋向。他非常强调现象场。所谓现象场是指一个人人生的全部经验,自我由现象场变异而来。自我包括个体对机体的觉知、体验到的所有知觉及这些知觉与所处环境发生关系的方式。可见自我是自我经验的产物,是一种主观经验的同化机制。它决定着个体是否接受外界刺激的影响以及接受什么样的影响。自我概念是在个体与环境互动的过程中形成的,在这种互动中,个体从自己感受中获得的直接经验与从他人那里获得的间接经验(往往是他人对自己的评价性经验)往往不完全一致。而要达到自我协调,就是一个人的自我概念中没有相互冲突的经验,个体会动用歪曲、否认等防御机制来阻止与自己的直接经验相左的经验进入意识层面。

罗杰斯把自我分为理想自我和现实自我。理想自我是一个人所希望的自我形象,理想自我和现实自我之间的差别是一个人的心理是否健康的指标。罗杰斯认为健康的人格就是机能完善的个体。人们可以通过三种态度帮助他人达到自我的成长:以敏感和不判断的态度去反映对方的感觉,并深入他人的主观世界,了解他人真正的感受;真诚而适度的自我开放;无条件地接纳与正面关怀。

六、认知学派的人格理论

认知取向的人格心理学家认为，人格的差异是由人们信息加工方式的不同而造成的，也就是说，人们的思维方式决定人的人格。人格的认知理论家用我们对有关信息的心理表象的差异来解释人格的差异。他们将这些表象称之为认知结构。

（一）凯利的个体建构理论

凯利认为，处在同样的情境中，不同的人有不同的行为；经历同样的事件，不同的人有不同的感受或观点，对以后生活的影响也不同，这些人格的差异主要是由于不同的人建构世界的方式不同。凯利提出"人是科学家"的假设，即人能像科学家一样产生和检验他们的假设，以及得出世界是什么的新观点。因为没有两个人会用完全相同的观点去认识世界，也就没有两个人有着同样的人格。根据"人是科学家"的假设，个体被激发去了解所有作用于自身的刺激意义，像科学家试图预测和控制事情的发生那样，个体寻找对世界的了解以帮助他预测和控制将要发生的事件。凯利认为人们对世界的看法就像一个个透明的模板，在认识一种事物时就取出其中一个模板，匹配就保留，不匹配则修改，以便下一次做出更好的预测。凯利称之为"模板匹配"。

凯利把这种用来解释和预测事件的认知结构称作个体建构。没有任何两个人完全相同的个体建构，也没有两个人有完全相同的组织建构的方式。根据凯利的理论，个体建构是两极的，换句话说，有关的事物在我们的建构中以"不是……就是……"的形式加以区分，但是这并不意味着我们看待世界时只把它分成黑白两色，而没有中间的过渡色。事实上，当我们用了最初的黑白建构以后，我们还会用其他的两极建构决定黑白以外的部分。那么怎样用个体建构来解释人格的差异呢？凯利认为，我们的差异大多来自我们建构世界的不同方式。在相同的情境中，由于人们对该情境的解释有很大的差异，人们也就以不同的方式对之做出反应。另外，每一个人都有自己比较固定的建构方式，这也会导致人们对同样事物的不同理解。

（二）米歇尔的认知—情感单元人格系统

米歇尔对特质理论忽视情境作用表示不满，他深受社会学习理论和认知理论的双重影响，试图建立一种截然不同的人格理论。这种理论主要强调三个方面：第一，情境的具体性。个体的行为被视为具有高度的可变性和相对的情境具体性。第二，强调人类认知机能的鉴别力。人们一般都能识别与不同情境有关的奖励和需要，并据此调整自己的行为。第三，强调人格机能适应的自我调节方面。米歇尔对人们怎样以适应的方式在不同情境中改变自己的行为感兴趣，即人们是怎样改变自己的机能来满足某个特定情境需要的。在此基础上，米歇尔进一步指出，我们遇到的事件会与一个复杂的认知—情感单元发生交互作用，并最终决定了我们的行为。所谓认知—情感单元，其实指的是所有的心理表象，它由人格的特殊元素组成，即编码方式、预期和信念、情感、价值和目标、能力和自我调整计划。编码方式是指将自我、他人、事件和情境加以归类；预期和信念是指对在某种特定的情境中将要发生什么进行预测，对某种特定的行为会有什么后果进行预测，对某个人的个人效能进行预测；情感是指人们的感受和情感，包括一些生理上的反应；价值和目标指期望或厌恶的结果和情感状态以及个体的目标和生活规划；能力和自我调整计划是指个人可能表现出的潜在的行为、组织活动、影响结果以及个人行为、内部状态的计划和策略。

为了更好地理解以上六个理论流派的观点，我们以攻击性行为为例，看看不同人格理论在解释同一种行为的不同视角与方式。

特质论强调攻击行为的稳定性，认为富于攻击性的人表现出的敌意是攻击特质的表现。研究发现，在小时候被认为攻击性较强的人，长大以后也容易表现出攻击行为。那些喜欢推、撞别人的孩子，成人后常出现虐待配偶和暴力犯罪行为。

生物学派也对攻击行为的稳定性感兴趣，认为生理素质是攻击性行为的主要原因。有证据表明，有些人天生就比别人更爱攻击。虽然要确认哪些行为是天生的，哪些是后天获得的是件很困难的事，但确实有些人在出生时就具有攻击性的素质，成年后自然就变成了富于攻击性的成人。

精神分析通常从无意识过程来解释行为。对于攻击性行为，精神分析认为每个人都具有一种无意识的死亡本能——一种自我毁灭的愿望，只不过这种冲动转向外，以攻击别人或外部的方式表达出来。

行为主义和社会学习理论认为，人们像学习其他行为方式一样习得攻击行为。当儿童看到别人用攻击行为得到他们想要的东西或解决问题时，他们明白打人有时是有用的。

人本主义人格心理学家不承认有些人生来就具有攻击性，而是相信人的本性是善良的，如果能在富足和充满鼓励的环境中成长，每个人都能成为乐观和善良的人。攻击性源自于基本需要得不到满足。避免攻击性行为的解决的办法是营造温暖和尊重的环境。

认知论者认为人们怎样对某一事件做出反应取决于人们怎样对他们做出解释。有的人比别人更倾向于把某种模糊的情景解释为受到威胁，也就更可能以攻击的方式做出反应。

上述各种解释并不互相矛盾，只是它们强调的重点不同。

第三节　人格成因

人格是怎样形成的？哪些因素影响人格的发展以及如何影响人格的发展？这些问题一直是心理学家们孜孜不倦地探索，希望能科学严谨地解释的问题。但人既是一个生物个体，又是一个社会个体，没有一个人可以完全复制，任何一个人的人格的形成与发展过程都是唯一的、极其复杂的。当代心理学家能达成的最大共识就是：人格是在遗传和环境的交互作用下形成的。其中环境因素又是高度概括了的、包括众多方面的泛指，小到家庭因素，大到自然物理因素和社会文化因素等，这些因素对人格的形成和发展都有重要的影响。

一、生物遗传因素

遗传是指经由基因的传递，使后代获得亲代的特征，包括结构、机能等。在日常生活中，有许多的父母和子女，不仅相貌相似，而且性格也十分相近，以至于经常有人讲："你们家的孩子和他爸真是一样的。""这姑娘真像她的妈妈啊！"相貌相似，说明亲代和子代有着基因和生理的遗传；性格相近，则说明某些心理机能也可能遗传。许多心理学家在探讨生物遗传因素对人格的影响时，十分偏爱双生子研究，因为同卵双生子是由一个受精卵发育分裂而成，具有相同的基因，所以同卵双生子的任何差异都可归结为环境因素的作用；异卵双生子的基因虽然不同,但在母亲年龄、孕育环境、家庭等环境上有相同之处,这也为控制环境变量提供了可能,研究在一起长大的或分开抚养的双生子,以及他们有无血缘关系的兄弟姐妹,就可以看出不同环境对相同基因的影响,或者相同环境下不同基因的表现。

双生子研究很多,如弗洛德鲁斯等人对瑞典的 12000 名双生子进行了人格问卷的施测,结果表明,同卵双生子在外向和神经质上的相似性要明显高于异卵双生子,说明遗传在这两种人格特质中显示了较大的作用。

生物遗传因素对人格的作用是一个有重要理论意义和实践意义的复杂问题,现在心理学的研究结论虽然不可能像物理、化学等自然科学的研究成果那样明确精细,但遗传对人格的影响作用有下列共识。

首先,遗传是人格不可缺少的先天基础。

其次,遗传因素对人格的作用程度随人格特质的不同而异。通常在智力、气质这些与生物因素相关较大的特质上,遗传因素的作用较重要;而在价值观、信念、性格等与社会因素关系紧密的特质上,后天环境的作用可能更重要。

最后,人格的发展是遗传和环境两因素交互作用的结果。

二、社会文化因素

《荀子·富国篇》中提及:"人之生也,不能无群。"群体是人生活的基本背景,也是人类生活最基本的活动方式。每个人从一出生开始,就被置于特定的社会中,置于特定的文化中,其人格的形成和发展也在很大程度上取决于他们所生活的社会环境。社会特定的风俗习惯、道德标准、价值观念以及经济水平的差异,都对人的人格有着不同程度的影响。如人所处的社会阶层就影响某些人格特质的形成和发展。阶层的区分主要取决于所拥有的物质财富,与之相关联的其他因素是社会声望(职业地位)、受教育程度、机会以及对自己生活的控制程度。研究表明,在保守—激进这一人格维度上,不同的社会阶层之间有显著的差别。商人多半较保守,而劳动者则多半较激进。经济地位越高,心理防卫越强。随着社会阶层的降低,心理防卫逐步减弱。有研究发现,低阶层的人难以延宕需求的满足,遇到挫折会立即做出反应;而高阶层的人则能延宕需求的满足,压抑自己的感受,把愤怒转向自己(自责)。还有研究表明,低阶层的人是"追随冲动的",高阶层的人则是"克制冲动的"。有研究通过比较不同阶层的男孩在各种作业过程中的表现,发现劳工阶级的男孩倾向于以行动来传达想法并解决冲突,而中产阶级的男孩则倾向于以观念来传达想法并解决冲突。还有研究发现,劳工阶级的男孩比较缺乏控制力,随时可能打架,街上的斗殴者更多的是这个阶层的男孩,他们喜欢"就地解决问题"胜过"先让心情平静下来";而中产阶级的男孩比较能抑制攻击行为,除非不得已要自卫,他们更习惯于使用语言攻击和智能上竞争的方式。中产阶级孩子有"过度社会化"倾向,低阶层孩子可能在某些方面"社会化不足"。

每个民族都有自己的文化传统,这是一个民族经过世世代代的积累而形成的民族文化,它会影响生活于其中的每个人,使一个民族或一个国家的国民形成独特的民族特质,如德国人冷静、法国人热情、日本人勤奋。中国的儒家文化传统形成了中国人顺从、勤俭、保守等特点。

当今社会,提倡公平竞争、平等合作的精神,这种社会文化有利于青年学生乐观、自信、独立、创新等良好性格的形成。另外,网络的普及对青少年人格的影响越来越引起人们的关注。当前,青少年主要通过网络媒体接受社会信息。网络媒体信息的透明度越来越高,信息发布具有一定程度的随意性,各种正面的、积极的或负面的、消极的事件与新闻非常多,而且,近年来"反社会性行为"的报道比率呈直线上升趋势,对媒体受众产生了很大的情绪压力。尤其是青少年学生,他们正处于人格发展的关键期;同时,网络的普及使青少年学生学习和交往的方式也发生了很大变化,可能也会影响到他们人格的发展。因此,在当今网络时代的社会背景下,加强网络媒体对人格形成和发展的研究非常迫切。

三、自然物理因素

自然物理因素包括生态环境、气候条件、空间拥挤程度等,这些物理因素都会影响到人格的形成和发展。美国心理学家巴理关于阿拉斯加州的爱斯基摩人和非洲的特姆尼人的比较研究说明了生态环境对人格的影响。爱斯基摩人以渔猎为生,夏天在船上打鱼,冬天在冰上打猎。主食为肉,没有蔬菜。过着流浪生活,以帐篷遮风避雨。这个民族是以家庭为单元,男女平等,社会结构比较松散,除了家庭约束外,很少有持久、集中的政治与宗教权威。在这种生存环境下,父母对孩子的教养原则是能够适应成人的独立生存能力。男孩由父亲在外面教打猎,女孩由母亲在家里教家务。儿女教育比较宽松、自由,不受打骂,鼓励孩子自立。使孩子逐渐形成了坚定、独立、冒险的人格特征。而特姆尼人生活在灌木丛生的地带,以农业为主,种田为生。居住环境固定,形成 300~500 人的村落。社会结构紧固,有比较分化的社会阶层,建立了比较完整的部落规则。在哺乳期内,父母对孩子很疼爱,断奶后孩子就要接受严格的管教。这种生活环境使孩子形成了依赖、服从、保守的人格特点。

另外,气温也会提高人的某些人格特征的出现频率。如热天会使人烦躁不安,对他人采取负面的反应,发生反社会行为。

总之,自然环境对人格不起决定性的作用,但在不同的物理环境中,人可以表现出不同的行为特点。

四、家庭环境因素

俗话说"父母是孩子的第一位老师","有其父必有其子",可以说家庭是孩子个性形成的加工厂。父母教育、亲子关系和早期经验、家庭结构和氛围,甚至孩子在家庭中的出生顺序等对子女的人格发展都有重要影响。正如著名教育家福禄贝尔所言,"家庭生活在儿童生长的每一个时期,不,在人的整个一生中都是无可比拟地重要的"。

心理学家在研究人格的家庭成因时,首先,最重视的因素是父母的教养方式。父母是子女最重要的教育者。父母的教育态度和方式在儿童性格的形成中具有特别重要的作用。综合众多心理学家的研究结果,父母的教养方式和子女人格特征之间的关系见表 9-5。

表 9-5　父母教育方式与子女人格的关系

父母亲的教育方式	子女易形成的人格特征
支配性的	消极、顺从、依赖、缺乏独立性
溺爱的	任性、骄傲、自私、缺乏独立精神、情绪不稳定
过于保护的	缺乏社会性、被动、胆怯、依赖、沉思、沉默、亲切
过于严厉的	顽固、冷酷、残忍、独立;或怯懦、盲从、不诚实

父母亲的教育方式	子女易形成的人格特征
忽视的	嫉妒、情绪不安、创造力差,甚至有厌世轻生情绪
父母意见分歧的	易生气、警惕性高;或有两面讨好、投机取巧、好说谎的作风
民主的	独立、直爽、合作、快乐活泼、善于交往、有安全感、大胆、有毅力和创造精神

前面介绍过不同社会阶层的人可能形成不同的人格特点。布罗芬布纳(Bronfenbrenner)曾研究过中产阶级和工人阶级家庭培养孩子的方法,结果发现,中产阶级的父母对待孩子比较随和灵活,喜欢和孩子根据事实讲道理,按规矩行事,必要时能向孩子致歉和妥协;而工人阶级的父母则倾向于放任或粗暴,不准孩子提问,很大程度上可能是由于他们在社会生活中所处的地位、所受的教育和在工作中所担当的角色不同之故。可见,社会文化因素与父母教养交织在一起,从小就通过父母教养方式给他们的下一代的人格发展打下深刻的烙印。

其次,亲子关系和儿童早期经验也是影响子女人格发展的重要因素。许多心理学家相信,一个人早年的经历比以后的经历对人格的形成影响更大,因此他们将研究焦点集中在家庭环境,特别是亲子(父母亲与子女)关系上。研究表明,子女在幼年时对养育者(通常是母亲)形成的安全依恋程度会成为人格差异的一个重要影响因素。形成了安全依恋感的孩子以后会形成热情、坚韧、自我引导、渴望学习和成为领导者等倾向;没有形成安全依恋感的孩子则更易遭受挫折、更具有依赖性、回避社交、难以与他人建立亲密关系。鲍尔毕曾受世界卫生组织委托,对在非正常家庭成长的儿童和流浪儿做了大量的调查,他得到的结论是,儿童心理健康的关键在于婴儿和年幼儿童与母亲建立一种和谐而稳定的亲子关系。

人生早期所发生的事情对人格的影响,历来为人格心理学家所重视。中国有句俗话,"三岁看大,七岁看老"。人格发展的确受到童年经验的影响,幸福的童年有利于儿童发展健康的人格,不幸的童年会使儿童形成不良的人格。但二者不存在一一对应的关系,溺爱也可能使孩子形成不良的人格特点,逆境也可能磨炼出孩子坚强的性格。早期经验不能单独对人格起决定作用,它与其他因素共同决定着人格的形成与发展。

第三,家庭结构和氛围也影响子女的人格发展。一般认为家庭结构有这样三种:大家庭、核心家庭和破裂家庭。生活在不同家庭结构中的孩子,在其性格形成和发展中,家庭的影响也不同,特别是家庭离异、父母进城务工而子女留守等当代中国突出的家庭结构变异,往往受到严重影响的首当其冲是孩子。由家庭成员之间的相互关系所造成的家庭氛围,可对孩子的性格养成起到潜移默化的影响。家庭中的情绪气氛是由家庭中全体人员营造的。在一个家庭里,父母之间感情和谐,往往使儿童有安全感,反之,如果家庭气氛紧张,极易使儿童情绪不稳定,缺乏安全感,害怕因父母迁怒于自己而受严厉的惩罚,对人也不信任,人格就容易发生问题。可见,和谐而愉快家庭中的孩子与气氛紧张及冲突家庭的孩子在性格上有很大的差异。

五、学校教育因素

学校是一种有目的、有计划地向学生施加影响的教育场所。学校的各科教学以及教师、同学与同伴、校风班风等都是学校教育的元素。

首先,学校各科教育都对学生人格发展有深远影响。各科的课堂教育是学校教学的主要环节,学生在学习知识的过程中,通过训练养成良好行为习惯,如遵守纪律、抵抗诱惑、克服学习中的困难,培养坚定、顽强、守纪、合作等性格特征。不同学科还可以从不同方面培养学生的素质。德育使学生形成一定的思想品德,树立人生观和价值观;智育使学生掌握系统的科学文化知识与技能,促进智力的发展;体育不仅使学生掌握运动技能,也能培养意志力和勇敢精神;美育使学生掌握审美知识,形成一定的审美能力,通过对美的理解和欣赏,正确区分美与丑、真与假、高尚与低级、文明与野蛮,形成审美情操;劳动教育使学生形成正确的劳动观点和劳动态度,建立良好的劳动习惯。

其次,教师是学生学习的榜样,其言传身教对学生的人格起着潜移默化的影响。一般而言,具有良好人格特征的教师,在学生中享有很高的威信,学生对他们的教育心悦诚服;反之,如果教师自身的人格不好,如粗暴、偏心、神经质等,学生会采取敌对态度,可能产生自暴自弃、不求上进等不良人格。教师的言行和风格会影响学生人格的形成。教育心理学家勒温等人曾研究了不同管教风格的教师对学生人格的影响,发现民主型、专制型和放任型等不同管教风格下,学生会形成不同的人格特点。教师采用民主型的管教风格,学生会养成积极主动、情绪稳定、态度友好,很少表现出不满情绪的行为特征;专制型的管教风格,学生会表现出依赖性强、缺乏自主行动、情绪紧张,不是冷淡就是带有攻击性,常有不满情绪;放任型的管教,学生则易形成无组织、无纪律、任性、作业效率低、无团体目标等特征。

最后,校风班风也影响学生人格的形成。良好的校风、班风促使学生养成勤奋好学、追求上进和自觉遵守纪律等人格特征;不好的校风班风会使学生形成懒散、无组织、无纪律、粗暴无礼等特性。学生时代,同伴群体对学生人格具有巨大的影响。学校是同龄人集中的场所,同伴关系是较为亲密的关系。俗话说"近朱者赤,近墨者黑",好的同伴能够相互促进、健全人格、发展人格;坏的同伴则可能造成人格扭曲,让人不明是非。

六、自我调控因素

上述各因素体现的是人格培养的外因,而外因是通过内因起作用的。人格的自我调控系统就是人格发展的内部因素。人格是在个体与环境相互作用的实践活动中形成和发展的,但任何环境因素对人的人格产生影响,都必须通过个体已有的心理发展水平和自我意识活动才能发生作用。家庭、学校、社会等以上各种因素的影响只有被个体接受和理解,才能转化为个体内部需要,才能推动他去行动。具有自知的人,他能够客观地分析自己,不会把遗传或生理方面的局限视为阻碍个人发展的因素,而会有效地利用个人资源,发挥个人长处,努力地改善自己和完善自我。人是在发展中求生存的。自我调控具有创造的功能,它可以变革自我,塑造自我,不断完善自己,将自我价值扩展到社会中去,并在对社会做贡献中体现自己的价值,把实现自我的个人价值变为实现自我的社会价值。人的自我塑造伴随着人的一生,需要一个人不懈地努力去完成,因此,提高自我控制和自我教育的能力是一项长期且有益的任务。

综上所述,人格是先天和后天的合金,是遗传与环境交互作用的结果。在人格的形成过程中,各个因素对人格的形成与发展起到了不同的作用。遗传决定了人格发展的可能性,环境决定了人格发展的现实性,其中教育起到了关键性作用,自我调控系统是人格发展的内部决定因素。

阅读材料<<<

双生子研究

在明尼苏达大学关于分开抚养双生子的研究中,研究者对参与研究的双生子进行了能力测验和人格测验。此外,还向这些双生子做了长期的访谈,并得到他们对有关童年的经验、恐惧、嗜好、音乐兴趣、社会态度和性兴趣等问题的回答。结果发现了一些惊人的相似性。

成长背景最不同的双生子要属奥斯卡·斯托尔和杰克·伊弗。他们出生在特里尼达,父亲是犹太人,母亲是德国人。刚出生时,他们就被分开。母亲把奥斯卡带到德国,由信奉天主教和纳粹主义的外婆抚养。杰克由身为犹太人的父亲抚养,他在青年时期大部分时光是在以色列的一个集体农场度过的。居住在两地的这一家人从未联系,兄弟俩过着截然不同的生活。二十多年未曾见过面的兄弟俩竟然表现出显著的相似性:都穿着蓝色、双排扣、带肩章的衬衫,都留有短髭戴金丝眼镜,都喜欢吃辣的食物,喝甜酒,喜欢把涂了黄油的土司放在咖啡里,甚至乘电梯时都会打喷嚏,如此等等,使人难以置信。

另一对同卵双生女子,她们在很小时(第二次世界大战期间)被分开,在两个社会经济地位迥异的家庭中长大,分开后第一次见面时已经是家庭妇女了,令人惊讶的是,这次见面时手上都戴着七枚戒指。

当然,不存在什么戴戒指或泡土司的基因,这种相似反映了更基本的制约人格特质遗传因素的相似性。

(资料来源:郭永玉、王伟主编.心理学导论[M].武汉:华中师范大学出版社,2007:244.)

第四节 人格测验

心理学家为描述和解释人格及其差异,提出了许多人格理论。如何直观地表达和鉴别人格差异,心理学家发展了人格测验技术。提高洞察和预测个体人格的能力,一方面有助于处理好各种人际关系,另一方面,一个人要想更好地适应社会也必须对人类的行为有一般的理解,因此人格测量不仅具有重要的理论意义,而且有直接的现实意义。按照测验方式,一般将人格测验分为自陈式测验和投射测验。

一、自陈式测验

自陈式测验是运用自陈量表对人格进行测量的一种方法。自陈量表通常由一系列问题组成,每个问题陈述一种行为,由被试者根据自己的真实情况做出是否与陈述内容符合或符合程度的判断。应答一般有三种形式:一是是非式,即回答"是、否、不一定";二是二选一式,即在两个选项中选择其一;三是等级式,即把被试符合陈述内容程度划分为不同等级,要求被试对符合的程度作出判断。自陈式测验的题目、记分、评定都经过标准化,比较方便实用,既可用于个别测验,也可用于团体测验。下面介绍几种常用的自陈式人格测验。

（一）明尼苏达多相人格量表

明尼苏达多相人格量表（Minnesota Multiphasic Personality Inventory, MMPI）是最常用的人格测验之一,由明尼苏达大学哈撒韦和麦金莱于 20 世纪 40 年代共同创造编制。该测验主要用于心理异常的诊断。在量表编制中,哈撒韦与麦金利进行了深入细致的工作,查阅了大量病史资料、病人自述、早期出版的人格量表及医生笔记等,其设计是将被试的反应与已知患有某种心理疾病的人的反应相比较,保留正常人与心理疾病者反应有差异的题目,这是用实践标准编制的量表。

明尼苏达多相人格问卷包括 566 个题（1966 年修订后成为 399 个）,后来经过不断完善,MMPI 既可以测定正常人的人格,也可以鉴别各类精神病。量表包括 10 个临床量表,适合于 16 岁以上成人,由受测者对每个项目做"是"或"否"的回答。测试没有时间限制,正常人一般用时在 45 分钟左右,最多 90 分钟,如果被试文化水平较低可以超过 2 小时。10 个临床分量及基本症状如下:

疑病（Hs）:反映被试对身体功能的不正常关心。

抑郁（D）:与忧郁、淡漠、悲观、思想与行动缓慢有关,得分高者常被诊断为抑郁性神经症和抑郁症,感觉自己没有价值,没有希望,分数太高可能会自杀。

癔症（Hy）:出现身体不适,但找不出任何生理原因。得分高者多表现为依赖、天真、外露、幼稚及自我陶醉,并缺乏自知力。

精神病态（Pd）:可反映被试人格的偏离,高分者往往情感冷漠,无视社会规范和道德准则。

男—女性倾向（Mf）:反映性别色彩。高分的男人表现敏感、爱美、被动、女性化、缺乏对异性的追求。高分的妇女被看作男性化、粗鲁、好攻击、自信、缺乏情感、不敏感。在极端的高分情况下,则应考虑有同性恋倾向和同性恋行为。

偏执（Pa）:高分提示具有多疑、孤独、烦恼及过分敏感等特征。极端的高分者被诊断为精神分裂症偏执型和偏执性精神病。

精神衰弱（Pt）:高分数者表现紧张、焦虑、反复思考、强迫思维、恐怖以及内疚感。

神经分裂症（Sc）:高分者常情绪失控,想法及行为古怪、不正常。

轻躁狂（Ma）:高得分者常联想过多过快、活动过多、观念飘忽、情绪亢奋、情感多变。

社会内向（Si）:高分数者表现内向、胆小、退缩、不善交际、屈服、过分自我控制、紧张、固执及自罪;低得分者表现外向、爱交际、富于表情、好攻击、健谈、冲动、不受拘束、任性、做作,在社会关系中不真诚。

（二）卡特尔 16 种人格因素问卷

卡特尔 16 种人格因素问卷（Sixteen Personality Factor Questionnaire, 16PF）由美国伊利诺伊州大学人格及能力测验研究所的卡特尔教授在多年实践和研究的基础上编制而成。该问卷的理论基础是他的人格特质理论,问卷编制采用因素分析法,具有良好的信度和效度,是目前在全世界运用很广泛的一种人格测验工具。该问卷适用于初中文化程度以上的各年龄阶段的受测者。每个分量表考察一种人格特质,包括 13～26 个题目,整个问卷共有 187 道关于个人兴趣和态度等方面的题目,每题有三个可选答案,分别记 0 分、1 分、2 分。16 个分量表或 16 种人格特质及高分者、低分者特征见表 9-2。受测者应凭自己的直觉反应进行作答,不要迟疑不决,拖延时间;尽量不选中性答案。测验不计时,一般需要大约 45 分钟,但应在一小时内完成。问卷中的题目举例如下:

4.我有足够的能力应付困难:
　　A 是的　　　　　　　B 不一定　　　　　　C 不是的

6.我总避免批评别人的言行:
　　A 是的　　　　　　　B 有时如此　　　　　C 不是的

54."猫"与"鱼"就如同"牛"与:
　　A 牛乳　　　　　　　B 牧草　　　　　　　C 盐

卡特尔 16 种人格因素测验已被译成多种文字,是世界上使用非常广泛的人格测验。刘永和等在 1970 年发表了中文修订本,在港台地区开始使用。后来我国学者又进行了多次修订,使之更适合我国的国情。现在 16PF 广泛应用于心理咨询、人员选拔和职业指导等各个环节,为人事决策和人事诊断提供个人心理素质的参考依据。

(三)艾森克人格问卷

艾森克人格问卷(Eysenck Personality Questionnaire,EPQ)是英国伦敦大学心理系和精神病研究所艾森克教授编制的。艾森克将人格划分为内外向(E)、神经质(N)和精神质(P)三个维度,并在此基础上编制了人格问卷。该测验共有 85 个问题,要求受测者阅读每个问题,并决定该问题是否符合自己的实际情况,符合的选"是",不符合的选"否"。施测时,要求受测者尽快回答,不要在每道题目上太多思索;回答时不要考虑应该怎样,只回答平时的真实情况是怎样的;不要遗漏,每个题都要回答;每个题目只能选择一个选项。问卷中题目举例如下:

14.你是一位易激怒的人吗?　　　　　　　　　[是]　[否]
27.有坏人想要害你吗?　　　　　　　　　　　[是]　[否]
80.你是个整洁严谨、有条不紊的人吗?　　　　[是]　[否]

艾森克人格问卷也是目前医学、司法、教育和心理咨询等领域应用最为广泛的问卷之一。中国的艾森克人格问卷由陈仲庚等于 1981 年修订。

自陈式人格测验一般量表的题量较大,多数用于测量多种人格特质;实施简便,计分规则简单而客观,测量分数容易获得解释。自陈式测验既可以团体施测,也可以个别施测,以前通常采用纸笔测验,现在随着计算机的普及,许多自陈式测验被编程,可以通过计算机软件进行测验,使测验更加高效。自陈式测验的缺点主要是被试在回答问题时容易受社会赞许性的影响,即不按自己的真实情况而按照社会所期盼或赞许的方式去作答,从而隐蔽自己,造成测验失真,同时被试对自己的认识不一定准确,也会影响测量的效度。

二、投射测验

投射测验的理论基础是精神分析理论,它重在探讨人的无意识心理特征。精神分析强调人格结构的大部分是无意识成分,认为个人无法凭其意识说明自己,因而自陈式测验无法有效地了解人格结构,必须借助某种无确定意义(非结构化)的、模棱两可的刺激情境为引导,才能使个体隐藏在潜意识中的欲望、需求、动机、冲动等泄露出来。投射测验是向被试提供一些未经组织的刺激情境,让他在不受限制的情境下,自由表现出他的反应,分析反应的结果,便可推断他的人格结构。投射测验作为测验工具,主要是探讨个体内在隐蔽的行为或潜意识的、深层的态度、冲动与动机。投射测验主要有主题统觉测验和墨迹测验两种。

(一)罗夏克墨迹测验

罗夏克墨迹测验由瑞士精神病学家罗夏克经过长期试验和比较研究后编制而成。罗夏克从 1910 年开始用画片研究精神障碍对患者知觉过程的影响,后来改为墨迹图。他先在一张纸的中央滴一些墨汁,然后将纸对折并用力挤压,形成对称的图形。他经过大量试验,最后选定其中十张墨迹图片作为测验材料,并确定了记分方法和解释结果的原则,于 1921 年正式发表。10 张经过精心制作的墨迹图中,5 张为黑白图片,墨迹深浅不一;2 张主要是黑白图片,但加了红色斑点;3 张为彩色图片(如图 9-1 所示)。施测时,首先让受测者对所看到的墨迹图进行自由联系;然后针对每张图片都向被试提出这样的问题:"这可能是什么?""你看见了什么?""这使你想起了什么?"等。如果对提问获得的资料不清楚时可以进一步商讨确认。主试根据下列四项标准对受测者的资料进行分类:(1)部位。被试对墨迹图反应的范围,是对全部反应还是对部分反应?(2)决定。被试对墨迹图反应的依据,是由墨迹图的形状决定还是由颜色决定的?把图形看成是运动的还是静止的?(3)内容。被试把墨迹看成什么东西?是动物还是人或物体等?(4)独创性。被试的反应是与众一致还是与众不同?最后,根据上述所获的资料按照测验手册中的描述,解释被试的人格特征。

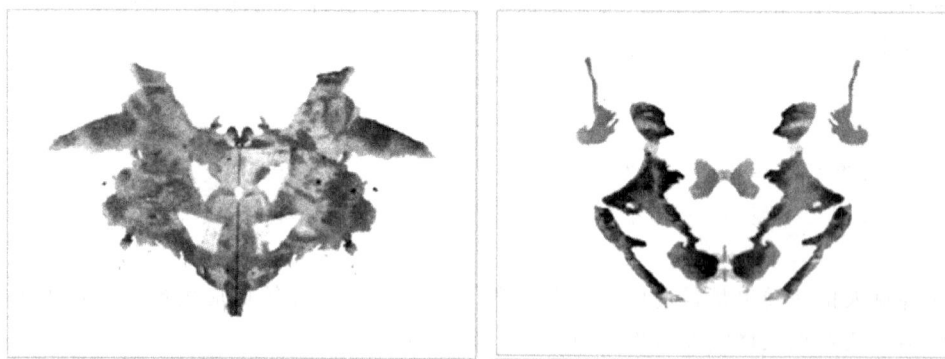

图 9-1 罗夏墨迹图片示例

(二)主题统觉测验

主题统觉测验(Thematic Apperception Test,TAT)由美国心理学家莫瑞和摩根于

1935 年创制,后来经过多次修订。TAT 是一种窥探受测者的主要需要、动机、情绪和人格特征的方法,实施过程是向受测者每呈现一张意义模糊的图片,就鼓励他们按照图片不假思索地编述故事(如图 9-2 所示):图片表示发生了什么,发生的原因,将来的演变,可能的结果以及个人体会等。编制这种测验的基本假设是:(1)人们在解释一种模糊的情境时,总是倾向于将这种解释与自己过去的经历和目前的愿望相一致;(2)根据图片讲故事时,受测者同样利用了他们过去的经历,并在所编的故事中表达了他们的感情和需要。莫瑞提出的方法是要从故事中分析一系列的"需要"和"压力"。他认为:需要可派生出压力,而且正是由于需要与压力控制着人的行为,影响了人格的形成和发展。因此,通过主题统觉测验,可以反映一个人的人格特点。

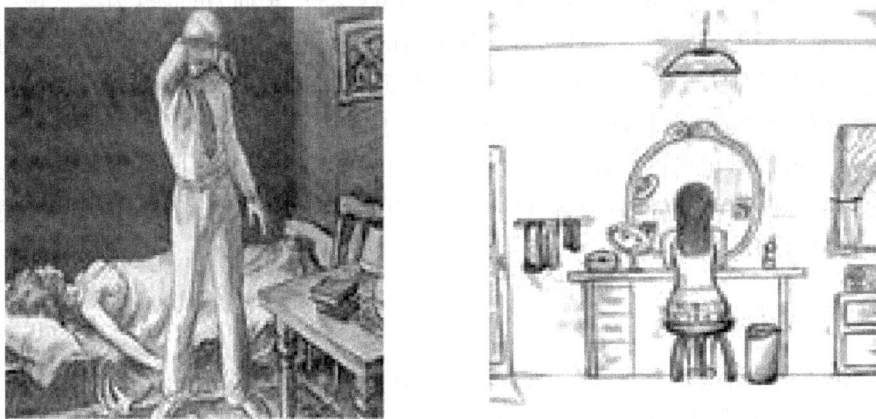

图 9-2　主题统觉测验图片示例

现在使用的 TAT 是经莫瑞修订后的第三版,全套测验共有 30 张比较模糊的图片,其中有些是分别用于男人、女人、男孩和女孩的,有些是共用的。图片内容有的是人物,有的是景物。就测验内容而言,TAT 比罗夏克墨迹测验的组织和意义要明确,但两个测验一样,对受测者的反应不加任何限制。主试根据故事的主题、故事中人物的关系、知觉和歪曲、故事中反复出现的情节以及整个故事的基调(如是悲观的还是乐观的)等,对受测者的人格作出鉴定。

投射测验可以测出被试隐藏在内心深处潜意识中的问题,可以避免在自陈式测验中可能出现的作假现象,但缺点仍很多,主要表现在评分缺乏客观标准;测验结果不易解释;测验的效度不易建立;测验形式虽然简单,但原理深奥,没有经过专门训练的人不宜使用;投射测验需要个别施测,会花费大量时间。

三、其他人格测评方法

为了了解和鉴定一个人的人格特征,除了上述自陈式测验和投射测验外,还有一些或传统的,或因社会需要而产生的新的人格测评方法。

(一)观察法

观察法是研究者通过直接对被试的观察来了解其人格的方法。观察法可以在日常生活中进行,也可以在特定场合下进行。它有着很强的目的性,常常通过轶事记录、时间取样、事件取样、内容分析等收集反映人格真相的资料。如教师了解一个学生的特点,可以通过观察学生的课堂表现。

观察法简便易行,适应性强,灵活性大,可随时随地进行,观察人员可多可少,观察时间可长可短,只要到达现场就能获得一定的感性认识。但是,观察法的最大缺点是它的表面性和偶然性,因而不可避免地会产生一定的观察误差,而且观察结果还受观察者的主观影响。

(二)访谈法

访谈法就是研究者采用同被试面对面交谈的方式来了解其人格的方法。交谈的内容包括被试的现状、本人和环境的关系,以及在某些环境(学校、车间)里的行为等。进一步也可以了解被试对特定的人的感情、态度,对某件事情的意见,以及对于自身的认识等。此外,还可以找与被试有关的人进行谈话来获取信息以帮助分析被试的人格,例如了解一个学生的性格,可以找他的教师或父母谈话,这种谈话有助于进一步了解学生的性格。

访谈法一般需要相当长的时间,很难在短期内得到很多材料。这种方法还受访谈者能力的左右,在客观性和可靠性方面也有些问题。为此,应尽量使访谈技术标准化,同时访谈者也必须经过专门的训练。

(三)情境测验法

情境测验是特别设计一种情境,将被试置于这种特定的情境中,由主试观察、记录其行为表现,从而对他的人格进行评估的方法。如观察一个人在挫折情境、诱惑情境、压力情境或其他情境中所暴露出来的人格特点。由于有意设计和控制了情境,因此可以认为情境测验是一种特殊的实验观察。比如我们想要了解学生诚实的品格与行为,可以在一次考试结束后,将每份试卷收上来后全部复印一份,然后再配上一份标准答案发给同学,借口老师要参加某个会议,请同学们自行评分,最后回收试卷,两份对照,就可以测量出学生"诚实"的程度。

情境测验法重视分析、实验和控制等程序,具有较好的生态效度。但情境测验需要精心地结合现实进行先行设计,某些人格特质的测量可能很难在情境中设计施测。

本章内容小结

1. 人格是对人性及其差异的描述,是个体适应环境的稳定的行为方式。

2. 人格的基本特点包括整体性和独特性、稳定性与可变性、动机性与适应性、自然性和社会性。

3. 个性主要是指一个人区别于他人的稳定的、独特的特性,反映人格的独特性;性格是指一个人对现实的态度和习惯化的行为方式,反映人格的社会属性;气质是指人生来就具有的心理活动的动力特征,反映人格的自然属性。

4. 人格特质理论认为,特质是决定个体行为的基本特性,是人格的有效组成元素,也是测评人格常用的基本单位。特质论创立者是奥尔波特,卡特尔、艾森克都是杰出的代表,现在最具影响力的人格特质论是人格五因素模型。

5.生物学派的人格理论试图从生理层面对人格进行解释。源自于古希腊医生希波克拉特的四种典型气质类型以及体型类型等都是其中具有代表性的理论。

6.精神分析学派将探索人性的目光投向人格最深层,重视个体的早期经验、无意识作用等。弗洛伊德是精神分析学派的创建者,但他的弟子和追随者对他的理论进行了修正和创新。

7.行为主义学派是由美国心理学家华生创立,主张心理学应研究行为,认为人格的本质也是行为。华生和斯金纳都对人格进行过论述,罗特提出了内控—外控人格类型。

8.人本主义认为应以人为中心,以积极健康的态度对待个体,重视健康的人。马斯洛的自我实现论、罗杰斯的自我理论是人本主义人格理论的代表。

9.认知取向的人格心理学家认为,人格的差异是由人们信息加工方式的不同而造成的,也就是说,人们的思维方式决定人的人格。如凯利的个体建构理论、米歇尔的认知—情感单元人格系统。

10.影响人格形成和发展的因素多而复杂,其中最重要的影响因素包括生物遗传因素、社会文化因素、自然物理因素、家庭环境因素、学校教育因素、自我调控因素。

11.人格测验方式主要有自陈式测验和投射测验。

12、自陈量表通常由一系列问题组成,每个问题陈述一种行为,由被试者根据自己真实情况做出是否与陈述内容符合或符合程度的判断。明尼苏达多相人格量表、卡特尔16种人格因素问卷、艾森克人格问卷都是著名的自陈式人格量表。

13.投射测验旨在探讨个体隐蔽的行为或潜意识的态度、冲动与动机。投射测验是向被试提供一些未经组织的、模棱两可的刺激情境,让他在不受限制的情况下自由反应,使个体隐藏在潜意识中的欲望、需求、动机、冲动等泄露出来,借此推断他的人格特点。投射测验主要有主题统觉测验和墨迹测验两种。

14.通过观察法、访谈法、情境测验法也可以了解他人的人格特点。情境测验是特别设计一种情境,将被试置于这种特定的情境中,由主试观察、记录其行为表现,从而对他的人格进行评估的方法。情境测验法在员工培训、人事选拔等领域越来越受重视。

思考题

1.什么是人格?人格有哪些特性?

2.人格与个性、性格、气质有什么异同?

3.奥尔波特对人格特质是如何分类的?

4.影响人格形成和发展的因素有哪些?他们的作用是什么?

5.试分析自己的人格特征,如何扬长避短?

6.你如何认识投射测验?

【试一试】<<<<

认识自己和他人的人格特征

1.分析自己的人格特质并与同学讨论分享。

2.阅读下列故事,讨论四位先生各代表哪种气质类型。

在国外的一座戏院,刚巧在开场的一刻,来了四位先生。第一位急匆匆奔到门口,就要入内。看门的人拦住他说:"已经开演了,根据剧院规定,开场后不得入内,以免妨碍其他观众。"这位先生一听,立刻火冒三丈,与看门人争吵起来……正当他们吵得不可开交的时候,走来了第二位先生,看见看门人吵得门也顾不上看了,灵机一动,立刻侧身溜了进去。第三位先生走到门口,见状,不慌不忙,转回门外的报摊上,买了张晚报,坐在台阶上读起报来,他心中自有算盘:"看戏是休闲,看报也是休闲,看不了戏,看看报也不错",倒也自得其乐。等到第四位先生走到门口时,见看戏无望,深深叹了口气,调转头去,自言自语道:嗨! 我这人真倒霉,连看场戏都看不成……他越想越难受,干脆叹息着伤心地回家了。这四位先生恰好代表了四种典型的气质类型。

第十章　能力与能力测验

大家都读过王安石的传世名篇《伤仲永》，里面记载了王安石亲历的一个少年天才的落寞。方仲永是王安石的同乡，小时候是个天才，五岁时就能"指物作诗立就，其文理皆有可观者"，但被其父亲当作造钱的工具炫耀于乡里而忽略了学习，于是，长大的仲永逐渐变得平庸。方仲永十二三时，"令作诗，不能称前时之闻"，二十余岁却"泯然众人矣"。王安石伤仲永，站在其政治家、文学家的角度，有伤心、可惜的意思，像方仲永这样资质禀赋甚高的天才儿童，没有受到很好的教育，成长为才子栋梁，为国家所用。

这就是能力与能力培养的问题，方仲永有很好的先天能力基础，但却缺乏后天良好系统的能力培养，这一章里我们就要学习有关能力的知识。什么是能力？能力和知识、技能之间有什么关系？能力与人们活动的成败之间又有什么关系？如何了解人的能力？怎么培养能力？这些都是本章所要探讨的问题。

第一节　能力概述

尽管能力一词人人皆知，可要给能力下一个科学的定义却远非易事。西方心理学界为定义能力已经进行了近百年的努力。西方心理学家普遍地把能力看作一种对环境、对社会的适应力。苏联心理学界对能力的定义有独到的见解。我国的心理学主要是在新中国成立后学习苏联的基础上建立起来的。

一、什么是能力

哲学上将能力定义为"人的内在素质的外化力量"，而在我国的心理学界，能力普遍被认为是人们顺利完成或实现某种活动所必需的心理条件，是个性心理特征的重要方面。能力总是和人完成一定的活动联系在一起的。离开了具体活动既不能表现人的能力，也不能发展人的能力。没有马拉松比赛，我们发现不了王军霞的长跑能力；没有围棋比赛，我们发现不了常昊的棋艺能力；甚至没有考试，我们发现不了学生的学习能力。正如苏联心理学家克鲁捷茨基所言，如果一个人能够迅速地和成功地掌握某种活动，比其他人较易于得到相应的技能和达到熟练程度，并且能取得比中等水平优越得多的成果，那么这个人就被认为是有能力的。

能力和活动联系紧密。一方面人的能力在活动中形成和发展，并且在活动中表现出来。例如，有经验的纺织工人能分辨出40多种浓淡不同的黑色色调，而一般人只能分辨3至4种；长期生活在呼伦贝尔草原上的鄂温克族牧民，能够根据嗅觉来判断牧草的营养价值。另一方面，从事某种活动又以一定的能力为前提，能力是人们顺利地完成某种活动所必须具备的个性心理特征。如节奏感和曲调感对于从事音乐活动是必不可少的;准确地估计比例关系对于从事绘画活动是必不可少的;观察的精确性、记忆的准确性、思维的敏捷性是完成许多活动所必不可少的。这就是属于能力的范畴。但是,我们不能简单地认为凡是与活动有关的,并在活动中表现出来的所有心理特征都是能力。比如,人的气质和性格虽然对活动产生一定的影响,但它们并不是完成活动所必需的个性心理特征。一个人的谦虚或骄傲、活泼或沉静明显就不属于能力范畴。相反,能力是保证一个人顺利地完成某种活动的必要条件,但不是唯一的条件。顺利地完成某种活动所需要的条件是多方面的。个人的健康状况、活动动机的强度和有关的知识经验等,都是完成活动所必需的。但是,能力是顺利地完成某种活动所必须具备的个性心理特征。

二、能力的种类

人的能力是多种多样的,按照不同的标准一般可分为以下几种:

(一)一般能力和特殊能力

按照能力发挥作用的范围,可分为一般能力和特殊能力。

一般能力就是我们通常所说的智力,它是在不同种类的活动中表现出来的能力,比如感知能力、记忆能力、思维能力、想象能力、表达能力等,我们人类完成任何一种活动,都离不开一般能力。特殊能力是指在某些专业和特殊职业活动中表现出来的能力,它是一般能力在某些特殊方面的独特发展。例如,数学家的空间几何想象能力、作家的形象思维能力、舞蹈家的艺术表演能力等都属于特殊能力。

一般能力和特殊能力相互联系,构成辩证统一的有机整体。一方面,特殊能力的发展以一般能力的发展为前提,某种一般能力在某种活动领域得到特别的发展,就可能成为特殊能力的组成部分。另一方面,在特殊能力得到发展的同时,也发展了一般能力。

(二)再造能力和创造能力

按照活动中能力的创造性大小,可分为再造能力和创造能力。

再造能力又叫模仿能力,是指能使人迅速地掌握知识、适应环境,善于按照原有的模式进行活动的能力。比如我们小时候练习书法时经常所做的临摹和描红。创造能力是指具有流畅、独特、变通、创新及超越平常的思考与活动的能力,这种能力符合创造活动的要求。

再造能力和创造能力有着密切的关系,再造能力是创造能力的前提和基础。人们常常是先模仿,然后再进行创造的。但模仿力和创造力是两种不同的能力。动物能模仿,但不会创造。模仿只能按现成的方式解决问题,而创造力能提供解决问题的新方式与新途径。人的模仿力和创造力有明显的个别差异。有的人擅长模仿,而创造力较差;有的人既善于模仿又富有创造力。了解这一点对选拔和使用人才具有现实意义。

(三)认知能力、操作能力和社交能力

按照能力所指向的领域,我们可将能力分为认知能力、操作能力和社交能力。

认知能力是指人脑加工、存储和提取信息的能力,即我们一般所讲的智力,如观察力、记忆力、想象力等。人们认识客观世界,获得各种各样的知识,主要依赖于人的认知能力。

操作能力是指人们操作自己的肢体以完成各项活动的能力,如劳动能力、艺术表演能力、体育运动能力、实验操作能力等。操作能力是在操作技能的基础上发展起来的,又成为顺利掌握操作技能的重要条件。操作能力与认知能力不能截然分开。不通过认知能力积累一定的知识和经验,就不会有操作能力的形成和发展。反过来,操作能力不发展,人的认知能力也不可能得到很好的发展。

社交能力是在人们的社会交往活动中表现出来的能力,如组织管理能力、言语感染力、判断决策能力、调解纠纷能力、处理意外事故的能力等。这种能力对组织团体、促进人际交往和信息沟通有重要作用。

(四)流体能力和晶体能力

根据能力在人的一生中的不同发展趋势以及能力和先天禀赋与社会文化因素的关系,可分为流体能力和晶体能力。

流体能力是指在信息加工和问题解决过程中所表现的能力,比如归纳与总结、演绎与推论,它较少地依赖于文化和知识的内容,而决定于个体的天资禀赋。流体能力的发展与年龄有密切的关系,一般到中年后,人的流体能力呈下降趋势。

晶体能力是指获得语言、数学知识的能力,它决定于个体后天的学习,与社会文化有密切关系。晶体能力在人的一生中一直在发展,只是大约 25 岁以后,发展的速度逐渐趋于平缓。

(五)优势能力和非优势能力

按照能力在个体能力上所处的地位,我们可将能力分为优势能力和非优势能力。

通常人们都是具有多种能力的,这些能力构成一个能力系统,优势能力是在能力系统中占优势地位,起主导作用的能力。非优势能力是在能力系统中占优势地位,起从属作用而非主导作用的能力。比较典型的例子就是中学里的偏科的学生,语文好但害怕数学的学生,就是其能力系统中,文字理解与表达能力比较突出,但数字处理与运算能力却是从属地位。区分优势能力和非优势能力对于在教学中因材施教、促进人才培养具有重要意义。

三、能力与知识、技能的关系

能力、知识与技能在日常生活中时常混用,人们想当然地认为一个教授一定能力非常强,一个县长学问也非常高。想想历史故事和日常生活中的个案:赵括纸上谈兵终全军覆没;奥运冠军沦为澡堂搓澡工甚至街头乞丐;大学生在学校里学习了四年在工厂里却操作不了仪器。诸如此类事件在我们现实生活中天天上演,因此,知识、技能与能力尽管联系紧密,但实际上并不是一回事。

知识是人脑对客观事物的主观表征,是人类社会历史经验的总结。知识包括两种,一种是陈述性知识,即"是什么"的知识,比如武汉是湖北省的省会,西湖在浙江省杭州市;另一种是程序性知识,即"怎么做"的知识,比如打字输入的五笔字型组合,如何驾驶汽车等。知识是能力基本结构中的一个重要成分。

技能是人们通过练习而获得的动作方式和动作系统。技能主要体现为动作执行的经验,比如小孩子通过动作练习掌握蛙泳的技能。技能明显不同于知识,这也是为什么高校课堂中为什么在理论课之外特别增开一些实验课、实践课程。技能也是能力基本结构中的一个重要成分。

能力与知识技能辩证统一地存在于个体的活动之中,获得和运用知识技能是能力发展的途径,能力也只有通过对知识技能的获得和运用才能表现出来,而知识技能的获得和运用又是能力活动的结果。一个人的能力发展情况与他对知识技能的获得和运用是相互制约的;能力的发展水平与获得和运用知识技能的水平基本上是一致的。首先,能力是在掌握知识、技能的过程中形成和发展起来的,知识越多,技能越强,就越有利于能力的发展。其次,知识、技能的掌握又是以一定的能力为前提条件的。能力直接影响人们掌握和运用知识技能的快慢、深浅、难易和巩固程度。能力与知识、技能的关系一直是人们所关注的问题。能力与知识、技能又是紧密联系,相辅相成的。我们弄清楚能力与知识、技能的关系,则有助于人们正确理解能力的概念,使教师既能重视知识传授,又能重视能力的培养,以促进学生全面协调地发展。

四、能力、才能和天才

人们要完成某种活动,往往不是依靠一种能力,而是依靠多种能力的结合。这些能力互相联系,保证了某种活动的顺利进行。这种结合在一起的能力叫才能。例如,教师要有较敏锐的观察力、流畅的语言表达能力、严谨的思维能力和科学的组织管理能力。这些能力的结合就是教师的才能。同样,学生的解题能力和计算能力结合起来,就组成了数学的才能。

能力的高度发展称天才。天才是能力的独特结合,它使人能顺利地、独立地、创造性地完成某些复杂的活动。天才往往结合着多种高度发展的能力。一个天才人物往往同时是多个领域的专家,比如当代文坛巨匠郭沫若先生,既是文学家、历史学家,又是诗人、政治家等。天才不是天生的,它离不开社会历史的要求、时代的要求。特定的历史环境常常会涌现出具有特定能力的天才人物。天才也离不开个人的勤奋和努力,正如美国著名发明家爱迪生所言,天才是99%的汗水加1%的灵感。

阅读材料 <<<

情绪智力

情绪智力(emotional intelligence)的概念是由美国耶鲁大学的萨罗威和新罕布什尔大学的玛伊尔提出的,是指"个体监控自己及他人的情绪和情感,并识别、利用这些信息指导自己的思想和行为的能力"(Salovey 和 Mayer,1990)。换句话说,情绪智力也就是识别和理解自己和他人的情绪状态,并利用这些信息来解决问题和调节行为的能力。在某种意义上,情绪智力是与理解、控制和利用情绪的能力相关的。

"情商"是相对智商而言的,是指情感智力的高低。高尔曼(D. Goleman)在其著作《情绪智力》一书中明确提出"真正决定一个人成功与否的关键是情商而非智商"(Goleman,1995)。到目前为止,人们对"情商"的提法仍存在着分歧和争议,情商能否和智商一样加以定量测量还有待进一步研究。但是,有关情绪智力是决定人们成功的重要因素的思想正逐渐被人们所接受。

情绪智力包括一系列相关的心理过程,这些过程可以概括为三个方面:准确地识别、评价和表达自己和他人的情绪;适应性地调节和控制自己和他人的情绪;适应性地利用情绪信息,以便有计划地、创造性地激励行为(Salovey 和 Mayer,1990)。

情绪智力作为人类社会智力的一个组成部分,是人们对情绪进行信息加工的一种重要能力。情绪智力有很大的个体差异。情绪智力高的个体可能更深刻地意识到自己和他人的情绪和情感,对自我内部体验的积极方面和消极方面更开放。这种意识使他们能对自己和他人的情绪做出积极的调控,从而维持自己良好的身心状态,与他人保持和谐的人际关系,有较强的社会适应能力,在学习、工作和生活中取得更大的成功。因此,培养和发展人们的情绪智力对全面提高人的素质具有重要的意义。

(资料来源:彭聃龄主编.普通心理学[M].北京:北京师范大学出版社,2004.)

第二节 能力发展与个别差异

人的能力是不断发展的。能力发展有一般的趋势,也存在个体差异。几乎没有哪两个人的能力是完全一样的,世上之人形形色色,能力大小、表现、结构等,存在一般发展规律的同时,也具有个体差异。

一、能力发展的一般趋势

按照发展心理学的观点,人的一生分为乳儿期、婴儿期、幼儿期、童年期、少年期、青年期、成年期和老年期。在人的毕生发展中,能力的发展并不是匀速的,能力的发展随年龄增长而变化,具有一定的规律性。

(一)能力发展的关键期

童年期和少年期是某些能力发展最重要的时期。从三四岁到十二三岁,智力的发展与年龄的增长几乎等速。以后随着年龄的增长,智力的发展呈负加速增长:年龄增加,智力发展趋于缓和(如图 10-1 所示)。

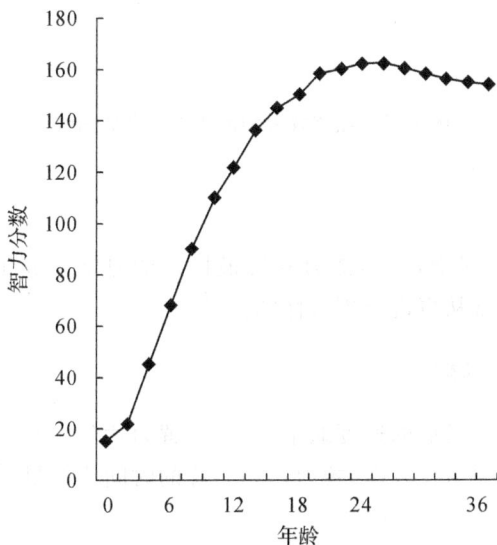

图 10-1 智力发展曲线

(二)智力达到顶峰期

人的智力在 18~25 岁间达到顶峰(也有人说是 40 岁)。但智力的不同成分达到顶峰的时间是不同的,见图 10-2。

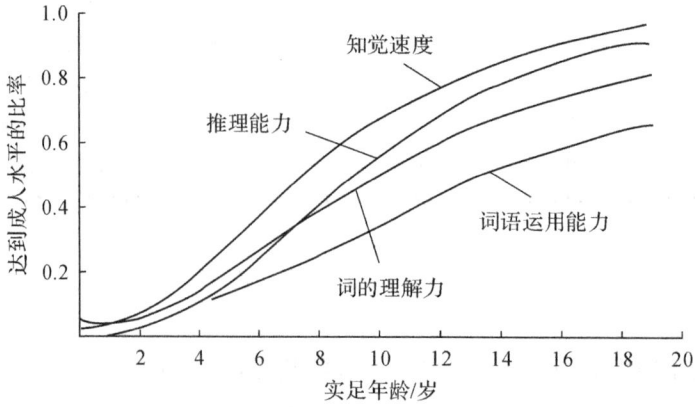

图 10-2　不同能力的发展曲线

(三)能力毕生发展

根据对人的智力毕生发展的研究,人的流体智力在中年之后有下降的趋势,而人的晶体智力在人的一生中是稳步上升的,见图 10-3。

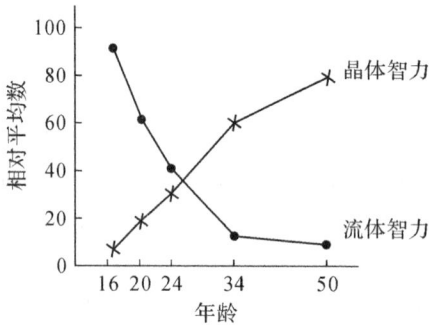

图 10-3　晶体智力和流体智力发展曲线

(四)成年期能力

成年是人生最漫长的时期,也是能力发展最稳定的时期。成年期又是一个工作时期。在 25 岁至 40 之间,人们常从事富有创造性的活动。

(五)能力不同的人的能力发展

能力高的个体,其能力发展的速度通常比较快,智力达到高峰的时间比较晚。能力低的个体,其能力发展的速度通常比较慢,智力达到高峰的时间比较早。

二、能力发展的个体差异

能力的发展既有一定的趋势,又存在着个体差异。所谓个体差异(individual difference),是指个体在成长过程中因受遗传与环境的交互影响,使不同个体之间在身心特征上所显示的彼此不同的现象。了解与鉴别个体差异,是"因材施教"的前提,因而一向受到教育界与社会各界的重视。能力发展的个体差异主要表现在能力类型、能力发展的水平、能力表现的早晚以及能力的性别差异等方面。

(一)能力类型的差异

能力有各种各样的成分,它们可以按不同的方式结合起来。由于能力的不同结合,就构成了人的能力类型上的差异,也称能力结构的差异。例如,有人长于想象,有人长于记忆,有人长于思维等。不同能力的结合,也使人们互相区别开来。例如,在音乐能力方面,有人有高度发展的曲调感和听觉表象能力,而节奏感较差;而另一人有较好的听觉表象能力和强烈的节奏感,而曲调感差。比较了超常儿童与常态儿童的认知能力,包括语词类比推理、图形类比推理、数概括类比推理、创造性思维和观察力。结果发现,二者在认知的不同方面并非都差异明显,而是在解决难度大的问题上思维能力差异大,如超常儿童在创造性思维和数概括类比推理上发展特别突出。能力类型差异还表现在个人的感知、记忆和思维过程中经常采取的习惯化的认知风格上。如在感知方面,有分析型、综合型和分析综合型三种能力类型差异。(1)分析型的人有较强的分析能力,对细节感知清晰,但整体性不够;(2)综合型的人进行观察时具有较好的概括性和整体性能力,但分析能力较弱;(3)分析综合型的人具有上述两种类型的特点。

(二)能力发展水平差异

能力有高低的差异。能力在全部人口中为正态分布:两头小,中间大。以智力为例,智力的高度发展叫智力超常或天才;智力发展低于一般人的水平叫智力低下或智力落后,中间还可以分成不同的层次。见表 10-1。

表 10-1 智商在人口中的分布

智商	百分比(%)	级别
140 以上	1	非常优秀
120～139	11	优 秀
110～119	18	中 上
90～109	46	中 智
80～89	15	中 下
70～79	6	临界智力
70 以下	3	智力迟钝

1. 智力超常

智力超常指智商在 120 分以上者。智力超常儿童称为天才儿童。天才儿童不仅具有高智商的特点,同时也具有良好的非智力的心理品质。

先天优越的遗传因素是塑造天才儿童的物质基础。早期教育是促使天才儿童成长的重要条件。早期教育可以使儿童的潜能、先天的素质得到更加充分的发展。

2.智力落后

智力落后，也称低能，指智力明显低于同龄平均水平并有适应行为障碍的人。现代心理学根据下列三个指标来确定低能儿童：(1)智商明显低下。(2)社会适应不良。(3)问题发生在早年。在发育阶段，一般发生在1岁至16岁或18岁以前。

智力落后的儿童有时不可能按照社会期望保持个人的独立性和承担社会责任。根据智慧与适应两方面的缺失程度，教师的责任是尽早地让有社会适应性缺失和独立性缺失的学生得到诊断。轻微的迟钝的儿童不宜跟正常儿童区分开，尽管他们在学习上有很多困难，但只要教师耐心帮助，班级同学给予谅解和认可，他们可以完成一定阶段的学习。如果给予适当职业训练，他们便可能独立完成工作。严重智能不足的儿童，无法与正常儿童随班上课，因此有设置特殊教育机构的必要。

(三)能力表现早晚的差异

人的能力的充分发挥有早有晚。有些人的能力表现得较早，年轻时就显露出卓越的才华，这叫"人才早熟"。如唐朝的王勃6岁善于文辞，10岁能赋，13岁写出脍炙人口的《滕王阁序》。奥地利作曲家莫扎特5岁开始作曲，8岁试作交响乐，11岁创作歌剧。相对论创始人爱因斯坦26岁发表《狭义相对论》，一举成名。资料表明，早期成才的人以从事音乐、绘画、文学、体育、数学方面的人较多。

有些人"中年成才"。有人曾统计1960年前1243位科学家、发明家所做的1911项重大发明创造，画出了人才成功曲线，如图10-4所示。这个曲线说明科学家发明的最佳年龄为35岁左右。有些人"大器晚成"。比如进化论创始人达尔文，50岁才发表杰作《物种起源》；齐白石40岁才表现出绘画才能，50岁才成为著名画家。

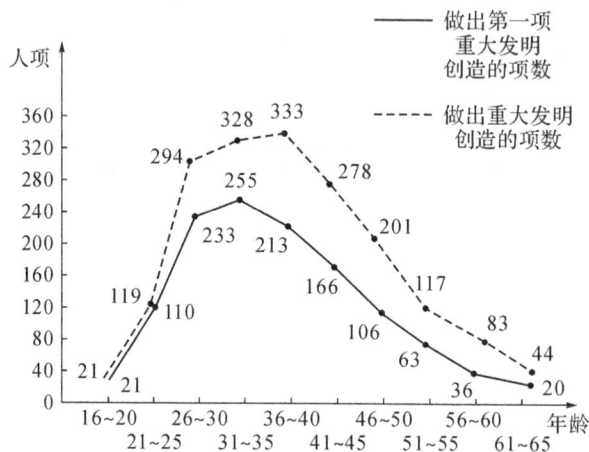

图10-4 人才成功曲线图

(四)能力的性别差异

20 世纪 40 年代以前,能力的性别差异研究只限于一般能力,许多研究发现,男女在一般智力因素上没有性别差异。韦氏智力量表的问世,使智力测验不仅能考察一般智力因素,还能测查特殊智力因素。韦克斯勒(1958)对 8～11 岁儿童进行韦氏智力测验的测试。结果发现,男女有明显的差异,男女儿童在不同智力方面显示出各自的优势。劳森等(Lawson、Inglis 和 Tittemore,1987)分析了韦氏儿童智力量表修订版(WISC-R)常模中 1100 名女孩和 1099 名男孩,发现女孩在言语量表上高于男孩,而在操作量表上则低于男孩。这些研究说明:性别差异并未表现在一般智力因素上,而是反映在特殊智力因素中。

1. 言语能力的性别差异

言语能力(verbal ability)是对语言符号的加工、提取、操作的能力,表现在听、说、读、写四个方面。言语能力并非单一的结构,它包括对言语信息的记忆、转换、理解、组织和应用等方面。霍沃(Hoover,1987)总结了 3～8 年级的一系列研究后发现:女生言语能力普遍比男生好。在各种言语能力中,以词的流畅性所显示的女性优势最为明显(Hines,1990),而言语推理则显示了男性优势。但研究言语能力的性别差异并没有得到完全一致的结论。

2. 空间能力的性别差异

空间能力(spatial ability)是体现性别差异最明显的一种能力,也是较难描述和解释的一种能力。林兰德等(Linnand 和 Petersen,1986)将空间能力定义为一种涉及表征(representing)、转换(transforming)、生成(generating)和回忆(recalling)符号及非言语信息的技能。基于以往的研究,他们提取了空间能力的三个因素:(1)空间知觉(spatial perception),指在干扰条件下,对垂直与水平方位的确定。(2)心理旋转(mental rotation),指对二维或三维图像表征的旋转能力。(3)空间想象(spatial rotation),指对所显示的空间信息进行多步分析加工的能力。研究表明,在空间知觉和心理旋转测验中,男性明显优于女性;而在空间想象力测验中,男女差异不显著。

3. 数学能力的性别差异

海德(Hyde,1990)纵观 40 年来 100 个有关的研究,经过元分析发现:女生在计算能力上具有一定优势,但这种优势只表现在中、小学阶段;在问题解决上,中学时期女生略好,而高中及大学阶段则表现出男生的优势。对于数学操作来说,男生在标准化测验上普遍比女生好,而女生在学校所获得的评定等级上比男生高(Anastasi,1958;Benbow,1992)。一些研究者(Wilder 和 Powall,1989;Halpern,1992)认为,男生在竞争性数学活动中比女生好,而女生在合作性数学活动中比男生好。

上述研究表明,认知能力的不同方面存在着不同程度的性别差异,即能力结构上的性别差异。能力的性别差异还表现在能力表现早晚上,女性能力的发展和表现比男性要早;能力大小的分布形态也存在一定的差异。总体而言,能力分布为正态型,但女性智力分布的形态比男性低阔些。可见,能力的性别差异比较复杂。

三、能力形成的原因和条件

能力的形成与发展受多种因素的影响,既有先天的遗传素质,又包括后天的环境、教育等因素;既有实践活动的推动,也有主观努力的作用。

(一)遗传的作用

关于遗传在能力发展和个别差异形成中的作用,心理学家曾从三个方面进行研究。一是研究血缘关系疏密不同的人在能力上的类似程度。这种研究通常用同卵双生子和异卵双生子来进行。二是研究养子女与亲生父母和养父母能力发展的关系。三是对同卵双生子进行追踪研究。研究结果表明,遗传对能力的主要影响表现在身体素质上,如感官特征、四肢及运动器官的特征、脑的形态和结构特征等。身体素质是能力发展的自然前提,对能力发展有重要影响作用。但过分夸大遗传作用,认为能力可以直接通过生物学的方式遗传给后代,也是不正确的。身体素质只是为能力的发展提供了可能性,后天的多种因素的影响,是更加不容忽视的重要方面。

(二)环境和教育的作用

1.产前因素的影响

胎儿在出生前生活在母体的环境中,这种环境对胎儿的生长发育以及智力的发展都有重要影响。我国古代早有"胎教"的主张。现代科学也证明,重视产前环境的影响有重要意义。研究发现,母亲怀孕年龄常常影响到胎儿智力的正常发展,以唐氏综合征为例,母亲年龄低于29岁的,其发病率只有1/3000;而母亲怀孕年龄在45~49岁之间的,其发病率为1/40,见表10-2。产前环境的另一影响,是由母亲怀孕期间营养不良、患病服药等因素造成的。母体营养不良不仅会严重影响胎儿脑细胞的数量的增加,而且还会造成流产、死胎等现象。营养不良发生的时间越早,对婴儿的危害也就越严重。另外,母亲怀孕时吸烟、饮酒、接触有毒有害物质、X光线照射、腹部撞伤以及风疹等疾病,都会对胎儿智力发育产生危害作用。

表 10-2 孕妇年龄与唐氏综合征发病率

孕妇年龄(岁)	唐氏综合征胎儿风险比率
小于29	1∶3000
30~34	1∶600
35~39	1∶280
40~44	1∶70
45~49	1∶40

2.早期经验的作用

从出生到青春期,是个体生长发育的关键时期,也是能力发展的重要时期。研究表明,人的神经系统在出生后头四年获得迅速发展,为能力的发展提供了物质基础。早期婴幼儿生活在有丰富刺激的环境里,有母爱和能与人交往的环境里都有利于儿童能力的发展。特别是言语交往的机会增多对儿童语言的发展有重要作用。在一些国家里,孩子进入育婴院后,因其教育条件很差,往往失去与成人进行社会交际的机会,在这种环境中长大的儿童,智力一般要比在正常环境中长大的儿童差些。

实验研究表明,孩子出生后,如果睡在有花纹的床单上,床上吊着会转动的音乐玩具,他们仰卧时,就能自由地观察这一切。那么,两星期后,他们就试着用手抓东西。而没有提供丰富刺激的婴儿,这种动作要5个月时才出现。可见,丰富的环境刺激有利于儿童能力的发展。研究还发现,缺乏母亲抚爱的婴儿,会出现智力发展上的问题。有安全感的孩子喜欢探索环境,而探索环境正是能力发展的重要条件。

3.学校教育的影响

学生通过系统地接受学校教育,不仅能掌握知识技能,而且能发展能力和其他心理品质。学校是一个经过加工后的特殊环境,学校教育对年轻一代施加影响是有目的、有计划、有组织的。在学校中,课堂教学的正确组织有利于学生能力的发展。有些优秀教师要求学生回答问题必须准确、严密、迅速,作业必须一丝不苟。经过长期训练,学生的思维和言语能力有明显提高。"强师手下出高徒",说明了教育、训练对发展能力的意义。学校还可以根据学生的特点,组织各种课外小组,如科技小组、绘画小组、体操小组……既丰富学生校内外生活内容,也有利于学生能力的发展。在课外活动小组中,常常会涌现出许多小发明家、小气象家、小农艺家、小画家,这对他们能力的发展和一生的事业都将产生深远的影响。对儿童和青少年来说,发展能力是与系统学习和掌握知识技能分不开的。

(三)实践活动的推动作用

环境和教育的作用不会机械、被动地为人所接受,外部条件对人发生作用必须通过人的实践才能使各种能力形成和发展。由于实践的性质、实践的广度和深度上的差异,能力的形成与发展的方向与达到的水平也有很大不同。不同的实践任务向人提出不同的要求,人们在完成任务的活动中不断克服薄弱环节,从而使能力得到相应的发展和提高。

(四)主观努力的影响

能力的提高离不开人的主观努力,即人的自觉能动性。一个人刻苦努力,积极向上,具有广泛的兴趣和强烈的求知欲,他的能力就可能得到发展。一些人的成功往往不是因为他们具有超常的天分,而是由于他们有坚强的意志品质,由于他们具有明确的目的性、果断性、自制力、独立性与顽强性。最后需要指出的是,能力的发展还依赖于自我分析与自我评价的能力。一个善于进行自我评价的人,才能及时发现自己在能力方面的优点和弱点,并通过自己的努力提高自己,使能力朝向确定的目标发展。

总之,能力的形成与发展依赖于多种因素的交互作用,虽然各种影响因素在决定能力高低与发展历程中的作用无法精确估算,但有一点是不可否定的,即遗传、环境和主观努力在能力发展中的作用是缺一不可的。

第三节 能力理论

心理学家对人类能力的结构提出了许多假设,大体上可分为三种理论模型:能力的因素说、能力的结构说、能力的信息加工理论。

一、能力的因素说

（一）二因素说

1904 年，英国心理学家和统计学家斯皮尔曼提出了能力的二因素说。这个学说认为，能力是由两种因素构成的，一个是一般因素，称为 G 因素；一个是特殊因素，称为 S 因素。G 因素是每一种活动都需要的，是人人都有的，但每个人的 G 的量值有所不同；所谓一个人"聪明"或"愚笨"，正是由 G 的量的大小决定的。由此，斯皮尔曼认为，一般因素 G 在智力结构中是第一位的和重要的因素。

特殊因素 S 因人而异，即使是同一个人，也有不同种类的 S，它们与各种特殊能力，如言语能力、空间认知能力等相对应，每一个具体的 S 只参加一个特定的能力活动。完成任何一种活动，都需要由一般能力因素 G 和某种特殊的能力因素 S 共同承担，见图 10-5。

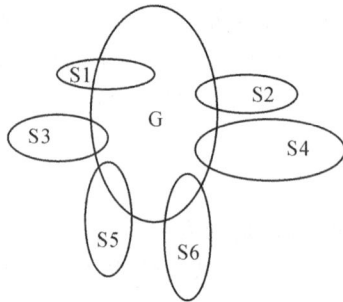

图 10-5　斯皮尔曼的二因素说

斯皮尔曼用一般因素 G 来解释不同测验间的相关。他指出，不同测验测的总是一般因素 G 和某种特殊因素 S，既然各测验都含有 G 因素，那么它们就必然有一定的相关。

斯皮尔曼的理论简单明确，为智力测验技术提供了理论依据。很多智力测验的理论都是以这个理论为依据而建立起来的。但是，这个理论也有局限性。因为斯皮尔曼早期是否定群因素存在的，同时他强调一般因素和特殊因素的区别，并将它们对立起来。

（二）群因素说

群因素说是由美国心理学家塞斯顿经运用由他创造的另一种因素分析方法对能力因素进行处理而提出的。塞斯顿反对斯皮尔曼的强调一般能力的二因素说，而是认为任何能力活动都是依靠彼此不相关的许多能力因素共同起作用的，因此，可以把能力分解为诸种原始的能力。

塞斯顿对 56 种测验的结果进行了因素分析，最后确定了 7 种基本因子，并分别将其命名为"词的理解"、"言语流畅性"、"数字计算能力"、"空间知觉能力"、"记忆能力"、"知觉速度"和"推理能力"，称之为群因素说。

塞斯顿用这 7 种基本因子构造了一个智力测验。按他本人的理论，既然任何能力都由这 7 种不相关的原始能力共同起作用，那么关于这 7 种原始能力的测验结果之间应当是毫不相关的。但塞斯顿并未如愿以偿，结果发现，所谓的 7 种原始能力之间仍有一定的相关，并不是完全独立的。后来，塞斯顿及其追随者们又做了大量的补充工作。但近来人们已意识到，要找出所谓"纯"的基本因素，似乎是不可能的。

能力究竟是一种一般性的单一因素呢，还是多种特殊的不相干的能力因素的混合物？基本上可以认为：在能力的结构中，确有一些特殊的成分对某些特殊的能力活动起特定的作用，但也还有某种一般的能力，它对所有的能力活动都起着必要的作用。

二、能力的结构说

(一)能力层次结构理论

1961年，英国心理学家弗侬提出了能力的层次结构理论。他认为，能力是按等级层次组织起来的，最高层次是一般因素，相当于斯皮尔曼的G因素；其次是言语—教育能力和操作—机械能力两大因素群；第三层是小因素群，如言语—教育能力又可分为言语因素、数量因素等；最后是特殊因素，相当于斯皮尔曼的S因素(如图10-6所示)。

其实，弗侬的层次结构理论是在斯皮尔曼的G因素和S因素之间增加了两个层次，是斯皮尔曼二因素论的深化。

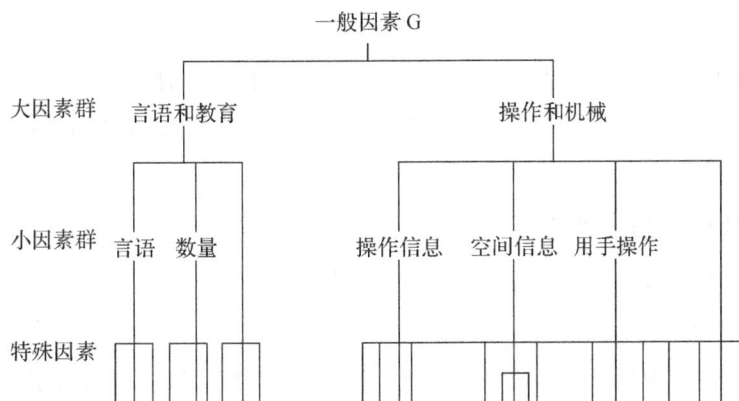

图10-6　弗侬的能力层次结构模型

(二)智力三维结构模型

1967年，美国心理学家吉尔福特提出智力三维结构模型。他认为，智力结构应从操作、内容、产品三个维度去考虑。智力的第一个维度是操作，即智力活动过程，包括认知、记忆、发散思维、聚合思维、评价5个因素；第二个维度是内容，即智力活动的内容，包括图形、符号、语义、行为4个因素；第三个维度是产品，即智力活动的结果，包括单元、门类、关系、系统、转换、蕴含6个因素。把这3个变项组合起来，会得到$4 \times 5 \times 6 = 120$种不同的智力因素。吉尔福特把这些构想设计成立方体模型，共有120个立体方块，每一立方块代表一种独特的智力因素(如图10-7所示)。

1971年，吉尔福特将智力加工内容维度中的图形分为视觉和听觉两部分，智力因素为150种。1988年，他又将智力活动过程中的记忆分为短时记忆和长时记忆两部分。至此，将智力分为180种元素。

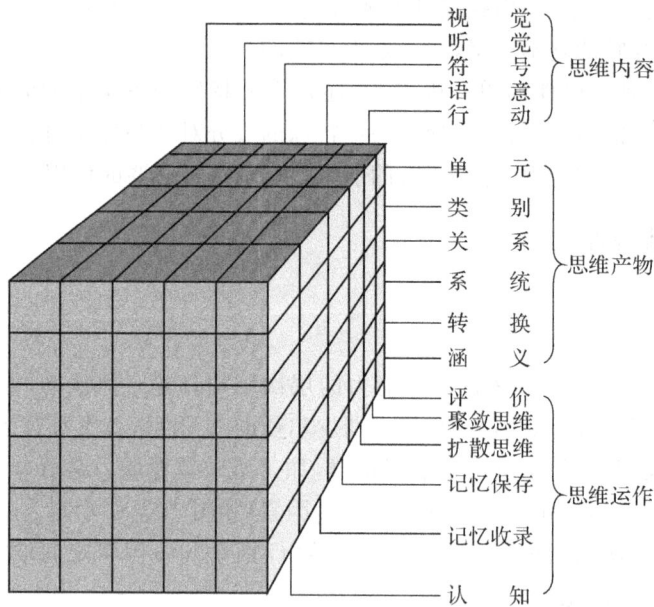

图 10-7　吉尔福特的智力三维模型

吉尔福特的智力三维结构模型,是当前西方比较流行的一种智力理论。它对我们认识智力结构的复杂性、把握各智力要素之间的关系、启发我们对智力结构进行深入细致的讨论,都具有积极意义。

三、能力的信息加工理论

(一)三元智力理论

1985 年,美国心理学家斯腾伯格从信息加工心理学的角度出发,提出了三元智力理论。他认为,智力理论可分为三个分理论:(1)情境分理论,阐明智力与环境的关系;(2)经验分理论,阐述智力与个人经验的关系;(3)成分分理论,揭示智力活动的内在心理结构。其中,智力成分结构有三个层次:(1)元成分,是高级管理成分,其作用是实现控制过程,包括在完成任务过程中的计划、鉴别和决策;(2)操作成分,其作用是执行元成分的指令,进行各种认知加工操作,如编码、推断、提取、应用、存贮、反馈等;(3)知识获得成分,学会如何解决新问题,如何选择解决问题的策略等。

三元智力理论是现代智力理论的代表之一,它与当代认知心理学的发展产生了契合,使智力理论的研究有了突破性进展,不再局限于传统的因素分析方法,为今后的智力理论与实践的研究指出了一条可行之路。

(二)智力的 PASS 模型

1990 年,加拿大心理学家戴斯等人以认知过程和大脑的活动来重建智力,提出的智力PASS 模型(Plan Attention Simultaneous Successive Processing Model),即"计划—注意—同时性加工—继时性加工模型",认为人的一切智能活动包括计划、注意、同时性加工和继时性加工四种认知过程,并构成三级认知功能系统(即注意—唤醒系统、同时—继时编码加工系统和计划系统)。注意系统又称注意—唤醒系统,它是整个系统的基础;同时性—继时性加工系统称为信息加工过程,处于中间层次。同时加工系统指人们认识事物时,在特定的时间内同时感知到事物的各个部分的特征。例如,图形辨认、人物辨认、完形测验、图形组合等。继时加工过程指人们在认识事物时可以在某一时刻只感知事物的一种特征,随着时间的推移陆续感知事物的各部分特征。例如,数字背诵、动作模仿和系列记忆。计划系统处于最高层次。

PASS模型中的三个系统在智能活动中各司其职:注意—唤醒系统的主要功能是使大脑处于一种适宜的工作状态,它处于心理加工的基础地位,其功能状态直接影响到另两个系统的工作。同时性—继时性加工系统又称作编码系统,它负责对外界输入信息的接收、解释、转换、再编码和贮存。这一系统在PASS模型中处于关键地位,因为智力活动的大部分的实际操作都在该系统发生。它又分为两种不同的加工方式,即若干个加工单元同时开始进行信息处理的同时性(并行)加工方式和几个加工单元先后依次对信息进行加工处理的继时性(序列)加工方式。处于PASS模型的最高层次是计划系统,它执行的是计划、监控、评价等高级的功能。

第四节 能力测量与培养

能力作为一种重要的心理特质,在人们的各种活动中能切实地发挥重大作用,但却看不见、摸不着,心理学家们一直都在探索如何测量它,把它们用数量化的方式精确地表示出来。

一、能力的测量

测量能力的工具是按标准化的程序所编制的各种能力测验。能力测量通常包括一般能力测验(即智力)、特殊能力测验和创造力测验。

(一)一般能力测验

首先使用科学的方法测量人的智力始于法国。从1905年第一个正式的智力测验诞生到现在,西方智力测验的发展经历了三个大的时期。从19世纪下半叶到1905年,是智力测验的萌芽和准备时期,这一时期主要是对心理能力的测量进行一些探索和尝试,其中高尔顿、卡特尔、斯皮尔曼等人做出了重要贡献。从1905年到20世纪中期,是智力测验的诞生与快速发展时期,这一时段诞生了比奈—西蒙量表(1905)、斯—比量表(1916)和韦氏系列智力量表(1939)等一系列著名的智力测验及其修订版本;产生了智龄、比率智商、离差智商等智力的衡鉴指标;发展了信度、效度、常模、标准化等一系列的测验编制与评价技术。经过这一时期的发展,智力测验在理论和实践上都基本成熟,在体系上也初具规模。从20世纪中期到现在,是各种能力测验广泛应用、逐步完善和成熟的时期。下面将介绍应用最为广泛的一般能力测量工具。

1. 比内—西蒙量表

比内—西蒙量表是世界上第一个实用的智力测验工具,其出现肇始于20世纪初法国政府教育部聘请心理学家比内和医生西蒙为鉴别智障儿童的能力而编制的(见图10-8)。

1905年，比内—西蒙量表正式发表，1905年的量表有30个由易到难排列的项目，可用来测量各种各样的能力，特别侧重于判断、理解、推理能力，亦即比内所谓智力的基本组成部分。1908年，比内发表修订后的比内—西蒙量表，删掉了1905年量表中不合适的测验项目，增加了一些新的测验项目，使总数达到59个，此外，在此次修订本中他将测验成绩用"智力年龄"表示，即智龄，表示个体智力所实际达到的水平，并建立了常模，这是心理测验史上的一个创新。比内—西蒙量表的第三次修订本于比内不幸去世的1911年发表，这次修订没有重大变化，只是改变了几种年龄水平分组，并扩展到成人组。自比内—西蒙量表发表以后，尤其是1908年量表发表之日起，比内—西蒙量表就吸引了全世界心理学家的注意，各种文字的翻译本和修订本相继出现，其中以斯坦福大学推孟教授于1916年修订的斯坦福—比内量表最负盛名，史称1916年量表。此量表对比内—西蒙量表作了许多修改，增加了近三分之一的新题，修改了部分原有题目和部分测题的年龄水平。并在1916年的量表中，首次引入了比率智商的概念，即智商＝智力年龄/实际年龄×100％，并以此作为比较人的聪明程度的相对指标。由于智商是智力年龄与实际年龄之比，也称为比率智商。

图10-8　比内与智力测验

我国由陆志韦首先于1935年修订斯坦福—比内量表，以后于1936年与吴天敏合作将施用于江浙地区的版本使之也施用于北京地区。1983年吴天敏对修订本再次进行修改，称"中国—比奈量表"。

2.韦克斯勒量表

美国心理学家韦克斯勒从1932年起就开始编制智力测验量表，先后出版了三套主要量表，即韦氏儿童智力量表（Wechsler Intelligence Scale for Children，WISC，1949），适用于6~16岁儿童；韦氏幼儿智力量表（Wechsler Preschool and Primary Scale of Intelligence，WPPSI，1963），适用于4~6岁幼儿；韦氏成人智力量表（Wechsler Adult Intelligence Scale，WAIS，1955），适用于16岁以上的成年人。韦氏量表都包含言语和操作两个分量表，分别测量言语智力和操作智力，每个分量表都由分测验构成，每一分测验集中测量一种智力功能，每个分测验的题目按由易到难进行排列。韦克斯勒量表革新了智商的计算方法，把比率智商发展成为离差智商，基于人的智力测验是正态分布，大多数人的智力处于平均水平,因此,将测验分数转化为标准测验分数,公式表达为 IQ=100+15Z,这样,人的智商分布的平均数为 IQ=100,标准差为 15。一个人的智力就是用他的测验分数与同年龄组的测验分数相比来表示的,Z 代表标准分数,即用他的测验分数减去团体的平均分数,再除以团体分数的标准差,Z=X−M/SD。智商从低到高,变化范围很大。

我国对上述 3 个量表都进行了修订。1979—1981 年由龚耀先主持,全国 56 个单位协作修订的 WAIS,称 WAIS-RC;1980—1986 年由林传鼎和张厚粲主持和全国各单位合作修订了 WISCR,称 WISC-CR;同年龚耀先和戴晓阳主持、全国 63 个单位协作,修订的 WPPSI,称为"中国韦氏幼儿智力量表"(C-WYCSI)。同时还有上海李丹和朱月妹等分别制订了 WISC-R 及 WPPSI 修订本的上海地区常模。这些修订本,在形式和年龄范围方面均与原本相同,但一些分测验中的某些项目都按我国文化背景修改,各修订本的修改幅度不同。

3.瑞文图形推理测验

瑞文图形推理测验是由英国心理学家瑞文于 1938 年创制的一种纯粹的非文字智力测验,它是属于渐近性矩阵图(如图 10-9 所示),用以测验一个人的观察力及清晰思维的能力,广泛应用于无国界的智力/推理能力测试。该测验主要包括三套主要量表。瑞文儿童彩色图形推理测验,主要适用于 5~11 岁的儿童及智力落后的成年人,由 3 个系列、共 36 个题目组成。在该测验中引入彩色,主要是为了引起幼儿的注意。瑞文标准图形推理测验,主要适用于 6 岁以上直到老年的被试,由 5 个系列组成,共 60 个测验项目组成。瑞文高级图形推理测验,类似于瑞文标准图形推理测验,但项目的难度更大,适用于高水平智力的成人。该测验由两部分组成,第一部分有 12 个测验项目,第二部分有 24 个项目。

瑞文标准推理测验已经由北京师范大学张厚粲主持修订。

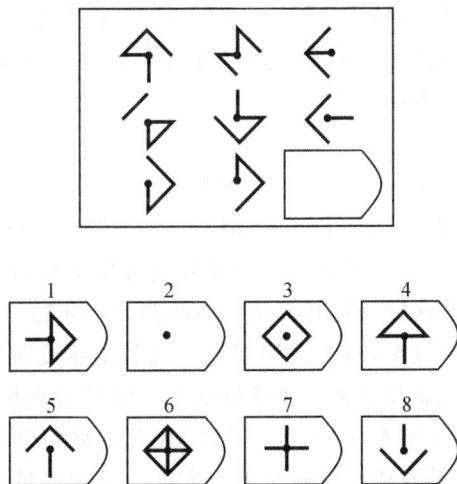

图 10-9 瑞文图形推理测验示例

(二)特殊能力测验

特殊能力倾向测验是鉴别个体在某一方面是否具有特殊潜能的一种工具。这类测验最初是为了弥补智力测验的不足而编制和使用的,最早出现的特殊能力倾向测验是机械能力倾向测验。由于职业选拔与咨询的需要,各种机械、文书、音乐及艺术能力倾向测验纷纷出现,同时视力、听力、运动灵敏度方面的测验也广泛应用于工业、军事上的人事选拔与分类。

1. 机械能力测验

机械能力测验是最早和最经常用于工业或军事测验中的特殊能力倾向测验。有证据表明,存在着一种不明显的机械能力的一般因素,但大多数机械能力测验测量的能力很广泛,例如视—动协调因素、知觉及空间关系能力、机械推理和机械知识等。组成分测验的各种机械能力彼此的相关性都较低,但不同的机械能力分测验和总分之间具有较高的正相关。

(1)空间关系测验

由明尼苏达大学的帕特森(D. G. Paterson)及其同事对机械能力作了严格的分析,并编制了三个相关的测验。

明尼苏达机械拼合测验(Minnesota Mechanical Assembly Test)和明尼苏达空间关系测验(Minnesota Spatial Relations Test)由特拉布等修订,包括 A、B、C、D 四块板,两套几何形状的木块,一套插在 A 板和 B 板的凹陷处,另一套插在 C 板和 D 板的凹陷处。测验开始时,这些木块是零散摆放的,被试的任务是捡起木块并尽可能快地放入板中的特定凹陷处。完成所有木块所需时间为 10～20 分钟,成绩按时间和错误次数记分。测验信度高达 0.80,测验与特定工作的相关度在 0.50 左右。

明尼苏达书面形状测验(Minnesota Paper Form-Board Test)由里克特和夸沙修订,为明尼苏达空间关系测验的纸笔形式。题目采用多重选择形式,每题包括一个分解几何图案题和五个拼凑成整体的选项图案,要求被试在五个选项图案中选择一个图案,正好是分解图案拼凑成整体的形状。测验的复本信度为 0.80～0.89。研究表明,在测三维空间的立体视觉和操作能力时,这个测验是有效和有用的工具之一,在预测工厂工作和工程等技术课程成绩、上级评定及在检验、包装、机械操作等工业职业的实际成就方面很有用处。虽然编者的原意是设计出一个比明尼苏达空间关系测验更有效实施的一种修订形式,但结果发现二者的相关相对于它们自身的复本信度要低。

(2)机械理解能力测验

机械理解能力是指理解实际生活情境中机械原理的能力,一般需要一定的机械知识。由本纳特等人编制的机械理解测验(Bennet Mechanical Comprehension Test,BMCT),是较为著名的、最常见的工具之一。BMCT 测量实际情境中的机械关系和物理定律的理解能力。测验题目包括一些有关这种关系和定律应用的图画和问题。这个测验可用于军事和民用方面。现行修订版有两个复本,即 S 式和 T 式。题目的难度范围大,适用于高中生、工业与机械工作的应征者和在职者及欲进职业学校的人。常模资料根据教育程度、专业训练或工作类别各有不同。奇偶信度为 0.81～0.93,BMCT 的效度居中(大约 2/3 介于 0.30～0.60)。研究结果表明此测验在机械贸易与工程方面具有很高的同时效度和预测效度。二次大战期间,这个测验是对飞行员的表现最有预测力的测验之一。

2. 文书能力测验

文书能力测验的特点是强调知觉速度和动作的敏捷性。但在实际的文书工作中,除了需要这两种能力以外,言语和数字能力也很重要。因此许多文书能力测验包括与智力测验类似的题目以及测量知觉速度和准确性的题目。文书能力测验又分为一般文书能力测验和测量速记能力、计算机程序编制与操作能力的测验。

(1)一般文书测验

一般文书测验(General Clerical Test)是由美国心理公司发行的一种综合的文书能力测验。测验包括八个部分,按三种不同的能力分三组记分。这三种能力是:文书速度和准确性,其由校对和字母排列两个分测验组成,目的在于测量一般的文书才能;数字能力,其由简单计算、指出错误、算术推理三个分测验组成,旨在测量被试的算术潜能;言语流畅性,其由拼字、阅读理解、字词和文法三个分测验组成,目的在于测量语文的流利能力。测验时间约为50分钟,测验结果除总分外,还有三个组的分数。

(2)明尼苏达文书测验

明尼苏达文书测验(Minnesota Clerical Test)由安得鲁和帕特森编制,测验主要用于选拔职员、检验员和其他要求知觉和操纵符号能力的职业人员。测验分两部分,即数字比较和名称比较,要求被试检查200对数字和200对名称的匹配正误,测验以正确题数减去错误题数记分。如:

如果同一组的两个数或名称完全相同,则在中间的线上打钩。

66273894 — 66273984

527384578 — 527384578

New York World — New York World

Cargilll Grain Co — Cargilll Grein Co

3.艺术能力测验

艺术情趣在不同个体、不同文化和不同年龄之间存在着很大差异,因此艺术能力的判断标准是很难确定的。虽然在寻找可靠标准和使用测验预测方面存在着许多问题,但从20世纪20年代起仍有许多美术能力和音乐能力的测验产生。

(1)梅尔美术鉴赏测验

梅尔美术鉴赏测验(Meier Art Test)是测量学生的审美能力,而不是测量学生的艺术技巧的表现能力。分为美术判断和审美知觉两个分测验。

美术判断测验包括100对不着色的图画,内容有风景、静物、木刻、东方画、壁画等,每对图画中的一幅是名画的复制品,另一幅是模拟名画,但在技巧或结构方面稍加修改,比原作差。让被试在两者之中挑出他认为较好的一幅(见图10-10)。这些图画的好坏标准是根据25位艺术专家的意见决定的,其中有些较难判断,评分时其得分比其他的判断点得分高。被试选择正确的图画所获得的分数即为其成绩。审美知觉测验包括50道题目,每题为一件艺术作品的四种形式,每一种形式相对于另外三种在比例、整体性、形状、设计及其他特征上有不同,要求被试按其优劣排出等级。目前,还未见关于这一测验用途的报告。

(2)格雷夫斯图案判断测验

格雷夫斯图案判断测验(Graves Design Judgement Test)由被试对美学基本原则的认识和反应来判断其美术能力,包括美术欣赏力和美术创作能力。格氏认为美学的基本原则包括调和、主题、变化、平衡、连贯、对称、比例、韵律,共8项。测验由90套二维和三维空间的抽象图案组成,每题包括2~3个同一图案的变式,让被试选出他认为最好的那个。图有线条的、平面的或立体的,每题只有一个图形符合格氏上述的8项美学基本原则,其他图形则违反一个或数个原则。图形的编选尽量避免个人主观的看法或感情因素,只注重相当纯

图 10-10 梅尔艺术鉴赏测验例题

说明:上面两图中,其一为名画原本,另一为修改后在艺术
上较差者,让被试选择出原本。

粹的审美上的选择。根据被试的选择可得知其对美学知觉和判断的能力。

(3)洪恩美术能力问卷

洪恩美术能力问卷(The Horn Art Aptitude Inventory)属于美术能力操作测验。该测验采用工作样本测验,适用于大、中学生和成人,对艺术学校的新生有相当的鉴别力。测验内容包括三部分:1)素描画要求被试画出常见物体的素描,以判断被试作品的线条品质与画面布置的技能;2)随意画测量被试用指定的图形画成简单的抽象图案的能力;3)想象画是给被试 12 张卡片,每张卡片上印有几条线条,被试根据这些线条画成一幅草图,由这些草图来评判被试的想象力和作画技巧。记分采用等级评量法,分为优、普通、劣三个等级的评分图样,参考这些图样对被试的作品给出判断。

(4)西肖尔音乐才能测验

1939 年,艾奥瓦大学的西肖尔及其同事对音乐能力进行了开创性的研究,从而产生了最早也是最为突出的音乐能力测验——西肖尔音乐才能测验(Seashore Measures of Musical Talents)。与后来发展出的音乐测验比较,西肖尔测验的刺激材料主要是一系列音乐调式或音符刺激,而后来的测验多采用有意义音乐选段。该测验的刺激由唱片或磁带呈现,每一项目共有两个音或两个音阶,测量被试音乐能力的六个要素包括:辨别音调的高低,指出第二音是否高于第一音;辨别音强的高低,指出第二音是否强于第一音;辨别节拍,比较每一对音的节拍是否不同;辨别时间的长短,指出每对音中的第二音是否长于第一音;辨别音色或音质,指出每对音中两个音质是同是异;音调的记忆,连续将三五个音演奏两次,当第二次演奏时,改变了其中的一个音,被试须记下改变的是第几个音。

每一项目的音阶差别开始时显著,随后越来越细微,没有音乐才能的人,仅能区分显著的差别,不能区分细微的差别。这个测验偏重于听知觉方面。唱片共有两套,分别用于测量专攻音乐和非专攻音乐的人。测验成绩不以总分计算,而以 6 种能力的剖析图作为取舍的根据。该测验适用于小学生到成人,每个测验约需 10 分钟。西肖尔测验中的音高辨别测验也用做某些军事及民用职业的听觉筛选测验。

（5）音乐能力测验

音乐能力测验（Musical Aptitude Profile，MAP）由戈登 1965 年编制，用录音机播放，包括 250 个原版的小提琴和大提琴短曲选段。不要求被试有音乐知识或任何音乐方面的个人史，测量三种基本音乐因素：音乐表达、听知觉和音乐情感动觉。有三个分测验：T 测验——音调形象（旋律、和声）；R 测验——节奏形象（速度、节拍）；S 测验——音乐感受（短句、平衡、风格等）。前两个分测验都有正确答案，要求被试比较两个测验相同或相异；后一个分测验采用多重记分，要求被试回答两个录音带的音乐哪个更具韵味。

（三）能力倾向测验

能力倾向性是指个体在不同能力因素上潜在的优劣倾向。能力倾向测验多用于职业指导及一般性的职业选拔和专业资格鉴定。

1. 学术能力倾向测验

学术能力倾向测验（Scholastic Aptitude Test，SAT）相当于我国的高考，是大学录取新生的一项主要参考依据，每年在美国和世界各地举行多次。SAT 由美国教育测验服务中心主持试题编制和试卷分析等工作，几十年来，技术不断改进，如今已属于技术上最完备的测验之一。该测验包括两部分内容：语言和数学。语言包括反义词、句子填充、类比推理、阅读理解等内容，考查学生在词汇量、阅读理解、逻辑思维方面以及做出判断和结论的能力；数学包括算术、代数和几何等内容，考查学生在数学运算、推理以及运用数学知识解决实际问题的能力。SAT 题型皆为多重选择题，测验时限为 3 个小时，测验分数包括语言和数学两个分数，没有合成分数。

2. 分辨能力倾向测验

分辨能力倾向测验（Differential Aptitude Test，DAT）由美国心理公司于 1947 年出版，1963 年和 1972 年两次修订和进一步完善，是应用最广泛的成套能力倾向测验，主要适用于初中和高中生的教育咨询及就业指导。DAT 包括 8 个分测验，言语推理、数的能力、抽象推理、文书速度与准确性、机械推理、空间关系、言语运用（拼写和文法两个），各分测验单独施测并单独记分，除文书速度与准确性测验外，各分测验基本是能力测验。

3. 一般能力倾向成套测验

一般能力倾向成套测验（General Aptitude Tests Battery，GATB）是 20 世纪 40 年代由美国劳工部就业保险局设计而成的综合式职业性向测验。12 个分测验，9 种能力倾向因素。

这种测验的编制，一般是针对各种专业，分析其所必需的各种能力特质并编成测验，内容包括一般学业能力倾向测验（大多以测普通能力和学业成就为主），入学前使用的成就测验，有时也用兴趣测验或其他人格特质测验，自传资料、推荐信、过去的学业记录与面谈等也可作为补充资料。这些内容接近所要测的专业领域，这样做可以提高表面效度，同时，某些证据表明，这些测验的预测效度比一般的智力或学业能力倾向测验高。

4. 行政能力倾向测验

我国的行政能力倾向测验是由原人事部考录司组织心理学、管理学等学科专家研制而成的。它主要用于国家行政机关招考主任科员以下非领导职务公务员，是一个专门用来测量一系列跟行政职业成功有关的心理潜能的测验。测验内容、项目数和时限见表 10-3。

表 10-3　行政职业能力倾向测验的内容、项目数和时限

部分	内容	项目数	时限（分钟）
一	数量关系	15	15
二	言语理解	30	30
三	判断推理	30	30
四	常识判断	40	25
五	资料分析	15	20
合　计		130	120

（四）创造力测验

在我们建设创新型国家的今天，创造力显得格外重要。20 世纪 50 年代，吉尔福等心理学家发现，智力测验不能测量人的创造力。创造力与智力的关系如图 10-11 所示，整个三角形表示智力与创造力之间的正相关趋势。智力低者，创造力必然低；而智力高者，并不意味着创造力很高，因此智力是创造力发展的必要条件而非充分条件。创造力测验主要测量各种创新思维能力，创造力测验是心理测验适应时代需要的一个新动向。创造力测验典型方法有南加利福尼亚大学测验、托兰斯创造思维测验、芝加哥大学创造力测验等。

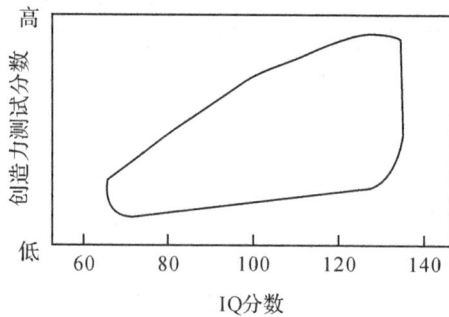

图 10-11　智力与创造力之间的关系图

1. 南加利福尼亚大学测验

南加利福尼亚大学测验又称吉尔福德智力结构测验，是吉尔福德及其同事在对智力结构的研究中发展起来的。吉尔福德认为发散思维是创造力的外在表现，由此他将该测验发展为一套创造力测验。该测验由言语测验和图形测验两部分组成，共 14 个项目。言语部分有 10 个项目：字词流畅、观念流畅、联想流畅、表达流畅、多种用途、解释比喻、效用测验、故事命题、推断结果、职业象征。图形部分包括 4 个项目：作图、略图、火柴问题、装饰。这套包含 14 个分测验的测验适用于初中生。另一套包含 5 个言语分测验和图形分测验的测验适用于初中以下的学生。这两套测验都根据被试反应的数量、速度和新颖性，依照记分手册的标准记分。

2.托兰斯创造思维测验

托兰斯创造思维测验是由美国前明尼苏达大学托兰斯在教育情境中发展起来的,主要考察流畅性、灵活性、独创性、精确性这几个变量。托兰斯创造思维测验包括12个分测验,称之为"活动",以缓解被试的紧张心理,它适合于幼儿园直至成人被试。其主要有三套测验,每套皆有两个复本。

言语创造性思维测验包括7项活动:头3项活动要求被试根据所呈现的图画,列举出他为了解该图而欲询问的问题、图中所描绘的行为可能的原因及该行为可能的后果;活动4要求被试对给定玩具提出改进意见;活动5要求被试说出普通物体的特殊用途;活动6要求对同一物体提出不寻常的问题;活动7要求被试推断一种不可能发生的事情一旦发生会出现什么后果。测验按流畅性、变通性及独创性记分。

图画创造性思维测验包括3项活动。活动1要求被试把一个边缘为曲线的颜色鲜明的纸片贴在一张空白纸上,贴的部分由他自己选择,然后以此为出发点,画一个非同寻常的能说明一段有趣的、振奋人心的故事的图画;活动2要求利用所给的少量不规则线条画物体的草图;活动3要求利用成对的短平行线(A本)或圆(B本)尽可能多地画出不同的图。此套测验皆根据基础图案绘图,可得到流畅性、灵活性、独创性和精确性四个分数。

声音词语创造性思维测验包括2个分测验,均用录音磁带实施。第1个活动为音响想象,要求被试对熟悉及不熟悉的音响刺激做出想象;第2个活动为象声词想象,十个诸如"嘎吱嘎吱"等模仿自然声响的象声词展开想象。两个活动皆为言语性反应,对刺激作自由想象,并写出联想到的有关物体或活动。根据反应的罕见性,记独特性分数。

3.芝加哥大学创造力测验

美国芝加哥大学的心理学家盖泽尔斯和杰克逊等人根据吉尔福的思想对青少年的创造力进行了深入的研究,在20世纪60年代编制了这套测验。这套测验包括语词联想测验、用途测验、隐蔽图形测验、完成寓言测验、组成问题测验5个分测验,适用于小学高年级到高中阶段的青少年,适用于团体测试,并有时间限制。

二、能力的培养

能力按照不同的标准可以分为很多种,下面将从较为常见的创作能力、认知能力、操作能力及社交能力这四个方面浅谈能力应如何培养。

(一)创造能力的培养

在信息化社会里,人们可以通过互联网以及其他途径快捷地获得知识与资料,因此,陈述性知识的学习已经不再是那么重要。同时,知识的全球化使创造能力成为影响整个民族的状况的基本因素。

培养学生创造力的关键就是要培养学生的创造性思维。创造性思维是人类思维的一种高级形式,这种思维不限于已有的秩序和见解,而是寻求多角度、多方位开拓新的领域、新的思路,以便找到新理论、新方法、新技术等。创造性思维又是逻辑思维、非逻辑思维、形象思维、灵感思维等的有机结合,是智力因素和非智力因素的巧妙互补,在创造过程中处于中心和关键的地位。

爱因斯坦说:"提出一个问题往往比解决一个问题更重要。"提出问题是学生思维活动的开始,有利于启迪学生的创造"潜质"。因此,教师要鼓励学生,敢于怀疑,敢于提出不同凡响的见解。学生的创造思维,需要教师通过各种手段去刺激、引导,如准备有利于充分发挥学生创造思维的教具(如实物、挂图、教学资料等)以及创造良好的课堂氛围。要允许学生走入"误区",在思维摩擦中,自省自悟。学生在进行创造思维中,难免出现错误,教师要引导学生大胆冒险,敢于犯错,要善于以"错误案例"催开学生的创造之花,对学生的知识性、结论性、判断性错误,教师不要马上给予否定评价,要以点拨为主,采取激励、暗示、提醒等方式,促使学生继续思维,把改进的机会留给学生,在矫正误点的同时,促发学生的自悟,启动学生的创造潜能。

(二)认知能力的培养

个体的认知能力主要是通过家庭和学校的培养而形成的。在幼儿阶段,主要是父母的教育发挥主导作用。提高幼儿的认知能力是很重要的。这包括对观察力、记忆力、想象力、理解力等诸多能力的培养。1~2岁幼儿的认知能力主要表现在感知觉的发育、手的精细动作和语言的发育上。

1. 感知觉的发育

在视觉方面,父母可以先让孩子认识红、黄、蓝、绿4种基本颜色。可以拿一些红色和黄色的积木边指边说:"这是红色的,那是黄色的。"让孩子把红色分成一堆,黄色分成一堆。在听觉方面,拿金属铃和塑料拨浪鼓来比较那个声音大。在皮肤感知觉方面,教他们触摸,如棉花是软的,木头是硬的,冰棍是冷的,热水是热的,等等。知觉的发育,需要在父母的教育下,在语言的指导下,掌握事物的名称,这一名称能把事物的特性固定下来。例如,"桌子"这个词,包括了有4条腿、是木头做的、可以用来吃饭写字等。

2. 手的精细动作

手的精细动作主要通过游戏和活动来发展。如搭积木、画画、捡豆豆、往瓶中装豆豆等,都可促进手眼协调的发展。

3. 语言的发育

1~2岁幼儿语言的发育正处在加速时期。随着理解力的增强,表达能力很快发展起来了,这时的用词量明显增加,出现3~4个字的简单句子。但有时也会出现不合乎语法结构的句子,使人听不懂。这时父母要立即给予纠正,教给他正确的说法。这一阶段,妈妈要多与孩子对话,尤其要注意安排孩子与小朋友多接触,以发展他的语言。孩子这时掌握的词汇,大约二分之一是名词,三分之一是动词,也会说一些简单的形容词和代词。父母要尽量多与孩子一起做游戏,和孩子一起参加活动,这样可以帮助孩子迅速提高认知能力。

在儿童期孩子正式进入了学校之后,孩子的认知能力主要是在学校的教育作用下快速提高。在课堂教育方法上,教师可通过支架式教学来培养孩子的认知能力。支架式教学模式以建构主义学习理论为基础,通过教师搭建的"脚手架",让学生体验情境,形成适合自己的概念框架,并利用独立探索、协作学习等手段完成对知识的意义建构。支架式教学模式的实施过程就是学生自我意识、自我监控、自我调节的元认知能力锻炼的过程。与此同时,良好的元认知能力水平也可以推进支架式教学模式的顺利实施。在支架式教学模式的实施过程中,元认知能力的培养不仅不会耽误正常教学,而且坚持实施,学生的元认知能力会不断地提高,教师的教学也会达到事半功倍的效果。

(三)操作能力的培养

在幼儿阶段,父母是孩子操作能力培养的第一任老师,父母要有目的地引导孩子培养起初步的操作能力。首先,手的操作可以直接促进视觉、触觉、动觉及感知觉的发展和相互间的协调。其次,幼儿通过动用玩具及操作日常生活用品,可以掌握使用物体的方法。以后,幼儿便会逐步地掌握成人使用工具的方法和经验。再次,幼儿通过手的操作,能进一步认识同一类物体的共性,因而使知觉更加具有概括性,并为概括表象和概念的产生准备条件;在日常生活中,应及时为不同年龄的幼儿提供合适的动手操作的机会。幼儿表示愿意自己动手做的事,成人应耐心地在一旁指导,而不应自己动手代替幼儿去做。如孩子希望自己学吃饭的时候,就不要喂他;该让孩子自己学会穿衣服时,就不要再替他穿衣服;孩子可以自己握笔时,就可以给他纸和笔,让他画着玩。孩子刚开始学习这些动作时,难免做得不完善,这就需要反复地练习,通过反复运用,幼儿便会掌握比较复杂的手的动作。练习的内容一定要适合幼儿的年龄特征,如经常让幼儿做手工,包括画图、剪贴、泥工、折纸等,能够促进幼儿手的动作发展。当发现幼儿有不正确的操作时,应及时予以矫正。发现问题应及时予以指导、纠正。当然,最好从一开始就教会幼儿正确的操作方法,尽量杜绝不正确的操作方法。最后,要特别注意幼儿操作时的安全卫生。同一操作活动不应持续过久,以免孩子手部过度疲劳而失去控制力,造成"事故",并影响手的正常发育。孩子在使用金属工具如剪子、刀子、铲子和榔头等之前,应教给孩子正确的操作方法,并一定要嘱咐孩子注意安全。孩子使用的工具,也应有安全措施。如剪子最好是圆头的,刀子、铲子不要过于锋利。家庭教育是整个教育的重要组成部分,一些国家在家庭教育方面注意培养孩子的独立性、自主性、动手能力、创造能力以及意志力等,其经验值得借鉴。

个体随着年龄的增长其操作能力转为主要是在学校的课堂教育模式中培养。学校的教学过程是一个特殊的认知过程 。在这个过程中,不仅要求学生掌握抽象的教学结论,更应注重学生的逻辑思维训练,引导学生积极参与探讨知识的形成过程,培养学生的实际操作能力。著名心理学家皮亚杰说:"儿童的思维是从动作开始的,切断动作与思维的联系,思维就不能得到发展。"小学生的认知以具体形象为主,因而在认识过程中很难从教师的讲授和得出的结论中获取其中蕴含的教学思想方法和教学思维品质。所以,在教学过程中,教师应该加强对学生的实践操作训练,让学生在实践中感知,充分发挥学生的潜力,让学生通过自己的努力解决问题,获取知识。教师要引导学生到实际中验证,到生活中运用。这样,学生对知识就会有更深入的理解,各方面素质也会得到和谐发展。

(四)社交能力的培养

社交能力与社交经验的关系如此密切,如果可以提高自己的社交能力,人们的日常社交生活也会得到改善。人们不单可以减少与别人发生冲突,亦可以令自己和别人有更愉快的交往经验。

有些人认为社交能力是与生俱来的特质或属性。譬如,一个社交能力高的人天生较外向、善于交际。所谓"江山易改,本性难移",要改变社交能力实比移山更为艰难。多数的心理学家并不赞同这种看法。反之,他们认为只要能辨认出可以预测社交能力的因素,便可以设计一些课程来培训这种能力。

要有效地提高社交能力,可从两方面入手:一是提高对社会情境的辨析能力;二是提高对其他人心理状态的洞察力。

对环境的辨析能力要有效地达到社交目标,便要因情势而做出相应的行为。社交环境瞬息万变,交往的对象亦有不同的特质,要适应不同社交环境和人物,便非要有精锐的观察和认知能力不可。对环境的辨析能力是社交能力的一个重要部分。一个人如果能够对情境间的细微不同之处加以区分,往往更能掌握社交环境的变化而做出合宜的行为,以适应不同性质、千变万化的环境。

总括而言,要增进个人的社交能力,一方面要提高对自己及别人的需要、思想、感受的洞察力,另一方面亦要细心观察不同的情境和人物,分辨其中不同之处并加以理解分析,以加强对千变万化的社交环境的掌握。虽然心理学家认为社交能力是可以训练提高的,但要真正提高社交能力,实在不是一件容易的事,亦非一朝一夕可以做到的,成功与否还是取决于一个人的动机、决心、努力与恒心。

正如前文的介绍,在个体能力的形成过程中会受多种因素的影响,所以要培养个体的能力就应从上文提及的遗传、环境和教育、实践活动、培养主观能动性这几个方面着手,有针对性并全面地培养个体的能力。母亲在自知怀孕之始就应努力制造出良好的母体环境,避免造成个体不可逆转的先天性的缺陷,从而影响其出生后能力的发展。在婴儿出生后,父母、学校和社会要有良好的合作,以共同培养孩子的能力。这三方面都很重要,缺一不可。此外,各界还要致力于增加孩子参与实践活动的机会,并培养孩子增长能力的主观能动性。只有各个方面的促进作用结合起来,才能达到理想的培养效果。

本章内容小结

1. 能力是人们顺利完成或实现某种活动所必需的心理条件,是个性心理特征的重要方面。

2. 按照不同的分类标准,能力可分为:一般能力和特殊能力;再造能力和创造能力;认知能力、操作能力和社交能力;流体能力和晶体能力;优势能力和非优势能力。

3. 能力、知识与技能既相互区别,又辩证统一地存在于个体的活动中。知识是人脑对客观事物的主观表征,是人类社会历史经验的总结;技能是人们通过练习而获得的动作方式和动作系统。

4. 多种能力互相联系和相互结合,保证某种活动的顺利进行。这种结合在一起的能力叫才能。能力的高度发展称为天才。天才往往结合着多种高度发展的能力。

5. 能力发展具有一般的规律和趋势。童年期和少年期是某些能力发展最重要的时期;人的智力在 18～25 岁间达到顶峰(也有人说是 40 岁);人的流体智力在中年之后有下降的趋势,而晶体智力在人的一生中是稳步上升的;成年期是能力发展最稳定的时期;能力高的人,其能力发展的速度通常比较快,智力达到高峰的时间比较晚。

6. 能力发展的个体差异主要表现在:能力类型的差异;能力发展水平差异;能力表现早晚的差异;能力的性别差异。

7.能力的形成与发展受多种因素的影响,既有先天的遗传素质,又包括后天的环境、教育等因素;既有实践活动的推动,也有主观努力的作用。

8.能力的因素说认为能力是由一些因素构成,依据能力构成因素的数量提出来的。二因素说认为能力是由一般因素和特殊因素构成;塞斯顿应用因素分析,确定了能力的7个基本因素,称之为群因素说。

9.能力的结构说认为能力的结构是多维的、多层次的。层次结构理论将能力由高到低分为一般因素、大因素群、小因素群等层次;三维结构模型将智力结构分为操作、内容、产品三个维度。

10.认知心理学从信息加工的观点出发,将能力视为一个过程。三元智力论由智力成分亚理论、智力经验亚理论和智力情境亚理论构成;智力的PASS模型提出,能力由计划—注意—同时性加工—即时性加工等4个过程组成。

11.能力测验包括一般能力测验、特殊能力测验、能力倾向测验和创造力测验。

12.我国学校教育对知识的授受非常重视,但对学生能力培养重视不足。社会、学校及家庭都应该重视儿童能力的发展与培养。

思考题

1.什么是能力? 能力与知识、技能有什么关系?

2.遗传、环境与教育对能力发展各起什么作用? 怎样发挥主观能动性在能力发展中的作用?

3.能力发展的个体差异表现在哪几方面? 如何理解能力的个体差异?

4.比较能力的二因素说和层次结构理论,它们对你有哪些启发?

5.如何理解智力的PASS模型? 对你有哪些启发?

6.如何理解能力测验的科学性? 智商对个体发展的影响如何?

7.分析自己的能力特点,在今后发展中如何更有效地发展自己的能力?

8.你认为学校教育中应如何培养学生的能力?

【试一试】 <<<

瑞文高级推理测验(APM)是英国心理学家瑞文(J. C. Raven)于1938年编制的一种非言语智力测验,主要通过图形的辨别、组合、系列关系等测量人的智力水平,是目前国际上非常流行的智力水平测查量表之一。瑞文高级推理测验难度较大,适用于高智力水平的被测试者。下面你可尝试做一下瑞文高级推理测验中部分例题。

指导语:

以下每个题目都有一定的主题,但是每张大的主题图中都缺少一部分,主题图以下有8张小图片,若填补在主题图的缺失部分,可以使整个图案合理与完整,请从每题下面所给出的小图片中找出适合大图案的那那一张。

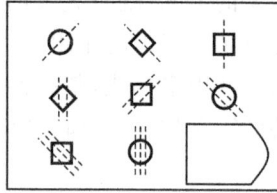

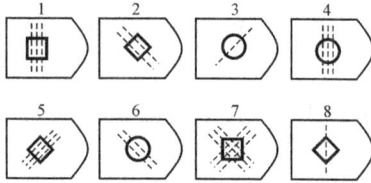

第一题

......

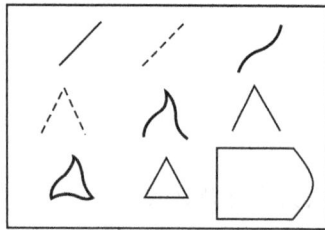

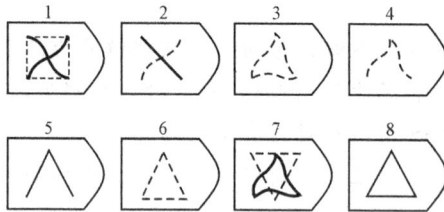

第十七题

......

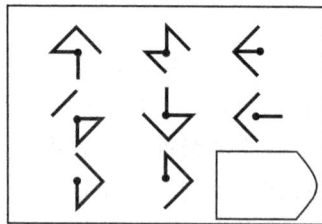

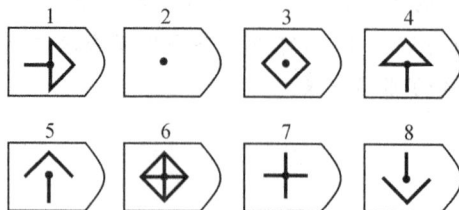

第三十六题

第十一章　学习心理

一天晚餐时,爸爸问正在上五年级的思为今天在学校都学了些什么。"让我想想。""上午数学课老师讲了三个分数连续的加减法,语文课老师讲了李白的诗《赠汪伦》,下午的地理课上,老师讲到了希腊雅典的宏伟建筑,体育课上老师教了乒乓球高抛发球,对,就是这些。""雅典有什么宏伟建筑让你神往吗?"爸爸问。"当然有,老师说帕特农神庙完全是由大理石建造的,实在是太神奇了。"思为回答道。"那高抛发球你现在会了吗?"爸爸又问。"还没完全会,不过老师表扬我的姿势很正确。""今天在学校还有什么有趣的事吗?"妈妈问。"小区前面的王小胖拿同学的作业抄,同学不给,他就把别人的作业本扯破了,老师下午把他留下来罚他。""不过你们放心,我不会做这种傻事的。"思为补充说。

从上面一个小学生描述的一天学校生活中,他都学到了些什么呢?首先,他学到一些"事实"知识——例如分数连加连减的法则、《赠汪伦》这首诗的写作背景和表达的意思以及雅典建筑的特点等,这些知识以一定的信息编码储存在大脑中,有的会以一定的行为技能(如进行分数加减运算)表现出来,而有的却不会在日常行为中得以展现。其次,他还学到了新的行为——一些初步的乒乓球高抛发球动作。由于他的发球姿势得到了老师的表扬,可以预见的是,以后他会继续采用这种发球姿势。此外,他通过小胖的行为遭遇,学习到什么样的行为在学校是不合适的,他也会去避免这种不合适的行为。

学习是人类生活最普遍也是最重要的主题。学习的本质是什么?人类通过什么方式进行学习?哪些因素会影响学习的进程?本章将会围绕这些问题介绍心理学家们的研究和理论,相信通过本章的学习,将会使大家对人是如何通过学习来增长知识、提升技能、适应环境的有着更为深入的认识,而这是任何教育工作者都必须掌握的知识。

第一节　学习概述

人人都熟悉学习这个词,但不是人人都理解这个术语的准确内涵。在日常生活中,很多人理解的学习都比心理学研究中所指的学习概念要狭隘。所以在系统地介绍学习的心理学研究之前,有必要先对学习的定义、类别及相关理论做一些介绍与分析。

一、学习的界定

虽然哲学认识论对人类知识起源的探讨源远流长,但真正从微观角度通过科学方法探讨学习本质还是在科学心理学诞生之后。虽然不同时代、不同理论流派的心理学家对有关学习本质的观点不同,但综合这些观点,可以把学习界定为由经验引起的心理表征和行为的

持久变化。对于这一定义,可以从三个方面加以理解:

1.学习是有机体心理表征和行为发生变化的过程

学习的产生是以有机体的心理表征和行为发生变化为条件的。通过学习,有机体在头脑里对一些过去没有接触过的信息进行编码,然后将其储存在头脑中,或是对过去已经储存的一些信息进行更新,这些情况就是有机体的心理表征发生了变化。例如在前面提到的思为一天的学习中,他学习了三个分数连续加减的法则、李白的诗《赠汪伦》的意义和背景知识以及希腊建筑的一些事实,当他把这些信息编码储存在大脑中时,就发生了内部心理表征的变化,也就产生了学习。学习最明显的效果就是引发外显行为的变化。当思为从不会运算三个分数的连续加减到能够进行熟练的运算,或是从不会进行高抛发球到基本能够进行高抛发球,就可以看出学习在他身上已经发生了。需要注意的是,学习首先是引发心理表征的变化,而心理表征的变化可能通过行为的方式表现出来,也可能暂时不能从行为中得以展现。早期的行为主义者避开内部心理的变化直接认为学习就是行为的改变,这种观点是有失偏颇的。

2.学习是一个持久变化的过程

学习引发的心理表征或行为的变化是相对持久的。只有较为持久的变化才能称为学习,所以像疲劳引起工作效率下降、兴奋剂大大提高了运动成绩这些暂时性的变化,是不能称为学习的。一般来说,由学习引发的一些行为方式或动作技能的变化保持的时间较为持久,例如思为一旦学会高抛发球后,就很难忘记这种发球方式。而通过学习获得的一些陈述性知识在大脑中的表征保持的时间就相对较短,例如思为学习的《赠汪伦》这首诗的一些相关信息,在学习后如果没有得到及时复习,很快就可能被忘掉。

3.学习是经验引发的

学习是由经验导致的变化,经验一词在这里指的是有机体在环境中的活动以及和环境的互动过程。经验导致学习的发生,有以下几个特点:

(1)不管是直接经验还是间接经验,都可能导致学习的产生。直接经验是发生在个体自己身上的生活事件,而间接经验是个体观察到的发生在他人身上的生活事件,两种情况都可能导致个体的行为发生相应的变化。

(2)有时候经验导致学习是通过有计划的训练或练习来实现的,这就是人们在日常生活中所说的学习现象,例如学生在课堂听课、课后阅读、球场练习球技等均属这种方式;而有时候是通过发生在个体或他人身上的一些偶然事件,在没有任何计划和预期的情况下实现的,例如儿童在车上目睹其他人给老人让座获得赞扬,从而学到了给老人让座的行为。当然,在后面这种情况下个体可能并没有意识到一个偶然事件对他有什么影响,他甚至可能没有发现自己有什么改变,但是这种影响确实是存在的。

(3)个体会由遗传而获得一些本能行为,也会因年龄增长和有机体自然成熟导致行为的改变(如青春期男生的嗓音的改变),但由于这些行为改变不是因为经验而获得的,所以不属于学习的范畴。

学习是个体生存与发展的必要手段,也是促进人类社会进步的重要动力源泉。不管是动物还是人类,为了更好地适应生存,保持与环境的和谐与平衡,学习都是必需的。但由于动物和人在生存的基本规定性上的区别,这种适应的意义又有所不同。

人和动物的行为有两类：一类是本能行为，另一类是习得行为。本能行为是通过遗传获得的种族经验，是不学而能的。蜘蛛织网、鸟儿筑巢都属于本能行为的范畴。而习得行为是人和动物在后天环境中通过学习获得的个体经验。本能行为较为刻板，依靠它只能适应有限的环境，当环境急剧变化时，这种行为就会失去效用。而习得行为由于总是由现实的环境或环境条件的改变而引起的，所以它们能帮助个体迅速、灵活地适应环境的改变。一般来说，随着物种向高级阶层进化，动物的适应对本能的依赖会顺次减少，对习得行为的依赖则顺次增加。动物进化得越高级，越是依靠学习来适应环境。所以，对于一些进化水平较低的动物来说，由于其活动范围较小，生存环境相对稳定，一套先天的本能行为系统足以让它们安安稳稳地得以生存和繁衍，它们不需要也很少从与环境的相互作用中学到什么。但对于高级动物来说，由于其生存环境的复杂性，对学习能力的要求就更高了。

在所有的生命形式中，人类的生存环境是最为复杂的。单靠本能的行为，人类根本无法应对复杂多变的世界。所以，人类的大部分行为都是后天学习的结果，人类的学习能力也是所有生物中最强的。进化心理学家相信，人类所具有的学习能力，是在千百万年的自然选择和进化过程中传承下来的。正是这种学习能力，人类才从残酷的自然选择和生存竞争中脱颖而出，成为万物的主宰，并进而创造出绚丽多彩的人类文明。至于人的潜能的实现和生活品质的提升等发展性需要的满足，更是有赖于学习。随着现代社会竞争加剧、知识激增，每个人仅仅依赖早年在学校教育中学到的知识来应对未来的世界是不现实的，这就需要现代人终其一生不断地学习。1994年的"首届世界终身学习会议"认为，如果没有终身学习的意识和能力就难以在21世纪生存，"终身学习是21世纪的生存概念"。未来社会的文盲将不再是没有知识的人，而是停止学习的人，所以，每个人都应该在一生中不停地学习，"吾生有涯，而学也无涯"，只有这样，才能在未来的世界中安身立命。

二、学习的分类

学习现象是非常复杂的，根据不同的学习对象、内容、形式、水平等，可以对学习进行不同方式的分类。了解学习类型，有助于采取相应的措施来促进各种学习。由于学习分类的方式和标准很多，不能在这里进行全面的介绍，下面仅介绍两种有代表性的学习分类的观点。

（一）奥苏伯尔的学习分类

美国心理学家奥苏伯尔（Ausubel，1978）主要针对认知领域中的学习现象进行分类。他从两个维度对学习进行了分类。根据学生学习进行的方式，他将学习分为接受学习和发现学习；根据学习内容与学生原有知识结构之间的关系，他将学习分为机械学习与意义学习。

接受学习是指学习者将别人的经验变成自己的经验，所学习的内容是以某种定论或确定的形式通过传授者传授的，无须自己去独立发现。学习者将传授者呈现的材料加以内化和组织，以便在必要的时候再现或加以利用。发现学习是指在缺乏经验传授的情况下，由学习者自己独立地去获取新知识、寻求问题解决方案的一种学习方式。

机械学习是指学习者在没有理解新知识的真正含义，或者学习材料本身不具有可理解的意义的情况下，单凭死记硬背进行的学习。意义学习是指学习者在当前学习材料与已有知识结构之间建立了实质性的、非人为的联系。这里所谓实质性联系,是指不是字面上的联系,可以用不同的语词表达,但意义却是等值的。所谓非人为的联系,是指有内在联系而不是人们强加给它的一种联系或任意的联想,是新知识与原有认知结构中有关的观念建立在某种合理的或逻辑基础上的联系。

对上述分类,有两点需要明确。首先,接受学习可以是机械的,也可以是有意义的。在理解基础上的接受就是有意义的,反之是机械的。因此,不应将接受学习与被动的机械学习等同起来。同样,发现学习中也存在着意义与机械的区分。动物通过盲目地尝试错误获得一些经验,发现某种行为与结果之间的联系却不知其内在的原因,即属于机械的发现学习。科学家的发明创造即属于有意义的发现学习。其次,这几种学习各有其价值,究竟何种更优越需视情境而定。例如,尽管人们对由发现学习获得的知识比接受学习获得的知识掌握得更加牢固,但发现学习获取知识的效率却远远低于接受学习的效率。此外,对于意义学习与机械学习,通常人们也会认为意义学习更佳,但有些知识的学习却只能依靠机械记忆,所以死记硬背在新知识的学习中常常也是必要的。

(二)加涅的学习分类

美国心理学家加涅(R. M. Gagne)早期根据学习情境、学习水平,由简单到复杂地把学习分为八类:(1)信号学习(signal learning),指在经典条件作用的基础上形成的对信号刺激所做出的特定反应。(2)刺激—反应学习(stimulus-response learning),指建立在操作性条件作用基础上的学习。在这种学习中,有机体因其行为在特定情境下得到强化,从而更倾向于在此情境下重复表现这种行为。(3)连锁学习(chaining),指一类将一系列单独的刺激—反应动作联合起来,形成复杂行为模式的学习。各种技能的形成,都是在连锁学习的基础上获得的。(4)言语联结学习(verbal association)。这类学习与连锁学习相类似,不过它学习的单位是语词刺激,这类学习是形成一系列连续性的语词联结。(5)多重辨别学习(multiple discrimination),指学习辨别多种刺激的异同,并对不同刺激做出分化的反应。(6)概念学习(concept learning),指学习对同一类刺激的抽象特征做出相同的反应,这种将一类事物的本质特征抽象出来的学习,就是概念学习。(7)原理的学习(principle learning)。这里的原理反映的是两个及两个以上概念之间的关系。原理学习就是对概念之间关系的学习,例如对勾股定理的学习。(8)问题解决(problem solving)。这是运用所学原理解决实际问题的学习。

后来,加涅又根据学习结果,将学习分为五种类型:(1)智慧技能学习,指学习使用符号与环境相互作用的能力。(2)认知策略学习,指学习用以支配个人的心智加工过程的内部组织能力,用以监控和调节自己的注意、记忆、思维和问题解决过程的能力。(3)言语信息学习,指学习陈述观念的能力。(4)动作技能学习,指学习平衡而流畅、精确而适时地操作能力。(5)态度学习,指学习那种能够影响对物体、人或事件选择的倾向。这五类学习不存在等级关系,可以分为三个领域:前三种学习结果属于认知领域;第四种学习结果属于动作技能领域;第五种学习结果属于情感领域。

三、学习的理论

学习理论是对学习规律和学习条件的系统论述,它主要研究人类和动物的学习行为的特征,解释有机体为何学习、如何学习和学习什么。在已有的学习理论中,最有影响的是行为主义学习理论与认知学习理论。

(一)行为主义学习理论

行为主义学习理论以可被客观观察和测量的事物——环境事件(刺激)和有机体的行为(反应)为研究对象,重点在于探讨二者之间的因果关系。行为主义者认为人们的大部分行为是他们所经历的环境刺激的结果。他们用刺激和反应之间的联系来描述学习,认为学习就是有机体在刺激与反应之间建立联结的过程。他们否认或拒绝去研究学习过程中发生的内部观念的改变,原因是内部观念是无法被客观观测的。行为主义者假定许多物种都具有相似的学习过程。他们认为动物和人类的学习方式是相似的。因此,很多行为主义心理学家都热衷于用老鼠和鸽子做实验,并把从对这些动物研究中推导出的学习理论运用到对人类学习的理解上。用动物研究有很多优点,例如成本更低,同时动物行为更容易控制和观察。但动物的学习方式是否可以完全解释人类的学习,这个问题值得商榷,因为人类具有其他动物所不具有的复杂的认知能力,这可能使得人类和动物的学习具有截然不同的特点,所以对于人类的学习,认知学习理论提出了不同的观点。

(二)认知学习理论

20 世纪 60 年代以后,许多学习理论家意识到除非他们把人脑内部的思想观念与行为同样看待,否则将不能完全理解学习。这种对认知的重视持续至今,强调认知成为众多学习理论的根本。认知学习理论认为学习是学习者在头脑里产生了对环境刺激的心理表征的持续改变。在本章前面的例子中,五年级小学生思为学习了三个分数连续加减的法则、李白的诗《赠汪伦》的意义和背景知识以及希腊建筑的一些事实,他把这些信息编码储存在大脑中,就发生了内部心理表征的变化,也就产生了学习。认知学习理论认为,人们主动地参与自己的学习,而不是被动地受到环境塑造。认知活动影响学习过程,人们对于自己所加工的和所学习的具有选择性。学习者学习到的知识,其意义是由学习者建构的,而不是由环境规定的。认知学习论关注以前的知识和经验在人们建构意义的过程中的重要作用,关注大脑的成熟变化对认知加工能力的影响,这些都是行为主义学习理论所忽略的。

接下来,本章将着重介绍行为主义学习理论的两大重要贡献:经典条件作用和操作性条件作用的主要观点及其在教育领域的应用。对于认知学习理论,将重点介绍顿悟学习、潜在学习以及社会认知理论这些早期的认知学习理论,而认知学习理论的重要观点——信息加工理论,则在本书认知过程的相关章节中详细介绍。

第二节 经典条件作用

在我们生活的环境中,一些刺激先天地就能引发人或动物做出特定的反应。而更多的环境刺激并不具备这种功能,但这些刺激却可能因其与前述刺激的联系,使有机体学会用这些刺激来预测前述刺激的出现,从而做出相应的反应,例如,闪电因其通常伴随剧烈的响雷,常常也会让一些孩子产生惊恐的反应。此类学习就是俄国生理学家巴甫洛夫提出的经典条件作用。本节将介绍这种学习形式的发现过程、基本原理和实践应用。

一、经典条件作用的发现

生活中,有人会因为看到一种食物而感到恶心呕吐;也有人会在听到狗的狂吠声时害怕得发抖;还有一些学生则会在听到老师说进行一个小测验时紧张得心怦怦跳。这些反应都属于经典条件作用(classical conditioning)的结果。

经典条件作用的发现,源于俄国生理学家巴甫洛夫(Ivan Pavlov,1849—1936)在对狗的消化功能研究中的偶然发现。为了研究唾液分泌在消化中的作用,巴甫洛夫通过外科手术方式在狗的唾液腺中植入导管,以便测量当把食物放入狗嘴中时狗分泌的唾液量(见图 11-1)。巴甫洛夫观察到,在实验进行的几天后,狗一看到实验助手拿着食物盘进入实验室,甚至只在听到实验员的脚步声时便开始分泌唾液(见图 11-2)。对这种意料之外的现象,虽然它原本不在巴甫洛夫的研究计划之内,但却引起了他足够的兴趣。他推断,狗一定是学到了什么东西,才使得它在没有闻到或吃到食物时也能分泌唾液。巴甫洛夫意识到,实验助手最初的形象和脚步声是不能引起狗的唾液分泌的,而在一段时间后,它们居然能够激发狗出现原本只有食物才能激发的反射性反应,这一定是狗学习到在实验助手和食物这两种刺激以及在实验助手(刺激)与唾液分泌(反应)之间建立了联系。他希望深入全面地去理解这种学习过程,尽管遭到同事们的反对,但他依然匆匆地完成了关于狗的消化功能的研究,而后将其职业生涯的后半生完全投入到对这种学习的研究当中。

图 11-1　巴甫洛夫最初用于研究狗的消化功能的装置图

图 11-2　巴甫洛夫的实验情境

二、经典条件作用的基本原理

(一)经典条件作用的术语

在深入理解经典条件作用之前,有必要将一些重要的术语介绍给读者。首先,反射(reflex)是指有机体对内外刺激做出的及时适当的反应。在巴甫洛夫的实验中,食物引起唾液分泌就是一种反射,其他如强光照眼引起的瞳孔收缩、敲打膝盖引起的弹腿动作等都是反射,这些反射是有机体对具有生物学意义的刺激先天的、不学而能的反应。任何能够自然引起有机体反射性行为的刺激,都称为无条件刺激(unconditioned stimulus,UCS),如巴甫洛夫实验中所用的食物。而由无条件刺激引发的反应则称为无条件反应(unconditioned response,UCR),如实验中狗的唾液分泌。其他一些刺激如铃声和灯光等,原本并不具备引发无条件反应的能力,这种刺激被称为中性刺激(neutral stimulus,NS)。当中性刺激与无条件刺激匹配,获得一种激发反应的能力后,它就成为条件刺激(conditioned stimulus,

CS)。而在条件刺激的激发下产生的反应,就是条件反应(conditioned response,CR)。所以,当铃声和灯光这些中性刺激与食物相匹配,从而引发了狗的唾液分泌后,铃声和灯光就成了条件刺激,而在铃声和灯光这些条件刺激单独作用下产生的唾液分泌反应,就被认为是条件反应。

(二)经典条件作用的形成过程

经典条件作用的形成过程可以概括地用以下三步来说明(如表11-1所示):

首先,在条件作用之前已经存在一种无条件刺激—无条件反应之间的联系。例如在巴甫洛夫的研究中,狗吃到食物(无条件刺激)就会分泌唾液(无条件反应),这种联系是无须学习的。此时可能存在某种中性刺激如铃声,它的出现是不能引发狗产生唾液分泌的反应的。

此后,当中性刺激与无条件刺激多次匹配,即让无条件刺激在中性刺激呈现后即刻出现,条件作用就会逐渐产生。在巴甫洛夫的实验中,在铃声出现后立刻给狗喂食物,食物会诱发狗的唾液分泌反应。铃声和食物反复结合在一起或相继呈现,狗就会逐渐将二者联系起来。

最后,中性刺激也获得了诱发反应的力量,这个反应通常是一个与无条件反应很相似的反应。此时中性刺激就成为条件刺激(CS),而反应也成为条件反应(CR)。例如,巴甫洛夫的狗获得了对一个新的条件刺激——铃声分泌唾液的条件反应。

表 11-1 经典条件作用形成的基本过程

条件作用之前	食物 (无条件刺激,UCS) ——→ 唾液分泌 (无条件反应,UCR) 铃声 (中性刺激,NS) ——→ 无唾液分泌 (无反应或无相关反应)
条件作用期间	(多次重复)伴随 铃声 + 食物 ——诱发→ 唾液分泌 (条件刺激,CS) (无条件刺激,UCS) (无条件反应,UCR)
条件作用之后	铃声 ——诱发→ 唾液分泌 (条件刺激,CS) (条件反应,CR)

在介绍完相关术语及形成过程后,可以对经典条件作用下一个精确的定义。经典条件作用(classical conditioning)是一种学习的形式,在这种学习中,原本中性的刺激(NS)后紧随一种能激发无须学习的无条件反应(UCR)的无条件刺激(UCS),这两种刺激配对出现的结果是,原本的中性刺激(现在称为条件刺激 CS)开始激发一种反应(CR),多数情况下 CR与 UCR 完全一致或非常相似。

要使经典条件作用得以发生,CS 必须作为 UCS 即将出现的可靠信号。早在古希腊时期亚里士多德就指出,学习在信号刺激之间建立联系的关键就是时间接近。时间接近固然是一个重要的条件,但光是时间接近还不足以形成条件作用。Robert Rescorla(1988)用实验证明,当 CS 的出现总能预测 UCS 的出现时,很容易发生学习行为,但是如果 CS 不能预测 UCS 的出现,就不会发生学习——即使 CS 和 UCS 在时间上非常接近。

（三）经典条件作用的相关现象

对前面谈到的经典条件作用的形成过程，可将其称为经典条件作用的习得（acquisition）阶段。条件作用习得之后，其效果不是一劳永逸的。条件作用可能出现消退，一段时间后也可能自发地恢复。此外，有机体可能对条件刺激产生泛化与辨别，这些现象说明，条件作用过程是异常复杂的。

1. 消退与自发恢复

条件作用习得之后，若多次呈现条件刺激，却始终没有无条件刺激与之相伴出现，有机体的条件反应就会逐渐减弱，甚至不再反应，这种现象称为条件作用的消退（extinction）。

当然，消退现象的存在并不表示条件作用形成之后就是非常脆弱的，因为消退常常不是永久的。已经消退的条件反应，经过一段时间后，通常能够再次被条件刺激激发而出现，这种现象称为自发恢复（spontaneous recovery）。

如图 11-3 所示，在巴甫洛夫的实验中，当狗在习得阶段建立起对条件刺激做出唾液分泌的反应后，若多次呈现条件刺激却不出现食物，狗的条件反应就会逐渐消退，表现为呈现条件刺激时分泌的唾液量逐渐减少，直至最终不再分泌唾液。如果过一段时间后再次出现条件刺激，狗会表现出自发恢复的倾向，再次分泌出唾液，尽管此时分泌的唾液量比起条件作用建立之初少多了。

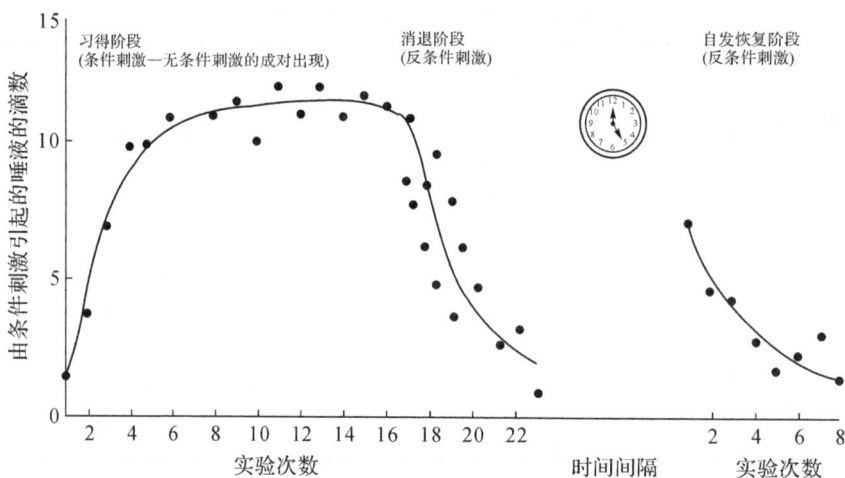

图 11-3　经典条件作用的学习和消退曲线

条件作用的消退和自发恢复都具有适应上的意义。对于一个已经建立好的条件作用来说，随着环境的变化，过去的条件刺激很可能不再能够预示无条件刺激的出现了。如果此时有机体调整了自己的行为，不对这种条件刺激做出相应的条件反应，那说明有机体通过消退的方式适应了变化的环境。在另外的情况下，条件刺激可能只是暂时不能预测无条件刺激了，也有可能条件刺激对无条件刺激的预测作用只是间歇性的，就如地震警报并不总是意味着真的会出现地震一样。如果一段时间内广播电台多次发布地震警报，却没有发生地震，人们可能会逐渐对这种警报不以为然，隔一段时间后当警报重新出现时，人们又会表现出一定的警觉，此时，这种自发恢复的倾向就是很有必要的，因为这次的警报很可能是有预测性的。

2. 刺激泛化与辨别

俗语说："一朝被蛇咬，十年怕井绳。"这个谚语说明，当有机体对某种刺激形成条件反应后，一些和条件刺激相类似的刺激，虽然它们从来没有和无条件刺激匹配过，也能引起有机体不同程度的反应，这种现象称为刺激泛化（stimulus generalization）。生活中刺激泛化的例子很多，例如每次老师说"把书收起来"，然后拿出一摞试卷准备发下去，学生会感到焦虑，因为他们知道要考试了。而当老师说"把书收起来"，然后拿出一摞复习资料时，学生也会感到紧张，这是因为复习资料与试卷太相似了。一般来说，新刺激和最初的条件刺激越相似，该新刺激引起条件反应的可能性和强度也越大。

和刺激泛化相反，刺激辨别（stimulus discrimination）是指有机体通过学习，能够在一些维度上将条件刺激和其他刺激区别开来，选择性地对条件刺激做出反应的现象。如上例，若学生对老师打印的试卷在纸张外观和大小上非常熟悉后，老师让把书收起来，然后拿出的一摞纸张与试卷纸张有些区别，此时，学生就不会有紧张的反应了，这说明学生已经能够在一些维度上将试卷与其他资料相辨别了。

刺激泛化与辨别是生活中极为常见的现象，它们对有机体的生存适应具有同样重要的作用。从刺激泛化的角度来说，在条件作用建立之初，在有机体还不能对条件刺激的各项特征进行准确加工的时候，为了不至于漏掉应该做出反应的情况，必须对所有相似的刺激都做出反应，这样，有机体才有更多的可能获得想要的食物或者避开潜在的威胁。从刺激辨别的角度来说，有机体对小范围的刺激做出准确反应也是必要的。只对那些真正能够预示无条件刺激出现的刺激情境做出反应，有机体才不至于因为过度反应而感觉疲惫。有机体要想在环境中表现出最佳行为，或许应该在泛化和辨别之间寻求一个平衡点。当个体对条件刺激还不太熟悉时，他不应该过度选择以至于漏掉那些应该做出反应的情况；另一方面，他也应该有意识地对刺激进行准确的加工，从而使其反应更加准确和有效。

三、经典条件作用的应用

假如经典条件作用这一概念只能用于理解动物是如何学习对一些信号刺激做出相应反应的，心理学家就不会对它进行如此广泛的研究了。事实上，经典条件作用在帮助理解大量关于人类行为的重要而复杂的问题中非常有用。

行为主义心理学家华生和他的学生雷纳（Watson 和 Rayner，1920）发表了在心理学界引用最广泛的关于经典条件作用的例证。华生相信，人类对很多事物的情绪反应都是通过经典条件作用习得的。他们用实验演示了条件性情绪反应的形成过程。在这个实验中，他们试图训练一个11个月大的小男孩阿尔伯特通过经典条件作用的方式，对白鼠产生恐惧。首先，华生先让小阿尔伯特和实验室小白鼠一起玩耍看他是否害怕老鼠，结果发现此时阿尔伯特并不怕老鼠。然后当阿尔伯特试图靠近小白鼠玩耍的时候，在他的身后出其不意地用铁锤敲击出巨大的响声。这个巨大的响声让阿尔伯特恐惧地大声嚎叫。7次这样的配对呈现之后，当华生再把小白鼠放在阿尔伯特面前时，他表现出强烈的恐惧反应。通过经典条件作用，小阿尔伯特对这个原本不害怕的小动物产生了恐惧反应。在其后的几周里，小阿尔伯特的恐惧泛化到了其他带白色绒毛的东西上，比如小白兔、小狗、白色的皮大衣等。

从今天的标准来看，华生的这一实验是不道德的。令人遗憾的是，华生和雷纳没有采取措施去消除阿尔伯特的这种恐惧反应。但在随后的研究中，华生的另一位学生琼斯（Jones，

1924)通过逐渐将兔子(CS)与饼干(UCS)配对呈现,消除了另一幼儿皮特对兔子的恐惧反应。将两种刺激(如兔子与饼干)配对呈现,用一种刺激引发的反应(吃饼干的愉悦反应)来消除另一种刺激引发的不相容反应(兔子出现导致的恐惧反应),这种消除经典条件作用的方法被称为对抗性条件作用(counterconditioning)。在琼斯的研究中,激发不相容反应的无条件刺激一般首先呈现(琼斯先给皮特吃饼干),然后激发预想消除的条件反应(恐惧反应)的条件刺激(兔子)被短暂地呈现。一段时间之后,激发预想消除的反应的条件刺激可以被呈现更长时间,直至它不再激发预想消除的条件反应为止。

生活中有太多关于儿童通过经典条件作用学会情绪反应的例子需要家长和老师的关注。在下面的几个例子中,可以看到每个例子中的两个刺激都是同时出现的。一个刺激诱发了一个反应后,第二个刺激作为配对的结果也开始能诱发相同的反应了。

✦ 陈希曾掉进游泳池里几乎被淹死。一年后,他妈妈带他到当地的一个体育训练中心去上游泳课,当他试图把陈希拉到水池边时,他歇斯底里地哭了起来。

        无条件刺激:水淹———→无条件反应:对窒息的恐惧

        条件刺激:游泳池———→条件反应:对游泳池的恐惧

✦ 贝贝因为生病有一个月没到学校上课。返校后,她不知道该如何解答老师布置的除法问题。在作业中接二连三地遭受到挫折体验后,无论何时遇到除法运算问题他都会感到非常焦虑。

        无条件刺激:失败/挫折———→无条件反应:对失败的焦虑

        条件刺激:长除法———→条件反应:对长除法的焦虑

✦ 上课时米娜给班上的一个同学递纸条被老师逮住了。老师当着全班同学的面读了这张纸条,纸条上有一些非常个人和隐私的信息,这让米娜非常尴尬。米娜现在只要一踏进这个老师的课堂就会感到非常不舒服。

        无条件刺激:羞辱———→无条件反应:遭到羞辱后的尴尬感

        条件刺激:老师/课堂———→条件反应:对该老师课堂产生的不舒服感

从这些例子中可以看出,作为家长和老师应当给孩子们创造这样的一个学习生活环境:尽可能地使刺激(包括家长和老师的行为)能诱发出诸如快乐或轻松之类的反应,而不是恐惧或焦虑的反应。当学生把学校和愉快的环境——积极的反馈、愉快的活动等——联系在一起时,他们很快就会发现学校是一个他们非常想去的地方。但当他们在学校里遭遇到一些不愉快的刺激——诸如在公共场合受辱或是持续的挫折和失败——最终他们可能会学会害怕或不喜欢某个特定的活动、某个学科、老师,甚至整个学校。

第三节　操作条件作用

前面讨论的经典条件作用中,有机体学会了在条件刺激和无条件刺激之间建立联结,用条件刺激来预测无条件刺激的出现,并用条件反应来应对条件刺激。在这种学习中,有机体学习到的是对环境刺激做出一种"不随意的反应"(不由意识控制的反应),只要存在一个"UCS-UCR"的初始反射,且让该无条件刺激与条件刺激同时或紧随其后出现,这种学习就能发生。但生活中有时即便没有无条件刺激的激发,有机体也能自发地表现出某些行为来应对外部环境。对这类自发的行为,有机体是如何学习到该在什么情境下表现出来呢? 为此,心理学家提出了操作条件作用(operant conditioning)这种学习形式,来说明有机体是怎样学习到在特定的情境中自发地调整行为来适应环境的。

一、桑代克的效果律

虽然操作条件作用的主要创始人是斯金纳(B. F. Skinner,1904—1990),但在谈到斯金纳的研究之前,有必要对桑代克(Edward L. Thorndike,1874—1949)的研究进行一些了解。

大约在巴甫洛夫以狗为对象开展经典条件作用实验的同时,美国心理学家桑代克(Thorndike,1906)正在研究"迷箱"中的猫是如何学习解决问题的。桑代克将一只饥饿的猫放进一只箱子里,并把一块鱼放在箱子外面(如图 11-4 所示)。为了从箱子里逃出来,猫必须学会打开箱子里的门闩。最初,猫的几次反应都没有奏效。它对着箱子的木棍又抓又咬,还把一只爪子从缝隙处伸出来。最后,猫碰巧踩到开启门闩的踏板。当猫又被放回到箱子里后,它依然在里面胡乱折腾,直到再次踩到踏板。在随后的尝试中,猫的随意行为逐渐减少,最后它可以马上用爪子踩着踏板开门。桑代克认为,猫逃离箱子的过程是一个尝试错误(trial-and-error)的学习过程。在这个学习过程中,猫在不断尝试中,有的行为(踩踏板)因其能够带来正性的结果,最终得以保留下来,出现的频率越来越多,而另一些行为(乱抓乱咬)因其不能带来正性的结果,逐渐倾向于消失,出现的频率越来越少。桑代克指出,在这一过程中,猫学会了在特定刺激情境(箱门紧闭)与特定反应(踩踏板)之间形成联结。而这种联结之所以能形成,是因为在这种刺激情境下,该反应将会获得某种满意的效果(走出箱子吃到食物)。

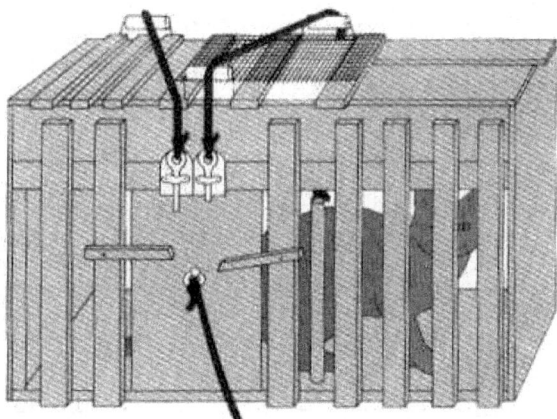

图 11-4　桑代克的迷箱

据此,桑代克总结了他关于学习的看法。他认为,学习就是在刺激与反应之间形成联结,人和动物的学习过程都是一个尝试错误的过程,伴随满意结果的反应将最终从众多尝试性反应中得以保留,形成刺激—反应联结。其中,桑代克将结果影响反应的原则称为效果律(law of effect):在一种刺激情境下,伴随满意结果的反应,其重复出现的概率将会增加,而伴随不满意结果的反应,其重复出现的概率将会降低。

二、斯金纳的操作条件作用

桑代克的尝试错误学习和效果律的理论盛行于 20 世纪之初,到 30 年代以后,斯金纳在桑代克的研究基础上改进了实验设计,以白鼠和鸽子等动物为研究对象,提出了著名的操作条件作用理论。

要理解什么是操作条件作用,需要先理解什么是操作行为。操作行为(operant)是指有机体自发地作用于环境的行为反应。这种行为与经典条件作用中讨论的条件反应不同,它在最初出现时不是由任何特定的刺激所诱发的,而是有机体自动表现出来的。一个人抬到财物主动交还失主,学生上课举手发言,人生病后去打针或吃药等等均属于操作性行为的例子。斯金纳通过严格的实验证实,一种操作行为在将来出现的可能性,会受到行为结果的影响而发生相应的改变。所以,操作条件作用(operant conditioning)是学习的一种形式,在操作条件作用中,当有机体通过自身行为对外部世界进行操作时,行为的后果将引起该行为发生率的改变。

在斯金纳的研究中,他改进了桑代克的"迷箱",发明了一种操作箱,也就是现在所说的斯金纳箱(Skinner-box)(如图 11-5 所示),来探究个体在有限度的自由活动的环境中,如何在其既有反应中学习到运用其中的某一反应,去达到某种目的。但是在方法与理论上,斯金纳的操作条件作用研究,在两点上较之桑代克的尝试错误学习更为精进:其一,在实验设计与观察记录上,特别设计的斯金纳箱不但精密,而且成为以后同类实验研究的典型工具。其二,在解释个体学习行为建立与否的关键因素时,斯金纳以强化的原理取代了桑代克的效果律。

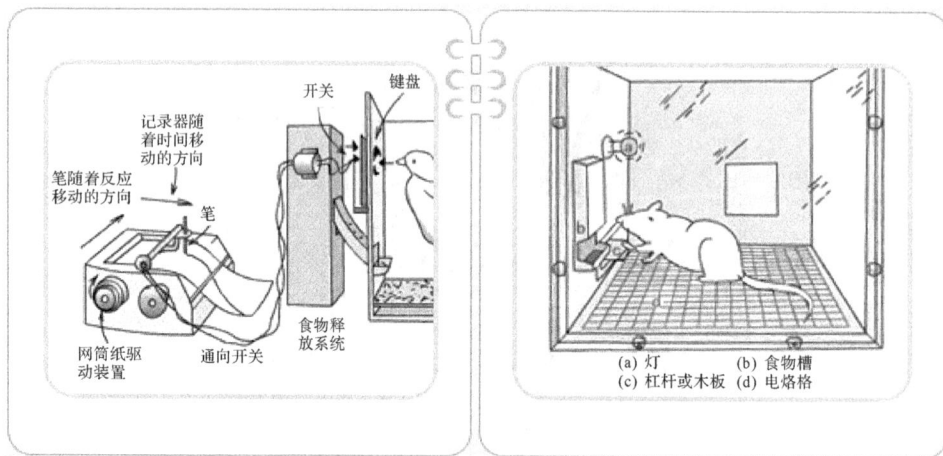

图 11-5 斯金纳箱

强化(reinforcement)是操作条件作用的重要概念。强化是指伴随行为出现的能够增加该行为在将来出现概率的一种结果。得到食物或金钱、获得拥抱或亲吻、受到表扬或关注都是常见的强化实例。强化是通过控制行为发生后伴随的刺激来实现的。与行为相伴的任何能够增加行为出现概率的刺激,都是强化物(reinforcer)。除强化外,行为可能获致的另一种结果是惩罚（punishment），它是指伴随行为出现的能够降低该行为在将来出现概率的结果。受到批评、挨打、被开罚单、被忽略等均属惩罚的例子。关于强化和惩罚对行为的影响效果，后面还会进行详细的说明。

三、操作条件作用的现象

和经典条件作用一样，在操作条件作用中，也存在着刺激泛化、辨别、消退以及自发恢复等现象。此外，操作条件作用还可以通过行为塑造的方式训练个体循序渐进地掌握一套复杂的行为模式。斯金纳通过对这些现象的探讨，使操作条件作用理论更趋丰富和完善。了解这些现象，有助于更加深刻地认识和理解操作条件作用。

（一）泛化与辨别

在经典条件作用中，泛化是对与条件刺激相似的刺激产生条件反应的趋势。操作条件作用中学习到的反应同样也会泛化到相似的刺激情境中去。斯金纳在用鸽子做实验的过程中发现，训练鸽子在斯金纳箱中看到红色灯光时就啄圆盘从而获得食物奖励，以后在看到橙色灯光时鸽子也会去啄圆盘。对通过操作条件作用学习到的行为，人们感兴趣的是它从一种情境泛化到另一种情境的程度。例如，如果教师的表扬促使学生在课堂上更加用功学习，这种反应会泛化到学生放学后完成家庭作业时的表现吗？或者，如果教师因学生在数学课上提出问题而夸奖学生，学生提出问题的行为会泛化到其他学科的课堂上去吗？

刺激辨别是指个体学习到只在某些特定的刺激情境下做出操作行为，从而忽略其他一些相似刺激情境的现象。例如，前面提到的那只泛化的鸽子，如果它在橙色灯光下啄圆盘的行为总是不能得到强化——不像在红色灯光下啄圆盘一样有食物掉下来，几次实验之后，它就会学到只在红色灯光下啄圆盘，而在橙色灯光下不做出反应。在课堂教学中，学生需要学会在哪些情境下可以与同学讨论甚至打断老师的讲授去提问，哪些情境下需要保持安静听老师的讲授，这就需要学会辨别，而这是可以通过老师的反馈——适时的表扬或委婉的批评来实现的。

（二）消退与自发恢复

在操作条件作用建立后，如果先前受到强化的反应不再受到强化，该操作反应将逐渐减弱，直至最终消失，这就是消退。例如对于鸽子已经习得的亮灯光啄圆盘的反应，如果在鸽子做出啄击反应后总是没有食物掉下来，它的这一反应就会逐渐消退。消退的技术在塑造儿童的行为和学校教育中都很常用，后面会再讨论这个问题。

对于已经消退的反应，在过一段时间之后，即使自上次停止后未曾得到过强化，在原先学习的情境中可能再度出现，这叫作自发恢复。当然，如果自发恢复的反应一直不能获得强化物的支持，消退现象将再度发生。

（三）行为塑造

在许多情况下，对于人们所欲强化的个体反应可能很难自发出现。例如，如果一个母亲要在自己4岁的女儿自己收拾完满地的玩具后再对其进行强化，那么，她可能很长时间都等不到女儿这种行为的出现。在这种情况下，人们需要对个体接近目标行为的多个具体反应逐步予以强化,从而使个体最终习得该行为。上述过程称为行为塑造(shaping),它是通过一种连续性逼近(successive approximation)的原则,即对接近目标行为的多个具体反应逐步予以强化,最终塑造出目标行为的。

　　行为塑造不管是在动物还是人的行为训练中都有着广泛的应用。例如在斯金纳的实验中,没有哪一只老鼠会在没有经过训练之前一放入斯金纳箱就主动用劲儿地去按压杠杆的。那么,应该如何训练这些不合作的老鼠学会按压杠杆呢?采用行为塑造的方法可以这样做。首先,无论何时这只老鼠(假设它叫 Mickey)站起来或走向杠杆,都给它一颗食物丸,这样重复多次后,Mickey 将会更经常地走向杠杆。然后,可以等待 Mickey 以某种形式触碰杠杆后再给它强化。这样多次以后,再等待 Mickey 以向下压的方式触碰杠杆时再给它强化。任何时候,如果停止对 Mickey 上一步反应的强化后又迟迟未出现下一步,前面的反应有消退的趋势时,都可以退回到前面的步骤。然后,当 Mickey 能够稳定地以向下压的方式触碰杠杆后,它就有可能把杠杆压得足够低从而激活自动喂食器,这会强化它形成最彻底的按杠杆的反应。

　　同样,在对儿童的行为训练中也可以采用这种技术。例如前面谈到的训练一个 4 岁儿童收拾房间的行为,首先可以在当她把一个玩具摆放到位后(尽管房间的其余部分还堆满杂物)即给予强化,这样多次以后,再等她把多个玩具摆放整齐后再进行强化;如此这般,逐步强化她类似收拾房间的行为,最终使其形成真正打扫房间的这一目标反应。

四、强化与惩罚的作用

　　前文提到,强化与惩罚是伴随操作行为出现的两种主要的行为结果,它们都能够对行为在今后相似情境中的出现概率产生影响。不管是强化还是惩罚,都有多种类型,不同强化和强化物所产生的强化作用,会有所不同。同样的强化物,安排的程序不同也会对学习的效果产生影响。惩罚也是一样,采取不同的惩罚方式,对行为的影响会有所不同。如何灵活地运用强化和惩罚等方式来影响儿童的行为,是每个教育者都要掌握的课题。

(一)强化的类别与程序

1.强化与强化物的类别

　　强化包括两种常见的形式:正强化与负强化。正强化(positive reinforcement)是伴随行为出现的某种令人喜爱的刺激对个体行为产生的强化作用。在正强化中出现的刺激,称为正强化物(positive reinforcer),动物实验中的食物、教室中老师的赞扬等都是常见的正强化物。负强化(negative reinforcement)是在行为发生之后,消除某种令人厌恶的刺激对个体行为产生的强化作用。在负强化中被消除的刺激,称为负强化物(negative reinforcer),动物实验中的电击、教室中老师的批评都是常见的负强化物。尽管金钱对绝大多数人来说通常都充当着正强化物的角色,但很多刺激到底是正强化物还是负强化物,就要视具体情形而定了。例如蛋糕对一个饥饿的人来说,可能会起到正强化物的作用,但对一个讨厌吃蛋糕而且并不太饿的人来说,则可能会成为一种负强化物。生活中,这两种强化形式都可以用来增加个体操作行为出现的概率,例如教师想强化学生认真听课的行为,可以在课堂结束时对学生进行口头的表扬(正强化),也可以告诉学生,因为他们听课认真,课后将减少他们的家庭作业(负强化)。

强化物还可以分为初级强化物和次级强化物。初级强化物（primary reinforcer）是指任何直接指向于有机体生物学因素的强化物。食物、水、臭味（负强化物）都是常见的初级强化物。次级强化物（secondary reinforcer）是需要与已经存在的强化物建立联结才能起到强化效果的强化物。金钱是生活中最常见也最重要的次级强化物，它之所以在大多数情况下都表现出超强的强化能力，是因为它能够交换生活中绝大多数的初级强化物和其他次级强化物。

2.强化的程序

在强化程序的安排上，心理学家描述了下面几个强化程序，并展示了每种强化程序对行为形成所产生的作用。

（1）连续强化与部分强化

连续强化（continuous reinforcement）是在个体每次做出正确反应后都予以强化的强化程序，部分强化（partial reinforcement）则是只对部分正确反应予以强化的强化程序。连续强化虽然可以使有机体迅速地学会一种行为，但是它的强化效果会在后期逐渐下降。而部分强化对一种行为得以长期保持，则有着更佳的效果。总之，连续强化可使行为建立得快，但消退得也快；部分强化则使行为建立得慢，但消退得也慢。诱导他人赌博的人对新手的强化就是结合这两种方式进行的，他们一般开始总是要让新手赢（连续强化），而后便让他输多赢少（部分强化），也同样能够使其沉溺于赌博。

（2）定比强化与不定比强化

定比强化（fixed-ratio schedule，FR）是指在个体做出一定次数的正确反应之后即获得一次强化的强化程序。例如工厂在工人每生产出 10 个合格产品时给他发 500 元工资，这就是一种定比强化。定比强化能导致相对较高的反应率，因为获得强化物需要做出多次反应，但在每次获得强化之后，反应有一短暂停止。不定比强化（variable-ratio schedule，VR）是指在个体做出不定数目的正确反应之后即获得一次强化的强化程序。需要注意的是，在不定比强化中，正确反应次数和强化次数的平均比率通常是比较确定的，但在两次强化之间正确反应的次数却是随机的。这种强化程序能导致相对较高的反应率，学习效果也会相对持久。例如，为何成功的营销经理总是很匆忙？因为他们知道，依据其销售经验，大概每展销10 次商品才能成功卖出一次，但他们却不能预测哪一次的展销能卖出商品，是这一次还是下一次？这种情形使他们每日匆匆忙忙。

（3）定时强化与不定时强化

定时强化（fixed-interval schedule，FI）是指在前次强化后，经过一段固定的时间间隔，有机体的反应才能再次获得强化的强化程序。不定时强化（variable-interval schedule，VI）是指在前次强化后，经过一段不固定的时间间隔，有机体的反应可以再次获得强化的强化程序。在采用定时强化时，通常有机体的反应频率会在每次强化后有所降低，而在接近下次强化的时间点时猛然增加。而采用不定时强化时，有机体的反应频率虽然不会很高，但是会一直保持稳定，不会出现突然降低或增高。设想如果英语老师固定每 15 天进行一次单词听写测验，学生肯定会在每次测验前一两天非常努力地去记单词，而在前面一段时间则不太学习，但如果老师采用的是不规则的随机抽查（虽然总频率与前一种情形一样高），那么学生肯定在每天都会花一点时间去记单词了。

(二)惩罚及其效果

有时候,操作行为导致的结果是负面的、消极的,因而该行为以后发生的频率和可能性便降低了。惩罚(punishment)就是一种消极的结果,它导致产生这种结果的行为在未来发生的概率降低。同强化一样,惩罚也包括正惩罚和负惩罚两种形式。正惩罚(positive punishment)是伴随行为发生之后呈现某种令人厌恶的刺激从而对个体行为产生的惩罚作用,例如言语斥责、批评、罚款以及体罚等均属正惩罚的范畴。负惩罚(negative punishment)是伴随行为发生之后消除某种令人喜爱的刺激从而对个体行为产生的惩罚作用。例如减少儿童的零花钱、取消儿童周末去看电影的权利都是负惩罚的例子。

人们通常将惩罚与负强化相混淆,其实二者很好区分。它们的区别就是惩罚总是导致被惩罚行为发生概率的降低,而强化即使是负强化也总是导致被强化行为发生概率的增加。无论正强化还是负强化都是奖励,而无论正惩罚还是负惩罚都是惩罚。

当惩罚被恰当地加以运用时,它可以作为一种人道的且有效的消除不当行为的手段。但在社会上,体罚依然被家长、老师或其他人武断地用于孩子身上。这种不良的惩罚方式不仅不能很好地消除儿童的不良行为,常常还会产生一些负面的作用。在学校环境中,教师应该如何人性化地采用惩罚来进行教育呢?

(三)消除不良行为的策略

前面谈到惩罚可以作为一种消除不良行为的手段,但在日常生活中,当家长或老师需要消除儿童的不良行为时,是否一上来就需要采用惩罚的方式呢? 实际上,前面谈到的多种方式都可以用来消除儿童的不良行为,相对于惩罚而言,这些方式通常更加平和、有效,不易造成对儿童的情感伤害或是引发儿童的对立情绪。在家庭或学校教育情境中,我们可以按照以下的顺序来运用策略消除儿童的不良行为。

1. 消退

一种减少不恰当行为出现频率的有效方式就是仅需要确保它不再被强化,待其自动消退。例如对于儿童哭闹提出无理要求的行为,如果不对它进行强化,儿童在哭闹后总是没能达到目的,这种行为就可能慢慢消退。但是要注意,通过停止强化不良行为来待其消退,若该行为先前被强化过的,通常这种行为不会立即减少,甚至可能在最初一段时间会有上升,这需要教育者有一定的耐心。此外,有时移去强化物,反应却迟迟不会减少,这种情况下消退没有发生,可能是因为还存在其他一些强化物没有被移去。例如,中小学班级中通常有一些捣蛋分子会通过上课做一些古怪的姿势或招惹同学来获取老师和同学的注意,忽略他们这些行为可能会使其中部分人逐渐减少这种行为(因为没有强化物),但也有的人不会减少这种行为,因为他的行为受到相似的同伴的赞誉或者这些行为让他郁结的能量得以释放(因此感觉良好)。所以,只有当所有的强化物都被移走时消退才能发生,如果教育者不能移走所有的强化物,就要考虑采用其他方式了。

2. 提示不恰当行为

仅仅通过提示学生不该做什么,有时也能起到很好的效果。教育者可以通过身体语言,如目光的接触、抬一抬眉毛或是皱皱眉头来告诉学生他们现在的行为不受欢迎,希望他们停止。如果身体语言没能引起他们的注意，一个更明显的暗示就是身体接近，慢慢靠近学生，站在那儿直到问题行为停止。如果要更加明确地进行提示，可以采用简短的言语暗示——叫学生的名字、提醒正确行为，或是指出不恰当的行为。例如，教师在课堂上可以简单地说"请把你的目光从窗外转到我这边"或是"米娜，把手机收起来"。

3.强化不相容行为

生活中，有一些行为之间通常是不相容的，例如人不能在坐下的同时站着，也不能一边走路一边睡觉。一些不良的行为和良好的行为也存在这种不相容的关系，例如一个人不会既是乱扔垃圾的又是每次把垃圾扔到垃圾桶中的，学生上课也不可能边看窗外的景物同时又在看老师在黑板上进行数学公式的演算。

当消退和暗示不奏效时，强化一个或多个与问题行为不相容的行为通常会非常有效。教师可以用这种方法来处理健忘（当学生记得去做他们该做的事情时就给予强化）、不做作业（强化做作业的行为）和说脏话骂人（强化亲社会的言语）等行为。在下面这个成功的案例中，我们可以看到强化不相容行为在消除不良行为中的运用。

李健是一名初中生，他习惯于把垃圾（香蕉皮、瓜子壳等）丢在教室的抽屉里、学校的走廊还有操场上。当学校成立反乱扔垃圾委员会时，决定把李健吸收到委员会中，最后还推举他当委员会主席。在李健的领导下，委员会举办了大规模的反乱扔垃圾运动，开展了张贴标语和监测教室卫生等活动，而李健也因为活动的成功得到相当多的认可。这样一来，同学们再也没有发现李健在校园中乱扔垃圾了。

4.惩罚

前面已经谈到，惩罚可以成为一种消除不良行为的有效手段，但却不是唯一的方法。我们把惩罚放在最后，是想说惩罚是一种最后的、不得已的选择。通常在其他方式都不奏效，或者一种不良行为需要立即予以纠正——例如，它可能明显干扰班级的学习或从整体上反映出对他人权利和幸福的漠视。在这些情况下采用惩罚就是必要的。惩罚包括了正惩罚和负惩罚的区别。在两种惩罚的选择上，一般首选负惩罚，负惩罚也称为剥夺性惩罚，它是通过移除一个当前存在的、假定为学生所喜爱而不愿失去的刺激或事件的惩罚。如失去某种权利、罚款、扣除积分、失去机会（如运动员停赛或限制学生参加某个有趣的户外活动）都属于这种惩罚。而正惩罚通常则是在行为特别恶劣，需要严惩时才采用。在司法上，对轻微的违法通常能够罚款的就不监禁，学校和家庭教育中也要遵循这样的原则。对于儿童和青少年的惩罚尤其应注意人性化。

（1）选择一种不是非常严重的惩罚结果

不必要的严厉惩罚很有可能会导致一些并不期望的副作用，如愤恨、敌意、攻击和逃避行为。尽管严厉的惩罚可以非常迅速地终止行为，但一旦惩罚者离开现场，学生的反应就会恢复到原有的水平。实施惩罚的最终目的是要向学生传递这样的信息：你的行为不被接受，需要终止，而不是为了复仇或报复。

（2）提前告知学生某些行为将会受到惩罚，并解释为什么惩罚和将要受到怎样的惩罚

提前给学生列出反应—惩罚清单，学生就很少去做被禁止的行为；如果实施惩罚，他们

也很少会感到惊讶和不满。惩罚时,必须确切地给学生解释为什么某种行为在教室里是不被允许的——它可能是干扰了同学的学习,威胁其他同学的安全和自尊,或是损害了公共财物。当惩罚的规则是基于合理解释而制定的,不是老师个人意志的体现时,惩罚通常更有效。同时,要执行告知的惩罚。有的教师容易犯一个错误就是经常警告要惩罚学生,但从来不执行。一次警告是有效果的,但反复警告就没有效果了。所以,按照反应—惩罚清单执行惩罚,才能让学生对规则充满敬畏。最终,学生也会学会在一定程度上控制发生在他们身上的事情。

(3)在充满温暖和支持的环境中实施惩罚

当实施惩罚的人先前和学习者建立了温暖的关系时,惩罚会更有效。惩罚要给学习者传递这样的信息:我很关心你,希望你能成功,但你现在的行为是在干扰你的成功。最好私下实施惩罚,尤其当其他学生并不知道有人犯错时。不让学生在公众面前感到尴尬或羞辱,可以保护学生自尊,也让学生对老师的教育更加信服。

(4)在惩罚的同时教授和强化可选择的期望行为

在惩罚不期望的行为时,需要同时告知学生什么样的行为是被期望的,并对学生表现出期望的行为进行强化。这样,学生在受到惩罚后,才知道除了不能这样做外,也知道应该怎样做。

(5)监控惩罚的有效性

惩罚的目的是为了降低反应的概率,若一个给定的结果不能降低它要惩罚的反应,那么这个结果对于被惩罚的个体来说并不是让其厌恶的。在实施惩罚时,要时刻记住惩罚的目的,监控行为结果的惩罚效果,适时地做出调整。

第四节　认知学习

第一节已经介绍了行为主义学习观与认知学习观的基本主张,前面介绍的经典条件作用和操作条件作用都是典型的行为主义观点,它们的共同点是:都认为学习是有机体行为受环境影响而被动改变的过程;都认为学习是在刺激与反应之间建立联结的过程。然而,这两种学习理论真正能够解释人和动物的各种学习现象吗? 本节将介绍另一些学者对学习的研究,这些研究用强有力的证据对这个问题做出了否定的回答。

一、学习:联结还是认知

前面谈到的经典条件作用和操作条件作用,从理论根源上,均源自科学心理学初期的联结主义(connectionism)观点。事实上,强调联结的观点源远流长,早在巴甫洛夫以前的两千多年前,亚里士多德就已经注意到,如果反复同时经历两种感觉,则两种感觉可联结起来。例如,假如一个人和初恋的恋人过去经常一起唱某首歌,那么,以后再听到这首歌时,他通常会回忆起一些美好的画面,心中泛起一种幸福的体验;假如一个人上次吃生鱼时呕吐,下次看到生鱼时可能会感到恶心。当亚里士多德的思想发展到近代的联结主义再到行为主义的学习观时,强调的已经不是感知、记忆或者观念之间的联想,而是刺激与反应之间的联结。回顾前面的学习,我们可以看到经典条件作用强调的是两种刺激之间的联结,它关注的是有机体是如何学会用一种刺激来预测另一种刺激,并对之做出适当反应的;操作条件作用强调的是一种反应与其导致的结果之间的联结，它关注的是有机体是如何学会通过改变操作行为来影响环境反馈，从而适应环境的。这两种基于联结观的研究强调了行为中可观察到的变化，基本上忽视了对内在心理操作的分析。

另一些心理学家认为，尽管上述两种理论能够很好地解释人与动物的一些简单的学习，但对于复杂的学习，它们的解释能力是有限的。它们主要的局限在于忽视了人以及一些高级动物的认知能力在学习过程中的重要作用。尤其是人，作为一个主动的信息加工者，会不断地获取、组织和加工信息，并用这些信息来引导自己的行为。以下将介绍几种经典的认知学习理论，来说明认知过程在学习中所起的作用。

二、苛勒的顿悟学习

当行为主义者以联结的观点来解释经典条件作用与操作条件作用两种学习研究中的发现时，就有心理学家提出异议。最先对行为主义以刺激与反应联结代表学习的观点提出反对意见的，是格式塔心理学家，其中最著名的，当数德国的苛勒（Wolfgang Köhler，1887—1967）。1913—1920 年期间，时任普鲁士科学院人类研究所所长的他在南非的特纳里夫群岛，对黑猩猩的学习行为进行了系统的研究。根据苛勒的观察，黑猩猩在目的受阻的情境中，学习解决问题时，并不像桑代克所解释的要经过尝试错误的过程，而是能洞察问题的整个情境，发现情境中各种条件之间的关系，最后采取行动。苛勒称黑猩猩这种学习模式为顿悟（insight）学习。

苛勒为研究黑猩猩的顿悟学习，曾设计了很多不同的实验。其中最著名的是"接棒够物问题"（见图 11-6）。将饥饿的黑猩猩关在笼中，把食物放在笼子外面的远处，然后把一些长短不等的木棒置于笼子和食物之间，短木棒放在近处，长木棒放在远处。黑猩猩能够用手臂够到近处的短木棒。猩猩要学习解决的问题是，怎样用短木棒取得长木棒，再将几根木棒连接在一起（木棒可以相互连接），延伸长度以取得食物。对这样一个复杂的问题，苛勒发现，黑猩猩并不像桑代克的猫那样表现出很多无效的行为。它几次尝试用短木棒够取食物失败后，静下来环顾四周，若有所思，突然显露出领悟的样子，将两条木棒连接在一起，取得了食物。

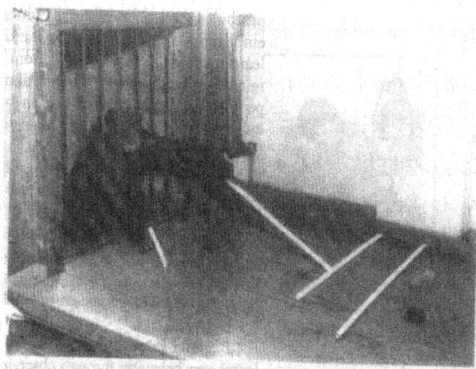

图 11-6　顿悟学习实验

苛勒用格式塔心理学的观点解释顿悟学习，认为顿悟学习是不需要依赖于练习或经验的，只要个体理解到整个情境中各刺激之间的关系，顿悟就会自然发生。当然，苛勒的解释也引发了一些批评。有学者认为，纵然生活中不缺乏顿悟的例子，但顿悟并不是一种独立的学习过程或学习形式，而是学习或练习达到一定程度的表现或者结果。如果对某一问题，在生活上缺乏经验，在知识上缺乏基础，是无法通过顿悟来解决问题的。就如一位象棋新手，让他去破解一个很难的象棋残局，很难想象他能迅速地产生顿悟解决问题，但是一位象棋大师则可能很快发现破解之法，这说明，一定的经验积累，是顿悟产生的前提条件。

三、托尔曼的认知学习论

继苛勒的顿悟学习实验之后，美国心理学家托尔曼（Edward C. Tolman，1886—1959）等人又设计了精巧的位置学习实验，用以检验认知因素在学习中的重要性。

托尔曼的位置学习实验以三路迷津实验最为著名。该实验是以白鼠为对象，研究其在三路迷津装置中方位学习过程（见图 11-7）。实验分预备练习和正式实验两阶段进行。在预备阶段，先让白鼠熟悉整个环境，确定其自起点到达食物箱时对三条通路的偏好程度。结果发现，在几次练习后，白鼠对通路 1 偏好最高，如果把它放到起点，它会舍弃通路 2 和通路 3，独选通路 1，直奔食物箱而去。学习到这种程度后，如果在 A 处将通路 1 阻塞，白鼠会迅速退回，改走通路 2；如果单独在 B 处设置阻塞，白鼠从通路 1 退回后，不会再去走通路 2，而是改走最远与练习最少的通路 3，到达食物箱。正式实验中，随机对部分白鼠在 A 处设置阻碍，部分在 B 处设置阻碍，并随时观察白鼠如何做出应对。结果发现，白鼠能够根据受阻情境，在迷津中选择最佳的取食路径，它们就像在一个城市开了多年出租车的司机一样，对大街小巷的路况了然于胸，随时能够根据交通状况做出灵活的应变。

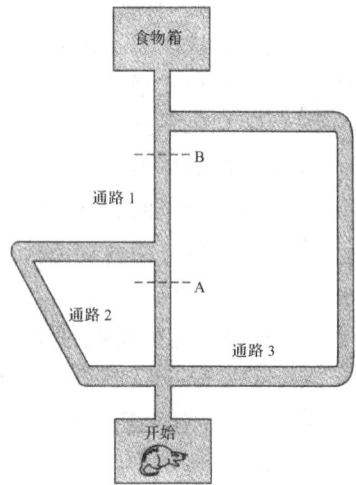

图 11-7 三路迷津实验

在行为主义的联结学习观看来，老鼠在迷津中习得的应该是特定环境与特定反应（如拐弯与左转）之间的联结，如果真如行为主义者所言，老鼠在遇到原有联结中的环境刺激发生改变后，就不可能迅速做出反应的调整。所以，托尔曼认为，老鼠不是通过尝试错误盲目地探索迷津的各个部分，而是根据已经学到的整个迷津的认知地图（cognitive map）来指导行为的。老鼠习得认知地图后，头脑中就有了关于食物位置的内在表征，这种内在表征指引着它在迷津中的行为，使它能够随时根据路况的变化而做出灵活应对。

托尔曼还指出，强化并不是学习发生的必要条件，在没有强化的情况下，老鼠同样能产生学习，只是这种学习可能是潜在的，不在特定情况下不会表现出来。在一个经典实验中，托尔曼将实验白鼠随机分为三组，训练它们走一个复杂的迷津。A 组白鼠在正常条件下训练，每次跑到食物箱都能得到食物；B 组白鼠在整个实验过程中始终在食物箱都得不到食物；C 组白鼠在实验前 10 天没有得到食物，第 11 天才在食物箱得到食物。研究者记录的是每组白鼠进入迷津后从起点到食物箱走错的平均次数，实验结果如图 11-8 所示：A 组白鼠的平均错误次数从第一天起稳定降低，表现为迅速学会了走从起点到食物箱的正确路径；B 组白鼠的平均错误次数一直保持较高水平，表现为进入迷津后总是不能循着正确的路径从起点走到食物箱;C组白鼠的平均错误次数在前10天与B组一样,但从第11天在食物箱得到食物后,错误次数骤降,似乎一下就学会了走到食物箱的最短路径。托尔曼认为,其实三组白鼠在实验中都学会了怎样通过最短的路径从起点到食物箱,它们表现出的操作水平差异是由于在食物箱是否得到食物强化造成的。B组和C组老鼠也很早就产生了学习,但由于没有受到强化,所以没有将学习效果表现出来,C组老鼠在第11天一旦得到强化,很快就将早期学习的结果展现出来了。这种已经发生却没有从行为中展示出来的学习,托尔曼称之为潜在学习(latent learning)。

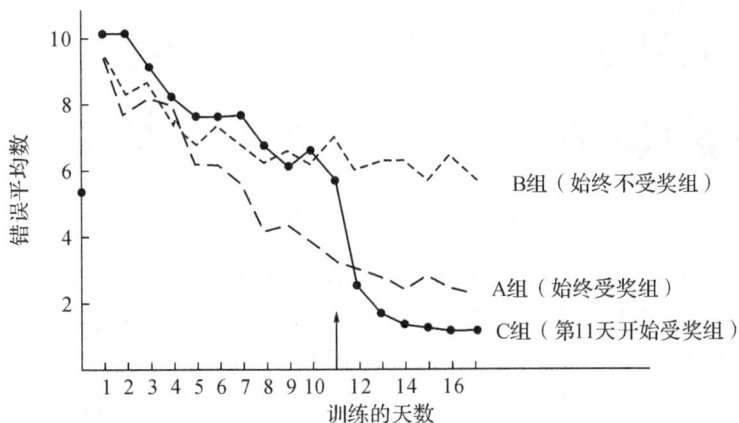

图 11-8 潜在学习训练曲线

四、班杜拉的社会学习理论

美国斯坦福大学的心理学家班杜拉(Albert Bandura,1925—)的社会学习理论(social learning theory)试图解释社会行为的获得,认为个体可以通过观察生活中他人的行为而习得社会行为。事实上,许多社会学习都发生在传统的条件作用无法解释的学习情境中,因为学习者既没有主动做出操作行为,也没有亲身体验强化与惩罚的行为结果。个体仅仅是在观察到他人的行为被强化或被惩罚后,才在后来做出类似行为或抑制该行为,这就是观察学习。观察学习(observational learning)就是通过观察他人的行为而非通过直接经验产生的学习。在观察学习中,做出某种反应并为个体所观察的有机体称为榜样(model)。一般来说,个体只要观察到榜样的行为,就能产生学习。至于个体是将这种观察到的行为表现出来还是以一种潜在的方式保留在头脑中,则要看榜样行为获得的是什么样的结果了。如果个体观察到榜样因为一定的行为而得到奖励,则个体表现出这种行为的可能性会增加。像这种因看到别人的行为受到强化因而自己的相应行为倾向间接地受到强化的情况叫作替代强化(vicarious reinforcement)。反之,如果榜样因其行为受到了惩罚,个体尽管已经学到了该种行为,可能也不会把它表现出来了。

班杜拉和他的同事在一项著名的实验中,让三组儿童分别观看一段题材相同结局却不同的电影故事。电影故事的前半部分是相同的,是讲一个成人对一个充气的橡皮人进行拳打脚踢,但电影的后半段则有三种结局:一组儿童看到那个攻击橡皮人的成人得到糖果、饮料和赞扬作为奖赏,第二组儿童看到那个攻击者受到批评和指责,第三组儿童看到那个攻击者的行为既未受到奖励也未受到惩罚。看过电影之后,三组儿童分别被带到放置着充气橡皮人和攻击器械的游戏室中,研究者离开,通过单向玻璃观察儿童的行为。研究者发现,第一组儿童模仿攻击者表现出的攻击行为最多,第二组最少,第三组介于第一和第二组之间(Bandura et al,1963)。图 11-9 中,中间和右图中的男孩女孩都用观察到的左图中成人榜样的方式对充气娃娃进行了攻击。多项与此相似的研究都告诉我们,儿童可以通过观察学习学到不良行为,这成为一些人士提出限制电视节目中的暴力镜头的依据。

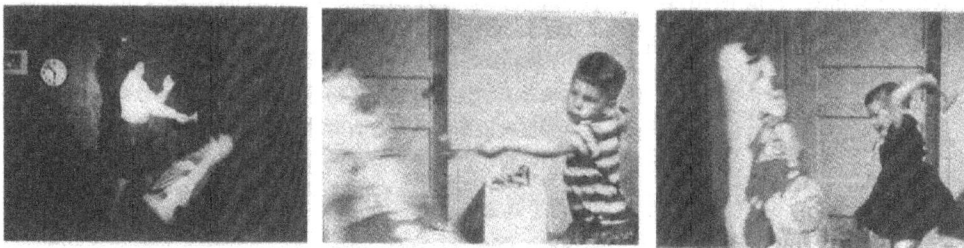

图 11-9 攻击性行为的观察学习实验

班杜拉指出,观察学习包括四个相互关联的认知过程,这些过程分别是注意、保持、复现和动机过程。注意过程是观察学习的首要条件。学习者首先要注意到他人的某种行为,而注意具有选择性,在同样的情境中,不同的人可能注意到不同的信息,从而获得不同的学习。保持过程是指学习者需要在没有示范线索的情况下仍然在头脑中保持原先观察到的信息,表象、言语符号等就起着重要的作用。所谓"看在眼里,记在心里"。复现过程是指学习者将记在心里的表象和言语符号转化为动作,使过去观察或学习过的动作得以复现。最后就是动机过程,学习者虽然能通过观察榜样的行为而产生学习,但他是否愿意仔细地注意观察,或是否将学习到的行为表现出来,则取决于动机,而动机则与是否合适、是否值得等认知判断相联系。如一个女孩子可能看到男孩子们打架,也在电视上看到各种武打镜头,但她却不一定也表现出相应的攻击行为。

观察学习充分肯定了人作为一个主动的信息加工者所具有的学习能力。正是这种能力,使人可以节省大量的时间去通过观察来获得对环境的正确反应。通过观察,人可以在短时间内掌握大量有效的、完整的行为模式。同时,观察学习也可以使人去避免那些从未亲身经历过的潜在威胁,这些威胁对成长中的儿童来说,有时后果是非常严重的。

对于观察学习,研究者讨论得最多的就是媒体暴力对青少年攻击性的影响。

阅读材料<<<

媒体中的暴力与儿童攻击性行为

现在,几乎在每个人的生活中都充斥着大量媒体信息。当人们通过各种媒体获取信息时,观察学习也就随之发生了。青少年不仅可以从某些媒体节目中如美国的芝麻街、中国的大风车等看到亲社会行为,也能从更多的媒体中看到凶杀、打斗和性侵犯的镜头。随着网络的普及和自媒体时代的到来,媒体中各种各样的暴力越来越多。班杜拉、利伯特等人早就用强有力的实验证实了电视里的暴力榜样对儿童攻击性行为的影响。如利伯特等人(Liebert 和 Baron,1972)发现,先前观看暴力节目明显地导致了儿童随后表现出更强的攻击性行为。另有研究者(Leyens 等,1975)对比利时的少年犯进行现场实验,发现严重暴露于媒体暴力之下将会使青少年更具攻击性。

媒体里的暴力往往还被美化。例如,在动画片中,超级英雄打败了企图毁灭或控制地球的恶魔。在很多暴力电视节目中,施暴者并不因暴力行为而感到懊悔,也未因此受到谴责或处罚,更没提到暴力行为最终会导致的恶果。儿童观看这样的暴力电视节目,发生攻击性行为的可能性便会增加(Krcmar 和 Cooke,2001)。他们甚至把死都不当回事,因为在电子游戏里,主角无论“死”了多少次,都可以获得重生再次打斗。

媒体中的暴力会导致攻击性。这种影响在不同年龄、不同阶层、不同种族、不同文化和不同性别的青少年身上都有可能发生。那其中的作用机制是什么呢?

1. 观察学习

电视暴力提供了攻击技能的榜样,为儿童的学习提供了可能性。事实上,儿童更有可能模仿父母的行为,而不是留意他们说过的话。如果大人们嘴上说不赞成暴力行为,但当他们遇到挫折时,不是砸烂家具就是相互打骂,这样小孩会认为,攻击性行为是应对挫折的一种有效方式。

2. 纵容

媒体暴力常常纵容攻击性行为,特别是主角在发生暴力行为之后能够“逃走”甚至因此获得奖励。

3. 高情绪唤醒

媒体暴力和攻击性电子游戏会提高观看者的情绪唤醒水平,就是说电视“唤醒了他们”。在唤醒水平越高的情况下,攻击性行为发生的可能性越大。

4. 攻击性思维和记忆的引发

媒体暴力“引发”或激活了攻击性思维和记忆。

5. 习惯化

对于重复的刺激我们会变得“习以为常”。反复观看电视中的暴力镜头会降低我们对于真实暴力的敏感性。如果儿童把暴力看成是一种很普通的事情,那么他们更能容忍暴力而且不会再努力去限制攻击冲动了。

此外,观看媒体暴力和攻击性行为之间似乎是一种循环的关系(Anderson 和 Dill,2000;Eron,1982;Funk 等,2000)。不错,电视暴力和暴力性的电子游戏是会引起攻击性行为,但小时候就有攻击倾向的儿童也更喜欢寻找这种方式的“娱乐”。图 11-10 揭示了电视暴力、攻击性行为和观察者之间的可能关系。

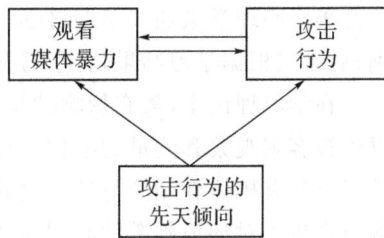

图 11-10　媒体暴力和攻击性行为之间的联系

媒体暴力可以引起攻击性行为? 攻击性儿童更喜欢收看暴力节目? 还是有第三个因素的影响,如人格特质产生攻击的先天倾向,同时导致攻击行为和观看暴力节目?

具有攻击倾向的儿童经常会被那些没有攻击倾向的同龄人排斥。因为与伙伴关系不好,而只有电视中发生率很高的暴力镜头才能与他们的关于暴力只是普通行为的观点符合,这些有攻击倾向的儿童会花更多的时间看电视(Eron,1982)。媒体暴力和其他暴力是相互作用的。家庭关系同样能影响儿童模仿电视暴力的可能性。研究表明,父亲的谩骂、体罚和在缺乏父亲的家庭中的孩子,更有可能在童年早期就表现出攻击性(Brook 等,2001;Gupta 等,2001)。父亲的体罚或抛弃极大地提高了儿童攻击行为发生的可能性(Eron,1982)。由于父母的缺失,或者在引导子女正确理解电视所呈现的社会不适宜行为上的失职,他们的孩子往往会表现出更多的攻击性行为。糟糕的家庭生活会使儿童进一步印证电视里所呈现的充满暴力的场景,进而相信只有电视才是他们最好的伙伴。

如何采取有效的措施来降低或者消除媒体暴力对青少年儿童的消极影响呢?从现实的状况来看,要想把儿童和媒体暴力隔离开来显然是不可能的。家长和老师要想使儿童看到暴力不做出攻击性行为,需要告知儿童以下几点:

(1)他们在媒体里看到的暴力行为对于绝大多数人来说都是不会发生的。

(2)那些他们表面上看到的攻击性行为并不是真实的。这些行为只是拍摄技巧、特殊效果和特技表演造成的。

(3)大多数人通过非暴力途径解决冲突。

(4)真实生活里暴力行为的后果,对于受害者,甚至对于侵害者来说都是可怕的。

(资料来源:Rathus & Valentino, 2006:312-315)

本章内容小结

1.学习是由经验引起的,是个体心理表征和行为的持久变化。这包括三层含义:学习是有机体心理表征和行为发生变化的过程;变化是相对持久的;变化是经验引发的。

2.美国心理学家奥苏伯尔根据学生学习的方式,将学习分为接受学习和发现学习;根据学习内容与学生原有的知识结构之间的关系,将学习分为机械学习与意义学习。

3.美国心理学家加涅早期将学习根据复杂程度分为从信号学习到问题解决学习的八种类别;后来又根据学习结果,将学习分为智慧技能学习、认知策略学习等五种类型。

4.在学习理论中,最有影响的是行为主义学习理论与认知学习理论。行为主义学习理论以可被客观观察和测量的事物—环境事件(刺激)和有机体的行为(反应)为研究对象,认为学习就是有机体在刺激与反应之间建立联结的过程。认知学习理论认为学习是学习者在头脑里产生了对环境刺激的心理表征的持续改变,强调认知是学习的根本。

5.经典条件作用理论中,条件反射形成的基础是条件刺激与无条件刺激在时间上多次重合或相继出现,条件刺激和无条件反应建立暂时联系,从而形成经典条件作用。

6.桑代克认为,学习就是在刺激与反应之间形成联结,人和动物的学习过程都是一个尝试错误的过程,伴随满意结果的反应将最终从众多尝试性反应中得以保留,形成刺激—反应联结。其中,桑代克将结果影响反应的原则称为效果律,即伴随满意结果的反应出现的概率将会增加,而伴随不满意结果的反应出现的概率将会降低。

7. 操作条件作用是学习的一种形式,在操作条件作用中,当有机体通过自身行为对外部世界进行操作时,行为的后果将引起该行为发生率的改变,即行为的后果是影响学习的主要因素。

8. 条件作用习得后,其效果不是一劳永逸的。两种条件作用都可能出现泛化与辨别、消退与自发地恢复等现象。

9. 行为塑造常是通过一种连续性逼近的原则,即对接近目标行为的多个具体反应逐步予以强化,最终塑造出目标行为的。

10. 强化与惩罚是伴随操作行为出现的两种主要的行为结果,它们都能够对行为在今后相似情境中的出现概率产生影响。强化可分为正强化与负强化;惩罚是一种消极的结果,它导致产生这种结果的行为在未来发生的概率降低。惩罚也可分为正惩罚和负惩罚;人们通常将惩罚与负强化相混淆,两者其实存在明显区别。

11. 在家庭或学校教育中,可以运用消退、提示不恰当行为、强化不相容行为和惩罚等策略消除儿童的不良行为。应用惩罚策略教育儿童时要注意人性化。

12. 联结主义学习观强调刺激与反应之间的联结,重视可观察到的行为变化,可以解释人与动物的一些简单的学习行为,对于复杂的学习,它们的解释能力是有限的。认知主义重视对内在心理操作的分析,更关注刺激—反应的中间过程,即学习的内在机制。

13. 苛勒用格式塔心理学的观点解释人和动物的学习,认为学习解决问题不像桑代克所解释的要经过尝试错误的过程,而是要洞察问题的整个情境,发现各刺激之间的关系,即学习是对整个情境的顿悟。

14. "认知—行为"主义心理学家托尔曼通过动物迷津学习的实验,提出认知地图的概念,用来解释个体在空间内的位置学习。他还指出,强化并不是学习发生的必要条件,在没有强化的情况下,也存在潜在学习。

15. 美国斯坦福大学的心理学家班杜拉提出社会学习理论,试图解释社会行为的获得,认为个体可以通过观察生活中他人的行为而习得社会行为,也称观察学习,即个体在观察到他人的行为被强化或被惩罚后,在后来会做出类似行为或抑制该行为。班杜拉还提出强化有直接强化和替代强化。

思考题

1. 什么是学习? 学习包括哪些类别?

2. 学习对个体的生存与发展具有什么意义?

3. 行为主义学习观与认知学习观对学习的理解有什么差异?

4. 简述经典条件作用的形成过程。

5. 简述操作性条件作用的原理,并举例说明如何运用该原理塑造儿童的良好行为。

6. 简述班杜拉观察学习理论及对儿童教育的启示。

7. 在儿童教育中,使用惩罚策略时应注意什么?

8. 名词解释:强化与强化物;刺激泛化;刺激辨别;消退与恢复;效果律;顿悟学习、潜在学习、认知地图;替代强化。

【试一试】<<<
1.请试着各列举五个生活中有关负强化和惩罚的例子,然后比较二者的区别。

2.如果你的生活中有宠物或者很小的幼儿,试着在接下来的两周里训练它(或他/她)的一种良好行为。

第十二章　学校心理健康教育

　　有个小王国,全国人只有一口可饮用的水井。一个女巫想害国王,于是就在井水中下药,喝过的人便会疯狂。不料,那日国王生病,他和他的侍从没有去取水饮用。结果,全国的人除了他俩之外,都因饮用毒水而发疯了。最后,国王和侍从虽然没有发疯,却因为只有他们与众不同而被国民认定是需要治疗的病人。这个寓言告诉我们,在社会生活中,一个人正常与否常常是根据一般人的表现相对而言的。

　　由于社会变革和竞争加剧,各种压力不断增大,学生心理健康问题越来越突出。在中小学生中,严重的心理障碍或心理变态导致的被迫休学、自杀、违法犯罪等现象屡见不鲜。因此,为了学生的健康成长,为了国家的未来,为了学校工作的顺利进行,心理健康教育应成为学校教育的必修课。但心理健康教育在我国学校教育中还是个新领域。本章将对心理健康及其标准,学校心理健康教育的意义、内容及要求,学校心理健康教育的实施等进行简要概述。

第一节　心理健康及其标准

　　虽然绝对心理健康的人是不存在的,但心理学对心理健康和健康标准的研究还是有重要的意义。到底什么是心理健康? 怎样判断一个人是否心理健康呢?

一、什么是心理健康

(一)健康

　　健康是一个随历史发展而不断完善的概念。过去人们普遍认为健康就是没病;吃得好、睡得香、身体壮、能劳动就是健康。我国 1979 年出版的《辞海》就反映了此观点。该书指出,健康是指"人体各器官系统发育良好、功能正常、体质健壮、精力充沛并具有良好的劳动效能状态。通常用人体测量、体格检查和各种生理指标来衡量"。这实际上只是生物医学模式的健康观念。随着社会的发展以及人类自身认识的深化,对健康内涵的认识正在发生着巨大的变化。健康的概念已从传统的生物医学模式走向生物—心理—社会模式。

　　1948 年,联合国世界卫生组织在成立宪章中开宗明义地指出,健康不仅仅是没有疾病,而是身体上、精神上和社会适应方面的完好状态或完全安宁。1978 年,世界卫生组织在苏联阿拉木图召开国际会议,重点讨论了与"健康观念"有关的问题,发表了著名的"阿拉木图宣言"。宣言特别指出,健康是生理的、心理的和社会适应的完美状态,而不仅仅是没有疾病和缺陷。1989 年,联合国世界卫生组织又深化了健康概念,认为健康应包括躯体健康、心理健康、社会适应良好和道德健康。由此可见，完整的健康概念包括生理健康、心理健康和社会功能等三个方面。

（二）心理健康

心理健康是健康的重要维度。但究竟什么是心理健康，至今尚未形成一个统一的定义。

《简明不列颠百科全书》将心理健康定义为，心理健康是指个体心理在本身及环境条件许可的范围内所能达到的最佳功能状态，不是指绝对的十全十美状态。

国际心理卫生大会对心理健康所下的定义是，心理健康是指在身体、智能以及情感上与他人的心理健康不相矛盾的范围内，将个人心境发展成最佳状态。

心理学家英格里士（H. B. English）认为："心理健康是指一种持续的心理状态，当事人在这种状态下，能做出良好的适应，具有生命的活力，而且能充分发挥身心潜能。不仅是免于心理疾病，更是一种积极的状态。"

我国学者认为，心理健康是以积极有效的心理活动，对当前和发展着的社会环境、自然环境以及自我内环境表现出良好适应的功能状态。

事实上，心理健康是一个非常复杂的概念，不同国家、不同民族对此存在不同的观点，即使在一个国家的不同地区也存在不同的看法。如同性恋现象，我国精神医学观点认为属于一种心理障碍，但是在某些国家却认为是正常的心理现象。因此，我们应该认识到心理健康的概念受到社会制度、民族风俗、传统习惯、道德观念、宗教信仰等因素的影响而会产生不同的内涵。另外，在心理健康与不健康之间事实上并不存在截然的界限，无绝对化的明显标志，二者之间存在着从量变到质变的连续性。灰色区理论认为，心理健康与不健康之间无明显的界限，两者不是截然分开的，而是一个连续变化的过程。如果把心理健康比作白色，心理不健康比作黑色，那么，在白色和黑色之间存在着一个巨大的灰色区域。

灰色区理论说明心理健康具有这样一些特点：第一，相对性。心理绝对健康只是一种理想状态，心理绝对健康和不健康的都是极少数人，绝大多数人或多或少都存在一些心理问题。这里所说的一个人有心理问题，并不等于这个人的心理就是不健康的，也就是说，一个人偶尔出现一些偏离正常的心理活动或行为表现，并不意味着这个人就是心理不健康，应视具体情况而定，这就是个体灰色区的问题。第二，连续性。心理健康与心理不健康不是非此即彼，要么就是心理健康，要么就是心理不健康，这样的判断是不正确的，实际情况要复杂得多。心理健康与心理不健康之间的变化不是泾渭分明、突然的质变，而是存在着一个较长期的连续状态。心理健康水平可以分为不同的等级，从良好的心理健康到严重的心理疾病之间存在一个广阔的过渡带。一般来说，从发展性问题到适应性问题，再到障碍性问题，心理问题从出现到加重，其严重程度逐渐增加，如心理健康良好逐渐过渡到心理健康状况一般，再过渡到心理不健康。第三，动态性。心理健康不是静态的、固定不变的，而是处于动态的不断变化之中的。一个人既可以从不健康转变为健康，也可以从健康转变为不健康。也就是说心理健康与否，只反映某一段时间内的特定状态。一个人的心理健康状况会随着个人成长、环境变化以及是否讲究心理卫生而变化。

综上所述，心理健康是指一种良好的心理状态，在这种状态下，认识活动、情绪反应、意志行动相互统一，人格保持相对稳定，能不断调整自己内部心理结构以达到与外界环境的平衡，能充分发挥自身潜能、实现自我价值。

二、心理健康的标准

心理健康的概念具有抽象概括性,实际生活中要判断一个人的心理健康状况,必须要根据细化的心理健康标准进行。国内外许多学者在心理健康的判断标准方面做了大量工作。

（一）心理健康的评价尺度

对于个体心理健康与否的判断,往往有不同的衡量尺度。最常用的尺度主要有心理测验、社会常态、主观经验等。

心理测验尺度是运用各种心理测验工具,如记忆测验、智力测验、人格测验等,对个体的心理特征进行心理测量,按照统计分布规律来判定是否正常。心理测验所提供的数据比较客观,又因为是一种标准化的测验,容易为大家所掌握,所以经常作为一种规范的检测标准。在临床上,根据各种精神障碍相应病因和症状,研制了精神病学界的精神障碍分类体系和诊断标准。如世界卫生组织的《国际疾病分类标准》、美国精神病学会的《精神疾病诊断和统计手册》、我国的《中国精神疾病分类方案与诊断标准》等。精神病学家和临床心理学家常常依此来诊断患者的心理健康水平,并作出相应的治疗方案。但是心理测验往往只能告诉我们"有什么",我们却不能依此推出"是什么",更难以就此说明"为什么"。因为它不能向人们提供与异常心理相联系的那些变量的作用,因此,要防止把心理测验的作用扩大化,不能把心理测验与临床观察及其他检验对立起来。

社会常态尺度指心理正常或异常是以社会常模来比较的,即以个体的行为是否适应环境、是否符合社会规范来确定心理健康与否。凡是符合社会规范、道德准则和价值观念的行为,亦即为社会一般人所认可和接受的行为,即为正常,否则即为异常。这种标准最符合常识,在一般人或心理学工作者中都是应用最多的。但它却有明显的缺陷,社会常模会因不同社会、不同时期有所不同,不能机械套用。其一,它有时间限制,如缠足在我国封建社会是被接受,甚至被赞许和称道的,但现代女子再拼命缠足则是异常了。其二,它有地域限制,如同性恋在有些国家或地区是被认可的,而在我国还是被视为性变态。其三,它受人的思想觉悟限制。如那些思维超前、具有反传统精神的人,早期常被人误解,视为异常。另外,即使在同一时间和空间,也会因人们的地位或身份等,所持有的道德准则和价值观念本身便有差异,也就难有统一的标准。同时,还要注意,不是偏离社会常模就是存在心理疾病,如抢劫犯、强奸犯并不是没有能力按社会认可的适宜方式行动。

根据主观经验来判断个体的心理和行为是否正常,包括两个方面:其一指病人或心理障碍者本人的主观经验常常是一个极有参考价值的标准。当人们感到郁闷、不能控制自己的情绪和行为时,主动寻求帮助,在老师或心理咨询师的帮助下明了自己的问题,属于心理障碍者,其特点是有主观的"自知之明"。但也有病人已失去正常的能力,却坚决否认自己"不正常"。这种主观经验也恰恰说明其心理异常。这种情况经常发生在严重心理障碍亦即精神病人身上。其二指心理咨询人员或研究者根据自己的经验标准对他人的心理健康状态进行判断。

心理从健康到不健康是一个渐进过程,心理健康与否常难以判别,所以难免见仁见智。我们可以肯定世上有"心理异常者",但却不敢肯定有"标准正常人"。因为心理异常是多种原因引起的,表现形式也多种多样,判别的标准也就应该是多维的、综合的。以上尺度几乎没有一个能在单独使用时完全解决问题,但并不是说心理正常与异常就无法鉴别了。事实上,对于严重的心理疾病以上标准都能适用,但在临界状态时哪一个标准都难以判别。心理从正常到异常是一个渐进过程,但在一定阶段会出现突变,这需要通过量与质的辩证分析才能正确判断。因此,精神病或心理变态易于发现,但临界状态的识别则需要更丰富的临床经验和心理学知识才能做到。

(二)心理健康的参照标准

关于心理健康的具体标准,不同的学者从各自的价值观和人性观出发,提出了不同的心理健康标准。

1. 第三届国际心理学大会的提议

1946 年,第三届国际心理学大会上提出了 4 条心理健康的标准:

(1)身体、智力、情绪十分调和;

(2)适应环境,人际关系中彼此谦让;

(3)有幸福感;

(4)在工作和职业中,能充分发挥自己的能力,过着有效率的生活。

2. 美国心理学家马斯洛和密特尔曼的观点

20 世纪 50 年代,美国心理学家马斯洛和密特尔曼提出了 10 条心理健康的标准:

(1)是否有充分的安全感;

(2)是否对自己有充分的了解,并能恰当地评价自己的能力;

(3)自己生活理想和目标能否切合实际;

(4)能否与周围环境保持良好的接触;

(5)能否保持自身人格的完整与和谐;

(6)能否具备从经验中学习的能力;

(7)能否保持适当和良好的人际关系;

(8)能否适度表达和控制自己的情绪;

(9)能否在集体允许的前提下,有限度地发挥自己的个性;

(10)能否在社会规范的范围内,适度地满足个人的基本需要。

3. 美国心理学家斯柯特的标准

美国心理学家斯柯特以行为分析为基础提出了心理健康的 10 条标准:

(1)一般的适应能力:适应性,灵活性,把握环境的能力,适应和应付变化多端的世界的能力,阐明目的并完成目的的能力,成功的行为,顺利改变行为的能力。

(2)自我满足的能力:生殖性欲,适度满足个人需要,对日常生活感到乐趣,行为的自然性,放松片刻的感觉。

(3)人际间各种角色的扮演:完成个人社会角色,行为与角色一致,社会关系适应,行为受社会的赞同,与他人相处的能力,参与社会活动,利用切合实际的帮助,托付他人,社会责任,稳定的职业,工作和爱的能力。

(4)智慧能力:知觉的准确性,心理功能的有效性,认知的适当、机智、合理性,接触现实,解决问题的能力、智力,对人类经验的广泛了解和深刻的理解。

(5)对他人的积极态度:利他主义、关心他人、信任、喜欢他人、待人热情,与人亲密的能力,情感移入。

(6)创造性:对社会的贡献,主动精神。

(7)自主性:情感的独立性、统一性,自力更生,一定的超然。

(8)完全成熟:自我实现,个人成长,人生哲学的形成,在相反力量之间得以均衡,成熟的而不是自相矛盾的动机,自我利用,具备把握冲动、能量和冲突的综合能力,保持一致性,完整的复杂层次,成熟。

(9)对自己的有利态度:控制感,任务完成的满足,自我接受、自我认可,自尊,面对困难,解决问题充满信心,积极的自我形象,自由和自觉感,摆脱了自卑感,幸福感。

(10)兴趣与动机的控制:对挫折的耐受性,把握焦虑的能力,道德,勇气,自制力,对紧张的抵抗,道义,良心,自我的力量,诚实,清廉正直。

4.我国学者的观点

我国学者对心理健康的标准也有自己的看法。江光荣提出了一个心理健康的参照标准:(1)客观的自我认识和积极的自我态度;(2)客观的社会知觉和建立适宜的人际关系的能力;(3)生活的热情和有效地解决问题的能力;(4)个性结构具有协调性。

郭念锋提出,评估心理健康的标准有10个:(1)心理活动的强度;(2)心理活动的耐受力;(3)周期性节律;(4)意识水平;(5)暗示性;(6)康复能力;(7)心理自控力;(8)自信心;(9)社会交往;(10)环境适应能力。

台湾学者黄坚厚教授认为,心理健康包括:(1)乐于工作;(2)能与他人建立和谐的关系;(3)对本身具有适当的了解;(5)对现实环境有良好的接触。

(三)学生心理健康标准

由于青少年学生处于身心发展中,对他们的心理和行为的理解和要求不同于一般成熟的成人。学生心理健康的标准应该包括发展性和适应性方面的评价标准,因此,衡量学生心理健康的标准概括起来有:智力正常、自我意识正确、情绪适度、意志健全、人格完整协调、人际关系和谐、社会适应良好等方面。

1.智力正常

智力是以思维能力为核心的各种认识能力和操作能力的总和。它是衡量一个人心理健康的最重要的标志之一。正常的智力水平是人们生活、学习、工作的最基本的心理条件。一般来讲,智商在130以上,为超常;智商为90~129,为正常;智商为70~89,为亚正常;智商在70以下,为智力落后。智力落后的人较难适应社会生活,很难完成学习或工作任务。衡量一个人的智力发展水平要与普通正常同龄人的智力水平相比,应及早发现和防止智力的畸形发展。例如,对外界刺激的反应过于敏感或迟滞、知觉出现幻觉、思维出现妄想等,都是智力不正常的表现。

2.自我意识正确

自我意识正确是提倡一种积极的自我观念,即对自我具有正确认识,包括客观地了解自我与接纳自我。了解自我就是有自知之明,对自己有客观的评价。心理健康的人了解自己的优点和缺点,了解自己的能力、性格、爱好和情绪特点,并据此来安排自己的生活与工作,不自傲也不自卑；而且，由于了解自我，他所制定的生活目标、自我期待会切合实际，不会对自己提出过高的期望。相反，一个不了解自我的人，目标超越现实，对自己要求过高而又达不到，为此自卑、自责、自怨，因而易陷入心理危机；或者狂妄自大，用嘲笑、讽刺甚至攻击的手段，来消除受挫的紧张感。心理健康的人不仅了解自我而且还能接纳自我，他总是努力发展自身的潜能，肯定自己；另一方面，对自己无法弥补的缺陷，他能安然处之，特别是在不利的条件下，还能安慰自己。

3.情绪适度

情绪适度是指情绪的产生是由适当的原因所引起，情绪反应的强度和持续的时间与引发情绪的情境或事件相符合，能正确地表达和宣泄情绪。情绪活动的主流是愉快的、欢乐的、稳定的。一个人的情绪适度，就会使整个身心处于积极向上的状态，对一切充满信心和希望。

心理健康的人乐观开朗，热爱生活，积极向上，在一般情况下，总能保持满意的良好心境。当然，这并不是说心理健康的人不会产生消极情绪。心理健康与否，不在于是否产生消极情绪，而在于消极情绪持续时间的长短，以及它在整个情绪生活中所占的比重。心理健康的人积极的情绪状态占优势，而应对失败、疾病和死亡等因素他们也会产生焦虑、悲伤、忧愁等消极情绪，但是不会长久。他们能控制、调节、转移消极情绪，善于避免消极情绪对自身的伤害。

4.意志健全

一个人的意志是否健全主要表现在意志品质上。意志品质是衡量心理健康的主要意志标准。其中行动的自觉性、果断性和顽强性是意志健全的重要标志。行动的自觉性是对自己的行动目的有正确的认识，能主动支配自己的行动，以达到预期的目标；行动的果断性是善于明辨是非，适当而又当机立断地做出决定并执行决定；行动的顽强性是在做出决定、执行决定的过程中，克服困难、排除干扰、坚持不懈的奋斗精神。

5.人格协调统一

人格是指一个人的整体精神面貌，即具有一定倾向性的心理特征的总和。人格的各种特征不是孤立存在的，而是有机结合成相互关联的整体，对人的行为进行调节和控制。如果各种成分之间的关系协调，人的行为就是正常的；如果失调，就会造成人格分裂，产生不正常的行为。双重人格或多重人格是人格分裂的表现，它不属于正常现象。

6.人际关系和谐

人际关系和谐是心理健康的重要标准之一，也是维持心理健康的重要条件之一。人际关系和谐具体表现为：在人际交往中，心理相容，相互接纳、尊重，而不是心理相克，相互排斥、贬低；对人情感真诚、善良，而不冷漠无情、施虐、害人；以集体利益为重，关心他人，乐于奉献，而不是私字当头、损人利己等。健康的人际关系应该表现为以下两点：第一，了解他人，理解他人；第二，乐于接受他人，也愿意被他人接受。

7.社会适应良好

心理健康的人，应与社会保持良好的接触，认识社会、了解社会，使自己的思想、信念、目标和行动，跟上时代发展的步伐，与社会进步和发展协调一致。如果与社会的进步和发展产生了矛盾和冲突,能及时调节、修正或放弃自己的计划和行动,能顺应历史潮流而行,而不是逃避现实、悲观失望,或妄自尊大、一意孤行、逆历史潮流而动。

此外,衡量学生的心理健康与否,还需将其心理发展水平与其年龄特征结合起来考察,即不仅从适应性方面评价,还要从发展性角度衡量其健康水平。人的一生包括不同年龄阶段,每一年龄阶段其心理发展都表现出相应的质的特征,称为"心理年龄特征"。一个人心理行为的发展,总是随着年龄的增长而发展变化。如果一个人的认识、情感和言谈举止等心理行为表现基本符合他的年龄特征,则是心理健康的表现;如果严重偏离其相应的年龄特征,心理发展严重滞后或超前,则是行为异常、心理不健康,或是超常的表现。

三、学生心理健康的影响因素

学生心理素质的形成和发展是十分复杂的,它是生理、心理、社会诸因素共同作用于个体的结果。开展学生心理健康教育,培养学生具备健康的心理素质,就必须清楚影响学生心理素质的因素。具体而言,学生心理健康的影响因素有生物因素、家庭环境与教育、学校教育、社会经济文化、学业状况、人际环境以及特殊生活事件等。

1. 生物因素

一方面生物遗传因素对学生的心理健康产生一定的影响。如,与心理活动的强度、速度、灵活性密切相关的神经活动和内分泌活动情况,在很大程度上是受遗传因素决定的,而这些心理活动特点比较稳定的表现会影响个体与环境相互作用的方式,进而对个体的心理健康产生一定的影响。另一方面,学生的生理成长和成熟的速度与水平,特别是性生理和心理成熟对学生的心理健康,会产生直接且深远的影响。

2. 家庭环境与家庭教育

家庭中的文化环境、经济条件,家的结构、氛围,以及家庭的教育方式都会对学生的成长和心理健康产生重大的影响。如,家庭经济困难,或家长期望过高,容易使学生产生过大的心理压力;父母离异或在家庭暴力下成长的学生在与人交往时容易表现出不信任或攻击;父母在教育上不够尊重子女的独立性,过多使用惩罚和批评方式,出自这样家庭的学生往往对自己没信心,在人际关系中表现被动;在溺爱环境中长大的学生,往往表现出任性、自私、不善交际,缺乏集体合作精神,常会发生人际和适应问题,等等。

3. 学校教育

学校教育尽管提倡素质教育许多年,但应试教育并没有真正离开学校。学校片面强调知识的学习和所谓的社会适应,导致学校、教师以及学生家长眼里真正能看到的只有学生的学科学习成绩,而对学生整体素质的全面培养,则是流于形式,对学生心理健康的重视程度不够,没有心理健康教育的长期和广泛的机制,心理健康教育措施不力,没有形成全员关注心理健康的意识,导致教师对学生的教育方式不当,或关心不够,不能及时帮助学生解决各种心理问题。这种状况也容易导致学校和教师忽视在学科教育中渗透思想教育和心理健康教育,不能全方位帮助学生树立远大的理想和正确的世界观、人生观、价值观、道德观。

4. 社会经济文化

随着中国社会的转型与变迁,学生所面临的挑战丝毫不亚于成年人。在高度信息化和多元价值观的背景下,学生面临更多的选择和冲突,其世界观、人生观和价值观的形成,会直接影响学生的社会适应水平。如,当下学生在提倡奉献的同时,或许更注重个人名利;希望适应社会,但又容易把社会适应和保持自我对立起来;在经济意识、竞争意识、效率观念明显增强的同时,表现出急于追求成功,也容易因此失去心理平衡,甚至使心理健康受损。

5.学业状况

学生对所学的知识是否感兴趣,对其学习有直接的影响。若学生不喜欢学习,缺乏学习动机,就不仅影响学业成绩,也直接影响学习的心理感受,容易对未来产生无望感。此外,学习能力强弱、学习方法得当与否、学习任务的繁重程度、学业成绩的好坏对学生的心理健康也会产生很大影响。过重的学习压力对学生的心理健康极为不利,可能引起焦虑、抑郁等心理问题。

6.人际环境

人际关系在学生的心理健康中具有很大的作用。班级、宿舍、同伴之间的人际环境对学生的心理健康有多方面的影响。有些学生因人际关系产生心理问题。有些则从人际关系中获得了克服自身心理问题、维护心理健康的力量。

7.特殊事件

一些重大的生活事件可以影响学生的心理健康,如考试、升学、恋爱、失恋、失当的性行为、亲友的生离死别等都可能成为重大的刺激因素,诱发心理问题。这些事件都会消耗人们相当的精力去适应,如果适应不成功则会产生心理问题,甚至产生严重的心理疾病。

阅读材料<<<

最美的景色是心情

生活中别忘了时时享受快乐,拥有了快乐就拥有了幸福,从每一个清晨到黄昏,让我们时时寻找快乐,时时拥有快乐。

人们都听过"金钱买不到快乐"这样的说法,但研究结果显示,相信的人并不多。除了相信财富增加也不会有额外乐趣的富人之外,多数的人都说多一两成的钱能使他们更加快活。社会心理学家发现,这类期望是错误的。快乐的源泉在于有意义的活动和丰富的人际关系等因素,而这大体上都与金钱无关。密歇根大学的一项调查发现,无形的财富比有形的财富更重要。心理学家说:"快乐并不是拥有更多,而是懂得享受你已拥有的。"跟金钱一样,年龄、性别、种族和教育都不是快乐的关键。下面几种方法可以改善你的生活质量:

1. 设法喜欢自己

研究显示,怡然自得的人更能承受人生中不可避免的挫折和斗争。

密歇根大学对美国人的幸福观所进行的调查,突出了健全的自尊心的重要:对人生最大的满足感,不是对家庭生活、友谊或收入满足,而是对自己满足。

喜欢自己似乎很容易,但如何培养真正健全的自尊心呢?心理学家说:自尊心源自合乎实际的目标。对多数人来说,愿望和目标之间总是有差距的,这一差距常引起灰心。只要使愿望更符合实际,就更能满足。此外,应避免与相貌、收入、工作成就、运动技巧等方面比你高出两级的人比较。人比人气死人,有损自尊心。

2.控制自己的命运

研究结果指出,认为能够控制自己生活和对自己满意的人当中,15%感到很快乐。

3.对人生充满希望

心理学家说:"快乐的人生充满希望,无论是在顺境和逆境中都应抱着积极的态度。"一般来说,积极的人更健康,更少病痛。乐观的人即使生病,复原也快。

4.培养外向性格

研究人员发现,快乐的人往往是性格外向的人。伊利诺伊大学的研究人员在学生毕业4年后进行的调查显示,外向的人比内向的人结婚的机会多,工作上更有成就。

5.装成快乐

对着镜子,咧嘴而笑,再来几遍。实验证明,装成快乐经常有效。你最初也会觉得那是假造的,但是只要多练习,假造的感觉自然会消失。

你不能只坐在那里,等待快乐的感觉出现,反之,你应该站起来,开始学习快乐的人的动作和谈吐。心理学家说:"假装快乐不能在30天中把一个内向的人变成一个开心的人,但却是迈向正确方向的第一步。"

6.考虑换工作

胜任愉快的工作能带来更大的快乐,太花时间或艰难的工作只会引起焦虑和紧张。敬业乐业是快乐的因素之一。"适当的工作能产生满足感."

7.睡眠要足够

失眠的人不会是快乐的人。充足的睡眠有利健康和提高生产力,减少意外。

8.重视人际关系

与别人关系良好有利健康。良好的友谊有助于倾诉内心的痛苦,没有知心朋友是很糟糕的。芬兰的调查显示,丧偶者在第一个星期内的死亡率倍增。密切的关系也能提高快乐的层次,孤独的人肯定会觉得人生毫无意义。

第二节　学校心理健康教育的意义和途径

当前,学生心理健康状况不容乐观,甚至令人担忧。加强学校心理健康教育非常迫切。心理健康教育在我国学校教育中还是个新领域。近20年来,中共中央、国务院、教育部等多次下发重要文件,对学校心理健康教育的目的、内容、意义都进行了不同程度的阐述,这些构成了学校心理健康教育概念的重要内涵。

一、什么是心理健康教育

教育部《关于加强中小学心理健康教育的若干意见》(1999)中明确地提出了心理健康教育的定义:"中小学心理健康教育是根据中小学生生理、心理发展特点,运用有关心理教育方法和手段,培养学生良好的心理素质,促进学生身心全面和谐发展和素质全面提高的教育活动;是素质教育的重要组成部分;是实施《面向21世纪教育振兴行动计划》,落实跨世纪素质教育工程,培养跨世纪高质量人才的重要环节。"一般人认为,这一定义比较现实、准确和科学地反映了当前我国学校心理健康教育的含义。

由此可见,心理健康教育是指教育者运用心理学、教育学乃至精神医学等各种学科的理论和技术,通过多种途径与方法,培养学生良好的心理素质,提高学生心理机能,充分发挥学生潜能,从而促进学生整体素质的全面提高和学生个体和谐发展的教育。从此概念中我们不难看出,心理健康教育与目前我国提倡的素质教育的宗旨——培养全面发展的人、弘扬人的主体精神、唤起人的自主意识是相呼应的,即素质教育与心理健康是相辅相成的。只有将心理健康教育根植于素质教育的土壤中,才可能牢牢把握正确的方向,才可能使心理健康教育充分发挥提高学生全面素质的能动作用;素质教育也只有在不断提高心理健康教育水平的过程中才能更加完善。

2002年,为了进一步指导、规划全国中小学心理健康教育工作,教育部制定印发了《中小学心理健康教育指导纲要》,该文件对中小学心理健康教育的指导思想、原则、任务与目标,不同年龄阶段的教育内容,开展心理健康教育的途径和方法,以及组织实施和实施过程中应注意的问题等,都做了明确的规定。这是中小学开展心理健康教育工作的一个纲领性的指导文件。

二、学校心理健康教育的目标和意义

(一)学校心理健康教育的目标

教育部《中小学心理健康教育指导纲要》规定的中小学心理健康教育的总目标是:提高全体学生的心理素质,充分开发他们的潜能,培养学生乐观、向上的心理品质,促进学生人格的健全发展。其心理健康教育的具体目标是:使学生不断正确地认识自我,增强调控自我、承受挫折、适应环境的能力;培养学生健全的人格和良好的个性心理品质;对少数有心理困扰或心理障碍的学生,给予科学有效的心理咨询和辅导,使他们尽快摆脱障碍,调节自我,提高心理健康水平,增强自我教育能力。

这一目标强调了学校心理健康教育工作的发展性模式。所谓发展性模式是指根据学生身心发展的一般规律和特点,帮助不同年龄阶段的学生尽可能圆满地完成各自的心理发展课题,妥善解决心理矛盾和冲突,开发潜能,促进人格的全面发展和人格完善,最终实现教育的目的。心理健康教育要将全体学生作为其工作对象,针对学生共同的成长课题给予指导,重点放在潜能开发、心理素质的优化上。学生心理健康教育就是要优化学生心理素质,开发潜能,增强心理调适能力和社会适应能力,帮助他们处理好环境适应、自我管理、学习困难、交友恋爱、求职择业、人格发展和情绪调节等方面的困惑,培养学生健全的人格,促进心理健康,防止心理疾病,使之全面发展。但现在有些学校的心理健康教育偏重学生心理问题的咨询与治疗,以解决学生已经存在的心理问题为重心,这种医学模式是对学校心理健康教育的误解。

心理健康教育的目标与素质教育的总目标是一致的。心理健康教育的总任务就在于为全面推进素质教育服务,把心理健康教育看成是素质教育的一个重要组成部分,其作用在于增强学校德育工作的针对性、实效性和主动性，面向全体学生，促进学生形成健康的心理素质，并减少和避免对学生心理健康产生不利影响的各种条件。

（二）学校心理健康教育的基本内容

《中小心理健康教育指导纲要》规定，心理健康教育的主要内容包括：普及心理健康基本知识，树立心理健康意识，了解简单的心理调节方法，认识心理异常现象，以及初步掌握心理保健常识，其重点是学会学习、人际交往、升学择业以及生活和社会适应等方面的常识。同时，纲要还指出，中小学的心理健康教育必须从学生身心发展的特点出发，设置分阶段的具体教育内容。

1. 小学阶段

对小学低年级学生的心理健康教育主要包括：帮助学生适应新的环境、新的集体、新的学习生活与感受学习知识的乐趣，乐与老师、同学交往，在谦让、友善的交往中体验友情。

对小学中、高年级学生的心理健康教育主要包括：帮助学生在学习生活中品尝解决困难的快乐，调整学习心态，提高学习兴趣与自信心，正确对待自己的学习成绩，克服厌学心理，体验学习成功的乐趣，培养面临毕业升学的进取态度；培养集体意识，在班级活动中，善于与更多的同学交往，健全开朗、合群、乐学、自立的健康人格，培养自主自动参与活动的能力。

2. 初中阶段

对初中年级学生的心理健康教育主要包括：帮助学生适应中学的学习环境和学习要求，培养正确的学习观念，发展其学习能力，改善学习方法；把握升学选择的方向；了解自己，学会克服青春期的烦恼，逐步学会调节和控制自己的情绪，抑制自己的冲动行为；加强自我认识，客观地评价自己，积极与同学、老师和家长进行有效的沟通；逐步适应生活和社会的各种变化，培养对挫折的耐受能力。

3. 高中阶段

对高中年级学生的心理健康教育主要包括：帮助学生具有适应高中学习环境的能力，发展创造性思维，充分开发学习的潜能，在克服困难取得成绩的学习生活中获得情感体验；在了解自己的能力、特长、兴趣和社会就业条件的基础上，确立自己的职业志向，进行职业的选择和准备；正确认识自己的人际关系的状况，正确对待和异性伙伴的交往，建立对他人的积极情感反应和体验。提高承受挫折和应对挫折的能力，形成良好的意志品质。

（三）学校心理健康教育的意义

对于青少年学生来说，其心理发展正处于迅速走向成熟但又未完全成熟，内心世界充满着各种各样的矛盾，心理冲突异常剧烈的状态。一方面是巨大的心理压力，另一方面是脆弱的心理状态，因此而导致了大量的心理困扰，有些甚至发展成为心理疾病，给学生的身心健康造成了严重的威胁。因此，在学生中加强心理健康教育、优化心理素质、提高学生的心理健康水平，具有十分重要的意义。

1. 心理健康教育是时代发展的要求

当代学生面临新世纪的挑战。新世纪是一个高科技的社会，需要人们具有与高科技迅速发展相适应的知识与技能，即具有独立获取新知、运用新知的能力以及创新能力；新世纪将是竞争激烈的社会,需要人们对自己的事业有承受挫折的能力,不怕困难,不断进取;新世纪将是交往频繁的世纪,由于交通、通信的发达,国际交往日趋频繁,需要人们具有与人合作的精神,拥有和谐的人际关系和民主平等的意识;新世纪也是人类生存困难更多,需要人们学会生存,关心他人、社会、自然与自己,对社会有责任感,对他人有信任感,对自然有可信赖感,对自己有接纳感。由此可见,未来社会对人的心理健康要求更高。美国教育家卡耐基调查了世界许多名人之后认为,一个人事业上的成功,只有15％是由于他们的学识和专业技术,而85％是靠良好的心理素质和善于处理人际关系。可见,心理素质关系到人生的成败。

2. 心理健康教育是学生发展的前提和基础

从发展心理学的角度来看,一个人从小到老要依次经过儿童期、少年期、青年期、中年期、老年期等不同人生发展阶段,人生发展的每个阶段都有相应的人生发展课题,一个人的发展过程就是不断完成其人生发展课题的过程。学生正处于青年期,这是人生发展的高峰期,也是关键时期,这一时期包含着诸如学习、交往、爱情、求职等许多重要的人生发展课题,这些课题完成得好与不好对今后的人生历程具有决定性意义。而心理健康是完成好这些课题的前提和基础。心理健康的学生,具有正常的智力、积极的情绪、坚强的意志、完整的人格,能够充分发掘自身的潜力,能够充分发挥良好的心理效能,圆满地完成繁重的学习任务,恰当地处理复杂的人际关系,正确看待和妥善解决爱情问题,在激烈的社会竞争中获得理想的职业。而心理不健康的学生,心理困扰多,心里效能低,难以完成大学阶段的发展课题。

心理健康是有效学习的基础,而各种各样的兴趣和自我提高则是心理健康的标志。心理健康的学生,一般来说,其大脑皮层神经活动的灵活性、强度、平衡性都较强,分析综合能力也较强,经常感到心情愉快,无忧无虑,易于在大脑皮层形成优势兴奋中心,学习效率也高。

3. 心理健康教育可以增强学生的环境适应能力

适应具有重要意义。生物学家达尔文曾说:物竞天择,适者生存。心理学家皮亚杰认为:适应是智慧的本质。学生难免会遇到这样那样的心理矛盾,这些虽然不可避免,但并非无法解决。学生面临着多种多样的适应问题,在校期间,要适应大学的学习方法,适应大学的生活环境,适应大学的人际关系;毕业以后要适应工作要求,适应婚姻生活,适应社会竞争等等。适应能力强的学生,能够充分利用环境中的有利条件,改变不利条件,求的不断发展,在生存竞争中取胜;而适应能力弱的学生,与环境不相容,使自己发展受限,在生存竞争中往往被淘汰。适应能力的强与弱在很大程度上取决于心理健康。心理健康的学生能正视这些冲突和挫折,面对冲突和挫折时能更多地表现出积极的适应倾向,能够根据外界环境的变化,相应地调节自己的心理状态和行为方式,取得与外界环境的平衡与协调,逐步克服心理障碍,去更好地适应学校生活。心理不健康的学生,心理功能紊乱,调节能力低下,难以与外界环境保持良好的适应。

4. 心理健康教育可以增强学生的心理承受能力

学生中心理问题多,既与社会环境中存在较大的心理压力,更与学生的心理承受能力比较低有直接关系。由于心理承受能力低,经不起任何打击,轻微的挫折就可能产生强烈的心理震荡,引发心理问题,甚至产生心理危机,造成严重后果。例如,某一位品学兼优的三好学生,因为在一次晚会上唱歌跑了调,引起同学的哄笑,便觉得无地自容而自杀身亡。显然,增强学生心理承受能力已经成为一项非常迫切的任务。

要想增强学生的心理承受能力,必须提高其心理健康水平。心理健康的学生,具有良好的认知能力、灵活的情绪调节能力和顽强的意志力,心胸开阔,能够辩证地看待荣辱得失,及时调节情绪状态,百折不挠,坚强不屈,承受较大的心理压力而能保持心理平衡。心理不健康的学生,认识片面,情绪障碍,意志薄弱,心胸狭窄,稍遇挫折就心理失常,出现不同程度的心理问题。

心理健康和生理健康是互为因果,互相影响的。长期的忧虑、烦闷、绝望等,会导致生理上的异常,产生心身疾病。心理健康可以减少或减轻病痛。

三、学校心理健康教育的途径和要求

(一)学校心理健康教育的基本途径

学校心理健康教育的途径多种多样,其中最基本的途径有专门的心理健康教育课程、学科知识教学渗透、班主任工作渗透、心理辅导等。

1. 专门的心理健康教育课程

专门开设系统的心理健康教育课程是学校心理健康教育的最基本途径。专门的心理健康教育课程,指的是列入学校课表中,有一定教学时数的,有计划、有系统地对学生的心理施加影响,旨在促进学生心理健康成长的教育活动。它是相对学科知识教学而言的一种课堂教学形式,且以活动课程为主,以有别于学科教学。

专门的心理健康教育可以通过多种形式来进行,如通过有关生理、心理的知识讲座,提高学生的认识,使学生懂得保健之道,提高身心健康水平。这种形式比较简单易行,但学生处于被动接受状态,而且从知识变成学生的行动有很大的距离,因此,单纯的知识讲座对中小学生不适宜。心理活动课程在我国是最近几年才在中小学开始流传的新的课程,在理论和实践方面都需要研究,无论是在内容设定还是在教学形式等方面都与传统的、我们习惯的课堂教学存在截然的不同。心理健康活动课程是以学生为中心,以学生的活动为主要形式的课程。课程设计要突出学生能够参与整个活动过程,考虑学生的兴趣、任何活动尽量让学生亲自完成,如编演心理剧、团体辅导、素质拓展、角色扮演等活动,让学生在活动中获得心理体验,培养和提升心理素质。

专门的心理健康教育课程是一项系统化和规范化工作。从心理健康教育的教材编写与使用,到具体的课程的实施,以及师资要求等,都应遵循心理健康教育的规律性来进行。

2. 在学科教学中渗透心理健康教育

学科知识教学渗透是指在学科课堂教学中,教师有意识地运用心理学的理论和方法,激发学生的学习动机和兴趣,提供学习方法和技能指导,培养学生的学习信心和良好的学习习惯,促进学生主动学习,帮助学生提高学习效率的做法。通过学科知识教学的渗透进行心理健康教育,使学生的心理在一种自然状态下,受到潜移默化的影响。

学科知识教学渗透可以表现为多种形式。首先,学科教学尊重学生心理发展特点和身心发展规律有针对性地实施教育,一方面,这本身就体现了对学生发展的爱护;另一方面,根据学生特点组织教学能事半功倍。其次,各门学科本身都蕴含着各具特色的心理健康教育

内容资源,如语文、英语、思想品德、历史、地理等社会科学类课程包含了大量认识自我、调控自我、承受挫折、健全人格等方面的心理教育内容;数学、物理、化学等自然类课程包含了很多训练学生观察、注意、技艺、思维等认知活动的内容,同时这些内容也有助于培养学生克服困难的意志品质、一丝不苟的学习态度等;音乐、美术等可以直接成为心理健康教育的载体,可以起到改善情绪状况、增强注意力、缓解压力等作用。最后,学科教学中除了通过学科内容增进学生心理健康外,教师在教学过程中也要培养学生心理素质,如通过师生关系、课堂气氛营造等培养学生情感、人格等。

心理健康教育只有进入到学科渗透的层面,才能真正落实到实处。实施学校心理健康教育工作的途径是多种多样的,但学校心理健康教育的主渠道不应该是心理咨询和心理治疗,而应该是在遵循学生身心发展规律和心理发展需要前提下的日常教育活动。因此,心理健康教育与学科教学的过程应该是统一的,学科渗透是面对全体学生最主要的途径。当然,这必须在师资培养中重视教师心理健康教育的能力培养。

3. 班主任工作渗透

在青少年学生的成长中,教师对学生的影响是长期的、潜移默化的,有时甚至是直接的和决定性的。在教师队伍中,班主任作为一个班级的领导者、组织者和管理者,与学生接触时间最长,交往频率最高,因此,对学生心理健康影响也最大。学生的心理健康状态既是班主任工作的基础,也是班主任工作服务的对象。心理健康教育工作是班主任工作的重要内容之一。

学校在聘用班主任时,通常会考虑其人选的能力,特别是亲和力和信任度、责任心、所受的专业培训、教育学心理学的知识背景等,这些是做好班主任工作的前提。也正是因为如此,班主任在与学生一起工作的时间和空间更灵活,更容易有意识地针对学生的心理品质的培养采取一系列的特别措施,更易与学生进行情感沟通。

4. 心理辅导

心理辅导也可称为心理咨询,包括个别心理辅导和团体辅导两种形式。心理辅导是针对个别学生的特殊问题或学生发展中某些共同的问题开展的一种人际帮助活动。其活动可以根据帮助的性质和层次分为发展性咨询、适应性咨询和障碍性咨询等三大类。

发展性咨询的目的是为了更好地认识自己,扬长避短,开发潜能,提高学习与生活的质量,追求更完善的发展。例如,怎样处理好社会工作与学习的关系、怎样能够获得更多的朋友、选择什么职业更有利于自己发展等。咨询对象多是比较健康、无明显心理冲突、基本适应环境的学生。适应性咨询的目的是排解心理困扰,减轻心理压力,改善适应能力,例如,缺乏生活自理能力、学习成绩不如意、失恋、人际关系不协调等。咨询对象多是心理基本健康,但在学习生活中有各种烦恼、心理矛盾时有发生的学生。障碍性咨询的目的是通过系统的心理治疗,克服障碍,缓解症状,恢复心理平衡。例如,各类神经症、精神疾病的早期或恢复期等。咨询对象多有心理障碍,或患有某种心理疾病,为此苦不堪言,甚至影响了正常学习和生活的学生。

当前,为了落实教育部关于中小学心理健康教育的要求,各地中小学普遍在校内建立了学生心理辅导中心,可以针对个别或部分学生的特殊问题进行辅导,这既有利于对学生心理问题进行因材施教,也是对我国以班级为主的学校教育的有效补充。

(二)学校心理健康教育的基本要求

学校心理健康教育是一项复杂的系统工程,具有很强的科学性、知识性、专业性和技术性,在实际开展心理健康教育活动过程中,必须采取科学的方法和态度。除遵循学校教育的一般原则之外,学校心理健康教育须遵循其自身所特有的要求,其主要包括教育性、全体性、差异性、主体性、整体性、保密性等。

1. 教育性原则

教育性原则是指教育者要根据学生身心发展的规律,有针对性地实施其影响,在进行心理健康教育的过程中根据具体情况,提出积极中肯的分析,始终注意培养学生积极进取的精神,帮助学生树立正确的人生观、价值观和世界观。

2. 全体性原则

全体性原则要求心理健康教育要面向全体学生。所有学生都是心理健康教育的对象和参与者,心理健康教育的设施、计划、组织活动要着眼于全体学生的发展,考虑到绝大多数学生共同需要和普遍存在的问题,以绝大多数直至全体学生的心理健康水平和心理素质的提高作为学校心理健康教育的基本立足点和最终目标。

3. 差异性原则

差异性原则指的是学校心理健康教育的实施,在贯彻全体性原则的基础上,要区别对待学生。心理健康教育要关注和重视学生的个别差异,根据不同学生的不同需要,开展形式多样的、针对性强的心理健康教育活动,以提高学生的心理健康水平。

4. 主体性原则

主体性原则是指学校心理健康教育要以学生为主体,所有工作要以学生为出发点,同时要使学生的主体地位得到实实在在的体现,把教师的科学教育与辅导和学生的积极主动参与真正有机结合起来。学生是具有主体性的个体,只有其自身积极参与,才有其心理发展的可能。

5. 整体性原则

整体性原则是要求开展心理健康教育时,要重视心理发展是整体性的,强调处理好学生心理发展中的整体和部分的关系。某一心理特征的发展和变化,会影响到心理的整体结构变化,因此,教育者要运用系统论的观点指导心理健康教育工作,注意学生心理活动的有机联系和整体性,对学生的心理问题做全面考察和系统分析,防止和克服教育工作中的片面性。

6. 保密性原则

保密性原则是指在学校心理健康教育过程中,教育者有责任对学生的个人情况以及谈话内容等予以保密,学生的名誉和隐私权应受到道义上的维护和法律上的保障。

第三节　学校心理健康教育的实施

学生心理健康需要家庭、学校、社会共同维护,其中学校的心理健康教育对学生发展的重要意义是不言而喻的,学校心理健康教育工作应该成为学校教育工作中的重要组成部分。现在,人们关注的重点不是学校是否需要心理健康教育,而是如何有效地实施学校心理健康教育。虽然,学校心理健康教育需要全体教师共同合作,但专职心理教育工作者有计划、有组织的工作最为重要。当前,我国中小学校专门的心理健康教育主要有学校心理辅导、心理健康教育活动课程两种形式。

一、学校心理辅导

(一)学校心理辅导的含义

学校心理辅导是指辅导者运用其心理辅导的专业知识和技能,给学生以合乎其需要的协助与服务活动,即帮助学生正确地了解自己、认识环境,根据自身条件确立有益于个人发展和社会进步的生活目标,使其能克服成长中的障碍,在学习、工作及人际关系等各个方面,调整自己的行为,增强社会适应,充分发挥自己的潜能。

从上述界定可以看出,学校心理辅导是在一种新型的人际关系背景下进行的,这种关系具有真诚、亲密、非批评态度的特点。同时,这也是一种合作式、民主式的协助过程。辅导者是学生心理发展的协助者,只是协助学生解决问题,而不是代替学生解决问题。辅导者运用的是心理学的专业知识和技能,这些知识和技能只是一种工具,并非学生的内化对象。心理辅导以正常学生为主要对象,强调正常学生的教育与发展,相对而言,它主要针对学生的发展问题和轻微的适应问题展开活动,它不同于注重心理与行为障碍矫治的心理治疗。

学校开展心理辅导有利于预防心理疾病,维护学生心理健康;有利于儿童、青少年社会化和人格的健全发展;有利于旨在全面提高学生素质的教育思想的贯彻;有利于推进社会主义精神文明建设。

(二)学校心理辅导的原则

学校心理辅导的原则是指开展心理辅导整个过程中应该遵循的一些基本要求。学校心理辅导作为学校心理健康教育的途径之一,既需要遵循心理健康教育的原则,又需要把预防与治疗相结合,尊重和理解学生,以学生自愿为主。

1.预防与发展相结合的原则

有人将心理辅导的功能与目标分为三个层次:矫治、预防和发展。矫治功能指矫治学生的不适应行为,消除或减轻少数学生身上存在的轻度神经症症状,帮助学生排除或化解持续的心理紧张与各种冲突情感。预防功能指帮助学生掌握有关知识和社会技能,学会用有效的合理的方式满足自己的需要,提高人际交往水平;学习自主地应付由挫折、冲突、压力、紧张、丧失等带来的种种心理困扰,减轻痛苦、不适的体验,防止心理疾患产生,保持正常的生活秩序与工作效率。发展功能指协助学生树立有价值的生活目标,认清自身的潜能和可以利用的社会资源,承担生活的责任,充分发挥个人潜能,过健康、充实、有意义的生活。学校心理辅导兼有矫治、预防与发展三种功能,不过就整体而言,应该是预防、发展重于矫治。这首先是由心理辅导以全体学生为工作对象这一特点决定的;其次也是由于从事学校心理辅导的工作人员,就其专业素养而言,目前还很少能深入到"心理治疗"的层面;不过从根本上讲还是由于预防、发展比治疗更具有积极意义,因为任何严重的心理疾患与行为偏差的产生都有一个发展过程。

2.尊重与理解学生原则

尊重与理解是心理辅导过程中对待学生的态度以及师生关系方面应该遵循的基本原则。尊重，就是尊重学生的人格与尊严，尊重每个学生存在的权利，承认他是不同于其他人的独立的个体，承认他与教师、其他人在人格上具有平等的地位。理解，则要求教师以平等的态度，按学生的所作所为、思考、感受的本来面目去了解学生。被他人理解，意味着受到他人的关注、与他人之间达到心灵沟通，从而产生一种"遇到自己人"的感觉。心理辅导之所以要遵循尊重与理解学生原则，首先是因为只有当心理辅导教师尊重学生时，学生才会尊重自己，珍惜自己的成绩和进步，关心自己的荣辱，体验到做人的尊严感。而自尊、自重、自信正是健全人格的重要特征.是心理辅导所要追求的重要目标之一。其次，在心理辅导中学生如果被老师尊重和理解，他就会信任老师.愿意向老师倾吐内心的思虑、惶恐、苦闷，这种良好的师生关系，是心理辅导获得成效的基本条件。

3.自愿为主原则

自愿为主原则是要求学校心理辅导要尊重学生的意愿，而非强迫学生接受心理辅导。这是因为，心理辅导要处理的是学生的心理和行为问题。只有在学生愿意接受帮助，并愿意为改变现状付出努力时，心理辅导才能达到目的。学生主体作用的发挥是实现心理辅导最终目的——助人自助的关键。

(三)学校心理辅导的分类

心理辅导可以根据学生的实际情况和心理需要来选择适当的形式，从而保证心理辅导的实效。学校心理辅导按辅导内容不同，分为学习辅导、人格辅导、生活辅导和职业辅导等；按照参加辅导的学生人数不同，心理辅导可以分为个别辅导和小组辅导。

1.学习辅导、人格辅导、生活辅导和职业辅导

学习辅导有广义与狭义之分。广义的学习辅导是对学习者在学习过程中发生的各种问题(如认知技能、知识障碍、动机,情绪等)进行辅导；狭义的学习辅导是对学生经历了学习挫折和困难时产生的心理困扰和行为障碍进行辅导。从培养学生良好的心理素质意义上讲,广义的学习辅导更具有积极意义,它符合学校心理辅导以发展性目标为主的精神。学习辅导的具体内容包括:(1)学习动机的辅导;(2)学习策略的辅导;(3)学习习惯的辅导;(4)学习困难的辅导;(5)了解自己学习潜能的辅导;(6)学习志向水平的辅导;(7)学习计划和监控的辅导;(8)考试心理辅导;(9)学习能力的辅导;(10)学习情绪的辅导。

人格是指个人对己、对人、对事方面的个性心理品质。它着重对学生的自我意识、情绪的自我调适、意志品质、人际交往与沟通以及群体协作技能进行辅导,以培养学生良好的个性心理与社会适应能力。人格辅导主要包括兴趣辅导、能力辅导、性格辅导、自我意识辅导、情绪辅导、人际交往辅导以及创造性辅导等,其中最重要的是自我意识辅导、情绪辅导和人际交往辅导。

生活辅导是指依据一套系统的辅导计划,在心理辅导工作者的协助下,引导个人探究、评判并整合相关知识经验而开展的活动。这些经验是指对自我的了解、对职业及其影响因素的了解、对生涯规划中必须考虑的各种因素的了解、对成功所必须具备的各种条件的了解。它主要是通过休闲辅导、消费辅导和日常生活技能辅导等,培养学生健康的生活情趣、

乐观的生活态度和良好的生活技能。这对于学生将来获得幸福而充实的生活具有潜在的影响,同时对他们发展个性、增长才干、提高学习效率也具有有力的迁移作用。

升学、择业是学生人生发展中的必经过程,也是关系到个人前途的重要事件。职业辅导是为学生未来的生活做准备的教育活动,旨在帮助学生在了解自己的能力、特长、兴趣和社会就职条件的基础上,确立自己的职业志向,进行职业的选择和准备,为今后顺利地踏上社会打下良好的基础。

2.个别辅导和小组辅导

个别辅导是师生双方共同参与,通过语言和非语言的对话交流,对学生产生的正面影响,是教师通过与学生一对一的沟通互动来实现的专业的助人活动,它是学校开展心理辅导的必不可少的辅导方式。个别辅导要求辅导教师有正确的观念、端正的态度,并要遵循一定的伦理守则和技巧方法,在辅导过程中始终贯彻真诚、尊重、理解的原则。个别辅导比较常用的方式有个别交谈、电话咨询、信函咨询等;个别辅导的核心是谈话,但并不意味着是教师在说教,而是要求教师去聆听,使学生感到教师是最好的交流伙伴。"让学生敞开地讲"是每一个成功辅导者的最主要诀窍。每个学生都会有伤心、失望、受挫和痛苦的时候,会遇到与人相处中的各种问题,在这种情况下,学生最需要的是倾诉与表达;教师要仔细聆听,让学生充分表露自己的情感,表露自己的想法,这样才能使学生真正从痛苦中解脱出来。此外,教师还应细心观察,通过学生的声调、表情、体态的表达来获取更多的信息,探索学生谈话的"弦外之音",以帮助学生找到解决问题的方法。

小组辅导也称团体辅导,是指采用小组的形式,在辅导教师指导下讨论训练并有效处理他们所面临的共同问题,按照帮助、互助、自助原则,通过互动进行感受、思考、意见等相互传递,使学生加深自我认识,也使小组成员相互支持,以促进个人的自我辅导。也就是说,以启发个人为起点,运用小组力量来帮助个人,发展个人,最终达到个人与小组并进的目的。小组辅导一般可采取讨论、交流和活动的形式进行。

(1)小组讨论与交流

小组讨论与交流是有目标、有系统地运用口头方式交换相互间的观念、事实和意见,是一种共同思考。一般可选择学生普遍感兴趣而又有意义的问题,改编成两难问题或有趣的讨论题供学生讨论,交流各自的想法和体验。小组讨论与交流,为每个学生提供了陈述自己意见和自我表现的机会,同时通过别人的反馈获得有关自我评价,养成尊重别人、鼓励别人、自由表达、耐心聆听不同意见的态度,培养社会生活中所必需的协调合作能力。小组讨论与交流的过程一般有觉察、澄清、整理、提升等阶段,即给学生提供一个宽松的环境,经由学生自己察觉,并用自己的语言表达出来。这个陈述的过程本身就是一个澄清、整理的过程。对于发展中的学生而言,他们对自己及自己价值意识的认识毕竟是肤浅的,要提升认识,仅靠说教是万万不能的。通过小组交流,聆听别人的认识,进行比较和思考,从而了解自我,了解他人。

(2)小组活动

小组活动泛指采用小组形式的其他辅导活动。一般有三个阶段:一是接纳,小组全体要接纳需要帮助的个体及其情绪,让他宣泄情绪;二是倾听,全体成员要专注地听,以示尊重与关心;三是澄清,小组成员帮助概括其倾诉的内容,反馈给他,使问题得以澄清,也可对其自相矛盾或情况不明的地方发问,促使其思考,再帮助他选择解决问题的有效方法。

个别心理辅导是咨询员和来访者之间单向或双向影响的过程,而小组心理辅导则是小组成员间的多向影响的过程,成员对自己的问题的认识、解决是在小组中通过与其他成员间的交流和互动来实现的。小组心理辅导具有个别心理辅导所不具有的独特优势:1)小组心理辅导有助于成员分享共同的经验。在心理咨询中,很多来访者认为自己的心理问题和经历是很独特的,是无法解决的,并由此而怨天尤人,觉得上天很不公平,觉得自己的命运很悲惨。但在团体中,他们会有很多机会从其他成员身上发现许多与自己类似的经历与挣扎。例如,发现很多同学和自己一样家庭贫困,有着类似的孤单,同样感到自卑和不如别人。当成员发现别人与自己有许多共同之处时,会减少孤单、不满等不良情绪,并更勇敢、更积极地面对问题。2)小组心理辅导有助于成员助人、助己。在团体中成员有很多机会彼此帮助、彼此支持、相互建议和提出个人的见解。每个成员不但可以在团体中学习接受他人的帮助,也在学习如何帮助他人。3)小组心理辅导创造了一个类似现实生活的真实情景,为成员提供了模仿、学习、训练自己行为的场所。因此在小组辅导中学习到的良好行为更容易运用到日常生活中,辅导效果更容易得到巩固。

二、心理健康教育活动课程

学校心理健康教育在我国教育行政部门和中小学受到越来越多的关注,许多学校除了建立心理咨询室、开通心理热线和设立心理信箱等外,还开设了心理健康教育课程,根据学生身心发展的需要有计划、有组织、系统地实施,并且使心理教育变被动为主动。但心理健康教育课程有别于其他学科课程,宜以活动课程为主,许多人在这方面做了有益的探索。不过,心理健康教育活动课程设计的理论和实践都有待提高和完善。

(一)心理健康教育活动课程的特点

1.心理健康教育活动课程不同于普通文化课程

心理健康教育活动课程是指根据学生身心发展的特点和需要,有目的、有计划地通过组织各种活动促进学生心理健康发展的课程。开展形式多样、丰富多彩、生动活泼的心理健康教育活动是学校实施心理健康教育的有效途径之一,但有些学校把它当作一门学科来对待,在课堂上讲述心理学的概念、理论,教学方式单调、乏味,学生也将其作为一项学习任务来对待,甚至还要参加心理健康课的考试。据研究,中小学生中需要辅导的心理问题首先是人际关系问题,其次是学习问题,第三是自我问题。所以,心理健康教育活动应紧紧围绕人际交往、学习和自我这三方面来设计。当然,它还要与学科教学相结合,并有机地融合在班主任工作和学生思想品德教育之中,使学生在潜移默化中学会做人、学会学习和学会做事。

2.心理健康教育活动课程不同于心理咨询和心理治疗

有些人认为心理健康教育就是心理咨询,甚至是心理治疗,有些学校让校医充当心理辅导人员。这种观念和做法是绝对不可取的。根据临床个案和调查统计,具有心理疾病和心理障碍的学生人数不到学生总数的1%。所以,我们要看到心理健康的学生是主流;有些学生在学习、生活和环境的压力下有时会产生暂时的心理不适应,要求心理咨询,主要是为了促进他们更好发展,更健康快乐。学校是教育机构,应根据学生的发展规律对他们起引领作用,即学校心理健康教育的主流应该是发展性教育模式,而非医疗模式。

3.心理健康教育活动课程不同于思想政治教育或德育

学校心理健康教育作为新兴的专业和方向,有些学校或由于理解有误,或专业师资缺乏,将心理健康教育等同于思想政治教育或德育。事实上,两者在多方面存在区别。首先,工作目标和范围不同。心理健康教育活动的目的是培养学生良好的心理素质,促进学生身心和谐发展和素质全面提高,排除心理障碍,恢复心理平衡,促进潜能实现。思想教育的目标则是从客观上解决学生的政治立场和方向,提高学生的思想政治觉悟和道德价值观念。可以说,两者的任务和内容有一定交叉,但工作目标的侧重点各有不同。其次,遵循的理论原则不同。心理健康教育活动的理论体系属于心理与教育科学的范畴,在一系列心理学理论的指导下进行,并且要遵循心理辅导工作的原则和方法,它不是一般的思想工作和谈心活动。而思想教育工作则属于社会意识形态的领域和范畴,它的指导思想是马列主义、毛泽东思想、邓小平理论等,两者分属两种不同的体系和范畴。最后,工作人员的专业方向不同。思想教育工作者的专业方向属于政治学和德育。心理健康教育工作者则需要有丰富的心理学知识,经过心理辅导与咨询的专业培训和考核。不过,目前我国专业的心理健康教育师资比较缺乏。

(二)心理健康教育活动课程设计原则

1.服务于学生发展需要,体现正面引导、积极性与普适性原则

心理健康教育专题活动的服务对象是全体学生,它是一种发展性教育模式。这就决定了心理健康教育专题活动不是针对有心理疾病或心理障碍的少数个体。因此,心理健康教育专题活动材料从性质上讲,应当定位于发展性教育,即主动的、积极的、发展性的心理教育,是以人的发展为本,旨在优化人的心理素质,提高人的心理机能,进而促进人的整体素质发展,形成健全人格的心理教育。至于少数有心理疾病和障碍的个体,不是通过教材来解决,而是通过个别咨询和治疗来解决。过多地在教材中呈现一些心理疾病现象,对大多数学生会产生一种"对号入座"的负面影响。由此,心理健康教育专题活动教材应尽量回避自我测试、自我诊断与自我治疗,要多从正面、积极的方向进行引导。比如,考试心理调适,应重点讲如何进行放松等训练,而不要将重点放在如何测试是否属于考试焦虑。

2.服务于学生实际需要,体现生活性、现实性与发展性原则

心理健康教育是从心理教育的理论出发,运用心理教育知识引导和发展学生形成健康的心理品质,是按需施教、因材施教。它不是将所有心理教育的理论灌输给学生,不要拘泥于心理理论的框架和学科本位界限,割裂学生心理的生活性和社会性发展脉络,为了心理学的理论而建构教材结构体系。通俗地讲,教材要为学生健康心理的发展服务,不是为心理学理论服务。教材、教学改革的主流是淡化理论建构和学术性逻辑,强化学生实际需要和社会发展需要的整合。因此,生活性、现实性和发展性原则是改变"知识化"教材教学的重要策略。

3.遵循学生心理发展规律,体现趣味性、活动性和开放性原则

基于教材的定位是发展性心理教育,以正面引导为主,因此,学生良好心理品质的培养必须建立在学生生活经验的基础之上,通过生动的情景设置、典型经验的提炼、实践活动的策划、开放发展的引导,使教材教学尽可能满足学生心理发展的多样性、差异性。心理倾向、心理活动、心理特点等是纷繁复杂的,不可能有一个统一的、优化的标准和模式,所谓"千人千面"就是这个道理。试图把所有人的心理素质结构归结到理论化的统一模式,那世界将不成其

为世界。因此,良好心理素质的引导既要注重良性特质的方向,又要注意发展的开放性。

(三)心理健康教育活动课程设计策略

1.要有明确的目标

心理健康教育活动要想达到预期的目标,必须对目标有一个清晰的界定。确立活动的目标就是确立活动所欲达成的最后结果。为了上好活动课,除要考虑到学生的身心发展规律外,还要分析他们在适应社会的过程中可能发生的问题。

2.注意贴近学生的生活实际

心理活动课要注重结合学生的日常生活实际,让学生感到真实可信。要让学生感受到课上的内容就是我们生活中的"你、我、他",由学生自己来解决自己的事。如果心理活动课能够借助学生自己身边发生的事,加以激发和进行心理品质的训练,常常会收到事半功倍的效果。

3.在以学生为主体的同时,教师要注意发挥引导的作用

心理辅导活动课要以学生活动为主体,才会收到满意的效果,才能达到既定的目标。在上活动课的过程中,必须保证全体学生全身心地参与,教师与学生应有双方面的互动,以提供给学生各种体验或感受,而不是教师单方面地讲授心理学基本知识。要让学生通过活动来改变自己的错误认知或行为,加强对是非的分析判断、识别能力。在活动中教师还要善于抓住和把握各种机遇来引导学生,让学生与你产生共鸣、达成共识。而不要让心理活动课变成让学生"随心所欲"的游戏课。对于教师而言,任何形式的活动课都是要有组织、有系统地安排进行的,游戏也有一定的规则,应把游戏和心理辅导有机地结合起来,游戏为辅导服务,辅导又从游戏中领悟、启迪、体验。

4.要注意每次活动集中解决一个问题

一节心理活动课,不可能包罗万象,更不可能解决所有问题。心理活动课的设计,有时在一个问题中又会包含几个方面,几个方面的问题在一节课内要想全部解决,时间肯定不够用。可以把一个大问题分为几个单方面的小问题,教师在导语中就明确告诉学生,这个话题我们将用几节课完成。比如说,择友与交往问题,学生中存在的问题最多,也是最难解决的问题。一节课把择友与交往的问题全解决是不可能的,可以分为:(1)选择什么样的人为友?你喜欢交什么样的朋友?交友要不要讲义气?义气应以什么为标准?(2)人需不需要异性朋友?同性与异性之间的交往有什么不同?与异性朋友怎样交往?(3)中学生异性之间交往过密应该怎么办?等等。

5.专题活动课要注意系列化

心理活动课要根据学生在成长过程中的不同时期、不同年龄、不同生理、心理发展特点而进行整体设计,形成系列化。在不同阶段应有不同的内容,或者同一内容在不同阶段应各有侧重。否则,学生就会笑话学校的心理健康活动课是将自己当成"傻瓜"了。心理活动课不是学生出了问题要去解决才上心理课,而是要根据学生成长过程中,不同时期、不同年龄阶段的心理变化,有计划地进行心理辅导,培养学生健康的心理,做到防患于未然,效果才最佳。

6.发展性主题重点化

中小学生的心理健康问题主要是发展性的,因此,中小学心理健康教育的重点要放在发

展性问题上。以全体学生作为心理健康教育的对象,对学生成长中遇到的普遍问题予以指导,同时还要兼顾极少数有障碍学生心理的治疗与行为的矫正,根据学生的不同年龄特征和认知特点,心理健康教育内容和模式的侧重点有所不同,小学可以游戏和活动为主,初中可以活动和体验为主,高中可以体验和调适兼顾,但要始终贯穿一条活动主线,突出实践性和实效性。同时中小学心理健康教育的内容应从生活辅导扩展到学习辅导、职业辅导并重,注重学生潜能的开发。

(四)心理健康教育活动设计举例

根据上述设计策略,下面以初中一年级的学生为对象,设计一次人际沟通的心理健康教育活动。

活动主题	我们都是好同学
时 间	2节课(90分钟)
活动目标	1.增进同学间彼此的认识; 2.了解同学间和睦相处的重要性; 3.促进彼此的交往,建立良好的友谊。
实施方式	访问、介绍、比赛、短剧表演、唱歌
准备工作	桌椅排成圆形;制作"友情"歌曲的歌词挂图。
活动过程	1.分组:采用的分组技术有:(1)全班报数的方式组成;(2)每个小组的组合可以有特殊的要求,如要求每组中男女各半或者同性,或由同一月出生的人组成小组;(3)按教室的位置来划分,每组2人为宜。 2.进行"相互访问活动":全班同学围成一个圆圈,两人一组,互相作自我介绍。自我介绍的内容包括两部分:一是基本材料,如姓名、年龄、家庭状况等;二是关于自己的嗜好、兴趣、个性等方面的情况。 3.介绍被访问者的情况:访问完毕后,每个学生介绍被访问的同学,再由被访问者补充。教师提醒全体学生要注意听介绍,并力求记住班上同学的特征,以便进行认人比赛。 4.认人比赛活动:首先,教师将班上同学分成两组,对每个学生编号。让每组同学一一上台说出对方组同一编号者的姓名、年龄、家庭状况、嗜好、兴趣、个性等。说对一项得一分,直到两组同学轮完为止。然后由教师统计两组同学成绩。得分高的一组获胜,输的那一组同学唱一首歌。 5.短剧表演:教师将学生分成两组,各组自行设计短剧,进行表演。 6.学生讨论,教师讲评:同学表演完毕,学生可围绕短剧中情节,发表意见。然后教师讲评,并做出结论:学校就像个大家庭,同学们就像家中兄弟姐妹一样,彼此要相互尊重,相互忍让。只有这样,大家才能和睦相处,校园生活才能变得愉快。
补充活动	考虑到在活动进行中可能出现意外情况,如果活动开展不充分或是时间估计不足时,可以临时增加或是改变活动。准备活动预案,如"感情交流"活动。其步骤如下: 首先,教师将班上同学分为数组,各组排成一列,坐在座位上。 然后,每个人准备一支圆珠笔,用厚纸板剪成若干个"红心卡",如心形,中心挖去直径为1.2厘米的圆圈。教师说明规则如下: (1)传递红心时,只能以笔传递,途中若红心卡落地,必须交由第一人重新做起。 (2)在接送中,传红心卡的同学要对后面的同学说"我把心送给你"。接受者要说一声"谢谢!"。如无这些词语,不能行动。 (3)教师口哨一响,开始比赛。第一人传递给第二人,第二人再传下去,以最先接送完毕的那一组为优胜。 (4)每组回到原始座位上去,讨论刚才活动的感受。

本章内容小结

1. 完整的健康概念包括生理健康、心理健康和社会功能等三个方面。

2. 心理健康是指一种良好的心理状态,在这种状态下,认识活动、情绪反应、意志行动相互统一,人格保持相对稳定,能不断调整自己内部心理结构以达到与外界环境的平衡,能充分发挥自身潜能、实现自我价值。

3. 中小学生的心理健康具体包括:智力正常;情绪适中;意志健全;人格统一完整;自我意识正确;人际关系和谐;社会适应良好;心理特点符合年龄特征。

4. 学生心理素质是生理、心理、社会诸因素共同作用于个体的结果。其影响因素主要有:生物因素、家庭环境与家庭教育因素、社会经济文化因素、学校教育因素、人际环境因素、特殊事件等。

5. 心理健康教育是指教育者运用心理学、教育学乃至精神医学等各种学科的理论和技术,通过多种途径与方法,培养学生良好的心理素质,提高学生心理机能,充分发挥学生潜能,从而促进学生整体素质的全面提高和学生个体和谐发展的教育。

6. 中小学心理健康教育的总目标是:提高全体学生的心理素质,充分开发他们的潜能,培养学生乐观、向上的心理品质,促进学生人格的健全发展。

7. 心理健康教育的主要内容包括:普及心理健康基本知识,树立心理健康意识,了解简单的心理调节方法,认识心理异常现象,以及初步掌握心理保健常识,其重点是学会学习、人际交往、升学择业以及生活和社会适应等方面的常识。

8. 心理健康教育是时代发展的要求;心理健康教育是学生发展的前提和基础;心理健康教育可以增强学生的环境适应能力;心理健康教育可以增强学生的心理承受能力。

9. 学校心理健康教育的途径多种多样,其中最基本的途径有专门的心理健康教育课程、学科知识教学渗透、班主任工作渗透、心理辅导等。

10. 学校心理健康教育须遵循其自身所特有的要求。其主要包括:教育性原则、全体性原则、差异性原则、主体性原则、整体性原则、保密性原则等。

11. 学校心理辅导是指在一种新型的建设性的人际关系中,学校辅导人员运用其专业知识和技能,给学生以合乎其需要的协助与服务,帮助学生正确地了解自己、认识环境,根据自身条件确立有意于个人发展和社会进步的生活目标,使其能克服成长中的障碍,在学习、工作及人际关系等各个方面,调整自己行为,增强社会适应,充分发挥自己的潜能。

12. 学校心理辅导作为学校心理健康教育的途径之一,既需要遵循心理健康教育的原则,又需要把预防与治疗结合、尊重和理解学生、以学生自愿为主。

13. 学校心理辅导按内容分学习辅导、人格辅导、生活辅导和职业辅导;按参加辅导的学生人数可以分为个别辅导和小组辅导。

14. 心理健康教育活动课程是指根据学生身心发展的特点和需要,有目的、有计划地通过组织各种活动促进学生心理健康发展的课程。开展形式多样、丰富多彩、生动活泼的心理健康教育活动是学校实施心理健康教育的有效途径之一。

15. 心理健康教育活动课程不同于其他学科课程,活动课程设计有自身原则和策略。

思考题

1. 比较学校心理健康教育与学科教育、思想品德教育。
2. 你是怎样看待心理健康的标准？
3. 学校心理健康教育的原则有哪些？
4. 学校心理健康教育的主要途径有哪些？
5. 学校心理健康教育在学生发展中的作用如何？
6. 简述心理健康教育活动设计的策略。

【试一试】<<<

你是一个花粉人吗？

1. 有人把过分敏感的人称为花粉人，因为花粉很容易使人体内的过敏细胞发生反应。那么，你是一个花粉人吗？试一试下面的测试吧：

如果你的朋友送给你一束特别漂亮的花，你小心翼翼地捧回家，你会将花插在屋子的什么地方呢？

A. 卧室的床头柜上　　　　B. 窗台上　　　　C. 客厅的茶几上

如果你的选择是 A，你可能是一个神经异常敏感的人哦！他人的亲切、外界的冷酷都会在你心中留下不可磨灭的印记。你与人相处也比较辛苦，常会将他人的与自己并不太相干的言行都看作是针对自己的，所以你会常常处于紧张戒备状态之中，这会引起周围人对你的厌倦和反感，你需要赶紧设法改善啦。

如果你的选择是 B，你的敏感程度属于中等。比起"过敏"者，你受到伤害的机会少多了，你的戒备心理也小多了。不过，你的敏感程度仍然高于一般人，有时，你偶尔还会显示一丝神经质。不要紧张，学会漠视一些东西，情况会好起来的。

如果你的选择是 C，你属于敏感程度较轻的人。你天生就比别人更懂得包容、原谅的含义，既能包容原谅别人，也能包容原谅自己。你不喜欢和别人争个你死我活，所以在别人看起来，你的性格似乎有些软弱，但正是你这样的性格让别人愉快，也使自己更容易感受到幸福。

2. 以情绪调控为主题，设计 1 个课时的心理健康教育活动课程方案，内容包括：(1)活动课程名称；(2)活动教育的目的；(3)活动课程的准备；(4)活动课程实施过程等。

参考资料

[1]彭聃龄.普通心理学(第3版)[M].北京:北京师范大学出版社,2004.

[2]郭永玉,王伟.心理学[M].武汉:华中师范大学出版社,2007.

[3]孟昭兰.普通心理学[M].北京:北京大学出版社,2003.

[4]张春兴.现代心理学[M].上海:上海人民出版社,2005.

[5]周守珍,黄知荣[M].心理学.武汉:华中师范大学出版社,2005.

[6]黄希庭.心理学导论[M].北京:人民教育出版社,2007.

[7]邵志芳.认知心理学[M].上海:上海教育出版社,2006.

[8][美]John B Best著,黄希庭等译.认知心理学[M].北京:中国轻工业出版社,2000.

[9]李铮,姚本先.心理学新论[M].北京:高等教育出版社,2001.

[10]理查德.格里格,菲利普.津巴多著,王垒等译.心理学与生活[M].北京:人民邮电出版社,2003.

[11]车文博.西方心理学史[M].杭州:浙江教育出版社,1998.

[12]张杰.高师心理学(第2版)[M].合肥:合肥工业大学出版社,2008年.

[13]Dennis Coon著,郑钢等译.心理学导论——思想与行为的认识之路[M].北京:中国轻工业出版社,2004.

[14]但菲,刘野.心理学[M].北京:北京师范大学出版社,2014.

[15]王甦,汪安圣.认知心理学.北京:北京大学出版社,1992.

[16]丁锦红,张欣,郭春彦.认知心理学[M].北京:中国人民大学出版社,2010.

[17]车丽萍.记忆术——科学的记忆方法[M].上海:上海教育出版社,2006.

[18]曹日昌.普通心理学[M].北京:人民教育出版社,2004.

[19]叶奕乾,何存道,梁宁建.普通心理学[M].上海:华东师范大学出版社,2005.

[20]刘景平.心理学[M].合肥:安徽人民出版社,2010年.

[21]张世富,周平.心理学教学指导[M].北京:人民教育出版社,2004.

[22]本杰明·B著,吴庆麟等译.心理学导论[M].上海:上海人民出版社,2010.

[23]章淑慧.心理生理学[M].长沙:湖南人民出版社,2006.

[24]安东尼奥·达马西奥著,杨韶刚译.感受发生的一切:意识产生中的身体和情绪[M].北京:教育科学出版社,2007.

[25]戴维·迈尔斯著,黄希庭等译.心理学(第七版)[M].北京:人民邮电出版社,2006.

[26]黄希庭.人格心理学[M].杭州:浙江教育出版社,2002.

[27]李伯黍.教育心理学[M].上海:华东师范大学出版社,1993.

[28]刘金花. 儿童发展心理学[M]. 上海：华东师范大学出版社，1997.

[29]周宗奎. 现代儿童发展心理学[M]. 合肥：安徽人民出版社，1999.

[30]Jeanne Ellis 著，彭运石译. 教育心理学（上、下）[M]. 西安：陕西师范大学出版社，2007.

[31]张大均，郭成. 教学心理学纲要[M]. 北京：人民教育出版社，2007.

[32]林崇德，杨治良等. 心理学大词典[M]. 上海：上海教育出版社，2003.